Zirker

Islam
Theologische
und gesellschaftliche
Herausforderungen

Hans Zirker

Islam

Theologische
und gesellschaftliche
Herausforderungen

Patmos Verlag
Düsseldorf

Die Deutsche Bibliothek – CIP-Einheitsaufnahme

Zirker, Hans: Islam: theologische und
gesellschaftliche Herausforderungen / Hans Zirker. –
1. Aufl. – Düsseldorf: Patmos, 1993
  ISBN 3-491-77937-5

© 1993 Patmos Verlag Düsseldorf
Umschlagfoto: Achim Bednorz, Mihrâbfassade der Großen Moschee von Córdoba,
© Benedikt Taschen Verlag
Gesamtherstellung: Boss-Druck, Kleve
3-491-77937-5

Inhaltsverzeichnis

Bibliographische Hinweise

Abkürzungen richten sich im allgemeinen nach *Siegfried M. Schwertner,* IATG². Internationales Abkürzungsverzeichnis für Theologie und Grenzgebiete Berlin ²1992; teilweise sind sie aber auch in einer deutlicher lesbaren Form gehalten. – Im ›Schwertner‹ nicht verzeichnet ist:

KhKomm = Adel Theodor Khoury, Der Koran. Übersetzung und wissenschaftlicher Kommentar, Bd. 1 ff, Stuttgart 1990 ff

In den Anmerkungen wird die Literatur zumeist nur nach Autor, Erscheinungsjahr und Seitenzahl notiert, wenn nötig, beim Erscheinungsjahr zusätzlich differenziert mit a, b usw. Das *Literaturverzeichnis* (s. S. 329 ff) enthält in diesen Fällen die vollständigen bibliographischen Angaben.

Transkriptionen aus dem Arabischen erfolgen nach den Regeln der Deutschen Morgenländischen Gesellschaft, falls es sich nicht um Wörter handelt, die schon in deutscher Orthographie verbreitet sind (wie Mohammed, Scharia, Schia) oder in einem Zitat stehen.

Koran und Bibel werden in eigener Übersetzung zitiert (wechselnd angelehnt an vorgegebene Übertragungen). Die Zählung der Koranverse erfolgt nach der offiziellen Kairener Ausgabe.

Auch wenn sonstige fremdsprachige Literatur deutsch zitiert wird, handelt es sich, falls nichts anderes vermerkt ist, um eine eigene Übersetzung.

Einleitung

Wer sich den Islam zum Gegenstand wissenschaftlicher Studien wählt, kann leicht aus dem Blick verlieren, daß diese Religion in erster Linie eine Gemeinschaft von Menschen ist, die neben und unter uns leben. Zudem fördert die ›aufgeklärte‹ Mentalität des Westens ein Überlegenheitsbewußtsein, in dem man sich aus der distanzierten Wahrnehmung und Kenntnis der fremden Religion viel schneller und besser sagt, wie es um sie bestellt ist, als wenn man sich dazu erst um das Gespräch mit ihren Gläubigen und die Teilnahme an deren Denken bemüht. Aus gutem Grund wurde gelegentlich im Blick auf bestimmte ›Experten‹ festgestellt:»Sozialwissenschaftler und Religionssoziologen zeigen zuweilen wenig Sensibilität und Verständnis für die Autonomie des Religiösen.«[1] Aber die Warnung gilt über diese Gruppe und ihre fachspezifischen Zugriffe auf den Islam hinaus. Zwar mögen Theologen am ehesten befähigt sein, dem entgegenzusteuern; doch sind auch sie auf den wissenschaftlichen Denk- und Arbeitsstil angewiesen und damit dessen Nachteilen ausgesetzt.[2] Die Gefahr, sich die fremde Religion gar zu eigenmächtig und selbstgefällig zurechtzulegen – und sei es auch im Rückgriff auf ihre ›Quellen‹ –, ist jedenfalls groß.

Die Voraussetzungen dieses Buchs und seine Absichten sind freilich nicht nur von wissenschaftlichen Interessen bedingt. Es hätte ohne zahlreiche Gespräche mit Muslimen und ohne Erfahrungen islamischer Spiritualität nicht so entstehen können, wie es entstanden ist, auch wenn sich dies nicht wie beim Verweis auf die benutzte Literatur in Quellenangaben niederschlägt. Und darüber hinaus möchten die vorliegenden Studien selbst wieder dem wechselseitigen Verständnis dienen.

Aber bei aller interreligiösen Kommunikationsbereitschaft sind wir immer darauf angewiesen, für uns und unter unseren eigenen Voraussetzungen auszumachen, wie wir den Glauben der anderen sehen und

---

[1] *B. Tibi* (1992), 45.
[2] Mit gutem Grund stellt *W. M. Watt* (1983) seinen Erwägungen zum theologischen Verhältnis von Christentum und Islam ein umfangreiches Kapitel»The affirmation of religious truth against scientism« voran (7–43).

wie wir ihm begegnen können. Allen unseren Wahrnehmungen und Gesprächen voraus werden wir von unseren jeweiligen Annahmen, Erwartungen und Überzeugungen gelenkt. Die vielgerühmten Gelegenheiten »Begegnung« und »Dialog« können nicht von sich allein aus schon hinreichende Orte der Erkenntnis und Bewährung, der Korrektur und Bereicherung sein; sie brauchen auch die Distanz der prüfenden Sichtung und Reflexion.

Dabei kann es nicht um eine Bewertung »des« Islam schlechthin gehen, den es als einen einzigen homogenen Sachverhalt ohnehin nicht gibt. So steht schon neben der doktrinal normativen Realität die kulturell faktische[3]; und beide wiederum gibt es plural. Als komplexe, vielgestaltige und auch widerspruchsvolle religiöse Lebenswelt entzieht sich der Islam immer wieder den Systematisierungen und läßt sich nie als ganzer auf den Begriff und unter ein Urteil bringen. Sich mit ihm und seiner Beziehung zum Christentum auseinanderzusetzen verlangt eine Auswahl von Perspektiven und Zugängen. Diese sollen hier in vier Richtungen angelegt sein:

Der erste Teil befaßt sich mit der christlich-theologischen Wahrnehmung des Islam. Dabei richtet sich das Interesse nicht auf eine historische Bilanz, sondern auf das Verständnis der gegenwärtigen Verhältnisse. Diese jedoch sind nicht zu begreifen, wenn nicht zugleich repräsentative Beispiele der ferneren und näheren Vergangenheit mitbeachtet werden. – Ein zweiter Teil widmet sich der Heilsvermittlung, die in muslimischer Sprache und Sicht »Wegleitung«, in christlicher »Erlösung« und in beiden Religionen »Offenbarung« heißt. – Muslimische wie christliche Theologie können, trotz aller erheblicher Unterschiede, von Gott nicht anders sprechen als auf dem Hintergrund seines Handelns gegenüber den Menschen. Deshalb bezieht sich mit Bedacht erst der dritte Teil in seiner Überschrift ausdrücklich auf ihn. – Keine der großen Religionen sieht sich derart intensiv und konsequent in die Verantwortung für die Welt gestellt wie der Islam. Daraus ergeben sich für ihn freilich auch beträchtliche innere und äußere Spannungen. Dies behandelt schließlich der vierte Teil. In der Öffentlichkeit wird der religiöse Charakter des Islam oft durch seine politischen Erscheinungsbilder verdeckt oder verzeichnet. (Renommierte Journalisten steuern dazu in Funk, Fernsehen und Buchpublikationen ihren

---

[3] Vgl. M. Arkoun (1984), 216, mit der Unterscheidung von »islam« (»les expressions variées de ce fonds commun par les divers milieux socio-culturels«) und »Islam« (»l'aspect doctrinal, normatif, contraignant pour tous les musulmans quelle que soit leur école«). Aber auch diese Vereinheitlichung des Normativen ist ein problematisches Konstrukt.

kräftigen Anteil bei.) Demgegenüber zu einer differenzierteren und gerechteren Sicht zu finden, ist nicht nur eine Sache der allgemeinen Urteilsbildung, sondern auch eine spezifisch theologische Aufgabe. Denn hier kommt über die besonderen Aspekte des Islam hinaus das grundsätzlich prekäre Verhältnis von Religion und Welt, Glaube und Gesellschaft in den Blick.

Diesem Buch gehen zahlreiche eigene Veröffentlichungen als Vorarbeiten voraus. Das Literaturverzeichnis gibt darüber Auskunft, welche vor allem – mit unterschiedlichen Anteilen, mannigfachen Ergänzungen und auch Korrekturen – hier aufgenommen und in einen weiterreichenden Zusammenhang gestellt worden sind. Dabei sollten aber inhaltliche Überschneidungen und Wiederholungen vermieden werden. Dies alles verlangte beträchtliche Überarbeitungen. Zugleich baut dieses Buch auf meiner früheren Untersuchung »Christentum und Islam. Verwandtschaft und Konkurrenz«[4] auf und führt sie fort. Die zahlreich angemerkten Rückverweise sollen auf die wechselseitigen Beziehungen aufmerksam machen: Im Anschluß an die dort behandelten *formalen Endgültigkeits- und Universalitätsansprüche* beider Religionen stehen nun stärker die *dogmatisch-inhaltlichen Verhältnisse* im Blick. Aber die eine Sache ist von der anderen nicht zu lösen, und in beiden Fällen stellt sich die Frage, welche Konsequenzen sich daraus für eine interreligiöse Verständigung ergeben.

Zusammengehalten wird all dies durch die begründete Zuversicht, daß Religionen – wie verfestigt sie hie und da in ihrem Selbstverständnis, ihren Institutionen und ihrem manifesten Verhalten auch erscheinen mögen – *Lerngemeinschaften* sind, Kulturen im Experiment der Menschheitsgeschichte; daß sie auf Dauer nicht einfach dieselben bleiben werden, wenn sie sich wechselseitig mit Bedachtsamkeit wahrnehmen; und daß der gewiß schwierige, aber keineswegs »gescheiterte christlich-islamische Dialog«[5] über alle Barrieren hinweg eine Zukunft hat. Diese läßt sich freilich nicht theologisch vorwegnehmen, sondern nur in ihren Voraussetzungen und verschiedenen Möglichkeiten bedenken.

---

[4] Düsseldorf ²1992.
[5] So B. *Tibi* (1992), 19, aus den Erfahrungen von Spezialistengesprächen und unter der fragwürdigen Voraussetzung, daß im Dialog die Muslime von vornherein darauf verzichten müßten, »Nicht-Muslime von der für sie allein wahren islamischen Offenbarung zu überzeugen«. Vgl. aus prinzipiell religionskritischer Sicht Ṣ. Ǧ. al-Aẓm (1988), 39–42.154f.

I. Christliche Wahrnehmungen des Islam und theologische Reaktionen

1. Voraussetzungen der interreligiösen Verständigung

Christen und Muslime sehen sich in ihrem Glauben je auf ihre Weise zum Gespräch mit den Angehörigen anderer Religionen aufgefordert. In der katholischen Kirche ist das Wort »Dialog« seit dem Zweiten Vatikanischen Konzil fast zu einer inflationären Münze geworden; und Muslime können schon aus dem Koran zitieren: »Ruf zum Weg deines Herrn mit Weisheit und schöner Ermahnung, und streite mit ihnen auf die beste Art!« (16,125) – »Streitet nicht mit den Leuten der Schrift, es sei denn auf die beste Art, mit Ausnahme derer von ihnen, die Unrecht tun! Sagt: ›Wir glauben an das, was zu uns und zu euch herabgesandt wurde. Unser Gott und euer Gott ist einer.‹« (29,46) – »Ihr Leute der Schrift, kommt zu einem Wort des Ausgleichs zwischen uns und euch!« (3,64). Aber die konkreten Erfahrungen sind dennoch nicht besonders ermutigend. Mit gutem Grund kann man zu dem Urteil kommen: »Was man hoffnungsvoll als Dialog betrachten möchte, besteht zum großen Teil noch aus Monologen, die Signale in bestimmte Richtungen senden. Diese hin und her gesendeten Signale sind jedoch meist auch von wohlwollenden Empfängern kaum zu entziffern.«[1] Deshalb warnt eine kirchliche Erklärung zu Recht davor, daß man im Blick auf die interreligiösen Beziehungen den offiziellen Begegnungen und theologischen Erörterungen zuviel Gewicht beimesse; denn so »könnte der Dialog schnell zu einer Art Luxus« werden, »zu einer Domäne gleichsam, die den Spezialisten vorbehalten ist«.[2] Tragfähiger als der »Dialog des theologischen Austauschs, in dem Spezialisten ihr Verständnis ihres jeweiligen religiösen Erbes vertiefen und die gegenseitigen Werte zu schätzen lernen,« und nicht weniger anspruchsvoll könnten demgegenüber sein der »Dialog des Lebens, in dem Menschen in einer offenen und nachbarschaftlichen Atmosphäre zusammenleben wollen«, der »Dialog des Handelns, in dem Christen und Nichtchristen für eine

---

[1] *J. Waardenburg* (1992), 209f. – Zu den dominierenden Verständnisbarrieren vgl. *L. Gardet* (1977), 316–327: Préjugés occidentaux et «pierres d'attente».
[2] *Päpstlicher Rat für den Interreligiösen Dialog / Kongregation für die Evangelisierung der Völker* (1991), 23: Nr. 43.

umfassende Entwicklung und Befreiung der Menschen zusammenarbeiten«, und der »Dialog der religiösen Erfahrung, in dem Menschen, die in ihrer eigenen religiösen Tradition verwurzelt sind, ihren spirituellen Reichtum teilen, z. B. was Gebet und Betrachtung, Glaube und Suche nach Gott oder dem Absoluten angeht«.[3]

Aber dies nimmt den theologischen Studien nicht ihr Gewicht. Von den theoretischen Voraussetzungen und Implikationen der interreligiösen Beziehungen hängt Entscheidendes ab. Es gibt auch bei ihnen wie anderswo keine Praxis ohne Theorie; wer meint, er könne diese vernachlässigen, verfällt leicht einer schlechten. Außerdem sind die theoretischen Fragen gerade im Verhältnis zum Islam brisant für das Selbstverständnis des christlichen Glaubens und der Kirche. Doch um sich darauf einzulassen, ist zunächst anderes erforderlich als der äußere »Dialog«:

Vor der Zusammenkunft, dem gemeinsamen Gespräch, dem wechselseitigen Austausch und der Zusammenarbeit stehen bereits die Auseinandersetzungen mit der fremden Religion in uns selbst. Auch ohne daß wir einander ausdrücklich treffen und miteinander sprechen, führen wir schon folgenreiche Verhandlungen »in unserem Kopf«. Sie gehen dem realen Dialog voraus, begleiten ihn unterschwellig und reichen inhaltlich wie zeitlich weit über ihn hinaus. Freilich können diese inneren Verarbeitungen sehr unkontrolliert ablaufen; sie müssen sich nicht der Prüfung und Bewährung aussetzen, sind den konkreten Erfahrungen von Einverständnis oder Widerspruch zunächst entzogen. Gar zu leicht kann in ihnen das Interesse der Selbstbehauptung die Oberhand gewinnen über die sachliche Klärung der Verhältnisse.

Die Theologie ist demgegenüber einerseits der Ort, an dem die Verständigung über das Verhältnis zur anderen Religion nicht von einengenden Bedingungen eines konkreten Gesprächs abhängig ist – den zufälligen Interessen, den besonderen Kommunikationsschwierigkeiten, den wechselseitig ungeklärten Voraussetzungen, den taktischen Rücksichtnahmen usw. – ; andererseits ist sie aber auch der Ort, an dem diese Verständigung sich der Öffentlichkeit und damit dem möglichen Widerspruch stellt. Dabei sollen vor allem Muslime, wenn sich christliche Theologen mit dem Islam befassen, ihren Glauben und ihre Gemeinschaft wiedererkennen können, ohne daß die positionellen Vor-

---

[3] Ebd. 22: Nr. 42, mit Bezug auf das 1984 veröffentlichte Dokument des Päpstlichen Rates für Interreligiösen Dialog: Dialog und Mission. Gedanken und Weisungen über die Haltung der Kirche gegenüber den Anhängern anderer Religionen, in: Osservatore Romano, dt., 14, 1984, Nr. 34/35, 10f.

aussetzungen und Differenzen des nichtmuslimischen Standortes verdeckt werden und die Frage, wie die gegensätzlichen Geltungsansprüche jeweils verantwortet werden sollen, aus dem Blick gerät. Diese Aufgabe verlangt geduldige Arbeit und läßt große Erwartungen nicht zu. Gemessen an den gegebenen Möglichkeiten klingt das Stichwort »Dialog« oft zu pathetisch. Was theologisch mit einigen realistischen Vorbehalten zu erreichen ist, kann man in mehrfacher Hinsicht skizzieren:

a. Die unsichere Bewertung des Gemeinsamen

Es ist unter den gegenwärtigen Voraussetzungen nicht abzusehen, wie die Differenzen des christlichen und des islamischen Glaubens je überwunden werden könnten. Bei aller Bereitschaft, in erster Linie das Verbindende zu achten, alte Barrieren abzubauen und einander in offener Verständnisbereitschaft zu begegnen, bleiben die Gegensätze doch zu bedeutend und zu massiv, als daß sie sich schon mit harmonisierenden theologischen Interpretationen aufheben oder auf beiläufig sekundäre Momente reduzieren ließen.

Darüber hinaus reicht es aber für beide Religionen auch nicht hin, wenn sie nach ihrer bislang vorherrschenden Neigung den jeweils anderen Glauben nur als eine noch unzulängliche Vorstufe oder eine fehlerhafte Variante des eigenen beurteilen und unter diesem Vorbehalt auch relativ anerkennen. Deshalb kann sich christliche Theologie nicht mit den Aussagen des Zweiten Vatikanischen Konzils begnügen, die den Eindruck nahelegen, als ob der Islam nur einiges hinter der Fülle christlicher Wahrheit zurückbliebe und zur vollen Einsicht gelangen könnte, falls er nur in der Konsequenz seiner jetzigen Überzeugungen noch einige Schritte weiterginge. Damit würde die historische, soziale und inhaltliche Eigenständigkeit des muslimischen Glaubens völlig übersehen. Die traditionsgeschichtlichen Zusammenhänge zwischen Christentum und Islam würden nur bewertet nach dem Schema eines dogmatischen Gefälles.

Umgekehrt behindert die im Islam unangefochten gültige Annahme, daß die originale Verkündigung Jesu, sein wirkliches Geschick und seine wahre Bedeutung allein im Koran zuverlässig bezeugt seien und daß die neutestamentlichen Schriften immer nach ihm kritisch beurteilt werden müßten, kräftig das Verständnis der geschichtlichen und theologischen Grundlagen des Christentums. Dann genügt es beispielsweise, einfach in den Koran zu schauen, um mit Berufung auf Sure 19,30 von Jesus sicher zu wissen: »Er sagte nicht ›Ich bin der Sohn

Gottes«, sondern ›der Knecht Gottes‹.«[4] Und die für das christliche Bekenntnis zentrale Aussage, daß Jesus gekreuzigt wurde, kann so nach der Aussage des Koran – »aber sie haben ihn nicht getötet und ihn nicht gekreuzigt« (4,157) – nicht mehr sein als ein theologisch folgenreicher Irrtum oder eine absichtsvolle Verkehrung des historischen Tatbestandes.[5]

Aber damit wird schließlich die von Muslimen immer wieder zu hörende Feststellung, daß der Islam Jesus als von Gott gesandten Propheten anerkenne, die Christen dagegen nichts Entsprechendes von Mohammed zu sagen wüßten[6], ihrerseits fragwürdig; denn sie übergeht gerade das in anderem Zusammenhang hartnäckig gestellte Problem, wieweit man den ʿĪsā des Koran überhaupt mit dem Jesus der biblischen Zeugnisse und des christlichen Glaubens identifizieren kann.

Zur Bekräftigung ihres Verständnisses Jesu berufen sich heutzutage islamische Theologen häufig auf das vermeintliche Evangelium des *Apostels Barnabas.*[7] Doch diese Schrift stammt aus dem 16. Jahrhundert, möglicherweise von einem zum Islam konvertierten Juden; das älteste Manuskript ist italienisch; frühere Zeugnisse dafür gibt es nicht. Mit solchem Bemühen um den zusätzlichen Anschein einer wissenschaftlichen Begründung bestärken diese Theologen jedoch nur den Eindruck der eigenen historischen Naivität und schwächen auf christlicher Seite die Bereitschaft zu einer ernsthaften Auseinandersetzung mit dem Islam über das Verhältnis des christlichen Glaubens zum historischen Jesus.

Um das Christentum mit seinem universalen Sendungsbewußtsein als illegitime Religion von dem Glauben und der Gemeinschaft Jesu abzuheben, wird es in heutiger muslimischer Literatur gelegentlich sogar mit einem eigenen Namen benannt: »ṣalībiyya«, d. h. zugleich »Kreuzes-« wie »Kreuzzugsreligion«[8] – im Unterschied zu den beiden vom Koran her naheliegenden Namen »naṣrāniyya« (von der Benennung der Christen als »Nazarener«: naṣārā) und »masīḥiyya« (von »al-masīḥ«: »der Messias«). Damit werden nicht nur die kriegerischen

---

4 Ṣ. al-ʿAǧmāwī (1989), 117f.
5 Vgl. später S. 135–142.
6 Vgl. S. 122–126.153–160.
7 Z. B. A. Šalabī (1960), 144–154, der trotz seiner ausdrücklichen Wahrnehmung historischer Bedenken diese Schrift als »das verlorene Bindeglied« zwischen Christentum und Islam verteidigt, zumal er in Barnabas (nach Gal 2,13) den Widerpart des Paulus sieht, den dieser ausschalten wollte (65). Vgl. A. Th. Khoury / L. Hagemann (1986), 84–90; J. Slomp (1982).
8 M. al-Ġazālī (1984), 88–90: aṣ-ṣalībiyya diāna ǧadīda fī manbaʿihā wa-maṣabbihā (Das Christentum ist eine neue Religion von seinem Ursprung bis zu seiner Mündung).

Aktionen des Christentums in Erinnerung gerufen und zu einem Ausdruck seines expansiven Wesens erklärt, sondern außerdem wird auf seine vom Islam abgelehnte Kreuzestheologie angespielt. Letztlich sollen aber darüber hinaus auch noch alle übrigen Differenzen, mit denen sich das nachjesuanische Christentum vom Islam abhebt und gegen ihn stellt, ebenso als unzulässige theologische Neuerungen wie als Folgen anmaßender Herrschaftsgelüste verstanden werden. Was im Koran in positiver Würdigung über die »Leute der Schrift«, d. h. vor allem Juden und Christen, als Empfänger der göttlichen Offenbarung schon vor Mohammed geschrieben steht, soll nicht ohne weiteres auch auf deren Religionen übertragen werden können, soweit diese noch nach der Verkündigung des Koran und gegen ihn für ihre eigene Lehre Geltung beanspruchen.

Zwar ist diese scharfe Unterscheidung von zwei grundsätzlich anders zu benennenden Christentümern weder im Sprachgebrauch des Koran verankert noch heute in der muslimischen Literatur allgemein verbreitet; doch zeigt sich die prinzipiell zwiespältige Einschätzung der Christen und ihres Glaubens schon in Mohammeds Verkündigung. So sind etwa Anerkennung und Verwerfung in dem einen Koranvers zusammengeschlossen: »Die Leute des Evangeliums sollen nach dem urteilen, was Gott darin herabgesandt hat; und diejenigen, die nicht nach dem urteilen, was Gott herabgesandt hat, das sind die Frevler.« (5,47). Wenn hier »das Evangelium« zum Kriterium gemacht wird, wird nicht auf eine der neutestamentlichen Schriften, auch nicht auf einen Teil von ihnen oder ihre Gesamtheit verwiesen, sondern allein auf die Substanz in ihnen, die vor dem Koran Bestand hat: »Wir haben zu dir das Buch mit der Wahrheit hinabgesandt, damit es bestätige, was vom Buch vor ihm war, und darüber Gewißheit gebe. So urteile zwischen ihnen nach dem, was Gott herabgesandt hat, und folge nicht ihren Neigungen, damit du nicht von dem abweichst, was von der Wahrheit zu dir gekommen ist.« (5,48).[9]

Dementsprechend stellt der Koran die Christen einmal zu denen, die am Tag des Gerichts als Gläubige die Barmherzigkeit Gottes erfahren werden: »Diejenigen, die glauben, die Juden sind, die Sābier und die Christen, diejenigen, die an Gott und an den Jüngsten Tag glauben und Gutes tun, haben nichts zu befürchten und werden nicht traurig sein« (5,69); ein andermal dagegen droht der Koran den Christen und ihrem Bekenntnis im scharfen Wort: »Wenn sie mit dem, was sie sagen, nicht

---

[9] Zu »Evangelium« und »inǧil« vgl. S. 129–133.

aufhören, wird diejenigen von ihnen, die ungläubig sind, eine schmerzhafte Strafe treffen.« (5,73). Mit anderen Worten heißt dies: Wenn die Christen ihr Christentum nicht so realisieren, wie es nach Maßgabe des Koran allein jesuanisch sein kann: nämlich muslimisch, dann »gleichen sie in ihrer Rede denen, die vorher ungläubig waren« (9,30), d. h. den götzendienerischen Heiden. Bezeichnend für diese Konfrontation ist schon in ihrem Titel eine Streitschrift des herausragenden traditionalistischen Theologen des Mittelalters *Ibn Taymiyya* (gest. 1328) gegen die Christen: »Die richtige Antwort auf diejenigen, die die Religion des Christus veränderten«[10].

Wie schwer sich der Islam damit tut, der christlichen Tradition einigermaßen gerecht zu werden, wird am deutlichsten bei den Bewertungen des Apostels *Paulus.* In muslimischer Theologie wird er durchweg als derjenige gesehen, der die lautere Botschaft und die echte Gemeinschaft Jesu (naṣrāniyyat ʿĪsā) mit den Philosophemen »verschiedener fremder Kulturen, darunter die jüdische, die der Mithrasreligion und die alexandrinischen Glaubenslehren,« vermengt und so nach seinem eigenen Ermessen eine neue Religion (masīḥiyyat būlus) geschaffen habe.[11] Oder mit einer anderen repräsentativen Stimme gesagt: »Paulus ist der Stifter der heute geltenden christlichen Religion; Christus hat mit ihr nichts zu tun.«[12] – »Saulus schuf das Christentum auf Kosten Jesu, und Saulus, der später Paulus genannt wurde, er ist in Wahrheit der Begründer des Christentums.«[13]

Freilich müßten solche Beurteilungen der frühen Christentumsgeschichte die Berufungserfahrungen des Paulus als einen irritierenden Tatbestand sehen – wenn sie sie nicht entweder schlicht übergingen, als Täuschungsmanöver ausgäben[14] oder die Sache einfach für unkontrollierbar und deshalb für nicht diskussionswürdig hielten[15]. Hier könnten sie auf irritierende Analogien zu ihrer eigenen Tradition stoßen:

---

[10] *Ibn Taymiyya* (1984 b): al-ǧawāb aṣ-ṣaḥīḥ li-man baddal dīn al-masīḥ.
[11] Ṣ. al-ʿAǧmāwi (1989), 149.
[12] *A. Šalabi* (1960), 29.
[13] Ebd. 45; ähnlich auch 46, 61, 87 u. ö. Vgl. im Überblick *A. Th. Khoury / L. Hagemann* (1986), 90–108: Die paulinischen Überlieferungen; mit dem zusammenfassenden Urteil: »Mit Paulus – das ist die übereinstimmende Überzeugung muslimischer Autoren – hat sich die Gestalt des ursprünglichen Christentums total verändert.« (90).
[14] Vgl. *Raʾūf Shalabi* nach A. Th. Khoury / L. Hagemann (1986), 92: Da es Paulus trotz aller Bemühungen nicht gelungen sei, die christlichen Gemeinden zu zerstören, habe er »eine andere Methode angewandt: Die Zerstörung des Christentums von innen her.«
[15] *A. Šalabi* (1960), 58: »Manche glauben daran, andere halten es für eine erfundene, schlecht gemachte Geschichte«; »ob man der Sache zustimmt oder sie ablehnt, auf jeden Fall kann man nicht darüber streiten«.

Wie Mohammed weiß sich auch Paulus von Gott als »*Gesandter*« bestellt (das griechische Wort *apóstolos* entspricht dem arabischen *rasūl*, und demnach verschwindet in den arabischen Übersetzungen des Neuen Testaments dieser sprachliche Unterschied). Von Paulus wie von Mohammed wird bezeugt, daß am Anfang ihrer Sendung eine »Offenbarung« stand, die sie visionär bestürzend packte und ihnen ihre Botschaft auferlegte. Von Mohammed heißt es: »Er sah ihn [den Engel Gottes] am klaren Horizont« (81,23), und Gott »offenbarte seinem Diener, was er offenbarte« (53,10), so daß der Gesandte sich gegen seine Widersacher verteidigen kann: »Ich folge nur dem, was mir von meinem Herrn offenbart wird« (7,203). Auf ein ähnliches Erleben aber kann sich zu seiner Rechtfertigung auch Paulus beziehen, wenn er fragt: »Bin ich nicht Apostel? Habe ich nicht Jesus, unseren Herrn, gesehen?« (1 Kor 9,1; vgl. 1 Kor 15,8); und auch er kann sagen, daß er seine Botschaft »nicht von einem Menschen«, sondern durch »Offenbarung« (Gal 1,11f[16]) erhalten hat und sich deshalb unausweichlich »zum Evangelium Gottes berufen« (Röm 1,1) sehen muß.

Wenn muslimische Theologie demgegenüber Paulus als einen ausgibt, der sich schlechthin aus eigenem Antrieb des Evangeliums bemächtigte und es nach seinen verkehrten Vorstellungen umbog, schlägt sie dieselbe apologetische Strategie ein, die das Christentum seinerseits über viele Jahrhunderte hinweg wählte, um mit Mohammed und dem Islam zurechtzukommen. Beide Religionen stehen offensichtlich vor der erheblichen Schwierigkeit, daß sie die eigene Realität teilweise auf der anderen Seite wiederfinden, die gemeinsamen Elemente aber dennoch nicht in den eigenen Glaubenshorizont einordnen können. So greifen sie zu moralischen oder intellektuellen Diskriminierungen der ihnen fremden »Gesandten«. Weder das Christentum noch der Islam verfügen bislang über eine hinreichende Hermeneutik zum Verständnis der jeweils entgegengesetzten Ursprungsgeschichte und zur Beurteilung ihres wechselseitigen Verhältnisses.

b. Die Wahrnehmung der theologischen Verlegenheiten

Wie keine der sonstigen großen Religionen beanspruchen Christentum und Islam universale Zustimmung zu ihrer Verkündigung der endgültigen Offenbarung Gottes. Doch müssen sie dabei zugleich hinnehmen,

---

[16] Nicht alle arabischen Bibelübersetzungen gebrauchen hier für *apokálypsis* den Begriff *waḥy*, der im Koran für die Offenbarung Gottes steht; stattdessen wird auch das alltäglichere Wort *i'lān* (Veröffentlichung) gewählt.

daß sie diesen in doppelter Weise unüberholbaren Geltungsanspruch der *Endgültigkeit und Universalität* faktisch nicht einlösen können. So sind sie gerade in der Hinsicht, in der sie zueinander in fundamentaler Opposition stehen, auch zusammengeschlossen im gemeinsamen Geschick. Um dies zu verarbeiten, haben beide von Anfang an zahlreiche Diskriminierungsmuster gebildet, damit sie diejenigen, die sich dem geforderten Bekenntnis verweigern, als »verstockt«, »verworfen« usw. abtun können. Aber ein solches Verfahren ist nur unter der Voraussetzung scharfer Konfrontationen und mächtiger Feindbilder glaubwürdig genug, um die geschichtlichen Enttäuschungen wirksam aufzufangen.[17]

Dieses Problem des mangelnden Einverständnisses erscheint freilich als religiös nicht mehr gleichermaßen belastend, sobald den Menschen anderer Religionen prinzipiell die Heilsmöglichkeit zugestanden wird. Dennoch ist die theologische Verlegenheit, wie für den eigenen Glauben eine universale Geltung beansprucht werden soll, obwohl sich ihm – vermutlich auf Dauer – nur ein Teil der Menschheit anschließt, unter dieser soteriologisch großzügigen Voraussetzung keineswegs beseitigt; vielmehr zeigt sich so nur noch deutlicher: Christentum und Islam müssen einräumen, daß sie in der Realität nicht das aufnahmebereite Auditorium haben, das sie dogmatisch fordern; es steht ihnen nicht nur der Unglaube gegenüber, sondern eine achtenswerte Vielfalt religiöser Kulturen und persönlicher Standorte.

Unübersehbar gibt es keine allgemeingültige Rekonstruktion der Glaubwürdigkeit der je eigenen religiösen Überzeugungen; vielmehr sind alle Antworten auf die Wahrheitsfrage bereits positionell bedingt und können nur begrenzt Anerkennung finden. Dies zu bedenken und zu verantworten ist dem Verhältnis der Religionen dienlicher als der Versuch, den Anspruch des christlichen Glaubens auf universale Zustimmung in theologischen Kontroversen zu behaupten. Damit wird die Wahrheitsfrage nicht als obsolet beiseite geschoben; doch wer sie ernst nimmt, muß noch nicht den Austausch von Argumenten für einen hinreichend tragfähigen Verständigungsweg halten. In dieser Sache haben religions- und lebensgeschichtliche Faktoren ein erheblich größeres Gewicht.

Die unüberwindbare, ja sogar respektable Pluralität der religiösen Kulturen, weltanschaulichen Positionen und biographischen Wege liegt allen einzelnen Verständigungsschwierigkeiten voraus und gibt

---

[17] Vgl. *H. Zirker* (1992a), 168–171: Moralische und intellektuelle Diskriminierungen.

ihnen ihre besondere theologische Brisanz. Sie bestimmt Christentum und Islam nicht nur in ihren interreligiösen Beziehungen, sondern macht diese beiden Religionen zugleich zum profiliertesten Widerpart der neuzeitlichen *Religionskritik;* denn dieser geht es in einer ihrer vorrangigen Stoßrichtungen um die Verantwortbarkeit der in den religiösen Bekenntnissen implizierten Behauptungen. Für solche Verantwortung setzt sie jedoch die Möglichkeit voraus, intersubjektiv Zustimmung zu gewinnen. Soweit sich Christentum und Islam auf die Beunruhigungen der Religionskritik einlassen[18], müssen gerade sie beide unter den übrigen Religionen sich besonders dringlich herausgefordert sehen. Und soweit sie umgekehrt die Verlegenheiten ihres wechselseitigen Verhältnisses ernsthaft wahrnehmen, können sie sich auch eher den radikaleren Anfechtungen der Religionskritik stellen.

Neben dem dringlichen, aber zugleich recht bescheidenen Ziel, für die andere Religion *Verständnis* zu gewinnen, und der faktisch zu prätentiösen Absicht, mit ihr über die »*Wahrheitsfrage*« zum Einverständnis zu kommen, gibt es also ein drittes: die jeweiligen Geltungsansprüche in ihrer verlegenheitsstiftenden Konkurrenz zu sichten und in ihrer *Verantwortbarkeit* zu prüfen.

Da es bei diesen geistesgeschichtlich spannungsvollen Beziehungen um die Identität religiöser Gemeinschaften geht, läßt sich ihre Zukunft nicht schon allein in theologisch spekulativen Erörterungen oder dogmatisch lehrhaften Festschreibungen vorwegnehmen. Deutlich erkennbar ist jedoch, daß Christentum und Islam unausweichlich vor der Frage stehen, wieweit sie angesichts ihres überkommenen Geltungsanspruchs ihren Glauben überhaupt in geschichtlicher Bedingtheit und sozialer Dynamik auf weitere Verständigung hin offen sehen können.

c. *Die notwendige Erörterung der gesellschaftlichen und politischen Lage*

Keine der Religionen kann in unserer pluralen Welt für sich allein die umfassende Orientierung gemeinsamen Handelns bieten. Dies ergibt sich nicht nur aus den alltäglichen Erfahrungen in säkularisierter Gesellschaft, sondern darüber hinaus ebenso aus der globalen Wahrnehmung der Völker und Kulturen in ihrer Schicksalsverbundenheit. Unumgänglich werden die Religionen dabei in ihrer Leistungsfähigkeit relativiert; denn die sozialen und politischen Integrationen setzen

---

[18] Vgl. die Provokation des Islam durch Ṣ. Ǧ. al-ʿAẓm (1988), bes. 12–54.

Werte, Normen und Regeln voraus, die von den besonderen Geltungsansprüchen des religiösen Glaubens und den Verpflichtungen des religiösen Lebens auf weite Strecken absehen können. Bei einer Fülle aku-
ter Probleme (Überbevölkerung der Welt, verbreitete Hungersnöte,
militärische Konfrontationen, Unterdrückung und Verfolgung von
Minoritäten, Gefährdungen öffentlicher und freier Verständigung in
Politik und Religion usw.) erweist sich – meist eher beiläufig, manchmal aber auch in dramatischen Auseinandersetzungen –, daß es wenig
hilfreich ist, oft sogar hinderlich, wenn man die Lösungen in dem Ant-
wortreservoir der religiösen Traditionen suchen will. So zeigten sich
etwa in der neuzeitlichen Geschichte des Christentums und des Islam
»grundlegende Vorbehalte beider Religionsgemeinschaften gegen die
Menschenrechte«; demzufolge könnte umgekehrt ein gemeinsames
Engagement für diese Rechte, »vielleicht zu dem ›Ort‹ werden, in dem
beide Religionsgemeinschaften sich mit der Moderne auseinandersetzen«.[19]

Dieser Einsicht wollen sich innerhalb der Religionen die Strömungen und Gruppen verschließen, die üblicherweise als »fundamentalistisch« bezeichnet werden.[20] Zwar haben sie in Christentum und
Islam aufgrund der unterschiedlichen geschichtlichen Erfahrungen
und theologischen Voraussetzungen nicht dieselbe Bedeutung und Brisanz; doch belegen sie hier wie dort, daß sich die interreligiöse Verständigung nicht allein auf einen Dialog über die dogmatischen Traditionen
des Glaubens beschränken kann, sondern notwendigerweise auch die
weiterreichende Diskussion gesellschaftlicher Ordnungsvorstellungen
einschließen muß. Freilich werden theologische Untersuchungen und
Erörterungen dabei nicht das leisten können, was die Sache von sozial-,
politik- und wirtschaftswissenschaftlichen Arbeiten ist.

d. Die wechselseitige Herausforderung

Sich dem Islam zu stellen bedeutet für die christliche Theologie unter
anderem auch, den eigenen Glauben auf dem Umweg über den anderen
in den Blick zu bekommen. Manche Elemente seiner geschichtlichen
und sozialen Realisierungen – seiner dogmatischen Entfaltungen, institutionellen Ausformungen, moralischen Konsequenzen usw. – erscheinen so profilierter, auch in ihren Problemen. Es geht also nicht nur

---

[19] *J. Schwartländer / H. Bielefeldt* (1992), 12f.
[20] Vgl. später S. 260–271.

darum, das Gemeinsame und Gegensätzliche zu registrieren, die historisch vorgegebenen Einstellungen zum Islam und Urteile über ihn kritisch zu sichten und dabei schließlich vielleicht zu besseren Beziehungen zu finden, sondern auch darum, die eigene Realität im Spiegel der fremden Erfahrungen und Reaktionen zu sehen. Gerade der Islam läßt sich als ein erhebliches Stück christlicher Wirkungsgeschichte begreifen.

Zugleich sind beide Religionen genau an der Stelle, an der sie miteinander vehement konfrontiert sind, nämlich bei dem universalen Geltungsanspruch ihrer jeweils eigenen Glaubensüberlieferung, auch im gemeinsamen Geschick miteinander verbunden. Für beide stand zu Beginn ihrer Geschichte die ermutigende Erfahrung, daß sich ihre Botschaft ausbreitet und sich die Gemeinschaft der Gläubigen in erstaunlicher Weise vergrößert – wenn auch jeweils unter kulturell und politisch recht unterschiedlichen Voraussetzungen. Beide hatten den »Erweis von Geist und Kraft« (1 Kor 2,4) auf ihrer Seite; »Gottes Schar – das sind diejenigen, die siegen« (Koran 5,56). Neben ihnen schien kein legitimer Platz zu sein für eine andere Glaubensgemeinschaft; »denn es ist kein anderer Name unter dem Himmel Menschen gegeben, durch den wir gerettet werden sollen« (Apg 4,12); und: »Wer eine andere Religion als den Islam begehrt, sie wird nicht von ihm angenommen werden, und im Jenseits gehört er zu den Verlierern« (Koran 3,85). So wurde hier wie dort von Anfang an das Selbstverständnis gestärkt, nach dem alle gutgesinnten Menschen der verkündeten Lehre zustimmen und sich in die vorgegebene Gemeinschaft einfügen können müßten. Die Tradierung des Glaubens schien nur eine Frage der engagierten Vermittlung einerseits und der moralischen Aufnahmebereitschaft andererseits. Daraus erklärt sich leicht, daß in den grundlegenden religiösen Zeugnissen beider Religionen kaum Verständnishilfen zur Verfügung stehen, um die sich in späterer Geschichte aufdrängenden Erfahrungen, daß der jeweilige Glaube faktisch doch nur eine begrenzte Überzeugungskraft hat, zu verarbeiten.

Über viele Jahrhunderte hinweg waren weder das Christentum noch der Islam in der Lage, die Fragen, die sich aus ihrer Konfrontation ergaben, auch nur ernsthaft wahrzunehmen. Im Christentum tat man den Islam das Mittelalter hindurch bis weit in die Neuzeit hartnäckig als das Ergebnis eines wahnhaften oder betrügerischen, jedenfalls von Machtpolitik besessenen Pseudopropheten ab, der mit seinen nur bruchstückhaften Kenntnissen der biblischen Überlieferungen den Koran als ein Buch voller Irrtümer und Mißverständnisse verfaßte.[21] Trotz vereinzelter Ansätze einer solideren Auseinandersetzung lag es völlig außerhalb des christlichen Denkhorizonts, unter dem Einfluß des Islam das eigene Selbstverständnis neu zu reflektieren. So war beispielsweise selbst für *Nikolaus von Kues,* der sich im Rahmen der Möglichkeiten des 15. Jahrhunderts intensiv um eine gründliche Kenntnis des Koran bemühte, dieses Buch der »Sekte Muḥammads«, die aus dem christlichen Nestorianismus hervorgegangen sei, entsprechend der traditionellen christlichen Polemik voller »Phantastereien« und »Täuschungsmanöver«, ein Ergebnis von »Unwissenheit« und »böser Absicht«, »verlogen« usw.[22] In genauer Umkehrung der hermeneutischen Position des Islam – aber damit ihr gerade formal gleich – betonte er, »daß nur das im Koran als Licht der Wahrheit und der ›Rechtleitung‹ bezeichnet werden darf, was mit dem Evangelium übereinstimmt.«[23] Darüber hinaus folgerte er traditionsgeschichtlich sogar: »Wenn daher im Koran etwas schön, wahr und klar ist, so rührt das notwendigerweise vom strahlenden Licht des Evangeliums her«; denn »das erkennt jeder, der sich nach der Lektüre des Evangeliums dem Koran zuwendet.«[24] Auf diese Weise suchte jede Seite nur ihre Selbstbestätigung.

Soll der Islam als solcher von der christlichen Theologie gewürdigt werden, reicht es nicht hin, ihn zum einen all den anderen Religionen zuzuordnen, die »nicht selten einen Strahl jener Wahrheit erkennen lassen, die alle Menschen erleuchtet«[25], und zum anderen darüber hinaus noch die einzelnen Elemente aufzuzählen, die ihm mit der biblischen Tradition gemeinsam sind, sondern es müßte vor allem bedacht werden, ob und wie der Endgültigkeitsanspruch des christlichen Glaubens mit einer weitergehenden Religionsgeschichte so zusammengesehen werden kann, daß diese nicht von vornherein als schlechterdings illegitim gelten muß. Die christliche Auseinandersetzung mit dem Islam verlangt also insbesondere eine theologische Verarbeitung der fortdauernden Religions- und Kirchengeschichte.

---

[21] Zur Geschichte der Beurteilungen des Islam im Abendland vgl. *N. Daniel* (1960); *R. W. Southern* (1981), als kürzere Übersicht *G. C. Anawati* (1991); *N. Daniel* (1976); zur neuzeitlichen Islamwissenschaft und Theologie *K. Hock* (1986); *J.-J. Waardenburg* (1970).

[22] *Nikolaus von Kues* (1460/61), 2–4: Nr. 1f; 10–13: Nr. 9; 32f: Nr. 23. – (Die Übersetzung von »secta« mit »Sekte« ist freilich nicht unproblematisch; das Wort bezeichnet eher eine eigene religiöse »Richtung«, »Schule« o.ä.).

[23] Ebd. 48f: Nr. 39.

[24] Ebd. 50f: Nr. 41. – Zu *Nikolaus von Kues'* Position in seiner Schrift »De pace fidei« vgl. später S. 60–75.

[25] *Zweites Vatikanum,* Nostra aetate, Art. 2.

Während man sich mit dem biblischen Judentum, da man in diesem die eigene Vorgeschichte sah, intensiver befaßte, konnte man für den Islam als einem erheblichen Stück Wirkungsgeschichte des Christentums kein auch nur annähernd gleiches Interesse aufbringen. Für eine nachchristliche Religion hatte man keine angemessenen theologischen Kategorien.

Aus der Verarbeitung des Nebeneinanders von Christentum und Islam müßten sich freilich umgekehrt auch entsprechende Herausforderungen für die Muslime ergeben. Zunächst sind sie gefragt, wieweit sie bereit sind, das Christentum so wahrzunehmen, daß sich Christen in ihrem Glauben einigermaßen verstanden und ernst genommen sehen können. Es reicht nicht hin, in den Koran zu schauen und sich von dort her sagen zu lassen, was vom Christentum und vom christlichen Glauben zu halten sei. Für islamische Theologie dürfte es nicht ohne weiteres ausgemacht sein, daß die »naṣārā« des Koran die »Christen« sind, denen sie sich heute gegenübersieht; sie müßte vielmehr mit der Möglichkeit rechnen, daß der Koran an vielen Stellen nur ein bestimmtes Christentum, nämlich das des 7. Jahrhunderts im Wirkungsbereich Mohammeds, im Blick hat[26]; dann wäre zu bedenken, wieweit das, was über das Christentum jener Zeiten und Regionen gesagt wird, das übrige überhaupt betrifft. Solche Erwägungen berühren noch nicht im geringsten den Geltungsanspruch des Koran; denn zu diesen Fragen sagt er nichts. Doch lassen bis heute muslimische Theologen ihr Bild vom Christentum derart vom Koran bestimmt sein, daß sich ihnen ein ernsthaftes Studium der biblischen Schriften und des kirchlichen Glaubensverständnisses weitgehend erübrigt.[27] Wie sehr sich in dieser Hinsicht der Islam in einer unaufgearbeiteten Situation befindet, wird von ihm selbst kaum wahrgenommen. Es muß ihm auch schon jeder Ansatz zu einer solchen Einsicht prinzipiell schwerfallen, da die Annahme, es gäbe zum theologischen Verständnis der Religionen und ihres wechselseitigen Verhältnisses über den Koran hinaus noch Neues zu lernen, gegen die muslimische Voraussetzung steht, daß alles theologisch erhebliche Lernen immer eine Entfaltung dessen ist, was der Koran schon vorgibt.

Grundsätzlich könnte sich der Islam darüber hinaus noch vor die viel schwierigeren Fragen gestellt sehen, ob er mit der jüdischen und der

---

[26] Vgl. *W. M. Watt* (1990), 66–70: The Christianity criticized in the Qur'ān. Vgl. auch später S. 191f.

[27] Vgl. etwa das deprimierende Ergebnis der Untersuchung von *A. Th. Khoury / L. Hagemann* (1986).

christlichen Religion zusammen nicht weit mehr in eine übergreifende Erfahrungs- und Traditionsgeschichte eingelassen ist, als er dies bislang einräumt; ob nicht auch die Fundamente seines Glaubens noch abhängig sind von den Bedingungen menschlicher Kultur; ob wirklich der Glaube an Gottes Offenbarung untergraben würde, wenn man sie weit stärker in die Wechselwirkungen historischer Faktoren eingebunden sähe, als dies islamischer Theologie bislang möglich scheint.[28]

Selbstverständlich kann in dieser Sache nicht die christliche Theologie für den Islam antworten oder ihm gar vorschreiben, was seine eigenen Antworten sein müßten. Sie kann jedoch damit rechnen, daß es sich auf Dauer auch über ihre eigenen Grenzen hinaus auswirken dürfte, wenn sie sich selbst ihren eigenen Traditionen und denen der fremden Religionen gegenüber gelassen solchen Fragen stellt. Aus dem Verhältnis von Christentum und Islam folgt jedenfalls in erster Linie die Dringlichkeit, daß beide ihr Offenbarungs- und Geschichtsverständnis nicht nur dogmatisch behaupten, sondern verantworten im Blick auf die Realität des jeweils anderen – unter Berücksichtigung aber auch der Anfragen und Einwände, die sich ihnen aus der neuzeitlichen Aufklärung ergeben.[29]

e. »Dialog« über Geltungsansprüche?

Wer in einem »Dialog« mehr sieht als eine Strategie der freundlichen Begegnung, der vordergründigen Lernbereitschaft und der missionarischen Einladung, kann nicht gleichzeitig mit stabilen, gar exakten Grenzen absichern, daß keinesfalls »die Wahrheit« zur Disposition gestellt werde. Wenn der Partner ernst genommen werden soll, ist Dialog nicht zu haben ohne *Relativierungen* der eigenen Position *auf eine mögliche bessere Einsicht hin* – vielleicht auch in einem bislang für »wesentlich« erachteten Element. (Dabei ist nichts an dem Wort »Relativierung« selbst gelegen; wer mit ihm nur »Indifferenz« und ähnliches assoziiert, mag es lassen und einen besseren Ausdruck suchen.) Als Konsequenz bleibt nur die Alternative: Entweder wir setzen uns dem

---

[28] Die einzigen Ansatzpunkte für eine historische Betrachtung des Koran ergeben sich für die traditionelle islamische Exegese aus der Berücksichtigung der *Offenbarungsanlässe (asbāb an-nuzūl)* und der *Abrogation oder Aufhebung* (nash̲) einzelner Bestimmungen des Koran durch später offenbarte Verse.

[29] Vgl. *W. M. Watt* (1988), 71–124: The self-image and contemporary problems; *R. Caspar* (1987), 332–365: Les problèmes de l'islam contemporain (1. Etat et religion: religion d'Etat, laïcité, sécularisme; 2. Le droit, la charī'a et les droits de l'homme; 3. Les problèmes sociaux; le socialisme musulman; 4. Le Coran et l'exégèse; 5. La foi et la raison critique).

Experiment einer gemeinsamen Verständigung aus, ohne daß wir dabei von vornherein sagen könnten, wieweit wir vor uns selbst (nicht nur vor den anderen) bestehen werden, oder wir entziehen uns dem Risiko solcher Offenheit, indem wir einen Teil unserer Überzeugungen, in denen respektable andere Menschen uns nicht zustimmen, dennoch als absolut endgültig aussparen.

Doch der »Dialog des Lebens« hat seine eigenen Voraussetzungen und Konsequenzen. Hier gibt es geistesgeschichtliche Verschiebungen, die nicht mit vorgegebenen religiösen und lehramtlichen Leitlinien zu reglementieren sind, weil sie ihre eigenen Überzeugungsgründe mit sich bringen und damit vielleicht die Plausibilität traditioneller Geltungen mindern. Die Entscheidungen, die hier fallen, sind nicht nur eine Sache der theologischen Folgerichtigkeit, sondern zuvor schon des jeweiligen kulturellen Standorts mit seinen Überzeugungen und Bedürfnissen.

Eine solche theologische Respektierung geschichtlicher Spielräume, wie sie ernsthafte Dialogbereitschaft voraussetzt, ist nicht schlechthin unproblematisch, denn: »Eine Religion, die von vornherein sich selbst und ihre Sinngehalte relativiert, wäre ein widersprüchliches Gebilde – sinnvoll höchstens als Mosaikstein einer (illusorischen!) synkretistischen Universalreligion, oder dann in einem (letztlich!) polytheistischen Kontext. Ein Glaube, wenn er einen ihm begegnenden anderen Glauben und dessen Vertreter achtet, muß diesem im Gesamt seiner eigenen Glaubensvision eine Stellung zuweisen – sonst nimmt er die Begegnung nicht ernst, sondern tut das Ansinnen einer solchen gleichsam mit der Bemerkung ab: daß jeder nach seiner eigenen Façon selig werden möge«[30], und: »Dialog zwischen Religionen ist nicht einfach Fügsamkeit und Harmonie, sondern das Aufeinandertreffen von Absolutheitsansprüchen.«[31] Aber die »Absolutheitsansprüche« der verschiedenen Religionen sind nicht dieselben – und sie variieren noch einmal im Wechsel der kulturellen Klimata. Der scheinbar widersprüchliche Begriff der »relativen Absolutheit« hat seine geistes- und religionsgeschichtlich guten Gründe.[32]

Im Verhältnis von Christentum und Islam ist jedoch über die prinzipielle Konkurrenz unterschiedlicher Religionen hinaus auf beiden Seiten zugleich noch ein weiteres Moment im Spiel, das sich zwar schwerer greifen und analysieren läßt, aber die Beziehungen nicht weniger belastet: das intensive Bewußtsein der *eigenen Überlegenheit*.

---

[30] *H. Ott* (1991), 45. Vgl. auch die Vorbehalte bei *R. Schaeffler* (1987), 13–42.
[31] Ebd. 45 f.
[32] Dazu ist besonders beachtenswert *J. Werbick* (1993).

Dabei geht es nicht immer gleich um die theologisch grundsätzliche Konkurrenz der dogmatischen Überzeugungen, sondern – oft nur unterschwellig und beiläufig – um die relative Einschätzung des *religiös-kulturellen Niveaus* des anderen Glaubens. So sieht christliche Theologie beim Islam seine radikale Entgegensetzung von Gott und Mensch, sein Verständnis der Offenbarung als Instruktion, seine Betonung der Unveränderlichkeit göttlicher Ordnungen, seine Orientierung am Buch, sein Beharren auf einer unmittelbaren und wörtlichen Inspiration, seine Hochschätzung des Gesetzes und seine umgreifende Einbindung des Einzelnen in die dominierende Gemeinschaft – und all dies kann der christlichen Theologie mit ihren Bewertungen von Freiheit und Personalität, von Gottebenbildlichkeit und Gotteskindschaft, von menschlicher Geschichte und Erfahrung als ein reichlich inferiores Denken vorkommen. Es mag dann scheinen, daß der Islam mit der Verkündigung des Koran schlicht hinter ein zuvor bereits erreichtes religionsgeschichtliches Niveau zurückgefallen ist. Daß darüber hinaus das westliche Christentum in der Neuzeit genötigt wurde, sich den besonderen Fragen der Aufklärung und gesellschaftlichen Emanzipation zu stellen, hat den Abstand zwischen ihm und dem Islam noch vergrößert und die christliche Selbsteinschätzung noch gestärkt.

Umgekehrt ist im muslimischen Bewußtsein seinerseits die Überzeugung, dem christlichen Glauben geistig überlegen zu sein, nicht minder verbreitet. Gründe dafür liegen auch ihm genügend zutage: die uneingestandene Entfernung der kirchlichen Lehre von der Verkündigung Jesu und dem vorgängigen Glauben Israels, die exzessive Bindung von Gottes Heilshandeln an Jesus Christus, die mythologische Verzeichnung seines Wesens und Wirkens, die historische Unzuverlässigkeit der biblischen Traditionen, die spekulativen Komplikationen der Dogmengeschichte und deren ruinöse Folgen, die theologische Unfähigkeit, Mohammed zu würdigen – im Gegensatz zur muslimischen Anerkennung Jesu –, und schließlich der neuzeitliche Verlust des christlichen Glaubens an moralischer Vitalität und gesellschaftlicher Gestaltungskraft.

Solche Kontraste der Selbst- und Fremdeinschätzung sind in den Beziehungen des Christentums zu den sonstigen Religionen nicht gleichermaßen markant ausgeprägt. Deshalb legt sich dort auch nicht ebenso schnell nahe, das fremde Denken am eigenen zu messen und es von daher als minderwertig einzustufen. So kann diesen Religionen gegenüber die Frage, wie der christliche Glaube bei seinem Geltungsanspruch sich mit deren anderem Selbstverständnis vertrage, als ein grundsätzliches Problem verhandelt werden, ohne daß dadurch die Wertschätzung der fremden Kultur beeinträchtigt werden müßte. Die gegenseitige Herausforderung von Christentum und Islam ist jedoch brisanter: Sie steht in einer geschichtlich ausgeprägten Konkurrenz des gegensätzlichen Selbstbewußtseins und verbindet sich von vornherein mit bestimmten zentralen Themen des Glaubens. Dieses Verhältnis aber ist nur zu prüfen und eventuell abzubauen über einen langen Weg der wechselseitigen Aufmerksamkeit, des wachsenden Respekts voreinander und der bescheideneren Selbsteinschätzung.[33]

[33] Vgl. S. 305–309: Das didaktische Dilemma und die möglichen Ziele.

2. Die Mißachtung der Nachgeschichte: Islam aus dem Blickwinkel jüdisch-christlicher Tradition

Die fundamentale Herausforderung des Christentums durch den Islam beruht nicht, wie die Auseinandersetzungen vielfach nahelegen, primär in den einzelnen dogmatischen Differenzen der Rede von Gott und Jesus Christus. Diese inhaltlichen Glaubensunterschiede haben zwar für das wechselseitige Verhältnis der beiden Religionen erhebliches Gewicht; aber ihnen voraus liegt die jeweils andere Bestimmung des vermittelnden Geschehens »Offenbarung«. Der entscheidende Gegensatz beruht also auf einer Metaebene des Glaubens: der *Begründung der Geltungsansprüche.*[1] Daraus ergibt sich eine wechselseitige Beziehung von Christentum und Islam, wie man sie in der übrigen Religionsgeschichte nicht mehr findet. Deshalb ist es unzulänglich, wenn christliche Theologie den Islam einfach der Gruppe der »nichtchristlichen Religionen« subsumiert. Dies gilt für den Islam auf seine Weise wie auf andere für das Judentum. Freilich ergeben sich beim genaueren Vergleich dieser Verhältnisse auch aufschlußreiche Unterschiede.

a. Christlich-jüdisch / christlich-islamisch: Die Dominanz der Herkunft über das Spätere

Die Beziehungen von *Judentum und Christentum* einerseits sowie *Christentum und Islam* andererseits sind in fundamentaler Hinsicht analog: Jeweils ist die zeitlich nachfolgende Religion genötigt, sich theologisch mit der vorausgehenden auseinanderzusetzen; umgekehrt scheint dies zunächst nicht zu gelten:
Für die *Kirche* ist Israel ein entscheidender Bezugspunkt von der Zeit ihrer Grundlegung an; ihre Heiligen Schriften reden von diesem Volk und seiner Geschichte; zugleich sieht sie entsprechend den neutestamentlichen Zeugnissen mit *Jesus* »die Zeit erfüllt« (Gal 4,4). In ähnlicher Weise wird auch der *Islam* schon vom *Koran* her immer wieder zurückverwiesen auf die Geschichte von Juden und Christen; mit der Offenbarung durch Mohammed soll nicht diesen älteren Ge-

---

[1] Dies ist das vorrangige und durchgängige Thema von *H. Zirker* (1992 a).

meinschaften eine neue Religion entgegengesetzt, sondern das Wort Gottes in einer letztverbindlichen Weise verkündet werden. Deshalb gilt *Mohammed* den Muslimen als »das Siegel der Propheten« (33,40)[2], das heißt vor allem der *Propheten Israels,* zu denen für sie auch Jesus zählt.

Beide Religionen – Christentum wie Islam – können also nicht von sich selbst sprechen, ohne mitzusehen, was ihnen an Offenbarung Gottes schon vorausging und jeweils in der eigenen Gemeinschaft zu letzter Gültigkeit und unverbrüchlicher Authentizität gekommen sein soll. In zeitlich umgekehrter Richtung aber ist für das *Judentum* das Christentum kein originäres Problem, denn es kam später. »Benötigt das Christentum also eine christliche Theologie des Judentums, so besteht keine vergleichbare Notwendigkeit für das Judentum, sich mit dem Christentum theologisch zu befassen.«[3] Und das *Christentum* seinerseits scheint wiederum vom Islam nicht eigentlich theologisch betroffen zu sein, denn es kann seinen Glauben verkünden und seine Lehren entfalten, ohne daß dabei die Rede auf Muslime kommen müßte. In diesem Fall ist die Erfahrung der Konkurrenz für das Christentum ein beiläufiges Moment der späteren Kirchengeschichte, nicht wie für den Islam ein fundamentales Moment schon von der Offenbarungsgeschichte her. So kann etwa eine katholische Fundamentaltheologie unserer Tage über mehr als 600 Seiten hinweg in ihren sorgfältig differenzierenden Argumentationen völlig vernachlässigen, daß sie in ihrem Haupttitel »Gottes letztes Wort« prägnant den Geltungsanspruch auch des Islam formuliert.[4] Dies ist ein bezeichnendes Symptom: Weder bei der »Verantwortung des Glaubens vor der allgemeinen Vernunft« noch bei seiner »Vermittlung zu den Ursprüngen«[5] ist die christliche Theologie gedrängt, die ihr später erwachsene Herausforderung wahrzunehmen.

---

[2] Vgl. *J. Bouman* (1977), 68–76; 206–208; *C. Colpe* (1990 b), 15–37; 227–243; *S. A.-l-A. Maudoodi* (1978), 83–88. Zum muslimischen Hinweis auf die analoge biblische Abrogation des »alten« Bundes durch den »neuen« vgl. *J. van Ess* (1991), 34–38; (1992 b), 395 f.

[3] *Jakob J. Petuchowski,* »Arbeiter in demselben Weinberg« – Ansätze zu einer jüdischen Theologie des Christentums, in: Hans Hermann Henrix (Hg.), Unter dem Bogen des Bundes. Beiträge aus jüdischer und christlicher Existenz, Aachen 1981, 204–215, hier 205.

[4] *Hansjürgen Verweyen,* Gottes letztes Wort. Grundriß der Fundamentaltheologie, Düsseldorf 1991. Die vereinzelte beiläufige Erwähnung des bloßen Faktums (74) bestätigt die theologische Vernachlässigung mehr, als daß sie diese mindert. Vgl. unmittelbar darauf (75) den Hinweis auf »den singulären christlichen Anspruch«.

[5] Ebd. 15.

Judentum und Christentum haben also gemeinsam, daß sie keine unmittelbare Dringlichkeit sehen, sich mit einer Religion auseinanderzusetzen, die zwar zur eigenen Wirkungsgeschichte gehört, aber in der für den eigenen Glauben normativen Erinnerung noch nicht vorkommen kann.[6] Die wechselseitigen Relationen sind radikal *asymmetrisch*.

Nur beiläufig sei hier vermerkt, daß neben dieser Analogie der interreligiösen Beziehungen auch deutliche *Gegensätze* bestehen:

1. Der christliche Glaube hat seinen Ursprung im jüdischen – muslimische Theologie dagegen kann nicht sagen, daß ihr Glaube aus dem jüdisch-christlichen»hervorging« oder»von ihm herkommt«; ein»heilsgeschichtliches« Denken ist ihr fremd.[7]

2. Die christlichen Gemeinden gehörten anfänglich trotz ihres eigenen Bekenntnisses weiterhin der Glaubensgemeinschaft des jüdischen Volkes an, ihr neuer»Weg« (Apg 22,4) führte erst in einer komplexen Geschichte über den ursprünglichen Raum hinaus – für die religiös-politische Gemeinschaft der Muslime, die»Umma«, dagegen trifft derartiges nicht zu; Mohammed begründete in Medina ein eigenes Gemeinwesen, dem sich die jüdischen Stämme anschließen sollten.

3. Die Christen erkennen die Heilige Schrift der Juden uneingeschränkt auch als ihre eigene an (jedenfalls wenn man nur an den äußeren Textbestand und nicht an die veränderten theologischen Lesarten denkt); der Koran dagegen ist ein insgesamt neues Buch, dem gegenüber die biblischen Schriften aus muslimischer Sicht als»verfälscht« gelten.[8]

Doch diesen Unterschieden braucht hier nicht weiter nachgegangen werden. Bei allen drei Religionen dominiert jedenfalls theologisch *das Vorhergehende,* während *das geschichtlich Nachfolgende* kein unmittelbares Interesse verdient.

Dies scheint zunächst auch völlig legitim zu sein, denn das religionsgeschichtlich Spätere führt nach dem Selbstverständnis der jeweiligen Religion von der eigenen Gemeinschaft, vom eigenen Bekenntnis, den eigenen Verbindlichkeiten weg. Trotzdem ist diese Sicht und Bewertung theologisch problematisch:

---

[6] Den religionsgeschichtlichen Sachverhalt der überbietenden Prophetie gibt es grundsätzlich auch für den Islam – heute vor allem durch die Religionsgemeinschaft der Bahai. Vgl. ausführlicher dazu *H. Zirker* (1992 a), 138–142.

[7] Vgl. *R. Wielandt* (1971), 24–36: Das koranische Bild vom Verlauf der Offenbarungsgeschichte; 40–56: Koranexegese und Geschichtsdenken in der islamischen Tradition.

[8] Zu diesem Vorwurf des taḥrif vgl. *F. Buhl* (1976); *J.-M. Gaudeul / R. Caspar* (1980); zum Überblick über heutige islamische Publikationen *A. Th. Khoury / L. Hagemann* (1986), 64–84.

Wenn *Offenbarung,* auf die sich diese Religionen gegründet sehen, nicht einfach nur als ein unmittelbares *Handeln Gottes* ›von oben nach unten‹, sondern als eine Dimension *menschlicher Kultur und Geschichte* verstanden werden kann (und dieser Aspekt bekam über neuzeitliche Aufklärung eine theologische Bedeutung wie nie zuvor), dann sollte es wenigstens schwerfallen, einerseits die *Vor*geschichte eminent als verbindlich zu qualifizieren und andererseits die *Nach*geschichte – wenn sie so deutlich zur eigenen Wirkungsgeschichte gehört – auszublenden. Die Frage drängt sich auf: Wie müßte sich das Christentum begreifen, wenn es nicht nur die fundamentalen religiösen Erfahrungen wahrnimmt, die ihm vorausgehen und denen es sich selbst verdankt, sondern auch diejenigen ernsthaft beachtet, die in seinem eigenen kulturellen Umfeld, ja mit ihm selbst gemacht werden und über es hinausführen? Denn der Islam gehört mit zur Geschichte des Christentums; er ist – obwohl für das Christentum eine ›andere‹ Religion – zugleich doch auch ein Element von dessen Identität.

Entsprechendes läßt sich schließlich auch – vielleicht sogar noch verstärkt – im Blick auf das Judentum sagen: Der Grundsatz, Jesus von Nazaret und der christliche Glaube seien die Angelegenheit der Christen und eigentlich kein Problem für jüdische Theologie, ist – in Analogie zur Beurteilung des Islam aus christlicher Sicht – verständlich wie bedenklich zugleich.

Freilich kann die Frage »*Was gilt uns unsere eigene Wirkungsgeschichte?*« weder schon zu allen Zeiten und unter allen kulturellen Bedingungen gleichermaßen gedacht werden, noch ist sie allein aus theoretischer Reflexion verbindlich zu beantworten. Von welchen Erfahrungen her sich religiöse Gemeinschaften in ihrem Selbstverständnis bewegen lassen, entscheidet sich in weiten und komplexen Lebenszusammenhängen. Wo man die fundamentalen Orientierungen prinzipiell und ein für allemal in einem begrenzten Strang religiöser Tradition festgelegt sehen will und alle weiteren geschichtlichen Erfahrungen ins Bedeutungslose oder wenigstens Marginale abdrängt, ist dies nicht zu verwehren. Doch können sich kulturelle Erfahrungsräume im Laufe der Zeit derart erweitern und verschieben, daß eine solche traditionsverhaftete Fixierung auf eine partikulare Geschichte zunehmend schwerfällt und in ihrer Kraft, Zustimmung zu finden, geschwächt wird.

Gerade für das Christentum und den Islam drängen sich in dieser Hinsicht aus ihrer eigenen Geschichte tiefgreifende Irritationen auf. Die Expansionserfahrungen, in denen sich beide Religionen in ihren ersten Jahrhunderten bestätigt sehen konnten und es ihnen leichtfiel, sich als eine die ganze Menschheit einnehmende Macht zu verstehen, hielten sich nicht durch. Ihr Sendungsbewußtsein, nach dem alle Welt auf sie hören müßte, und ihre Zuversicht, sie könnten dieses Ziel bei den wohlmeinenden Menschen dieser Erde auch erreichen, büßten im Laufe der Zeit an Plausibilität ein. Den verschiedenen Gründen braucht hier nicht nachgegangen zu werden. Innerhalb der Christentumsgeschichte haben wir jedenfalls den deutlichsten Beleg dafür im Kontrast zwischen der dogmatischen Lehre des *Konzils zu Florenz* von 1442,»daß ›niemand, der sich außerhalb der katholischen Kirche befindet, nicht nur ‹keine› Heiden‹, sondern auch keine Juden oder Häretiker und Schismatiker, des ewigen Lebens teilhaftig werden können«[9], und der Lehre des *Zweiten Vatikanums,* die diese Möglichkeit ausdrücklich auch denjenigen Menschen zuspricht, die nicht der institutionellen Kirchengemeinschaft angehören (und auf diese institutionelle Ebene bezog sich ohne Zweifel das Konzil von Florenz). Zwar wird dieser Wandel in der Lehre, dem dogmatischen Selbstverständnis der Kirche entsprechend, formal nicht als Widerruf ausgegeben; auch kann mit theologischen Interpretationen trotz aller Gegensätze immer noch eine Kontinuität herausgearbeitet werden[10]; doch geschah in dieser Sache faktisch eine derart schwerwiegende Korrektur, daß man den Interpretationen, die die alte Aussage als prinzipiell immer noch gültig ausgeben, zu Recht eine»Doppelzüngigkeit« vorwirft, die mit »einem theologischen Kunstgriff« und »mit scheinbar tiefsinnigen spekulativen Konstruktionen die Wirklichkeit umzudeuten« versucht.[11]

Freilich berührte man bei diesem dogmengeschichtlichen Weg mit der Frage nach der *Heilsmöglichkeit* der Angehörigen fremder Religionen noch nicht die weiterreichenden und erfahrungsnäheren Probleme:

– wie die beharrlich begrenzte Anerkennung des christlichen Glaubens auch dessen *universalen Geltungsanspruch* betrifft;
– wie die ernsthaften Zustimmungsverweigerungen seine *Glaubwürdigkeit und Verbindlichkeit* beeinträchtigen;

[9] DH 1351 (NR 381).
[10] Vgl. etwa *Suso Brechter,* Kommentar zum Dekret des Zweiten Vatikanischen Konzils über die Missionstätigkeit der Kirche, in: LTHK 14, 9–125, hier 41–43; s. auch *Yves Congar,* Außer der Kirche kein Heil, Essen 1961; *Walter Kern,* Außerhalb der Kirche kein Heil?, Freiburg 1979.
[11] *Hans Küng,* Die Kirche, Freiburg 1967, 371–378: Außerhalb der Kirche kein Heil?, hier 375 f.

– ob mit der unüberwindlichen Partikularität aller religiösen Überzeugungsgemeinschaften, auch der christlichen, schließlich nicht auch »Offenbarung« weit radikaler, als dies traditionell überhaupt denkbar war, als ein Ergebnis *geschichtlich und kulturell bedingter Erfahrungen und Deutungen* verstanden werden muß.

In solchem Problemzusammenhang werden die Spannungen zwischen der *normativ vorausgesetzten Offenbarungsgeschichte,* an deren unüberbietbarem Endpunkt der christliche Glaube steht, und der *konkreten Religionsgeschichte,* in der sich nicht nur andere Religionen in ihrer Eigenständigkeit behaupteten, sondern das Christentum sogar auf eine neue Glaubensgemeinschaft hin überschritten wurde, zum dringlichen Thema der Theologie. Dem Islam gegenüber ergeben sich daraus sowohl differenziertere Möglichkeiten der theologischen Würdigung als zugleich auch kritische Anfragen an dessen Universalitätsanspruch und Geschichtsverständnis.

b. *Verarbeitungsmuster*

Wie eng und behindert die Auseinandersetzung des Christentums mit dem Islam schon von Anfang an ist, läßt sich im Blick auf die *traditionelle Strategie* erkennen, mit der ihn das christliche Selbstbewußtsein aus der theologischen Ernsthaftigkeit verdrängte.[12] Sie umfaßt vor allem drei Maßnahmen, von denen die erste heutzutage terminologisch wie sachlich als obsolet gilt, aber auch die zweite unverantwortlich ist, in ihrer ersten Hälfte aus historischen Gründen, in ihrer zweiten aus ethischen:

1. die *dogmatische Disqualifikation* der Muslime als »Ungläubige« oder »Häretiker« (und dieses dogmatische Urteil schloß ein *moralisches* ein);

2. die *Rückführung der mächtigen Wirksamkeit* des Islam auf die angebliche *Ausbreitung seines Glaubens* »mit *Feuer und Schwert*« einerseits[13] und die ihm unterstellte *moralische Anspruchslosigkeit* andererseits;

3. die *Anprangerung seiner mangelnden Kenntnisse:* Er verstehe zu wenig von den biblischen Glaubenszeugnissen und der christlichen Tradition und behaupte sich ihnen gegenüber in erster Linie kraft seiner Mißverständnisse.

---

[12] Vgl. S. 25–29.55–59.
[13] Zur notwendigen Korrektur vgl. S. 221–240: »Allah – ein kriegerischer Gott?«.

Vor allem in dieser letzten Hinsicht scheint die christliche Theologie bis heute auf weite Strecken auf ihrem Urteil zu beharren. Dabei spielt freilich auch eine Rolle, daß der Islam sich bislang nicht der neuzeitlichen Aufklärung ausgesetzt sah, nicht genötigt wurde und sich nach wie vor kaum bereit sieht, seine eigenen Überlieferungen historisch-kritisch zu verarbeiten. Wo er wahrnimmt, daß sich die westliche Wissenschaft mit ihm befaßt, tut er die Probleme, die sich ihm daraus ergeben könnten, zumeist als Produkte eines zugleich ungläubigen wie imperialistischen Denkens ab[14] und zieht sich selbst auf einen extremen Offenbarungspositivismus zurück. Dies zeigt sich ebenso in Detailfragen – etwa ob das Heiligtum zu Mekka wirklich durch Abraham gegründet worden sei, wie der Koran behauptet[15]; ob Jesus nicht doch gegen die Aussage des Koran in Sure 4,157f den Kreuzestod erlitten habe – wie bei der prinzipiellen Behauptung der ursprünglichen Identität der Religion aller Völker mit dem Islam und damit der Bestreitung einer legitimen Religionsgeschichte mit substantiellem Wandel.[16] Daß sich aus diesem Denken tiefgreifende Entfremdungen zur modernen Welt ergeben können (nicht nur in den Bereichen von Moral, Recht und Politik, wo die Beispiele dem öffentlichen Bewußtsein am nächsten liegen), wird innerhalb des Islam bislang nur vereinzelt und zumeist außerhalb seiner ursprünglichen Kulturräume wahrgenommen.[17]

Deshalb kann sich ihm gegenüber die christliche Theologie zusammen mit westlicher Religionswissenschaft und Orientalistik in einer überlegenen Phalanx sehen. Und umgekehrt werden dementsprechend in muslimischer Literatur bis hin zur Tagespresse die Orientalisten wie die christlichen Missionare als Agenten der westlichen Aggression beurteilt.

---

[14] Als ein Beispiel von vielen sei hier genannt ʿA. al-Ḥ. Maḥmūd (1986), bes. 117–126, mit Bezug u. a. auf Hubert Grimme, Henri Lammens, David Samuel Margoliouth, Theodor Nöldeke, Ernest Renan, Christiaan Snouck Hurgronje, Aloys Sprenger. (Maḥmūd war Rektor der al-Azhar-Universität in Kairo.) Vgl. zu dieser Sachlage darüber hinaus T. Nagel (1978); E. Rudolph (1991). – Demgegenüber steht die weit differenziertere und in vielem positive Würdigung westlicher Islamwissenschaft bei M. Arkoun (1984), 201–205: La position islamologique; vgl. ders. (1982), 1–26: Comment lire le Coran?

[15] Die Rückführung Mekkas auf Abraham scheint allerdings schon einige Zeit vor Mohammed bezeugt zu sein; vgl. T. Nagel (1981) I,26–45.

[16] Zu vereinzelten Versuchen, in kräftiger Spannung zum Geschichtsbild des Koran und der muslimischen Tradition nach dem Muster europäischer Aufklärung in die Religionsgeschichte Entwicklungsschemata einzutragen, vgl. R. Wielandt (1971), bes. 56–70 zu Muḥammad ʿAbduh, 81–86 zu Muḥammad Rašīd Riḍā.

[17] Besonders bemerkenswerte Beispiele sind die Studien von F. Rahman (1966; 1980; 1982). Vgl. dagegen die von ʿA. M. Aḥmad (1963) beschriebenen Auseinandersetzungen an der al-Azhar-Universität zu Kairo.

In vielen nichtmuslimischen Darstellungen Mohammeds herkömmlicher Art dominiert das Bild eines »Propheten«, der sich seine Verkündigung aus verschiedenen religionsgeschichtlichen Überlieferungen in selbstherrlichem Zugriff aufbaute und sich dabei – teils absichtsvoll, teils unbewußt – aus jüdischem und christlichem Traditionsrepertoire bediente, so daß er kaum mehr als »ein Gebäude von lauter entlehnten Bausteinen«[18] zustande brachte. »Dieser *rezeptive Charakter* ist dem Islam schon bei seiner Geburt auf die Stirn geschrieben. Sein Stifter Muhammed verkündet nicht neue Ideen. Den Gedanken über das Verhältnis des Menschen zum Übersinnlichen und Unendlichen hat er keine neue Bereicherung gebracht.«[19] Das eigentlich Neue besteht dann darin, daß Mohammed die christlich-jüdischen Impulse gegen die Verirrungen seiner polytheistischen Umwelt setzt: »Wenn wir in der religiösen Schöpfung Muhammeds etwas ursprünglich nennen können, so ist es die *negative* Seite seiner Verkündigungen. Sie sollten mit allen barbarischen Greueln des arabischen Heidentums in Kultur und Gesellschaft, im Stämmeleben und in der Weltanschauung aufräumen, mit der *dschāhilijja,* Barbarei, wie er sie im Gegensatz zum *Islam* bezeichnet.«[20]

Wenn die westliche Islamwissenschaft feststellte, daß Mohammed unter dem Einfluß von jüdischen und christlichen Überlieferungen mannigfachen Irrtümern erlag, konnte sie ihm bei entsprechendem Wohlwollen diese Abhängigkeit zugleich auch entschuldigend zugute halten: »Denn die sehr mangelhaften und lückenhaften Kenntnisse jüdischer Lehre und Geschichte, die Muhammed verrät, fallen nicht ihm allein zur Last«, sondern auch seinen jüdischen Tradenten.[21] So brachte er mit dem Koran ein Werk von begrenzter Originalität zustande, vielfach geprägt von der Unzulänglichkeit seiner Informationen, für die nichtmuslimische Wissenschaft ein Anlaß, nicht nur allgemein nach traditionsgeschichtlichen Beziehungen, sondern gar nach »literarischen Vorlagen« Ausschau zu halten.[22]

---

[18] *I. Goldziher* (1925), 6. Zum Bild Mohammeds in westlicher Islamwissenschaft, zur entsprechenden Einschätzung des Korans und zur islamischen Kritik daran vgl. *E. Rudolph* (1991), 83–96; *J.-J. Waardenburg* (1970), 31–44; 141–148.

[19] *I. Goldziher* (1925), 3.

[20] Ebd. 12 f. Vgl. demgegenüber zur »Originalität des arabischen Propheten« *J. Fück* (1936).

[21] *W. Rudolph* (1922), 5; vgl. die Zitate von *Th. Nöldeke / F. Schwally, C. H. Becker* und *F. Buhl* später S. 154; bezeichnende Belege etwa auch bei *R. Paret* (1991), 62–65, 92 f.

[22] Vgl. etwa *R. Paret* (1981), 69 zu Sure 3,49. – Darüber hinaus s. später S. 153 f: Prophetie aus dem Unterbewußtsein?

Derartige außertheologische Urteilsmuster, die man gerade in den klassischen Werken der Islamwissenschaft in Fülle findet, beeinträchtigten selbstverständlich die Neigungen der Theologie, sich mit dem Islam überhaupt ernsthaft zu befassen. Sie konnte die Überzeugung gewinnen: »Alle Ideen, aus denen der Islam Mohammeds entstand, waren im Alten und Neuen Testament, sowie in der christlich-jüdischen Überlieferung der dortigen Sekten enthalten. Mohammeds Werk bestand darin, daß er ohne formelle Beeinträchtigung des streng monotheistischen Gottesglaubens denselben seiner übernatürlichen Eigenart entkleidete und zu einem Religionsideal umwandelte, das den Neigungen und Stimmungen eines jugendstarken Volkstums ebenso entgegenkam, wie denen eines edeln Menschentums.«[23] Unter dieser Voraussetzung kann aber nur schwer ein Gespür für den herausfordernden Charakter des Koran und des muslimischen Glaubens aufkommen. Erst recht gilt dies, wenn man außerdem davon überzeugt ist, daß Mohammeds Wissen »aus trüben Quellen«[24] floß, daß er »das Christentum nur so fragmentarisch kennenlernte und aus den Bruchstücken ein so verzerrtes Bild zusammensetzte, das auch nur abstoßend wirken kann.«[25] Diese islamische Nachgeschichte des Christentums wurde nicht als aufschlußreiche Wirkungsgeschichte gesehen, sondern durchweg nur als ein Irrweg, ohne den »manche grotesken Mißverständnisse«[26] der vorausgehenden biblischen Traditionen unerklärlich blieben. Dementsprechend werden Auseinandersetzungen des Koran mit den Christen bis heute hie und da schlicht auf Mohammeds »Unkenntnis« zurückgeführt; was er als christliche Lehre ablehnt, ist dann nicht mehr als seine »Eigenkomposition«[27]. In der Konsequenz einer solchen Perspektive christlicher Theologie kann schließlich sogar seine Überzeugung, von Gott berufen zu sein, als »das von Muhammad selbst geprägte Prophetenbewußtsein« angesprochen werden.[28] Dies alles fügt sich stimmig zu dem schon viele Jahrzehnte zuvor gefällten

---

[23] *H. Schell* (1905 a), 240. Zu Schell vgl. S. 52–54.

[24] *J. Henninger* (1951), 2.

[25] Ebd. 55.

[26] Ebd. 2.

[27] *G. Riße* (1989), 213 f. (Diese Arbeit sei hier als Beispiel gewählt, weil sie sich ausdrücklich an *J. Henninger* anschließt; in anderer Hinsicht kann sie als eine traditionsgeschichtlich umsichtige und ergiebige Untersuchung gewürdigt werden.) Vgl. fast gleichlautend *J. Henninger* (1951), 54: »daß Mohammed [. . .] selber die Dreiheit Gott-Jesus-Maria kombiniert hat«; dabei schließt sich *Henninger* wiederum an *C. H. Becker* (1907 a), 395, an, wo es heißt, daß Mohammed »seine Anschauung vom Christentum aus einzelnen Indizien selbst kombiniert hat«.

[28] *J. Bouman* (1980), 35.

orientalistischen Urteil, daß sich im Anspruch des muslimischen Propheten Ignoranz und taktische Raffinesse miteinander verbinden: »Muhammed hatte eine unbestimmte Vorstellung von dem ihm aus anderen Religionen bekannten Gotteswort. Er konnte es sich nur in unmittelbarer Offenbarung wirksam vorstellen, und so ließ er Gott im Koran durchweg in erster Person sprechen, sich selbst aber als angeredet erscheinen.«[29] Demnach ist dieser prätentiöse »Gesandte Gottes« weithin ein unselbständiger, im Entscheidenden aber doch eigenmächtiger, bei all dem jedenfalls mangelhaft unterrichteter Nachfahr der biblischen Religionen, der die christlichen und jüdischen Lehren nicht genügend zur Kenntnis nehmen konnte und deshalb die Wahrheit verfehlte.

In dieser Sicht werden die Aussagen des Koran von vornherein und durchweg als Aussagen Mohammeds zitiert, nicht nur von ihm vermittelt, sondern allein auf sein Denken zurückzuführen. »Was meinte er damit, und warum sagte er es so und nicht anders?«, sind dann etwa die Fragen.[30]

Selbst wenn hier eingeräumt wird, daß »Muhammads Wissen vom Christentum gar nicht so gering gewesen sein kann«[31], so entzieht dies ihn nicht dem Vorwurf, daß er ganz unter dem Einfluß einer »objektiv falschen Christologie«[32] gestanden habe. Der vorausgesetzte Maßstab ist dabei allein die christliche Orthodoxie: »Chalkedon drückt die echte Kontinuität des christlichen Glaubens und die Einzigartigkeit der Gestalt Jesu Christi aus; [...] liefert die Leitlinien für die gesamte bisherige und zukünftige Diskussion wie Interpretation der Gestalt Jesu Christi.«[33] Damit kann der Islam selbstverständlich »der Einzigartigkeit der Gestalt Jesu Christi nicht gerecht« werden.[34] Aber wen überzeugt ein solcher Argumentationsweg außer diejenigen, die schon auf dem Boden dieses christlichen Bekenntnisses stehen?[35] Wo ist dabei auch nur der Versuch, die andere Seite ihrem Selbstverständnis entsprechend angemessen zu verstehen? Aus der Sicht der Muslime dominiert hier die Allianz aus christlicher Theologie und westlicher Islamwissen-

[29] C. H. Becker (1907 a), 389 f.
[30] G. Riße (1989), 27. Vgl. dazu später S. 153–160: Christlich gefragt: Wer ist der Autor des Koran?
[31] Ebd. 35.
[32] Ebd. 33.
[33] Ebd. 221.
[34] Ebd.
[35] Vgl. demgegenüber die von vielen Problematisierungen durchzogene, letztlich hypothetisch bleibende Reflexion des Verhältnisses von »letztem Propheten« und »Inkarnation Gottes« bei Adolf Darlap, Fundamentale Theologie der Heilsgeschichte, in: MySal I, 3–153, hier 62–70.

schaft, die für den herausfordernden Charakter des Koran und den Glauben der Muslime wenig Verständnis aufbringt.

Daß eine Deutung aus rein geschichtsimmanenten Faktoren unter traditionskritischen Fragestellungen, wie sie seit der Aufklärung in der christlichen Theologie Fuß gefaßt haben, ihr gutes Recht hat, soll nicht bestritten werden; doch ohne ein hermeneutisches Gespür für die Bedingtheit sowohl des eigenen Bekenntnisses als auch des der anderen Religion bleibt man trotz profunder Sichtung von historischen Quellen bei der bloßen Behauptung dogmatischer Positionen stehen; eine Theologie der Religionen, die sich vornimmt gerade nicht »ins Fahrwasser der klassischen Polemik zurückzukehren«, sondern ein für Christentum und Islam »nutzbringendes, ehrliches Gespräch« zu fördern[36], gerät auf diesem Weg vor unüberwindliche Schwierigkeiten.

Außerdem ist bei solchem christlich-theologischen Überlegenheitsbewußtsein – wieweit im einzelnen auch immer berechtigt – keine hinreichende Antwort darauf zu gewinnen, wie man die machtvolle Wirkung dieser nachchristlichen Religion im Umfeld des Christentums verstehen und bewerten soll und welche Konsequenzen sich für die Einschätzung der eigenen christlichen Traditionen daraus ergeben können.

Vereinzelt finden wir in christlicher Theologie Ansätze, den Islam als eine »*Vorbereitung auf das Christentum*« zu verstehen, in unserem Jahrhundert etwa bei dem franziskanischen Islaminterpreten *Giulio Basetti-Sani*[37], im 19. bei *Johann Adam Möhler*[38]. Aber auch schon *Hegel* wählte den Ausweg, den Islam entgegen der geschichtlichen Folge als eine vorchristliche Religion zu begreifen, damit die absolute Geltung des Christentums nicht angefochten werde.[39] Doch beruhen derartige Deutungen nicht auf der Einsicht in historische Sachverhalte.

Darüber hinaus spricht schließlich das Zweite Vatikanum – unter ausdrücklicher Nennung auch der Muslime – sogar allen Religionen die Möglichkeit zu, mit dem, was sich in ihnen »an Gutem und Wahrem«

---

[36] *G. Riße* (1989), 228.
[37] Vgl. *G. Basetti-Sani* (1989), 212: »Il Corano è una *praeparatio evangelica*«; er sollte aus Muslimen Taufanwärter für das Christentum machen. Vgl. auch *Th. Ohm* (1962), 151–154, in Würdigung u. a. von *Charles J. Ledit*, Mohamet, Israel et le Christ, Paris 1956; freilich merkt Ohm selbst an, daß der Muslim »›*infidelis*‹ und seine Religion keine gottgestiftete Religion« ist (152); »daß der Islām gegenüber dem Christentum einen Rückschritt und damit irgendwie Entfernung von Gott bedeutet«.
[38] Dazu s. später S. 51 f und *H. Zirker* (1992 a), 21 f.
[39] Vgl. Vorlesungen über die Philosophie der Religion, hg. von Georg Lasson, 2. Bd. (= II. u. III. Teil), Hamburg 1974 (Nachdr. von 1925), Halbband 1, 100; Halbband 2, 222 f; Vorlesungen über die Philosophie der Weltgeschichte, hg. von Georg Lasson, 2. Bd. (= Bd. II–IV), Hamburg 1968 (Nachdr. von ²1923), 789–797: Der Mohammedanismus; s. *H. Zirker* (1992a), 150–152.

findet, eine »Vorbereitung für die Frohbotschaft *(praeparatio evangelica)*«[40] zu sein. Dann besteht freilich die Besonderheit des Islam gegenüber den anderen Religionsgemeinschaften nur noch darin, daß er sein eigenes reichliches Maß »an Gutem und Wahrem« mit dem Christentum gemeinsam hat. Dies aber ist nur noch ein quantitativer Unterschied. Innerhalb der Theologie kann man bei der Einschätzung des Islam heute ein Spektrum zwischen »*Minimalisten*« und »*Maximalisten*« registrieren.[41] Die ersten sind in der deutschen Landschaft besonders ausgeprägt auf seiten evangelischer Missionsgemeinschaften und -theologie; dies hat eine lange Geschichte.[42] Aber auch im Blick auf katholische Autoren kann man sagen: »Eine gewisse antikoranische ›Tollwut‹ läßt einige Leute, die von ihr infiziert sind, in einem Maße blind sein, daß sie sogar imstande sind, die so ausdrücklichen Erklärungen des Konzils in ihrem Sinne auszulegen.«[43] – Die »*Maximalisten*« dagegen tendieren zu einer Anerkennung der prophetischen Sendung Mohammeds und des Koran als eines Zeugnisses göttlicher Offenbarung.[44] Doch ist bei den Vertretern dieser Tendenz nicht absehbar, wie sie mit ihren Wertungen über eine sehr persönliche Betrachtungsweise hinauskommen und sowohl der christlichen als auch der muslimischen Theologie sachlich gerecht werden könnten. Sie sind bei

[40] Lumen Gentium, Art. 16, mit Verweis auf *Eusebius von Caesarea,* Praeparatio Evangelica 1,1: PG 21, 28 AB.
[41] Vgl. *G. C. Anawati* (1987), 207–210. Zur Einschätzung des Spektrums s. auch *L. Gardet* (1968), 347–353.
[42] Als Beispiele unterschiedlicher Art und Zeit vgl. etwa *Johannes Awetaranian,* Geschichte eines Muhammedaners, der Christ wurde, Potsdam: Missionshandlung und Verlag ²1930 (1905); *Hans Günther Corsepius,* Der Islam im Angriff!, Potsdam: Missionshandlung und Verlag 1938; *Jens Christensen,* Christuszeugnis für Muslime, Erlangen: Verlag der Ev. Lutherischen Mission 1982; *Klaus Hoppenworth,* Islam contra Christentum – gestern und heute, Bad Liebenzell: Verlag der Liebenzeller Mission 1976; *E. Kellerhals* (1956); *Bernhard Palmer,* Islam im Vormarsch. Ursachen, Hintergründe und Entwicklungen, Bad Liebenzell: Verlag der Liebenzeller Mission 1980; *S. Riedel* (1987); *M. Basilea Schlink,* Wo liegt die Wahrheit? Ist Mohammeds Allah der Gott der Bibel? Darmstadt-Eberstadt 1984; *Bilquis Sheikh,* Allah – mein Vater? Mein Weg vom Koran zur Bibel, Konstanz: Christliche Verlagsanstalt ²1980 (mit einem Vorwort von Pfarrer W. Höpfner, Leiter des Orientdienstes e.V.); *Gottfried Simon,* Die mohammedanische Propaganda und die evangelische Mission, Leipzig 1909. – Zu den verschiedenen Entwicklungen und Wechselbeziehungen von Islamwissenschaft und Missionstheologie vgl. *K. Hock* (1986) – allerdings beschränkt auf den evangelischen und anglikanischen Bereich; *H. Räisänen* (1971), 7–16.
[43] *G. C. Anawati* (1987), 207.
[44] In Deutschland schlägt diese Richtung etwa der evangelische Theologe *Paul Schwarzenau* mit Rückgriff auf tiefenpsychologische Interpretationswege ein (z. B. Korankunde für Christen, Hamburg ²1990). – Auf katholischer Seite plädiert *G. Basetti-Sani* (1989), 212, für eine »rilettura cristiana del Corano«; vgl. schon *ders.* (1977).

ihrem Entgegenkommen immer wieder zu dem Anspruch genötigt, daß sie den Islam besser verstehen als die Muslime selbst. – Die Vertreter der »*Via media*« schließlich mahnen demgegenüber zur Bescheidenheit: »Geht es nicht vielmehr – und vielleicht noch für lange Zeit – darum, sich erst einmal die Mühe zu machen, ihn wirklich kennenzulernen, d. h. ihn in seiner ganzen Vielschichtigkeit als Gegebenheit zu nehmen, als Religion, Kultur, Zivilisation und Gemeinschaft?«[45] Doch so respektabel dies ist – im Eingeständnis, daß man sich mit einer theologischen Bewertung des Islam noch schwertäte und daß »vor dem Theologen noch der Historiker« zuständig ist[46] –, man stellt sich so auch nicht dem Problem, daß beide Religionen den Universalitätsanspruch, den sie von Anfang an mit Nachdruck erhoben haben – und im Spektrum der Weltreligionen nur sie –, nicht einlösen konnten und somit gerade in diesem Punkt einander in *fundamentaler Konkurrenz* gegenüberstehen, dabei zugleich aber auch in einer *gemeinsamen geschichtlichen Erfahrung* zusammengeschlossen sind, die ihrem Selbstverständnis erheblich Schwierigkeiten bereitet. Für beide könnte auf Dauer die Frage an Schärfe gewinnen, ob sie nicht zu einer deutlicheren Relativierung ihres jeweiligen Geltungsanspruchs kommen müßten, wenn sie ihre theologischen Verlegenheiten ernst nehmen wollen.

Daß das Dilemma mit wachsender Aufgeschlossenheit nicht abnehmen muß, sondern verstärkt ins Bewußtsein treten kann, zeigen gerade die zwiespältigen Äußerungen des *Zweiten Vatikanischen Konzils* in der dogmatischen Konstitution über die Kirche »Lumen gentium« (Art. 16) und vor allem in der Erklärung über das Verhältnis der Kirche zu den nichtchristlichen Religionen »Nostra aetate« (Art. 3).[47] Insgesamt ist in beiden Konzilstexten das deutliche Bemühen zu erkennen, das Gemeinsame aufzuzeigen, in dem sich das Christentum und der Islam prinzipiell immer schon verbunden wissen können – sowohl nach christlicher als auch nach muslimischer Bewertung. Dennoch läßt sich belegen, daß sich das Konzil dabei nicht nur problemscheu gibt – »in eindrucksvoller Allgemeinheit, die für die Sache freilich wenig hilfreich ist«[48] –, sondern gerade dem Islam gegenüber in besonderer Weise das Verständnis behindert. Aufschlußreich wäre vor allem eine Aussage zum *Propheten Mohammed* gewesen. »Darin liegt selbstverständ-

---

[45] *L. Gardet* (1968), 352.
[46] Ebd.
[47] Vgl. *R. Caspar* (1966); *G. C. Anawati* (1967); *Y. Moubarac* (1977), 398–405; *H. Zirker* (1992a), 38–54.
[48] *Religionen, Religiosität und christlicher Glaube* (1991), 14.

lich der empfindlichste Punkt für die Muslim, und die katholischen Spezialisten haben es vorgezogen, ihn – durch Übergehen zu behandeln!«[49] Konsequenterweise spricht das Konzil dann auch nicht vom Koran. Die rudimentäre Feststellung, daß nach muslimischer Überzeugung Gott »zu den Menschen gesprochen hat«[50], bleibt demnach seltsam beziehungslos; diese Offenbarung hat keinen erkennbaren Ort in Raum und Zeit. So aber hat das Konzil eine entscheidende Stelle des Widerspruchs zu einer Stelle der Übereinstimmung verkehrt. Trotz seiner neuen Perspektiven nimmt es die Muslime aus dem Blickwinkel seiner eigenen Interessen wahr – auch wenn diese anerkennenswert edle sind –, nicht aus dem des muslimischen Selbstverständnisses. Wo aber diejenigen, über die man spricht, nicht als die genommen werden, die sie selbst sein wollen, werden sie trotz aller übrigen Würdigung letztlich unernst behandelt. Zu Recht kann man sagen: »Die vatikanische ›Erklärung‹ zu den nichtchristlichen Religionen spricht die Sprache aller Entscheidungen, die *ex cathedra* autoritativ verkündet werden können.«[51] (Freilich muß man der mißverständlichen Formulierung dieses Urteils gegenüber betonen, daß das Zweite Vatikanum keinerlei Excathedra-Entscheidungen gefällt hat.) Deutlich zutage liegende Sachverhalte werden jedenfalls in diesem Dokument nicht benannt, um den selbstsicheren Gestus der eigenen Lehrverkündigung nicht zu beeinträchtigen.

Theologisch folgenreich für die Beurteilung des Islam ist das Konzil schließlich auch durch die schematisierende Zuordnung der verschiedenen Religionen nach konzentrischen Kreisen (im »Zwiebelschalenmodell«[52]): Ausgehend von einer Mitte, in der die Kirche steht, wird dem jüdischen Volk die größte Nähe zugesprochen, dann erst kommen die Muslime. Dies mag zunächst im Blick auf die geschichtliche Abfolge wie auf das Verhältnis der jeweiligen Glaubensinhalte als selbstverständlich erscheinen. Doch ist in christlicher Theologie grundsätzlich auch eine andere Einschätzung denkbar.[53] Offensichtlich lag dem Konzil daran, die Landschaft der Religionen durch eine eindeutige Platzverteilung dogmatisch überschaubar zu halten.

Die Konzilserklärung wollte jedoch nicht eine abschließende Bilanz sein, sondern ein Tor öffnen. Im Blick darauf, daß in ihm kein Wort

[49] *G. C. Anawati* (1967), 487.
[50] Nostra aetate, Art. 3.
[51] *Religionen, Religiosität und christlicher Glaube* (1991), 13.
[52] *R. Bernhardt* (1990), 116.
[53] Vgl. zu *Nikolaus von Kues* später S. 68–75; zu *Johann Adam Möhler* S. 51f.

zur Bedeutung Mohammeds gesagt ist, schrieb Georges C. Anawati, ägyptischer Christ, Dominikaner, Islamwissenschaftler und einer der Konzilsberater, bald danach:»Ist der Dialog einmal in Gang gekommen, so wird man gezwungen sein, dieses Hauptstück genauer darzustellen.«[54] Das sollte auch über dieses eine Glaubenselement hinaus gelten. Der Rang des Konzils ergibt sich nicht schon allein aus seinen einzelnen Äußerungen, sondern vor allem aus deren Wirkungsgeschichte. Daß es nicht das letzte Wort der Kirche war, zeigte sich schon an den danach gewiesenen »Wegen zum christlich-islamischen Dialog«[55].

c. Verlegenheiten der Systematischen Theologie

In der zeitgenössischen Systematischen Theologie fällt eine Verarbeitung der Tatsache, daß es den Islam in seinem besonderen geschichtlichen Verhältnis zum Christentum gibt, weitgehend aus.[56] Wir finden vor allem den Zwiespalt zwischen *allgemein hochschätzenden Urteilen über die nichtchristlichen Religionen* (und dabei wohl auch über den Islam) einerseits und einer Beschränkung auf *islamkundliche Kenntnisnahme,* die bloß die dogmatischen Differenzen zu erkennen gibt, andererseits.

Bei solcher Beschränkung bleibt ihr aber in der Distanz zu früherer Polemik als das einzig Respektable der interreligiöse *Vergleich* – entsprechend der Zielsetzung, wie sie etwa in der »Introduction à la théologie musulmane« von *Louis Gardet* und *Georges C. Anawati* zu finden ist:»Wir mußten vor allem einer doppelten Versuchung widerstehen: der der Polemik und der des Synkretismus [...]. Wir wollten verstehen und vergleichen, nicht diskutieren und streiten.«[57] Aber eine solche Alternative läßt eine spezifisch theologische Problemstellung noch nicht erkennen; denn zu dieser gehört notwendigerweise die Diskussion von Geltungsansprüchen. Es ist verständlich, daß diese bei den

---

[54] *G. C. Anawati* (1967), 487.

[55] *Sekretariat für die Nichtchristen / M. Borrmans* (1985); vgl. später S. 158–160.

[56] In der Wahrnehmung des Problems hebt sich unter den deutschsprachigen Fundamentaltheologien *H. Waldenfels* (1985 a) ab. Innerhalb der Erörterung des christlichen Verhältnisses zu den »Weltreligionen« insgesamt steht die beachtliche, aber stark postulatorische Auseinandersetzung mit dem Islam bei *H. Küng* (1984). Welche schwerwiegenden Fragen sich angesichts des Islam für die Systematische Theologie darüber hinaus auftun, legt *Y. Moubarac* (1969) dar – freilich in einer eher assoziativen und spirituell einfühlsamen als analytischen und systematischen Weise; vgl. auch *ders.* (1976).

[57] *L. Gardet / M.-M. Anawati* (1981), 9. – Zur Bedeutung des Vergleichs neben den übrigen religionswissenschaftlichen Ansätzen (dem geschichtlichen, dem kontextuellen und dem hermeneutischen) s. *J. Waardenburg* (1992), 14–17.

dogmatisch schärferen Selbstbehauptungen und apologetisch massiveren Konfrontationen früherer Zeiten leichterfiel.

Der Verzicht darauf, die Geltungsansprüche zu verhandeln, zeigt sich in der fast durchweg *dogmatisch-inhaltlich* ausgerichteten Wahrnehmung der Konfrontation beider Religionen; d. h., man registriert in erster Linie die Unterschiede im *Gottesbild* – radikaler Monotheismus gegen Trinität –, in der *Christologie* – Jesus als Prophet gegen Sohn Gottes –, in der *Anthropologie* – die muslimische Ablehnung der Erlösungsbedürftigkeit der Menschen aufgrund einer »Erbsünde« – und die sich daraus weiter ergebenden Glaubensdifferenzen, läßt aber die Frage, was christliche Theologie selbst zum Koran, zum Propheten Mohammed und zum Selbstverständnis des Islam als eigener Glaubensgemeinschaft sagen könne, weithin auf sich beruhen. Selbst wo mitgesehen wird, daß der Islam dabei dem Christentum »dessen universalen Heilsanspruch bestreitet« und es »insofern an einem zentralen Punkt trifft«[58], kann dies so beiläufig geschehen, als ob es sich um einen scheinbar zufälligen und äußerlichen Tatbestand der Geschichte, handelte, der theologisch nicht weiter erörtert werden brauchte oder bei dem eben einfach Position gegen Position stünde. Daß gerade hierin die primäre und brisanteste (auch die im eigentlichen Sinn fundamentaltheologische) Herausforderung liegen könnte, wird kaum bedacht.

Demzufolge werden die Fragen nach dem *Absolutheitsanspruch* des Christentums vorrangig an anderer Stelle aufgegriffen, wo vom Islam nicht eigens die Rede sein muß. Es zeichnet *Karl Rahners* Theologie der nichtchristlichen Religionen aus, daß er trotz seiner ausdrücklich zugestandenen mangelhaften Kenntnisse des Islam das mit dieser Religion gegebene Problem wenigstens anspricht (dann allerdings schnell liegenläßt).[59] Demgegenüber sucht man in einer »Quaestio disputata« mit dem Titel »Absolutheit des Christentums« – die einzelnen Beiträge entstammen der Konferenz der deutschsprachigen katholischen Dogmatiker und Fundamentaltheologen von 1977 – vergeblich, wo diese eine besondere Religion berücksichtigt sein könnte.[60] Selbst der Aufsatz, der den Blick seiner Überschrift nach ausdrücklich auf die Weltreligionen richtet[61], spricht wohl von Buddhismus und Hinduismus,

---

[58] *H. Waldenfels* (1985 a), 250.
[59] Vgl. *H. Zirker* (1992 a), 18–24.
[60] *W. Kasper* (1977).
[61] *H. Bürkle* (1977), 83–103.

von Stammesreligionen und Säkularismus, doch der Islam kommt auch in ihm nicht vor.[62] Dies war nicht immer so: Vom Anfang der theologischen Kontroversen an wurde die Frage › *Wo steht der Islam im Verhältnis zum Christentum?* ‹ nicht nur als ein Problem der *inhaltlichen Entsprechungen und Differenzen,* sondern auch als eines der *(heils)geschichtlichen Beziehung* gesehen. Im Anschluß an *Johannes Damascenus* im 7./8. Jh. galt er das Mittelalter hindurch weithin als eine christliche Häresie.[63]

Gegenüber einem solchen theologischen Urteilsspruch schlägt die Absicht, der fremden Religion bescheidener zu begegnen und sie allein aus ihrem eigenen Verständnis zu begreifen, zunächst einen besseren Weg ein. Auf Dauer aber nährt der Verzicht auf die prüfende Verhandlung der Sache von Christentum und Islam den Verdacht, man wolle damit vielleicht doch nicht nur der anderen Religion gegenüber rücksichtsvoll und behutsam sein, sondern auch sich selbst vor den anstehenden Schwierigkeiten und Verlegenheiten schonen.

Ein beachtenswertes, zugleich aber auch bedenkliches Gegenbeispiel gibt in unserem Jahrhundert *Karl Barth.* Mit aller verbalen Macht wehrt er sich in seiner »Kirchlichen Dogmatik« gegen die theologische »Gedankenlosigkeit, den Islam und das Christentum in der Weise zusammenzustellen, als ob sie wenigstens im ›Monotheismus‹ ein Gemeinsames hätten«.[64] Energisch hält er dagegen, daß sich der Islam seinen einen Götzen »gewissermaßen in Potenzierung allen sonstigen Heidentums« aufbaue – nur in einer »noch größeren Primitivität«; deshalb sei es völlig verfehlt, hier Christen und Muslime in ihrem Glauben einander verbunden zu sehen: »Nichts trennt sie vielmehr so gründlich als die Verschiedenheit, mit der sie scheinbar dasselbe sagen: es ist nur ein Gott!«[65] Doch noch der gereizte Ton dieser polemischen Abwehr läßt auf seine Weise eine Nähe der beiden Glaubenspositionen erkennen – in der Furcht, verwechselt oder auch nur ernsthaft aufeinander bezogen zu werden.

[62] Allein von »einer islamischen Missionssekte wie der Ahmadiyya« ist hier ganz nebenbei einmal die Rede (101). – Auch dort, wo auf Nikolaus von Kues und seine bemerkenswerte Schrift von 1454 »De pace fidei« verwiesen wird – ebd. 102 und im selben Band *K. Lehmann* (1977), 15 f –, bleibt unbeachtet, daß der entscheidende Anstoß dazu vom Islam ausging und daß der erheblichste nichtchristliche Gesprächspartner in dem von Nikolaus entworfenen Konzil der Muslim ist (vgl. später S. 60–75); erwähnt wird einmal nur (102) ganz allgemein »der Kampf um Konstantinopel«.

[63] Vgl. noch bei *Adolf Harnack,* Lehrbuch der Dogmengeschichte, Bd. 2, Tübingen ⁴1909, 529, die schon zur Licentiaten-Promotion verteidigte und seitdem beibehaltene These: »Muhammedanismum rectius quam Manichaeismum sectam Christianum esse dixeris.«

[64] Karl Barth, Die kirchliche Dogmatik, Bd. II/1, Zollikon-Zürich ³1948, 505.

[65] Ebd.

Im kontrastierenden Hintergrund steht für Karl Barth die in der *Aufklärung* verbreitete Hochschätzung des islamischen Monotheismus, wie sie sich etwa in *Lessings* »Fragment eines Ungenannten« ausdrückt: daß »fast alles Wesentliche in Mahomets Lehre auf natürliche Religion hinauslaufe«.[66] Und in einer anderen Schrift veröffentlichte Lessing die von ihm nicht selbst vertretene, aber genüßlich referierte Überzeugung, daß »die Mahometanische Religion eine unstreitige Verbesserung der christlichen war, und Mahomet selbst ein ungleich größerer und würdigerer Mann gewesen ist als Christus, indem er weit wahrhafter, weil vorsichtiger und eifriger für die Ehre des einzigen Gottes gewesen als Christus, der, wenn er sich selbst auch nie für Gott ausgegeben hätte, doch wenigstens hundert zweideutige Dinge gesagt hat, sich von der Einfalt dafür halten zu lassen, dahingegen Mahomet keine einzige dergleichen Zweideutigkeit zuschulden kömmt«.[67]

Freilich beruhen derartige ›aufgeklärte‹ Urteile nicht auf einer Vertrautheit mit dem realen Islam, sondern beziehen sich weitgehend auf einen ausgedachten; aber auch damit plädieren sie schließlich noch für eine Auseinandersetzung, die sich mit der bloß beiläufigen Kenntnisnahme der anderen Religion nicht zufrieden gibt.

Eine späte Schützenhilfe für diese Hochschätzung des Islam im Vergleich der Religionen ist sogar bei dem jüdischen Islamwissenschaftler *Ignaz Goldziher* zu finden, dem man nicht wie den Aufklärern vorhalten kann, daß er nur über eine religionsgeschichtliche Fiktion urteile. Er schreibt in einer gelegentlichen Tagebuchnotiz: »Ich lebte mich denn auch während dieser Wochen [des Aufenthaltes in Damaskus 1873/74] so sehr in den mohammedanischen Geist ein, dass ich zuletzt innerlich überzeugt wurde, ich sei selbst Mohammedaner und klug herausfand, dass dies die einzige Religion sei, welche selbst in ihrer doktinär-offiziellen Gestaltung und Formulirung philosophische Köpfe befriedigen könne. Mein Ideal war es, das Judenthum zu ähnlicher rationeller Stufe zu erheben. Der Islam, so lehrte mich meine Erfahrung, sei die einzige Religion, in welcher Aberglaube und heidnische Rudimente nicht durch den Rationalismus, sondern durch die orthodoxe Lehre verpönt werden.«[68] Und: »Meine Denkungsart war durch und durch

---

[66] *Gotthold Ephraim Lessing,* Von Duldung der Deisten. Fragment eines Ungenannten (1774), in: Werke. Vollständige Ausgabe in fünfundzwanzig Teilen, hg. von Johannes Petersen u. Waldemar von Olshausen, Berlin o. J., Nachdr. Hildesheim 1970, Bd. 18, 22. Teil, 31–49, hier 46.
[67] *Ders.,* Des Andreas Wissowatius Einwürfe wider die Dreieinigkeit (1773), ebd., Bd. 17/II, 21. Teil, 162–189, hier 186.
[68] *I. Goldziher* (1978), 59.

dem Islam zugewendet; meine Sympathie zog mich auch subjectiv dahin. Meinen Monotheismus nannte ich Islam und ich log nicht, wenn ich sagte, dass ich an die Prophetien Mohammeds glaube. Mein Koranexemplar kann Zeugnis dafür ablegen, wie ich innerlich dem Islam zugewendet war. Meine Lehrer harrten ernstlich des Augenblickes meiner offenen Erklärung.«[69] Scharf dagegen fällt im Verhältnis dazu Goldzihers Urteil über die Christen aus:»Wäre es nicht ein Segen gewesen, wenn sich die Ahnen dieses Erzbischofs [den er gerade besucht hatte] unter den Koran gebeugt hätten, um das Heidenthum zu überwinden? Soweit wurde mir im Umgang mit der syrisch-griechischen Klerisei täglich klarer, dass der Islam einen mächtigen Fortschritt gegen das Christentum bezeichnet hat.«[70]

Diese verschiedenen Urteile sind nur Schlaglichter der Herausforderungen, die vom Islam als Nachkomme der biblischen Religionen ausgehen, von denen aber heute in der Systematischen Theologie wenig zu finden ist. Das ist um so folgenreicher, als mit der Vernachlässigung des Islam dem»*christlich-jüdischen Gespräch*« eine wesentliche geschichtliche Dimension und eine theologisch brisante Perspektive fehlt. Dies belegt auf ihre Weise *Johann Adam Möhlers* Abhandlung»*Ueber das Verhältniß des Islams zum Christentum*«[71], ein erstaunlich problembewußtes und differenziertes Zeugnis der katholischen Theologie des 19. Jahrhunderts. Anders als die Überschrift es nahelegt, geht es ihr zugleich auch um eine Zuordnung und Bewertung des Judentums. Nicht die letztlich recht angreifbaren Ergebnisse dieser Studie sind das eigentlich Bemerkenswerte, sondern die Fragen, denen sie sich stellt. Einerseits nehmen»Mahommeds Satzungen« für Möhler»die Stelle der mosaischen, die Einleitung und den Uebergang zum Evangelium« ein[72]; er erkennt sogar an, daß der Islam»in gewisser Beziehung noch höher stehe, als der Mosaismus«[73]. Andererseits sieht sich Möhler schließlich doch genötigt, den Islam»auf Täuschung« zurückzuführen,»wenn auch dieselbe unbewußt und unwillkührlich ist«.[74] Er kann ihn formal nicht als Offenbarungsreligion gelten lassen: Was im Islam an Wertvollem zu finden ist, hat er»keineswegs seinem Ursprunge

[69] Ebd. 71.
[70] Ebd. 60.
[71] *J. A. Möhler* (1830). Dazu ausführlicher als im folgenden *H. Zirker* (1992 a), 21 f. Vgl. *H. Wagner* (1991).
[72] *J. A. Möhler* (1830), 386.
[73] Ebd. 391.
[74] Ebd. 394.

nach«, sondern nur »vermöge seiner Aufnahme christlicher Elemente«.[75] Damit mündet diese Würdigung des Islam in das alte abschätzige Urteil, nach dem er ganz von der christlichen Wahrheit abhängig sei, sie aber zugleich doch auch kräftig verfehle. Im Spektrum solcher gegensätzlichen Urteile macht Möhler um so deutlicher, welche Schwierigkeiten sich die christliche Theologie selbst bereitet, wenn sie die nachchristliche Religion nicht konsequent als solche wahrnimmt und zu verstehen versucht, sondern ihren geschichtlich späteren Ort zugleich als einen theologisch vorchristlichen begreifen will. Am Ende bekommt dann der Islam weder da noch dort einen respektablen Platz.

Einen anderen Weg schlägt demgegenüber *Herman Schell* ein[76], bis zu seinem Tod 1906 Professor für Apologetik, christliche Kunstgeschichte und vergleichende Religionswissenschaft der katholisch-theologischen Fakultät der Universität Würzburg. Er belegt auf seine Weise ein weiteres Mal, welches Problembewußtsein die Systematische Theologie des 19. und beginnenden 20. Jahrhunderts in dieser Sache hatte. Der Islam gehört für Schell so in das Umfeld des Christentums, daß beide Religionen in einer intensiven Wechselbeziehung stehen, die das Schema der vor- und nachchristlichen Einordnung nicht zuläßt. Einerseits sieht Schell den Islam in traditionsgeschichtlicher Abhängigkeit: »Der Glaube an Mohammeds Prophetentum war [...] eine selbständige Anwendung des vom Judentum und Christentum übernommenen Offenbarungsprinzips«[77]; und: »Der Islam nahm die Idee der Propaganda aus der biblischen Offenbarungsreligion«[78]; andererseits aber rechnet er ihm auch tiefgreifende Einflüsse auf den christlichen Osten an: »Das *byzantinische Christentum* der anatolischen oder orthodoxen Kirche ist das Gegenbild und die Gegenwirkung der im Islam maßgebenden Ideale; aber nicht feindselig gegen das Christentum verwertet, sondern auf das Christentum selber angewandt.«[79]

Zur Bewertung des konkurrierenden Verhältnisses beider Religionen greift Schell zwar teilweise auch auf massiv polemische Klischees des traditionellen Islambildes zurück; doch hat er »in steigendem Maße die Bedeutung des Islam gewürdigt«.[80] Ein »mächtig aufrüttelndes

---

[75] Ebd. 391.
[76] Vgl. *J. Hasenfuß* (1964).
[77] *H. Schell* (1902), 259.
[78] *Ders.,* Vorlesungen über Kirche und Glaube, Sommer-Semster 1891, aus einer Nachschrift zit. bei *J. Hasenfuß* (1964), 38.
[79] *H. Schell* (1901), 339.
[80] *Hasenfuß* (1964), 37.

Sturmeswehen des Geistes, das den Eintritt der Offenbarung in die Welt begleitet«, erkennt er bei der »Bewegung, die von [...] Mohammed ausging«.[81] Damit er dabei aber die Einzigartigkeit des Christentums nicht beeinträchtige, griff er vor allem auf zwei traditionelle theologische Deutungsschemata zurück: Zum einen sieht er den Offenbarungsglauben der nichtchristlichen Religionen, darunter ausdrücklich auch das Bekenntnis des Islam zum Koran als Wort Gottes, »hinlänglich aus der Thatsache der Uroffenbarung« erklärt; freilich sei diese auch »durch selbstgeschaffene Werke« ersetzt worden: »So erklärt sich die gemeinsame Neigung, an heilige Schriften zu glauben, und die thatsächliche Unvereinbarkeit dieser vielen Religionsurkunden, ohne daß die Folgerung berechtigt wäre: alle sind religiöse Selbsttäuschung.«[82]. Zum anderen wählte Schell das theologische Ordnungsschema von *Natur und Übernatur.* Mit ihm konnte er dem Islam einerseits Vernünftigkeit und Glaubwürdigkeit, die ethische Orientierung an Gewissen und Gemeinwohl zuerkennen und ihn andererseits doch mit einer vermeintlich scharfen Grenze vom christlichen Glauben absetzen: Dieser sei mit seinen »Geheimnissen«, der »Neugeburt des inneren Menschen«, der »Erhebung auf dem Gebiet übernatürlicher Wahrheiten« nicht nur »unendlich erhaben über alles rein Natürlich-Menschliche«, sondern stehe dem Islam als der Religion, die sich auf die natürliche Ordnung beschränkt, letztlich entgegen.[83]

So geht für Schell der Islam zwar hervor »aus einer gewaltigen religiösen Erregung, deren Glut von der enthusiastischen Persönlichkeit des *Mohammed* angefacht wurde« – »allein dabei ist nichts Übernatürliches, wenn alle treibenden Mächte und alle zeugenden Gedanken ausnahmslos aus dem Vorrat der seitherigen Entwicklung herauswirken und in der Linie der ganzen subjektiv empfundenen Zeitrichtung liegen.«[84] Im Unterschied zu den beiden biblischen Religionen wolle der Islam »durchaus *natürliches* Menschentum, und zwar Menschentum im orientalischen Sinne bleiben – mit seiner ›gesunden‹ Sinnlichkeit und Leidenschaft. Etwa so wie es in Saladin von Lessing geschildert

---

[81] *H. Schell* (1902), 227; bei der Auslassung nennt Sch. noch Buddha und Zarathustra. Vgl. ebd. 340: »Muß man Mohammed als Lügner erklären, wenn man nicht glaubt, daß ihm der Erzengel Gabriel erschienen sei?«

[82] *Ders.* (1889), 128.

[83] So *J. Hasenfuß* (1964), 45, in referierender Wiedergabe. Vgl. auch *G. E. Griener* (1988), 196–204: Religion: Natural and Supernatural; doch geht G. dabei nicht auf die Behandlung bestimmter einzelner Religionen durch Schell ein.

[84] *H. Schell* (1905 a), 239.

wird«.[85] Insgesamt steht schließlich »der Übernatürlichkeit der von Mohammed ausgebeuteten biblischen Gedankenwelt« der »natürliche Enthusiasmus« des Islam gegenüber, der »eine natürliche Anziehungskraft« ausübt – »wenigstens für eine gewisse Kulturstufe«.[86] Am Ende kippt diese theologische Verarbeitung des Islam sogar in die alten Vorurteilsmuster zurück, indem sie ihn auch als moralisch verderbt anprangert: Die »übernatürliche Forderung der Wiedergeburt« finde bei Mohammed kein Gehör, da ihn »die natürliche Selbstsucht, die geschlechtliche Sinnlichkeit und die persönliche Rachsucht« gefangenhalte und er »diesen niedrigen Leidenschaften dienstbar« sei: »Damit verrät er, daß er nicht aus höherer Offenbarung oder göttlicher Inspiration stammt.«[87] Es bestehe also »eine tiefe Kluft zwischen dem selbstlosen Prophetentum und jener Selbstsucht, die Mohammeds Wirksamkeit als eine rein menschliche kennzeichnet.«[88]

Dementsprechend fällt bei Schell auch der Vergleich mit der neutestamentlichen Verkündigung aus: »Paulus, der vielangefeindete Vorkämpfer des Christentums, hält seinen Gegnern immer wieder die offenkundige Selbstlosigkeit seines Apostolates entgegen. Mohammeds Prophetentum bietet in dieser Hinsicht den eigentlichen und entscheidenden Angriffspunkt.«[89]

So kommt Schells Deutung des Islam doch nicht von der plumpen Apologie frei. Wie die von Möhler zeigt sie trotz ihrer innovativen Ansätze, wie schwer sich christliche Theologie mit einer verständnisvollen Beurteilung dieser nachchristlichen Religion tut. Es ist auch nicht absehbar, wie dies je anders sein könnte, solange man sich darauf beschränkt, den Islam mit wechselnden Deutungsmustern dem eigenen theologischen System einzuordnen, dieses selbst dabei aber unangefochten lassen und nicht in Verlegenheit gebracht sehen will. Dennoch zeichnet es Möhler und Schell aus, daß sie die Besonderheit des Islam nicht einfach dadurch neutralisierten, daß sie ihn unter der Sammelgruppe der »nichtchristlichen Religionen« verhandelten.

[85] *Ders.* (1905 a), 240.
[86] Ebd. 240f.
[87] Ebd. 241.
[88] Ebd. 238.
[89] *Ders.* (1902), 393.

d. Die Verdrängung der eigenen Wirkungsgeschichte

Die Frage »Hat das Christentum den entscheidenden Anstoss zu Muhammeds Auftreten gegeben?«[90], scheint zunächst den historischen Tatbestand gegen sich zu haben, daß in der unmittelbaren Umwelt Mohammeds von den beiden biblischen Religionen das Judentum kräftiger vertreten war. Doch: »Diese Frage hat Wellhausen mit aller Entschiedenheit bejaht: die Wurzel des Islam liege im Christentum; von den Juden komme nicht der Sauerteig, aber allerdings zum grossen Teil das Mehl, das später zugesetzt wurde. Auch Schwally neigt zu der Meinung, dass der Islam ›eine wesentlich in den Spuren des Christentums gehende Religionsstiftung‹ sei, und Smith sagt bündig: ›the impulse came from Christianity.‹«[91] Zugespitzt lautet die Annahme sogar, »daß der Islām die Form ist, in welcher das Christentum in Gesamt-Arabien Eingang gefunden hat.«[92] Dabei stützen sich diese Urteile auf die inhaltlichen Gemeinsamkeiten der jeweiligen Glaubenstraditionen. Doch ein anderer wirkungsgeschichtlicher Zusammenhang läßt sich dem Koran weit sicherer entnehmen und entspricht seiner eigenen Perspektive:

Es gehört zur besonderen theologischen Bedeutung des Islam, daß er die Uneinigkeit von Juden und Christen wahrnimmt auf dem Hintergrund ihrer gemeinsamen prophetischen Botschaften – bis hin zur Verkündigung Jesu; daß er dabei vor allem auf die christologischen Streitigkeiten der frühen Kirchengeschichte zurückschaut, ihre bis zur Gegenwart reichenden Folgen registriert und daraus seine Konsequenzen zieht. Weit mehr als jeder andere Vorwurf wird den »Buchbesitzern« ihre Uneinigkeit vorgehalten und ihr gegenüber das Gericht verkündet. Juden und Christen gehören in dieser Hinsicht für den Koran in eine gemeinsame Schuldgeschichte. Um der Nachdrücklichkeit willen seien hier nur die deutlichsten Stellen aufgelistet[93]:

Die Juden sagen: »Die Christen haben keine Grundlage«; und die Christen sagen: »Die Juden haben keine Grundlage«. Dabei tragen sie doch das Buch vor. So wie sie reden die, die nicht Bescheid wissen. Gott wird am Tag der Auferstehung zwischen ihnen über das richten, worin sie uneins waren. (2,113; vgl. VV. 174.176).

---

[90] *W. Rudolph* (1922), 62.

[91] Ebd. 63 mit Bezug auf *Julius Wellhausen* (Reste arabischen Heidentums, 1887, 211), *Friedrich Schwally* (Th. Nöldeke / F. Schwally [1909], 8) und *Henry Preserved Smith* (The Bible and Islam, being the Ely Lectures for 1897, London, o. J., 315).

[92] *Th. Nöldeke / F. Schwally* (1909), 8.

[93] Übergangen werden die noch weit zahlreicheren Koranverse, bei denen nur die Uneinigkeit der »Kinder Israels« oder gar der Menschen insgesamt angeprangert wird.

Die Menschen waren eine einzige Gemeinschaft. Da schickte Gott die Propheten als Freudenboten und Warner und sandte mit ihnen das Buch mit der Wahrheit herab, damit es zwischen den Menschen über das richte, worin sie uneins waren. Nur jene, waren darüber uneins, die es bekommen hatten, nachdem die klaren Beweise zu ihnen gekommen waren – in Auflehnung gegeneinander. Da führte Gott diejenigen, die glauben, in seiner Vollmacht zur Wahrheit, über die sie uneins waren. (2,213). Das sind die Gesandten. Wir haben die einen von ihnen vor den anderen ausgezeichnet. [...] Wir gaben Jesus, dem Sohn Marias, die klaren Beweise und stärkten ihn mit dem Geist der Heiligkeit. Wenn Gott gewollt hätte, hätten die nach ihnen einander nicht bekämpft, nachdem die klaren Beweise zu ihnen gekommen waren. Aber sie wurden uneins. Manche unter ihnen glaubten, und manche wurden ungläubig. Wenn Gott gewollte hätte, hätten sie einander nicht bekämpft. (2,253). Die Religion bei Gott ist der Islam. Die das Buch bekommen haben, sind erst uneins geworden, nachdem das Wissen zu ihnen gekommen war, in gegenseitiger Auflehnung. (3,19; vgl. V. 55).

Seid nicht wie die, die sich spalteten und uneins wurden, nachdem die klaren Beweise zu ihnen gekommen waren. Sie bekommen eine gewaltige Strafe am Tag, da Gesichter weiß und Gesichter schwarz werden. Was dann die betrifft, deren Gesichter schwarz werden: »Wurdet ihr nach eurem Glauben ungläubig? So kostet die Strafe dafür, daß ihr ungläubig seid.« (3,105 f).

Die über ihn [Jesus] uneins sind, sind im Zweifel über ihn. Sie wissen von ihm nichts und folgen nur Vermutungen. (4,157).

Von denen, die sagen: »Wir sind Christen«, nahmen wir ihre Verpflichtung entgegen. Da vergaßen sie einen Teil dessen, woran sie ermahnt worden waren. So erregten wir unter ihnen die Feindschaft und den Haß bis zum Tag der Auferstehung. Gott wird ihnen kundtun, was sie getan haben. (5,14)

Wir haben den Kindern Israels einen wahrhaftigen Aufenthaltsort zugewiesen und ihnen von den köstlichen Dingen gewährt. Sie sind aber erst uneins geworden, nachdem das Wissen zu ihnen gekommen war. Dein Herr wird am Tag der Auferstehung zwischen ihnen über das entscheiden, worin sie uneins waren. (10,93; vgl. 11,110; 16,124; 27,76; 32,23.25; 41,45; 45,16–18).

Das ist Jesus, der Sohn Marias. Er ist das Wort der Wahrheit, an dem sie zweifeln. [...] »Gott ist mein Herr und euer Herr; so dient ihm! Das ist ein gerader Weg.« Dann wurden die Parteien untereinander uneins. (19,34–37).

Wir machten sie [Maria] und ihren Sohn zu einem Zeichen für alle Welt. »Diese eure Gemeinschaft ist eine einzige Gemeinschaft. Ich bin euer Herr, so dient mir!« Aber sie spalteten sich in ihrer Sache untereinander. (21,91–93) – Aber sie spalteten sich in ihrer Sache untereinander nach Büchern, und jede Partei freute sich über das, was sie hatte. (23,53).

Als Jesus mit den klaren Beweisen kam, sagte er: »Ich komme zu euch mit der Weisheit und um euch einiges von dem, worin ihr uneins sei, deutlich zu machen. So fürchtet Gott und gehorcht mir! Gott ist mein Herr und euer Herr. So dient ihm! Das ist ein gerader Weg.« Dann wurden die Parteien untereinander uneins. (43,63–65).

Deutlich heben sich unter den allgemeinen Vorwürfen gegenüber den Leuten der Schrift die heraus, in denen den Christen in ihrer Uneinigkeit das Bekenntnis Jesu zu Gott als dem einen Herrn entgegengehalten wird (in den Suren 19, 21, 23 und 43). Die kontrastierende

Aussage »Jede Partei freute sich über das, was sie hatte« (23,53) stimmt erstaunlich mit antiker Christentumskritik überein, die schon einige Jahrhunderte früher zu hören war: »Jeder will rechthaberisch und ehrgeizig einen eigenen Anhang haben.«[94] Hinter den scharfen Urteilen des Koran gegen die »Leute der Schrift« steht ein kräftiges Stück der Erfahrungen mit dem christlichen Dogma: Es war nicht in der Lage, Juden und Christen oder auch nur die Christen für sich in einer Gemeinschaft zusammenzuhalten, sondern führte zu Parteiungen. Auf seine Weise bekräftigt der Koran das Bild der frühen Kirchengeschichte: »Die doktrinäre Zerstrittenheit gehörte zum Erscheinungsbild des Christentums und fiel schon im 2. Jahrhundert nachteilig auf. Diese negative Optik gehört zu den Folgelasten der christlichen Auseinandersetzungen mit dem Dogma.«[95] Der Islam kann sich in seinem Urteil bestätigt sehen, wenn er liest, wie der christlich-theologische Kirchenhistoriker die christologischen Differenzen wahrnimmt: »Diejenigen Theologen, die damit begannen, den Logos als Gott deutlich vom Vater zu unterscheiden oder gar von einer Dreiheit *(trinitas)* in Gott zu sprechen (wie Tertullian, Novatian, Hippolyt), stießen auf den erbitterten Widerstand der vielen einfachen Gläubigen, die ihnen eine Zwei- bzw. Drei-Götter-Lehre vorwarfen«[96]; schließlich »kam es zu dogmatischen und kirchenpolitischen Kontroversen von bis dahin nicht dagewesener Dimension und mit verheerenden Folgen für die Einheit und den Frieden der Christen untereinander«[97]. Man kann darin den Grund sehen, daß ein muslimischer Theologe noch unserer Tage angesichts der religiösen Spannungen und Zerklüftungen der eigenen Gesellschaft zur Warnung auf die christliche Geschichte verweist: »Das Christentum zeigt am meisten Übertreibung im Dogma und in der Praxis unter allen übrigen Religionsgemeinschaften.«[98] Dabei muß man wissen, daß »*Übertreibung*« (ġulūw) in islamischer Tradition der spezielle Begriff für abwegige Spekulationen ist, die die Grenzen zwischen Gott und Geschöpf verwischen. Innerislamisch wird er vor allem auf schiitische Richtungen angewandt.[99]

[94] So die Kritik des *Kelsos* in der referierenden Zusammenfassung von *N. Brox* (1986), 271 (mit Bezug auf Orig. c. Cels. 3,10.12.14).

[95] Ebd.

[96] *N. Brox* (1990), 172.

[97] Ebd. 175.

[98] *Y. al-Qarḍāwī* (1992), 30. (Der Autor wird selbst zu den prominenten Vertretern des islamischen ›Fundamentalismus‹ gerechnet; doch setzt er sich in diesem Buch gerade mit dessen Gefährdungen auseinander.) – Vgl. Sure 5,77 angesichts der christlichen Rede von Jesus: »Ihr Leute der Schrift, *übertreibt nicht* in eurer Religion entgegen der Wahrheit!«

[99] Vgl. *H. Halm* (1982), 24f; *ders.* (1988), 186f.

Wenn die christliche Theologie diese massive Erfahrung des Islam nicht ihrerseits verarbeitet, kann sie für Mohammeds – oder besser: des Koran Absage an die Christologie der frühen Konzilien kein ernsthaftes Verständnis gewinnen. Sie bedenkt dann nicht, welche Konsequenzen sich daraus für die theologische Beurteilung auch der eigenen Dogmengeschichte ergeben könnten.[100] Sie muß diese auch aus dem Blickwinkel des Islam begreifen, wenn sie nicht einfach für ihren eigenen Weg das Muster eines geistesgeschichtlichen Fortschritts und für diese spätere Religion das entgegengesetzte Klischee von Abfall, Unverständnis und Niedergang verwenden will.

Begrenzt die christliche Theologie ihren Blick auf die eigene Dogmenentwicklung (und dabei noch einmal auf den großkirchlichen Weg), kann sie gar zu leicht im 4. Jahrhundert den »Abschluß der Bestreitungsgeschichte« registrieren – »(geistesgeschichtlich) beinahe problemlos« (wenn dazu auch »die tatkräftige Regie des Kaisers beigetragen hatte«)[101]. Die übrigen dogmatischen Positionen bleiben dann in solcher Sicht selbstverständlich einfach hinter dem gewonnenen Stand zurück. Im Christentum selbst nach dem Konzil von Chalkedon (451) beharrlich weitergehende Streitigkeiten und Widerstände können dann gegen die zeitliche Richtung der Geschichte als »vor-konziliare, also schon antiquierte«, »theologisch irrelevant«, qualifiziert werden.[102] Selbstverständlich muß in solcher Sicht erst recht die Christologie des Islam einfach hinter dem zuvor schon gewonnenen Stand zurückgeblieben oder hinter ihn zurückgefallen sein.

Wenn dagegen die christliche Theologie in der Würdigung des Islam einerseits die *sozialen (und damit auch ekklesiologischen) Konsequenzen* ihrer eigenen Dogmengeschichte und andererseits den *Bekenntnisstand* der Zeugnisse von Bibel und Koran mitbeachtet, kann sie diese spätere Religion ernsthaft als eine nachchristlich bedeutsame und theologisch herausfordernde Größe wahrnehmen – dann ihr gegenüber aber auch auf die Differenzen im Verständnis der Beziehungen von Gott und Mensch verweisen[103] und dabei nachdrücklich auf der historischen Tatsache wie theologischen Relevanz der Kreuzigung Jesu

---

[100] Vgl. *G. Riße* (1989), 199, Anm. 119. Die Urteile des Koran über die innerchristlichen Gegensätze werden hier beiläufig in einer Fußnote erwähnt – zur Erklärung der unzulänglichen theologischen Orientierung Mohammeds.

[101] *Karl-Heinz Ohlig*, Fundamentalchristologie. Im Spannungsfeld von Christentum und Kultur, München 1986, 190.

[102] Ebd. 291.

[103] Vgl. später S. 200–203.

bestehen[104]. Läßt sich die christliche Theologie dagegen nicht derart auf die Verarbeitung ihrer Wirkungsgeschichte im Horizont der Religionsgeschichte ein, wird sie die hermeneutischen Voraussetzungen sowohl für eine gerechtere Würdigung des Islam als auch für ein differenzierteres Verhältnis zu ihrer eigenen Tradition nicht aufbringen können.

[104] Vgl. S. 135–141.

3. Die Muslime und der Jude im fingierten Religionsgespräch: Zu Nikolaus von Kues' »De Pace Fidei«

In der Geschichte des Verhältnisses von christlicher Theologie zum Islam spielt der Theologe und Kirchenpolitiker Kardinal Nikolaus von Kues am Ausgang des Mittelalters (1401–1464) eine herausragende Rolle. Seine beiden Schriften »*Die Sichtung des Korans* (Cribratio Alkorani)«[1] und »*Über den Frieden im Glauben* (De pace fidei)«[2] sind dafür die wichtigsten Zeugnisse. Ihrer Bedeutung entsprechend wurden sie vielfältig wissenschaftlich bearbeitet. Im folgenden soll die Aufmerksamkeit allein auf einen begrenzten Aspekt gerichtet werden, der bislang wohl beiläufig erwähnt, aber nicht ausdrücklich auf seine theologischen Implikationen und Konsequenzen hin gewürdigt wurde: die unterschiedliche Behandlung des Juden und der Muslime im Konzil der Religionen von »De pace fidei«. Der Vergleich ihrer Rollen ist aufschlußreich für den Realitätsgehalt und den utopischen Charakter dieses erstaunlichen Versuchs, in einer höchst aggressionsgefüllten Zeit zu einer Übereinstimmung der Religionen zu finden. Der literarische Traum erweist sich über seine theologische Zuversicht hinaus auch als ein Zeugnis verdrängter Erfahrungen und unterschätzter Verständigungsschwierigkeiten. In ihrer Zwiespältigkeit kann diese versöhnliche Schrift auch noch unseren heutigen »Dialog«-Erwartungen zu denken geben. Wie sie neben dem Verhältnis der Muslime zum christlichen Glauben auch das der Juden vergleichend mitwahrnimmt, macht sie darüber hinaus noch beachtenswerter.

Den Nachrichten von den »äußerst grausamen Taten« bei der Eroberung Konstantinopels durch Sultan Mehmed II. setzte Nikolaus von Kues noch im gleichen Jahr 1453 seine Schrift »Über den Frieden im Glauben« entgegen.[3] Sie entfaltet die Vision, daß alle Völker der Erde in der Religion versöhnt würden, ohne daß sie dabei ihrem bis-

---

[1] *Nikolaus von Kues (1460/61).*

[2] *Nikolaus von Kues* (1453): Opera omnia, Bd. 7 (1959). Auf diese Ausgabe verweisen im folgenden die Seitenzahlen und Randziffern, auch wenn in Übersetzung zitiert wird. Unzuverlässig ist die deutsch-lateinische Ausgabe (1967). Beachtenswert ist dagegen die ältere Übertragung von *L. Mohler* (1943) mit einer informativen »Einführung« (5–88).

[3] Ebd. 3: Nr. 1. – Zur Angst Europas vor den Osmanen vgl. *E. Meuthen* (1984), 35–60.

herigen Bekenntnis untreu werden müßten. »Durch die gemeinsame Übereinstimmung aller Menschen« solle »alle Verschiedenheit der Religionen einmütig auf eine einzige, fortan unverletzliche zurückgeführt«[4] werden, damit weitere Katastrophen solcher Art nicht mehr zu befürchten seien. – Auch wenn der Fortgang der Geschichte diese Zuversicht als illusionär erwies, so wird ihr doch allseits hoher Respekt gezollt.[5] Den Konfrontationen gegenüber baut »De pace fidei« auf das Verbindende, den Ängsten gegenüber auf Hoffnung, den Kriegen gegenüber auf Gespräch und Einsicht. Damit läßt Nikolaus von Kues nicht nur die massiven Erfahrungen der politischen Machtkämpfe hinter sich, sondern auch die traditionell vorherrschenden Strategien des religiösen Disputs.

a. Unterschiedliche Kontroversen

Religionsgespräche über die Grenzen der Glaubensgemeinschaft hinaus waren zuvor – ob in literarischer Fiktion oder historischer Realität – fast durchweg darauf angelegt, dem eigenen Wahrheitsanspruch zum Sieg zu verhelfen. Wer nicht mit auf der eigenen Seite stritt, war entweder ein zu überwindender »Gegner« oder zu beeindruckender »Zuhörer«.[6] So geht schon *Justin* um die Mitte des zweiten Jahrhunderts in seinem »Dialog mit dem Juden Tryphon« betont davon aus, »daß die Mitwelt irrt«[7], und er beschließt die Auseinandersetzung mit der dringlichen Mahnung: »setzet eilends an Stelle eurer Lehrer den Christus des allmächtigen Gottes! [. . .] ich kann euch nichts Besseres erflehen, als daß ihr erkennet, jedermann gelange auf dem bezeichneten Wege zum Glücke, und daß ihr ganz unseren Standpunkt teilet: Jesus ist der Christus Gottes!«[8] Die von Justin an anderer Stelle vertretene Lehre vom »*spermatikòs lógos*«[9] – dem Samen der Wahrheit, den

---

[4] De pace fidei, 10: Nr. 9.
[5] Vgl. *B. Decker* (1953); *W. A. Euler* (1990); *M. de Gandillac* (1971); *D. Gebel* (1977); *H.-B. Gerl* (1990), 63–69; *R. Haubst* (1991); *W. Heinemann* (1987).
[6] Vgl. *Fr. A. Göpfert,* Disputation, in: Wetzer und Welte's Kirchenlexikon 3 (1884), 1833–1856, hier 1833: Bedingung der moralischen Erlaubtheit eines Streitgesprächs über den Glauben ist, »daß entweder für den Gegner oder für die Zuhörer Nutzen aus der Disputation erwartet werden kann.«
[7] *Justinus,* Dialog mit dem Juden Tryphon. Aus dem Griech. übers. u. eingel. von Philipp Haeuser, München 1917, 5 (III, 3; PG 6, 480).
[8] Ebd. 231 (CXLII, 2f; PG 6, 800).
[9] In wechselnder Formulierung Apologia II, 8 und 13 (Die beiden Apologien Justins des Märtyrers, übers. von G. Rauschen, in: Frühchristliche Apologeten und Märtyrerakten, 1. Bd., Kempten / München 1913, 93f und 100; PG 6, 457 und 465).

Gott bei allen Menschen und in allen Kulturen ausgesät hat – schloß offensichtlich nicht die Überzeugung aus, daß nach Christus die außerchristlichen Religionen ihre Legitimität und ihren Wert verloren haben: Die Menschen, die ihnen immer noch weiter zugetan sind, sind unter dieser Voraussetzung in einem verhängnisvollen Irrtum; sie müßten erkennen, wo die Wahrheit, auch die ihnen schon eigene, zu Hause ist und sich zu ihr bekennen. Selbst wenn wesentliche Elemente ihres Glaubens Bestand haben können, ist dadurch die geschichtliche Konfrontation der Religionen nicht aufgehoben, sondern letztlich noch verschärft.

In weit späterer Zeit und entfernter Umgebung, aber doch unter den gleichen theologischen Grundsätzen debattierte 1254 der Franziskaner *Wilhelm von Rubroek* in Karakorum vor dem Großkhan der Mongolen mit Muslimen, Buddhisten und nestorianischen Christen über den wahren Glauben und erreichte mit geschickter Taktik wenigstens, »daß Christen und Muslime einen gemeinsamen Sieg über die Buddhisten davontrugen und daß alle reichlich tranken.«[10]

Schließlich wollten auch die *Religionsgespräche der deutschen Dichtung des Mittelalters* vor allem den »Entscheidungskampf«, für den es »keinen Kompromiß, sondern nur ein Entweder-Oder« gibt[11]: »Man disputiert also nicht, um in gemeinsamer Arbeit in dialektischen Erörterungen die Wahrheit zu finden, sondern man streitet, um die für einen selbst schon feststehende Wahrheit zu demonstrieren oder gegen die Unwahrheit zu schützen.«[12]

Freilich steht *Nikolaus von Kues* mit seiner grundlegend anderen Zielsetzung nicht völlig allein. Besonders seine Beziehungen zu *Raimundus Lullus* und dessen »Buch vom Heiden und den drei Weisen«[13] aus den Jahren 1273–1275 werden vielfach beachtet[14] (und müssen auch im folgenden mitwahrgenommen werden). Dennoch geht der Cusaner wie sonst kein christlicher Theologe vor der Neuzeit davon aus, daß alle Religionen im Grunde von einem gemeinsamen Glauben getragen seien, den man nur hinreichend bedenken müsse, um die Gegensätze der kulturellen und politischen Oberfläche miteinander zu versöhnen. Zu dieser Annahme kommt er selbstverständlich nicht über

[10] *R. W. Southern* (1981), 39.
[11] *E. Schenkheld* (1930), 40.
[12] Ebd. 39.
[13] *Ramon Llull,* Libre del gentil e los tres savis, in: Ders., Obres essencials I, Barcelona 1957, 1057–1138 bzw. dt.: Ramon Lull, Buch vom Heiden und den drei Weisen, Freiburg 1986.
[14] Vgl. *E. Colomer* (1961; 1984); *W. A. Euler* (1990); *L. Mohier* (1943), 47–57.

einen empirischen Religionsvergleich; sie ist vielmehr ein Prinzip seiner Theologie der Religionen, das allen Wahrnehmungen und Erörterungen einzelner Glaubensthemen schon vorausliegt.

Nach der einleitenden Fiktion von »De pace fidei« wurde »einem Mann, der die Orte jener Regionen einst gesehen hatte, [. . .] eine Vision zuteil«, die ihn »in eine bestimmte geistige Höhe entriß« und ihm die entscheidende Einsicht vermittelte, die er danach, »soweit sie ihm im Gedächtnis blieb«, deutlich aufschrieb, damit sie auch »denen zur Kenntnis gelange, die in diesen äußerst wichtigen Dingen das Sagen haben«.[15] Doch trotz dieses Ausgangs von einer prinzipiellen Einsicht oder – in der fingierten Szene – einer himmlischen Aufklärung bleibt zu fragen, wieweit der theologische Entwurf auf realen Erfahrungen mit den Gläubigen fremder Religionen beruhen könnte. Dabei ist es besonders aufschlußreich, wahrzunehmen, wie Nikolaus auf Muslime und Juden eingeht; denn die einen waren ihm zwar nicht in der unmittelbaren Nähe gegenwärtig, aber in den eingefleischten Feindbildern und den akuten Ängsten seiner Zeit doch intensiv anwesend; die anderen wurden ihm nicht weniger theologisch und populär in diskriminierenden Klischees vor Augen gestellt, zugleich jedoch konnte er sie auch selbst in der eigenen Gesellschaft antreffen.

b. Die Zusammensetzung der himmlischen Synode

Der himmlischen Ratsversammlung steht Christus als »das Wort Gottes«[16], »das fleischgewordene Wort«[17] oder durchgehend einfach als »das Wort« vor. Daß er seine Stellung gerade unter diesem Titel einnimmt, ist offensichtlich durch die teilnehmenden Muslime bedingt; denn mehrfach wird ihnen gegenüber betont, daß dies ihrem Glauben entspreche.[18]

»Die Engel, die allen Völkern und Sprachen vorstehen«[19], laden je einen Vertreter ein. Insgesamt sind es siebzehn, die sich nach einem symbolischen Zahlenverhältnis gruppieren lassen[20]: drei für den Islam – Araber, Perser und Türke –, drei für die übrigen nichtchristlichen

---

[15] De pace fidei, 3f: Nr. 1f.
[16] Ebd. 10: Nr. 9.
[17] Ebd. 9: Nr. 8; 10: Nr. 9.
[18] Vgl. ebd. 26: Nr. 26; 32: Nr. 30; 33: Nr. 32f.
[19] Ebd. 10: Nr. 9.
[20] Zu dieser plausiblen Aufteilung vgl. *D. Gebel* (1977), 155f; doch sieht G. auch, daß Nikolaus selbst in keiner Weise eine solche Gruppierung ausdrücklich nahelegt.

Religionen – Inder, Skythe und Tartar –, drei für die christlichen Religionsgemeinschaften des Orients – Armenier, Chaldäer und Syrer (damit für die außereuropäische Welt insgesamt $3 \times 3 = 9$); für die westliche Christenheit stehen sieben: Böhme, Deutscher, Engländer, Franzose, Grieche[21], Italer und Spanier. Hinzu kommt schließlich noch der Jude.

Bezeichnenderweise ist an einer Stelle diese Zuordnung nicht eindeutig: Der Perser scheint oft stärker auch das nestorianische Christentum zu repräsentieren als den Islam. Selbst wo er gelegentlich mit einer gewissen Distanz »einige unter uns, die Christen sind,« erwähnt, kann er doch an derselben Stelle zugleich sagen, daß sie in der Ablehnung der Menschwerdung Gottes »mit uns übereinstimmen«.[22] Diese Beziehung von Islam und Nestorianismus ist keine zufällige, gar fehlerhafte Unschärfe, sondern entspricht der Vorstellung, die sich der Cusaner von der Lehre und den geschichtlichen Anfängen des Islam machte. Er nahm an, Mohammed habe sich als Heide zum Nestorianismus bekehrt und sei ihm bis zum Tod treu geblieben; die Stellen des Koran, in denen er als »Prophet einer eigenen Sekte« erscheint, seien später durch Juden »nach eigenem Gutdünken« eingefügt worden.[23] Nach wie vor entnahm Nikolaus dem Koran die innere Verwandtschaft dieser beiden »Häresien«, des Nestorianismus und des Islam; dementsprechend konnte ihre Perspektive durch eine einzige Person zur Sprache gebracht werden.

Zu seiner Auswahl der Vertreter kommt Nikolaus von Kues teilweise im Anschluß an *Augustinus*. Im »Gottesstaat« sagt dieser, daß »die Weisen oder Philosophen aller Nationen« Gott als Prinzip der Natur, der Wahrheit und des Guten erkennen – »die von der ionischen Richtung [. . .], von der italischen [. . .], die Inder, atlantischen Libyer, Ägypter, Perser, Chaldäer, Skythen, Gallier und Spanier und andere mehr«.[24] In diese theologische Tradition stellt sich Nikolaus von Kues mit seiner Versammlung »im Himmel der Vernunft«[25]. Die Volksnamen, mit denen er über die kleinere Liste des Augustinus hinausgeht,

[21] In der geschichtlichen Erinnerung ist der Grieche der Vertreter der antiken Weisheit – »älter als die anderen (prae ceteris senior)« (11: Nr. 10); dennoch kommt er in der fiktiven Gegenwart aus dem christlichen Raum. – Ihm nahe steht in dieser doppelten Hinsicht der Italer.

[22] De pace fidei, 31: Nr. 30. Vgl. *J. Beumer* (1977), 180.

[23] *Nikolaus von Kues* (1460/61), 14 f: Nr. 11 f – Zweites Vorwort. Zum Begriff »Sekte« vgl. oben S. 27, Anm. 22.

[24] De civ. Dei VIII, 9. In »De pace fidei« fehlen nur Libyer und Ägypter.

[25] De pace fidei, 62: Nr. 68 (»in caelo rationis«).

sind ihm teilweise von Raimundus Lullus nahegelegt[26], teilweise von den Verhältnissen seiner Zeit[27].

In dieser Zusammensetzung des himmlischen Rats kommt also den einzelnen Vertretern einerseits im Blick auf die aktuelle politische Situation und andererseits auf die theologisch komplexe Sachlage ein recht unterschiedliches Gewicht zu. Für die Beteiligung einiger von ihnen spricht weder in dieser noch in jener Hinsicht ein dringliches Moment.

Demgegenüber muß es zunächst als selbstverständlich erscheinen, daß sich in solcher Runde auch *ein Jude* befindet. Zwar steht er nicht in der Liste des Augustinus (dieser wollte ja gerade auf diejenigen verweisen, die auch außerhalb des biblischen Glaubens den einen Gott anerkennen); doch ist sein Platz in der literarischen Tradition der Religionsgespräche unaustauschbar vorgegeben.[28] Er nimmt innerhalb der vielfältigen Zustimmungsverweigerungen, denen sich das Christentum konfrontiert sieht, seine eigene beharrliche Position ein.

Dies bekräftigt unter umgekehrten Voraussetzungen auch *Jehuda Hallevi* (gest. 1141) mit seiner Verteidigungsschrift »Buch des Beweises und der Begründung zur Verteidigung eines verachteten Glaubens« (al-Chazārī)[29], indem er den König der heidnischen Chasaren nacheinander einen aristotelischen Philosophen, einen christlichen, einen muslimischen und schließlich einen jüdischen Theologen auf ihre Glaubensgründe hin befragen läßt. Selbstverständlich trägt hier der Jude den Sieg davon.

Doch trotz der literarisch vorgeformten und vielfältig durchgespielten Rolle des Juden in den Religionsgesprächen ist seine Stellung in der

---

[26] Zu denken ist dabei vor allem an den *Liber Tartari et Christiani* (gegen 1285) mit dem Tartaren, dem Juden, dem Muslim und zwei Christen und an den *Liber de quinque sapientibus* (gegen 1294) mit dem Muslim, dem römischen Katholiken, dem orthodoxen Griechen, dem Nestorianer und dem Jakobiten (= Syrer). Vgl. *E. Colomer* (1984), 99 f.

[27] Dazu zählt *R. Klibansky,* in: R. Haubst (1984), 108, den Türken, den Alemannen (= Deutschen), den Armenier, den Böhmen und den Engländer.

[28] Vgl. über Anm. 7, 13 und 26 hinaus die Verweise von *E. Colomer* (1984), 82 f auf *Petrus Alphonsus* (urspr. *Moses Sefardi*), Dialogus Petri cognomento Alphonsi ex iudaeo christiani et Moysi iudaei; *Petrus Damianus,* Dialogus inter Iudaeum requirentem et Christianum respondentem; *Odo von Cambrai,* Disputatio cum Iudaeo Leone; *Rupert von Deutz,* Annulus sive dialogus inter Christianum et Iudaeum; *Gilbert Crispinus,* Disputatio Iudaei et Christiani de fide christiana; ebd. 84–86 zu *Peter Abälards* Dialogus inter Philosophum, Judaeum et Christianum (um 1140), hg. von Rudolf Thomas, Stuttgart-Bad Cannstatt 1970; dazu auch *L. Mohler* (1943), 27–34.

[29] Vgl. *E. Colomer* (1984), 53–55; *Hans-Georg von Mutius,* Jehuda Hallevi, in: TRE 16, 554–556, hier 555.

Ratsversammlung von »De pace fidei« aus mehreren Gründen von vornherein auf neue Weise prekär und nicht bereits durch die vorgängigen Muster hinreichend definiert.

c. Verständigungsvoraussetzungen

Schon mit der Zusammensetzung seiner himmlischen Versammlung schafft Nikolaus von Kues eine erheblich andere Situation, als sie in früheren literarischen (und realen) Religionsgesprächen gegeben war:

1. Mit der hohen *Zahl der Teilnehmer* ist die Menschheit in einer solchen Größe und Pluralität repräsentiert, daß der eine jüdische Vertreter bereits quantitativ eine Randstellung einnimmt. Er kann unter denen, die sich nicht wie die Christen auf den Glauben Israels zurückverwiesen sehen, leicht vernachlässigt werden. Wenn man die siebzehn Weisen gar wie oben zahlensymbolisch gruppiert, wird die Sonderstellung des einen noch verstärkt deutlich.

Dabei geraten wirkungsgeschichtliche Beziehungen zwischen den einzelnen Glaubensgemeinschaften ganz aus dem Blick. Keiner einzelnen Religion kommt hier eine Bedeutung dadurch zu, daß sie anderen zeitlich vorausgeht und ihnen an Alter überlegen ist – wie das Christentum dem Islam und das Judentum diesen beiden – oder daß sie anderen geschichtlich folgt und sie dem eigenen Selbstverständnis nach überholt – wie das Christentum in der nun entgegengerichteten Bewertung das Judentum und der Islam diese beiden.

2. Die Zusammensetzung der Teilnehmer hat auch Folgen für die vorherrschende *Argumentationsweise*. Die fundamentale Gemeinsamkeit, die Juden und Christen in ihren biblischen Schriften haben (auch wenn die unterschiedlichen Lesarten schnell wieder zu Differenzen führen), und die inhaltlichen Entsprechungen des Koran mit den biblischen Traditionen erbringen nichts für das Gespräch in der größeren Runde. Zwar wird der Koran vereinzelt angesprochen[30], und mehrfach werden aus ihm Inhalte aufgegriffen, ohne ausdrücklich die Quelle zu benennen[31]; aber nirgends kann er in dieser weltumspannenden Synode als tragfähige Autorität gelten. Die Verständigung muß auf einer anderen Basis aufruhen als der besonderen Offenbarung von Abraham und Mose her. Erst recht ist »das Gesetz der Araber«[32] eine zu partikulare

---

[30] De pace fidei, 38f: Nr. 41; 47–49: Nr. 50–52.
[31] Z. B. die Benennung Jesu als »Wort« und »Geist« Gottes nach Sure 4,171 (32: Nr. 30), als »Messias und Christus« (54: Nr. 58), die Leugnung der Kreuzigung Jesu nach Sure 4,157f (44: Nr. 47).
[32] Ebd. 32: Nr. 30.

Größe. Deshalb beginnt gerade der Araber selbst seine Rede mit dem Hinweis, »daß alle Menschen von Natur aus nach Weisheit streben«.[33]

Diesem Ansatz entsprechend sieht Nikolaus den einzig erfolgverheißenden Argumentationsweg im Rückgriff auf das, was er *bei allen* jeweils bereits *vorausgesetzt* finden kann[34]; denn »schwerlich wird irgendeine Nation durch unsere Überredung einen anderen Glauben annehmen als denjenigen, den sie bislang sogar mit ihrem Blut verteidigte.«[35] Immer wieder treffen wir in »De pace fidei« auf die Verständigungserwartung, wie sie beispielsweise den Polytheisten gegenüber konditional gefaßt ist: »Wenn also alle [...] auf das achteten, was sie voraussetzen, [...] wäre der Streit geschlichtet.«[36] Und in gleichem Sinn formuliert hier der Syrer apodiktisch, »daß bei jeder Religionsgruppe die Eintracht aus den Voraussetzungen (concordiam ex praesuppositis) ermittelt werden kann«.[37]

Dabei wird das im voraus Verbindende als so stark gesehen, daß jeder mit sich selbst in Zwiespalt geraten müßte, falls er sich der Einheit im Glauben verschließen wollte. Nikolaus geht es immer wieder um den Nachweis, daß jeder, der auf einem Sonderglauben beharrt, »sich selbst widerspricht (contradicit sibi ipsi)«.[38] Dies stärkt ihn in der Zuversicht, die er dem Chaldäer in den Mund legt: »Ich meine nämlich, daß niemand dieser Einsicht seine Zustimmung verweigern kann«.[39] Dementsprechend bekräftigt »das Wort«, daß die dargelegte Wahrheit »mit Notwendigkeit von allen angenommen werden muß«.[40] Wenn bis zur unheilvollen Gegenwart im Glauben Differenzen zu bestehen scheinen, liegt dies für Nikolaus daran, daß viele das, was sie jetzt bereits »bekennen (fatentur)«, »nicht vollständig durchschauen (plene considerent)«.[41] In einer Runde, die sich so zahlreich im »Himmel der Vernunft«[42] versammelt, um alle Völker der Menschheit zu repräsentie-

[33] Ebd. 15: Nr. 16.
[34] Vgl. *K. Kremer* (1984). Zu dieser »*Präsuppositionsdialektik*« s. auch *L. Hagemann* (1976), 139–144.
[35] De pace fidei, 11: Nr. 10.
[36] Ebd. 16f: Nr. 18.
[37] Ebd. 39: Nr. 42.
[38] Ebd. 16: Nr. 17.
[39] Ebd. 24: Nr. 23.
[40] Ebd. 28: Nr. 26 – hier im Blick auf die Trinitätslehre. Die Feststellung von *W. A. Euler* (1990), 195, daß sich Nikolaus bei seiner »Hinführung« (manuductio) zum Glauben an den dreifaltigen Gott nicht auf »rationes necessariae« (wie Raimundus Lullus) beziehe, ist von daher zu korrigieren.
[41] De pace fidei, 37: Nr. 39.
[42] S. Anm. 25.

ren, trägt die Berufung auf die Offenbarungsgeschichte Israels jedenfalls nicht weit.

3. Auch die besonderen *geschichtlichen Dringlichkeiten* dieses himmlischen Gesprächs werden von anderen Teilnehmern gesetzt als dem Juden. In erster Linie richtet sich dabei der Blick selbstverständlich auf die anwesenden Muslime; denn im Hintergrund stehen zunächst die kriegerischen Konfrontationen des Abendlandes mit den Osmanen und die daraus aufbrechenden massiven Ängste. Darüber hinaus erinnert die Wahl des Armeniers an die Unionsbemühungen mit den östlichen Kirchen auf dem Konzil zu Florenz[43], der Böhme und der Engländer an die Auseinandersetzungen mit Jan Hus, John Wyclif und deren Anhängern. Die theologischen Differenzen verbinden sich auch hier unübersehbar mit schwerwiegenden politischen Spannungen. Im Verhältnis dazu hat das Gespräch mit dem Juden keinerlei aktuelles Gewicht; es ist von derart prinzipieller Natur, daß dabei alle zeitgeschichtlichen Bezüge verschwinden und sich kein Gedanke an akute Befürchtungen oder Hoffnungen einstellt.

Der jüdische Teilnehmer und mit ihm der jüdische Glaube stehen also schon vor aller Verhandlung in mehrfacher Hinsicht deutlich am Rand dieses himmlischen Konzils.

d. Vereinnahmung und Einvernehmen

So zuversichtlich Nikolaus von Kues dem Konzil der Weisen aus allen Völkern und Religionen das Prinzip der *»Eintracht aus den Voraussetzungen«* vorgibt, so wirksam führt er es auch zum Erfolg. Als Autor des fiktiven Spiels kann er alle Akteure an den Fäden seiner eigenen Spekulation zum vorgesehenen Ziel lenken. Dabei räumt er gewaltige Widerstände aus dem Weg, hie und da mit bemerkenswerten Zugeständnissen:

So werden die *polytheistischen Kulte* insofern anerkannt, als ihre Anhänger nicht gleichzeitig mehrere Götter als erste Ursache der Welt bekennen, sondern – ähnlich der christlichen Heiligenverehrung – die vielen an der Heiligkeit des einen teilhaben lassen.[44] Auch wenn im Bilderkult und Orakelwesen der Polytheisten manches verderbt sein mag,

---

[43] Vgl. die Bulle über die Union mit den Armeniern »Exsultate Deo« von 1439 (DH 1310–1328). Auch beim Chaldäer könnte man an ein zeitgeschichtliches Ereignis denken: 1445 erfolgte die Union der Sekte der Chaldäer von Zypern mit der römischen Kirche; vgl. *W. A. Euler* (1990), 151.

[44] Vgl. De pace fidei, 15–20: Nr. 17–20; Äußerung des Chaldäers.

müßten die Verirrungen doch ohne Schwierigkeiten durch eine angemessene Aufklärung überwunden werden können. – Am Ende bringt dieser Gesprächsgang den muslimischen Araber, der das Bedenken aufgrund seines radikalen Monotheismus vorgebracht hat, und den Inder, dem die polytheistisch anmutenden Kulte vertraut sind, im neuen Einverständnis zusammen.

Auch im Blick auf den Glauben an die *Trinität* Gottes werden die naheliegenden Einwände so zerstreut, daß sich schließlich alle in derselben Einsicht treffen können. Zunächst freilich ist dieses Ergebnis in keiner Weise absehbar; denn nicht in der personalen Dreiheit des göttlichen Wesens wird das eigentliche Problem gesehen (»Ich meine, daß dieser Einsicht niemand seine Zustimmung verweigern kann«[45]), sondern darin, daß »*Gott einen Sohn und Teilhaber an seiner Gottheit*« haben soll: »das bekämpfen die Araber und viele mit ihnen«.[46] Die Juden werden an dieser Stelle noch nicht eigens genannt; als repräsentativer Widerpart genügen die Muslime. Aber nach der Erläuterung des christlichen Glaubens kommt die entscheidende Stimme erstaunlicherweise gerade dem *Juden* zu, der gesteht: »Die höchst gepriesene Dreifaltigkeit, die nicht geleugnet werden kann, ist aufs beste erklärt worden.«[47] Ergänzend stellt »das Wort« fest, daß »*auch die Araber und alle Weisen*« sich dem in Einmütigkeit anschließen werden; daß andererseits aber »die Art und Weise, in der die Araber und Juden die Trinität ablehnen, gewiß von allen abgelehnt werden muß«.[48] Und zur letzten Bekräftigung bestätigt der *Skythe:* »Gegen die Anbetung der höchst einfachen Trinität (simplicissimae trinitatis), die bis heute alle, die Götter verehren, anbeten, kann keinerlei Bedenken (nihil scrupuli) bestehen«.[49]

Aber damit bleibt immer noch »der größte Widerspruch in der Welt«[50]: *die Menschwerdung Gottes;* denn: »Das lehnen fast alle ab, ausgenommen wenige in Europa.«[51] Bezeichnenderweise wird die Auseinandersetzung in dieser Sache durchweg zwischen Petrus und dem Perser geführt, zwischen dem Repräsentanten des römischen Christentums auf der einen Seite und dem des nestorianischen Christentums wie

[45] Ebd. 24: Nr. 23.
[46] Ebd. Der Begriff »*particeps in deitate*« nimmt den kräftigsten Vorwurf des Koran auf: den der »*Beigesellung*« (*širk*) – vgl. etwa Sure 9,31.
[47] Ebd. 26: Nr. 25.
[48] Ebd. 26.28: Nr. 26.
[49] Ebd. 29: Nr. 27.
[50] Ebd. 30: Nr. 28.
[51] Ebd. 31: Nr. 30.

des Islam auf der anderen. Gegen den Glauben, Jesus sei Gott gewesen, steht wie gegen den an die Trinität Gottes der muslimische Widerspruch, daß Gott »keinen Teilhaber hat«[52]. Erst als Petrus darauf drängt, Jesus nicht nur als einen Propheten zu sehen wie alle übrigen, und als der Muslim zugesteht, daß Jesus »der größte aller Propheten gewesen« sei[53] – eine offensichtlich falsche Deutung des Koran[54] –, eröffnet sich ein Verständnisweg, an dessen Ende der Perser einräumt: »Es scheint [...], daß die Araber zur Annahme dieses Glaubens geführt werden können (ducibiles sint ad recipiendum)«.[55] Das entscheidende, für beide Seiten tragfähige Argument besteht in der Unterscheidung, nach der »das Wort des Königs, das auf verschiedenen Blättern geschrieben ist (verbum regis scriptum in variis cartis)«, diese Blätter in ihrer »Natur« beläßt – anders, als wenn »der Erbe des Königs« selbst die Botschaft überbringt: »Im Erben des Königs ist das Wort des Königs im eigentlichen Sinn lebendig, frei und unbegrenzt; keineswegs jedoch in den Botschaften (missivis).«[56] Daß der Perser einem solchen Verständnis von Offenbarung und Prophetie zustimmt, zeigt, wie weit Nikolaus von Kues die islamische Theologie verfehlt.

Bei all dem wird der Blick wieder allein auf die Muslime als die erheblichsten Repräsentanten im Widerspruch gegen den christlichen Glauben gerichtet. Wenn ihre Zustimmung auch in dieser schwierigsten Sache gesichert scheint, sollte aller ernst zu nehmende Dissens ausgeräumt sein; es folgen nur noch stützende Erläuterungen, bei denen Petrus gelegentlich auch Elemente des Koran einbringen kann.[57]

Erst gegen Ende dieser Gesprächsphase erwähnt der Perser beiläufig doch noch, daß die Juden »schwieriger als andere« zur Zustimmung zu bewegen seien.[58] Der Jude selbst aber schweigt an dieser Stelle ebenso wie im folgenden Teil des Gesprächs, in dem der Syrer – davon ausgehend, daß »die Eintracht unter den gegebenen Voraussetzungen

---

[52] Ebd. 32: Nr. 30.
[53] Ebd. 33: Nr. 32; vgl. 32: Nr. 30 das Bekenntnis des Persers, »daß jener Gott am nächsten ist«; 40: Nr. 43 (Petrus): »der höchste Messias und Christus, wie Araber und Juden Christus nennen [...], der nach Meinung aller Gott am nächsten ist«; 54: Nr. 58 (Petrus): »daß nicht nur die Christen, sondern auch die Araber bekennen, Christus sei der Höchste von allen«.
[54] Vgl. S. 128 f.
[55] Ebd. 38: Nr. 39.
[56] 33: Nr. 32 f.
[57] Ebd. 38 f: Nr. 41 verweist er auf »eine große Gruppe unter den Arabern«, die »bekennt, daß Christus Tote auferweckte, aus Lehm Vögel schuf und vieles andere«; dies steht freilich schon im Koran (3,49 und 5,110).
[58] Ebd. 39: Nr. 41.

in jeder Religionsgruppe gefunden werden könne«[59] – Petrus drängt, differenzierter zu bedenken, wie dies auch im Blick auf die Menschwerdung Gottes erreicht werden solle, wenn sich die Juden dem faktisch verschließen. Doch alle weiteren Überlegungen münden hier in die schlichte Feststellung: »Es genügt, daß sowohl die Araber als auch die Christen und die anderen, die in ihrem Blut Zeugnis abgelegt haben, [...] bezeugen, daß er [der mit Gott geeinte Messias] gekommen ist.«[60]

Selbst als der Türke zur Sprache bringt, daß die Muslime, zu denen er selbstverständlich gerechnet werden muß, die *Hinrichtung Jesu* leugnen, gewinnt Petrus dieser Überzeugung teilweise noch Verständnis ab: »Daß sie seine Kreuzigung durch die Juden bestreiten, das scheinen sie aus Ehrfurcht vor Christus zu sagen: daß gewissermaßen solche Menschen keine Gewalt über Christus gehabt hätten.«[61] Sicher wird Nikolaus von Kues damit dem Sinn der entsprechenden Koranstelle (4,157f) gerecht.[62] Zugleich betont er dadurch aber auch, daß die Verständigungsbasis mit den Muslimen einen gemeinsamen Gegensatz zu den Juden einschließt.

Auf einen weiteren schwerwiegenden Punkt der Diskrepanz, in dem das Evangelium gleichermaßen gegen den jüdischen wie den muslimischen Glauben zu stehen scheint, macht schließlich der Deutsche aufmerksam: Die *Hoffnung* richte sich bei beiden auf vordergründig »sinnliche Güter«[63] – seien diese innerweltlich gedacht bei den Juden oder jenseitig bei den Muslimen. Dem widerspricht Petrus zunächst ausführlich im Blick auf die Muslime: Man müsse die bildkräftigen Aussagen des Koran über die Genüsse des Paradieses »metaphorisch (similitudinaliter)«[64] verstehen. Dabei sind zwei Aussagen besonders bemerkenswert, zum einen in der Distanzierung: »Kein Deutscher würde in dieser Welt, selbst wenn er den Gelüsten des Fleisches ergeben wäre, solche [wunderschönen Mädchen, wie der Koran sie verspricht] begehren«; zum anderen in der argumentativen Begründung: »An anderer Stelle verbietet der Koran, daß in Kirchen, Synagogen und Moscheen Beischlaf und alle anderen Ergötzlichkeiten des Fleisches geschehen. Man kann aber nicht glauben, daß die Moscheen heiliger sind als das Paradies.« Auf die Juden kommt Nikolaus von Kues bzw. Petrus hier dagegen erst zu sprechen, als der Deutsche ihn erneut an sie

[59] Ebd. 39: Nr. 42.
[60] Ebd. 42: Nr. 45.
[61] Ebd. 44: Nr. 47.
[62] Vgl. später S. 140–142.
[63] De pace fidei, 47: Nr. 50.
[64] Ebd. 48: Nr. 51.

erinnert; in seiner Antwort faßt er sich kurz: Daß sie im Eifer für ihr Gesetz »sich dem Tod ausliefern«[65], beweise ihre Hoffnung auf ein ewiges Heil. Dabei wehrt er zugleich, ohne daß dies vom argumentativen Zusammenhang her gefordert scheint, mit einer zunächst erstaunlichen Feststellung ein verbreitetes theologisches Vorurteil ab: »Aber das Glück, das sie erwarten, erwarten sie nicht aus den Werken des Gesetzes [...], sondern aus dem Glauben«.[56] Mit dieser Annahme kann Nikolaus von Kues die Hoffnung der Juden als eine im Grund christliche behaupten, denn ihr Glaube ist für ihn dann einer, »der Christus voraussetzt«.[67] So läßt er hier Petrus seine Würdigung der Juden am Ende doch wieder zu dem Punkt zurückführen, bei dem sich zuvor schon ihre Verweigerung des Einverständnisses als gar zu hartnäckig erwies.

Zwar ist unmittelbar darauf auch für Paulus »Abraham der Vater des Glaubens aller Glaubenden – seien sie Christen, Araber oder Juden«[68]; doch auch er kann später nur noch Christen und Araber in dem gemeinsamen Bekenntnis zusammensehen, »Christus sei der Höchste von allen, die waren oder sein werden in diesem oder einem künftigen Zeitalter, [...] das Antlitz aller Völker«.[69] Daß Nikolaus von Kues dabei einem Mißverständnis von Sure 3,45 erliegt[70], ist nicht ihm anzurechnen; denn er verließ sich auf die ihm vorgegebene lateinische Übersetzung von Robert von Ketton, die hier seiner versöhnlichen Tendenz entgegenkam.

Wie weit Nikolaus sich auf das einläßt, was den anderen Religionen verbindlich ist, zeigt er mit einer Erwägung, die er Paulus (gerade ihm!) in den Mund legt: Die bei Juden und Muslimen praktizierte *Beschneidung* könne um des Friedens willen auch in der gesamten übrigen Menschheit eingeführt werden, wenn man sie nur nicht für notwendig halte.[71] Vermutlich wußte Nikolaus nicht, daß diese Bedingung von den Muslimen viel leichter als von den Juden eingeräumt werden könnte, da die Beschneidung im Islam keine Initiation ist, um Muslim zu werden. Dieser religionsphänomenologische Unterschied spielt jedenfalls für den entgegenkommenden Gedanken des Paulus keine

---

[65] Ebd. 50: Nr. 53.
[66] Ebd.
[67] Ebd.
[68] Ebd. 51: Nr. 55.
[69] Ebd. 54: Nr. 58; vgl. auch *Nikolaus v.* Kues (1460/61), 50f: Nr. 40; 92–95: Nr. 77–79 (I, XIX).
[70] Im Hintergrund steht die Verwechslung von »waǧhun« = »Gesicht« mit »waǧīhun« = »angesehen, geachtet«; vgl. *L. Hagemann* (1976), 133–135.
[71] Vgl. De pace fidei, 56: Nr. 60.

Rolle. Ohnehin überwiegt bei ihm hier letztlich doch das realistische Bedenken: »Ich meine aber, daß die Durchführung dieser Sache schwierig ist.«[72]

Wenn man berücksichtigt, daß das Konzil von Florenz 1442 über die Beschneidung lehrte, sie könne »nach der Verkündigung des Evangeliums [...] ohne Verlust des ewigen Heiles nicht beibehalten werden«[73], vertritt der Cusaner hier gegenüber Juden wie Muslimen eine erstaunliche Position.

Bei allen weiteren Themen, die darüber hinaus noch als mögliche Differenzpunkte zwischen den Religionen angesprochen werden – vor allem die Sakramente, darunter in erster Linie Taufe und Eucharistie –, wird durchgängig in der bekannten Weise das Einverständnis behauptet. So stellt sich am Ende heraus, »daß alle Verschiedenheit eher in den Riten zu erfahren ist als in der Verehrung des einen Gottes [...], auch wenn oft die Einfältigkeit des Volkes, von der feindlichen Macht des Fürsten der Finsternis verführt, nicht bedachte, was sie tat«.[74] Dementsprechend dominiert schließlich insgesamt die Überzeugung, daß es den Weisen »leicht«[75] gelingen müßte, vom eigenen Glauben her die universale Übereinstimmung zu erkennen und somit zwischen den Religionen den endgültigen Frieden zu schaffen.

e. Die jüdische Verweigerung

Der umfassenden Übereinkunft steht am Ende als einziger der Jude entgegen, auch wenn er dies nicht selbst sagt und im Blick auf die Trinität sogar seine Übereinstimmung bekundet. Aber andere aus der Ratsversammlung verweisen auf die Barriere, die ihm unüberwindlich sein muß: *die Menschwerdung Gottes*. Doch darüber geht Petrus mit zwei Argumenten hinweg, die diese Verständigung der Religionen insgesamt als eine fragwürdige Fiktion erscheinen lassen: Die Juden sind erstens *verstockt* – »sie wollen nicht verstehen« – und haben zweitens *keine beachtenswerte militärische Macht* – »Sie sind nämlich wenige und werden nicht mit Waffen die ganze Welt durcheinander bringen können«;

[72] Ebd.
[73] DH 1348 (etwas anderes als die Frage der Heilsnotwendigkeit kommt hier gar nicht in den Blick).
[74] De pace fidei, 62: Nr. 68.
[75] Ebd. 26: Nr. 26; vgl. 4: Nr. 1 (»facilem [...] concordantiam«); 17: Nr. 18 (»non foret difficile«, »facile quietatur«); 19: Nr. 20 (»non erit difficile«).

so »werden sie die Eintracht nicht behindern«.[76] Dies ist eine ebenso aufschlußreiche wie fragwürdige Verquickung von theologischer und politischer Perspektive. Mit anderen Worten heißt dies hier: Der Islam verdient ernster genommen zu werden, denn Muslime gibt es mehr, und sie gefährden die Menschheit.

Dieser Vergleich von Judentum und Islam hat seine weiter zurück-reichende Geschichte. So entschied Papst *Alexander II.* (1061–1073) unter demselben Gesichtspunkt wie Nikolaus von Kues – freilich unter anderer Fragestellung und mit anderen Konsequenzen: »Gegen die Sarazenen ›darf gerechterweise gekämpft werden, da sie die Christen verfolgen‹ und aus Stadt und Heim vertreiben‹; die Juden aber ›sind überall zur Unterwerfung bereit‹; gegen sie sind kriegerische Maßnahmen unstatthaft.«[77] Daß die Juden »überall zur Unterwerfung bereit« sind, soll selbstverständlich heißen: Sie sind machtlos, und man kann sie in die Knie zwingen.

Mit seiner Bewertung der Juden wischt der Cusaner zugleich leicht-hin den Widerspruch der einzigen nichtchristlichen Religion vom Tisch, die er aus unmittelbarer Erfahrung kennt. (Darüber geht die Literatur zu »De pace fidei«, soweit ich sehe, ihrerseits wiederum ebenso leicht hinweg; man registriert nur kurz den bloßen Tatbestand.) Hier hätte Nikolaus die Probe aufs Exempel haben und sehen können, daß sie nicht in seinem Sinn ausfiel; aber dies nimmt er nicht wahr. So erweist sich an diesen wenigen Zeilen über die Juden das harmonische Ergebnis des himmlischen Konzils als ein theologischer Entwurf ohne Bewährung. An der einzigen Stelle, an der überhaupt das Gelingen oder Scheitern zu prüfen war, räumt Nikolaus selbst das Scheitern von vornherein ein. Aber er zeigt damit auch, daß sein Jude doch nicht schlechthin »ein Papierjude«[78] ist; daß vielmehr gerade er in aller Spe-kulation noch für die harte Realität einsteht. Ihm gegenüber sind die Angehörigen der anderen Religionen, auch die Muslime, weit mehr Figuren der theoretischen Phantasie.[79]

---

[76] Ebd. 39: Nr. 41. Die Verstockung der Juden wird hier damit begründet, daß sie sich in ihrer Schriftauslegung auf den Literalsinn beschränken. Diese Annahme ist eindeutig falsch. – Vgl. auch *Nikolaus von Kues* (1440), 58 f: Nr. 230 (III, 8) über die »teuflische Blindheit (diabolica caecitas)« der Juden.

[77] *J. Höffner* (1972), 65 (mit Zitat von *Papst Alexander II.* aus *Gratian*, C. 11. »Dispar«, Causa XXIII, qu. 8).

[78] *Schalom Ben Chorin,* in: R. Haubst (1984), 267; vgl. 282: »*der Jude des Cusanus* stimmt zu. Aber nur der Jude des Cusanus.«

[79] Dagegen *B. Decker* (1953), 119: »Cusanus kann den philosophisch gebildeten Türken vorfüh-ren, den er mit solchen Argumenten überzeugt hat. Die *Erfahrung* spricht *für* ihn! Und diese persönliche, missionarische Erfahrung hat ihm bei der Niederschrift dieses Dialogs die Feder

Dem entspricht Nikolaus in seinem sonstigen Schrifttum, einschließlich seiner Predigten: Man findet darin außer der Beachtung des Koran (mit schwerwiegenden Mißverständnissen) »kaum konkrete Äußerungen zu den Glaubenslehren der nichtchristlichen Religionen als solchen, sondern in der Regel nur Bemerkungen, in denen sich deren Kontraposition bzw. Anlehnung zur christlichen Auffassung manifestieren«.[80]

Insgesamt bezieht sich das respektable Werk »Über den Frieden im Glauben« demnach vor allem auf zwei religionsgeschichtliche Tatbestände: einerseits die religiöse Vielfalt und Zerrissenheit der Völker – in ihrer Gefährlichkeit repräsentiert in der Bedrohung durch die islamischen Heere – und andererseits die hartnäckige Verweigerung der Einheit durch die Juden. Dies ist eine höchst ungleichgewichtige Wahrnehmung der faktischen religiösen Welt. Demgemäß unbefriedigend muß das Ergebnis sein. Hier zeigt sich massiv, daß wir bei Nikolaus von Kues doch nicht »eine reife Theologie der Religionen« finden, »die ihrerseits auf dem Fundament einer profunden religionsphilosophischen Konzeption ruht«[81], sondern eine unausgeglichene Mischung von schmaler Erfahrung und verwegen ausholender Theorie. Daß er die Grenze seiner intellektuellen Problemlösung punktuell an der widerständigen Realität der Juden selbst anspricht, zeichnet seine Vision aber als redlich aus.

Indem Nikolaus von Kues darüber hinaus die Muslime im Verhältnis der drei abrahamitischen Religionen offensichtlich den Christen näher sieht als die Juden, stellt er der Theologie ein Problem, das bis heute nur selten aufgegriffen wurde, dann aber unterschiedliche Antworten erfuhr und auch mit der Erklärung des Zweiten Vatikanischen Konzils über das Verhältnis der Kirche zu den nichtchristlichen Religionen nicht schon einfach erledigt ist.

---

geführt.« Vgl. auch ebd. 114: »Nach seiner eigenen Erfahrung lassen sich Juden und Türken leicht von der Trinität überzeugen. Die eigentliche Schwierigkeit liege im Glauben an die hypostatische Union.« (Ebd., Anm. 24, zit. einen Brief an Johannes von Segovia: »Expertus sum tam apud Iudaeos quam ipsos Teucros non esse difficile persuadere [. . .]«); vgl. aber auch *M. de Gandillac* (1971), 193 (mit Bezug auf den Prolog von *Cribratio Alkorani*): »Dort [in Konstantinopel] hatte er auch bei den Franziskanern fragwürdige Berichte gehört über solche frommen Türken [. . .] zu Christus zugeführt habe und die sich als heimliche Christen bekennen sollten.«
[80] *W. A. Euler* (1990), 151. Vgl. *D. Gebel* (1977), 142–156.
[81] *W. A. Euler* (1990), 216.

II. Offenbarung – Wegleitung – Erlösung

1. Welt und Geschichte

a. *Die Welt als Schöpfung Gottes*

Wie das jüdisch-christliche Bekenntnis sieht das islamische uneingeschränkt die gesamte Welt unter der Verfügung Gottes: Er setzt ihr den Anfang mit seiner Schöpfung und das Ende mit dem Tag des Gerichts; er verfügt die Geschehnisse auf der Erde wie die am Himmel und setzt sie als »Zeichen für Leute, die nachdenken« (16,11–13.69), »für Leute, die hören« (16,65), »für Leute, die verständig sind« (16,67), »für Leute, die, glauben« (16,79). Die Welt ist *lesbar;* sie ist – vergleichbar dem geschichtlichen Buch Koran – eine fundamentale und universale *Offenbarungsurkunde*[1]: Durch sie bezeugt sich Gott den Menschen als der, »in dessen Hand die Herrschaft ist« (67,1), damit sie sich als seine Geschöpfe begreifen, ganz von ihm abhängig. Zugleich läßt die Welt Gott aber auch als den Barmherzigen und Gütigen erkennen, denn durch sie, die erste seiner Wohltaten, gewährt er den Menschen ihren *Lebensraum* und *Unterhalt,* stiftet ihnen ihre *Gemeinschaft* und schenkt allen Vernünftigen und Einsichtigen die Erkenntnis, daß sie ihres Schöpfers gewiß sein können. Es gibt für den Islam sowenig wie für die biblische Sicht eine Trennung zwischen der Erschaffung der ›Natur‹ und der Leitung der ›Geschichte‹. Es ist ein und dasselbe Handeln Gottes, das die Welt in ihren außermenschlichen und menschlichen Dimensionen zubereitet.

Dabei versteht der Koran, wie auch die Bibel – etwa in Ps 104 –, »Schöpfung« als ein *ständiges Wirken,* aber insgesamt weit nachdrücklicher und konsequenter. So lesen wir im Koran nicht, daß Gott am siebten Tag »ruhte«, nachdem »das Werk, das er erschaffen hatte,« vollendet war (Gen 2,2), sondern er übernimmt seine Welt in herrschaftliche Verfügung, führt aus, was in ihr geschieht, teilt den Menschen zu, was sie benötigen: »Euer Herr ist Gott, der die Himmel und die Erde in sechs Tagen erschuf; dann setzte er sich auf den Thron, um die Sache zu lenken [. . .]« (10,3). So hat der Glaube an Gottes

---

[1] Zur Schöpfung als »*Buch*« in abendländischer Tradition vgl. *Erich Rothacker,* Das ›Buch der Natur‹. Materialen und Grundsätzliches zur Metapherngeschichte, Bonn 1979.

Schöpfung das ununterbrochene Werden und Sein der Dinge im Blick: »Gott hat euch aus dem Leib eurer Mütter hervorgebracht, während ihr nichts wußtet; und er hat euch Gehör, Augenlicht und Herz gegeben. Vielleicht seid ihr dankbar. Haben sie [die Ungläubigen] nicht auf die Vögel gesehen, die in der Luft des Himmels dienstbar gemacht wurden? Nur Gott hält sie. [. . .] Und Gott hat euch aus euren Häusern eine Ruhestätte gemacht; er hat euch aus den Häuten des Viehs Behausungen gemacht, die ihr am Tag eures Aufbruchs und am Tag eurer Rast leicht benutzen könnt, und aus ihrer Wolle, ihrem Fell und ihrem Haar Ausstattung und Nutznießung für eine Weile. Und Gott hat euch aus dem, was er erschuf, Schatten gemacht. Und er hat euch aus den Bergen Verstecke gemacht; und er hat euch Gewänder gemacht, die euch vor der Hitze schützen, und Gewänder, die euch vor eurer Gewalt schützen. So vollendet er seine Gnade an euch. Vielleicht seid ihr ergeben.« (16,78–81).

Hier ist nicht von einer ersten Grundlegung der Welt, von der Erschaffung der ersten Menschen und ihrer Lebensbedingungen die Rede, sondern von dem, was jederzeit geschieht. Der *Anfang,* die *Dauer* und schließlich sogar das *Ende der Welt* mit der Auferstehung der Toten werden zusammengesehen im Vertrauen auf den einen Schöpfer und Herrn aller Dinge (vgl. 30,17–27). »Er ist jeden Tag mit einer Sache befaßt.« (55,29). Schöpfung bedeutet *Fortbestand* der Ordnung (dīn), die der Mensch selbst nie stiften, aber auch nicht bewahren könnte.

Deshalb kennt der Islam nicht die im christlichen Mittelalter formulierte philosophisch-theologische Lehre, nach der die Welt ein System von »causae secundae«, von »Zweitursachen«, ist, ein Zusammenhang zwar geschaffener, dann aber eigenständiger Funktionen, in die Gott nur um eines besonderen »Wunders« willen eingreift. Es gibt nach muslimischem Verständnis im eigentlichen Sinn keine »*Naturgesetze«;* sie sind nur »Gewohnheiten Gottes«, von denen er jederzeit auch abgehen kann. Das Wunder ist der Normalfall, und die Normalität ist ein Wunder.

Ununterbrochen und unmittelbar erfährt der Mensch demnach, wenn er die Welt nur richtig wahrnimmt, seine und aller Dinge Abhängigkeit von Gott. Wohl läßt sich dies auch christlich sagen, aber nicht mit derselben Radikalität und Direktheit im Blick auf jedes einzelne Ereignis, wie unscheinbar und immer wiederkehrend es auch sei. Ob Adam erschaffen wurde oder heute ein Kind entsteht, macht in dieser Sicht keinen prinzipiellen Unterschied aus; im einen wie im andern Fall ist dies eine Neuschöpfung aus dem Willen und der Macht Gottes, der gegenüber die biologischen Zusammenhänge, die Zeugung des Kindes durch die Eltern, bedeutungslos werden.

Die Betonung der Allursächlichkeit Gottes führt häufig dazu, daß man dem Islam irrtümlich einen religiösen *Fatalismus* zuschreibt.[2] Doch spricht der Koran den Menschen auch intensiv auf seine eigene Verantwortlichkeit hin an: Wer sich darauf hinausreden möchte, daß sich das eigene Bemühen erübrigte, da alles ohnehin schon unausweichlich festgelegt wäre, könnte sich nicht auf Gottes Wort berufen. Wohl sagt der Koran einerseits im Blick auf das, was die Menschen in ihrem voreiligen Urteil gut und schlecht nennen: »Alles ist von Gott« – um aber gleich darauf im folgenden Vers dagegenzusetzen: »Was dich an Gutem trifft, ist von Gott; aber was dich an Schlechtem trifft, ist von dir selbst.« (4,78 f). Das Verhältnis von göttlicher Macht und Bestimmung einerseits und menschlicher Freiheit andererseits erweist sich hier nicht anders als in jüdisch-christlicher Tradition als ein theoretisch prinzipiell unlösbares Problem[3], das aber um seiner Konsequenzen für das Gottes- und Menschenbild willen notwendigerweise spannungsvoll ausgehalten werden muß. Da es in dem radikalen Gegensatz von Schöpfer und Geschöpf keinerlei Vermittlungen gibt, läßt sich die relative Freiheit des Menschen und das machtvolle Handeln Gottes nicht miteinander verrechnen.

Wo der Koran den Menschen der *Prädestination* Gottes unterstellt sieht, geschieht dies jedenfalls nicht, um ihn in seiner Eigeninitiative und -verantwortlichkeit einzuschränken, sondern um ihn in seinem Vertrauen auf Gott zu stärken. In dieser Hinsicht entspricht seine Prädestinationslehre derjenigen der biblischen Zeugnisse und der christlichen Theologiegeschichte. Daraus ergibt sich auch auf beiden Seiten eine vergleichbare Spiritualität der Gottergebenheit.[4]

In seiner grundlegenden Abhängigkeit des Menschen von Gott kommt ihm zugleich eine besondere Würde zu: Kann er sich im Blick auf Gott nicht höher ausgezeichnet sehen, als daß er sein »*Knecht*«, »*Diener*« oder gar »*Sklave*« ist (dies alles meint »ʿabd«), so darf er sich der Welt gegenüber jedoch als Gottes *Stellvertreter* oder *Statthalter*

---

[2] Dementsprechend gehört die Abwehr dieses Vorwurfs in die verbreitete muslimische Apologetik und Glaubenslehre, vgl. etwa *M. al-Ġazālī* (1988), 105–132: al-qaḍāʾ wa-l-qadar (Der göttliche Ratschluß und die Prädestination).

[3] Vgl. *H. Stieglecker* (1983), 97–127: Freiheit oder Vorherbestimmung.

[4] Vgl. *Hans-Georg Fritzsche,* Lehrbuch der Dogmatik, Bd. I, Göttingen ²1982, 336, der den islamischen Prädestinationsglauben als eine ähnliche Ergebenheit in das Lebensgeschick ansieht, wie sie *Dietrich Bonhoeffer* bei Mithäftlingen erfuhr.

(»ḫalīfa«)[5] verstehen. Dies »ist für den Muslim der Inbegriff der Rolle des Menschen im Diesseits«[6]: Er soll im Auftrag Gottes herrschen und für die Durchsetzung der Gerechtigkeit in der Welt sorgen. Während er Gott gegenüber nur »Knecht« ist, kann er doch allen übrigen denkbaren Herrschaften überlegen entgegentreten im Bewußtsein, daß Gott ihn ermächtigt und freigesetzt hat. Das uns vertraute Wort »Kalif« meint also nicht von vornherein das herrschaftliche Amt zur Leitung der muslimischen Gemeinschaft – mit dieser staatspolitischen Bedeutung kommt es im Koran überhaupt nicht vor–, sondern zunächst die verantwortliche Stellung aller gläubigen Menschen.

Wie überlegen ihre Rolle dabei sein soll, zeigt der Koran dadurch, daß er auf die Rivalität und Eifersucht der Engel verweist – bis hin zum empörten Widerstand des Satans Iblīs (diábolos): »Als dein Herr zu den Engeln sagte: ›Ich setze auf der Erde einen Stellvertreter ein‹, sagten sie: ›Willst du auf ihr einen einsetzen, der auf ihr Unheil anrichtet und Blut vergießt, während wir dein Lob singen und deine Heiligkeit rühmen?‹ Er sagte: ›Ich weiß, was ihr nicht wißt.‹ Und er lehrte Adam alle Namen. Dann führte er sie [die Dinge] den Engeln vor und sagte: ›Nennt mir ihre Namen, wenn ihr die Wahrheit sagt.‹ Sie sagten: ›Preis sei dir! Wir haben kein Wissen außer dem, was du uns gelehrt hast. Du bist der Wissende und Weise.‹ Er sagte: ›Adam, nenne du ihnen ihre Namen!‹ Als er ihre Namen genannt hatte, sagte er [Gott]: ›Habe ich euch nicht gesagt: Ich weiß das Unsichtbare der Himmel und der Erde, und ich weiß, was ihr offenlegt und was ihr verschweigt?‹ Und als wir zu den Engeln sagten: ›Werft euch vor Adam nieder!‹, da warfen sie sich nieder, bis auf Iblīs, der sich weigerte und anmaßend war. Er war einer der Ungläubigen.« (2,30–34). Mit der Kenntnis der Namen erteilt Gott dem Menschen eine Verfügungsgewalt, die über das Vermögen der Engel hinausragt.

Diese Ermächtigung läßt freilich zugleich einen bezeichnenden Kontrast zur entsprechenden biblischen Szene und der in ihr dem Menschen zukommenden Position erkennen. In Gen 2,19f nämlich lesen wir

---

[5] Man kann das Wort prinzipiell auch mit »*Nachfolger*« übersetzen (*R. Paret* [1981], 16 zu Sure 2,30); aber es ist dann nicht immer klar, wem die Menschen nachfolgen. Möglicherweise spricht Sure 2,30 sie als »Nachfolger« der Engel an – jedenfalls erfahren diese sie als (unangemessene) Konkurrenz –; an einigen weiteren Stellen kann man auch einfach annehmen, daß die Menschen als »Nachfolger« der vorausgehenden Generationen angesprochen werden. Doch schon wenn im Koran Gott zu David sagt: »David, wir haben dich als ḫalīfa auf der Erde eingesetzt« (38,26), ist es fraglich, ob man mit *R. Paret* (1979), nur lesen soll: »Nachfolger (früherer Herrscher)«; was besagt das mehr als eine Banalität? – Vgl. *J. Bouman* (1977), 184–189.

[6] *T. Nagel* (1983), 240.

nicht wie im Koran, daß der Mensch durch Gottes Zugeständnis die Namen *weiß,* sondern daß er sie selbst »*gibt*« – »Und wie der Mensch jedes lebendige Wesen benannte, so sollte es heißen«. Indem Gott sich hier Adam gegenüber darauf beschränkt, »zu sehen, wie er sie benennen würde«, verzichtet er um des Menschen willen auf seine eigene Ordnungsgewalt über die Schöpfung. Eine derartige Rollenverteilung entspräche nicht mehr dem Verständnis des Koran. Für ihn bleibt der Mensch auch in seiner die Engel übertreffenden Stellung noch ganz zurückgebunden an die Vorgabe Gottes. Er hat keinen Spielraum, sich die Welt – *seine* Welt – zu entwerfen, sondern kann sie nur als ihm zugeteilte übernehmen. Er findet zu seinem eigenen Weg gerade dann, wenn er sich ganz führen läßt.

Dazu gehört in muslimischer Sicht auch der verpflichtende Auftrag, die Dinge dieser Welt nicht als privates Eigentum zu erachten, das man den jeweiligen Bedürfnissen unterwerfen könnte, sondern sie in *sozialer Bindung* zu verwalten – entsprechend der Anordnung des Koran: »Glaubt an Gott und seinen Gesandten, und spendet von dem, worüber er euch als Stellvertreter eingesetzt hat!« (57,7). Diese Forderung schließt unmittelbar an das umfangreiche Lob des Schöpfers an und erhält von ihm her ihren theologischen Zusammenhang: »Was in den Himmeln und auf der Erde ist, preist Gott. Er ist der Mächtige und Weise. Ihm gehört die Herrschaft der Himmel und der Erde. Er macht lebendig und läßt sterben. Er ist zu allem mächtig. Er ist der Erste und der Letzte, der Sichtbare und der Verborgene. Er weiß über alles Bescheid. Er ist es, der die Himmel und die Erde in sechs Tagen erschuf und sich dann auf den Thron setzte. Er weiß, was in die Erde eingeht und was aus ihr herauskommt, was vom Himmel herabkommt und was zu ihm aufsteigt. Er ist mit euch, wo immer ihr auch seid. Gott durchschaut, was ihr tut. Ihm gehört die Herrschaft der Himmel und der Erde. Zu Gott werden die Angelegenheiten zurückgebracht. Er läßt die Nacht in den Tag übergehen und den Tag in die Nacht. Er weiß über das Innere Bescheid.« (V. 1–6). Ist die Welt auch in die Verantwortung des Menschen gestellt, so bleibt sie doch bis ins letzte unter der Verfügung Gottes.

Dies ruft der Koran von seinen ältesten Suren an dadurch machtvoll in Erinnerung, daß er die Existenz des Menschen mit seinem gesamten Lebensraum als eine nur *befristete Realität* vor Augen stellt. Jeder sollte begreifen, in welch unheilvollen Gegensatz von Gott und Welt, von Diesseits und Jenseits er gerät, wenn er nicht beachtet, daß sein irdisches Leben zeitlich begrenzt ist, und deshalb sein Herz ganz an das hängt, was er jetzt hat. Gegenüber dieser Gefahr, dem Leben eine falsche Richtung zu geben, warnt der Koran mit ständigem Nachdruck: »Wißt, daß das diesseitige Leben nur Spiel und Zerstreuung ist, Schmuck und Prahlerei unter euch und Sucht nach mehr Vermögen und Kindern. Es ist wie mit reichlichem Regen, dessen Pflanzen den Ungläubigen gefallen. Dann aber verdorrt es, und du siehst, wie es gelb wird. Dann wird alles zu brüchigem Zeug. Im Jenseits gibt es eine heftige Strafe, aber auch Vergebung von Gott und Wohlgefallen. Das diesseitige Leben ist nur betörende Nutznießung.« (57,20; vgl. 6,32; 29,64; 47,36).

Doch trotz des massiven und durchgängigen Vorbehalts schließt der Islam wie keine andere Religion diese radikale *Jenseitsorientierung* zusammen mit einer entschiedenen *Zuwendung zur diesseitigen Welt* – im sinnenfrohen Genuß ihrer Güter wie in der Gestaltung ihrer Verhältnisse bis hin zu den politischen Strukturen. Beides wird den Gläubigen vorbehaltlos zugesprochen: »So gab ihnen Gott den Lohn des Diesseits und den schönen Lohn des Jenseits. Gott liebt die Rechtschaffenen.« (3,148). Die Welt ist für den Islam ungebrochen gut.[7]

Dabei wird sie in islamischer Sicht in einer Radikalität *profan* verstanden werden, wie dies in den jüdischen und christlichen Traditionen nicht der Fall ist. Für eine Ausgrenzung von sakralen Realitäten aus dem übrigen Lebenszusammenhang fehlen bei der unüberbrückbaren Entgegensetzung von Schöpfer und Geschöpf die Voraussetzungen.[8]

b. Geschichte und Geschichten

Schon im Vorausgehenden war die Rede vom Handeln Gottes und der Menschen, von deren »Weg« und »Richtung«, von Auftrag und Verantwortung, von Gemeinschaft und Politik. Es wurde sichtbar, daß »Welt« und »Geschichte« nicht je für sich gesondert behandelt werden können. Dies gilt ebenso im Bezug auf das Christentum wie auf den Islam. Aber gerade daran, wie sie diese zwei Themen aufeinander beziehen, zeigen sie sich in ihrem jeweils eigenen Charakter.

Nach christlichem Glauben ist die Offenbarung Gottes in Jesus von Nazaret nur zu verstehen auf dem Hintergrund der Erfahrungen, des Glaubens und der Hoffnungen Israels; und diese wiederum werden gesehen im Kontrast zu einer Unheilsfolge vom Anfang der Menschheit her: Gegen die urzeitliche Zerrüttung des Lebens – die nach den

[7] Vgl. dazu S. 95.215f.
[8] Vgl. S. 246–250.

Erzählungen der Genesis kulminiert im Wirrwarr der Völker beim Turmbau zu Babel – setzt Gott einen Neuanfang mit der Erwählung Abrahams, damit in ihm schließlich, vermittelt durch das Volk Israel und über dieses hinaus, »gesegnet werden alle Geschlechter der Erde« (Gen 12,3). Nach den biblischen Überlieferungen schafft also die Hinwendung Gottes zu den Menschen einen übergreifenden Ereignis- und Verständniszusammenhang; Offenbarung eröffnet hier einen Weg von Vergangenheit her auf Zukunft hin und ist selbst in ihn eingelassen. Die christliche Theologie prägte dafür den Begriff »*Heilsgeschichte*«[9]. Zwar entstammt er nicht der biblischen Sprache und kann auch leicht zu Schematisierungen verleiten, die den spannungsvoll vielfältigen Perspektiven der Bibel nicht gerecht werden; aber er verweist darauf, daß sich in deren Deutung des Glaubens die zeitlich und räumlich voneinander entfernten Geschehnisse zu einer umgreifenden Handlungs- und Erfahrungseinheit zusammenschließen: *die vielen Geschichten* der verschiedenen Orte, Gruppen und Generationen *zu der einen Geschichte* Gottes und der Menschen.

Auch der *Koran* blickt auf die Vergangenheit zurück und erinnert dabei in vielem an die biblischen Traditionen. Doch schon mit seiner Darstellung des Sündenfalls der ersten Menschen läßt er erkennen, daß ihm die Vorstellung eines Wirkungszusammenhangs, der von diesem unheilvollen Anfang und der heilvollen Erwählung Abrahams her letztlich die ganze Menschheit betreffen könnte, fremd ist. Zwar werden auch hier Adam und seine Frau aufgrund ihres Ungehorsams aus dem Paradies vertrieben, aber sie erfahren sofort wieder Gottes Barmherzigkeit: »Adam war gegen seinen Herrn widerspenstig; so irrte er ab. Dann erwählte ihn sein Herr, er wandte sich ihm zu und führte [ihn].« (20,121f). Gleicherweise wird hier auch bei dem schlimmen Ausblick auf den künftigen Zustand der Menschheit – »Die einen von euch sind den anderen feind« – zugleich wieder das ständige Angebot des rettenden Auswegs mitgesehen: »Wenn dann von mir eine Führung zu euch kommt – wer dann meiner Führung folgt, der wird nicht irregehen und nicht unglücklich sein.« (V.123). Schuld und Zerrüttung menschlicher Verhältnisse liegen immer ebenso nahe wie die heilende Vergebung Gottes. Die Störungen müssen nie auf Dauer sein, sondern können immer wieder aufgehoben werden. Es gibt hier keine Unheilsgeschichte, die von einer Erlösungsgeschichte überboten werden müßte.

[9] Vgl. *Adolf Darlap,* Fundamentale Theologie der Heilsgeschichte, in: MySal I, 3–153; *Karl Löwith,* Weltgeschichte und Heilsgeschehen, Stuttgart, ⁵1967; *Golo Mann / Karl Rahner,* Weltgeschichte und Heilsgeschichte, in: CGG 23, 87–125

Zwar spricht Sure 95,4f von einem Absturz des Menschen, nachdem ihn Gott »in bester Ordnung geschaffen« hatte – »dann machten wir ihn wieder zum Allerniedrigsten« –; aber sofort folgt die Einschränkung: »außer diejenigen, die glauben und Gutes tun« (V. 6). Insgesamt denkt der Koran nicht an eine Urschuld, die weiterwirkend Unheil zeugt und kommende Generationen in einen verhängnisvollen Zusammenhang bringt[10], sondern er hat das vor Augen, was zwischen Gott und Menschen *immer wieder gleichartig und gleichursprünglich* geschieht, *Vergehen und Vergebung in typischer Weise, im Urbild.*

Im Guten wie im Schlechten dominiert nach dieser Sicht der Grundsatz: »Für die Schöpfung Gottes gibt es keine Veränderung.« (30,30). Dementsprechend haben auch sämtliche prophetischen Offenbarungen, die sich an die Völker aller Zeiten und Regionen richten, immer nur das eine Ziel: wieder zu dem beständigen Urverhältnis von Gott und Mensch zurückzuführen. Alle haben nur darüber aufzuklären, was schon von der Schöpfung her als Richtung des Lebens aufgegeben ist, eigentlich immer bekannt sein müßte und befolgt werden sollte, aber dauernd schuldhaft mißachtet, verdrängt und vergessen wird. So kann der Koran im summarischen Überblick über die Menschheit sagen: »Es gibt keine Gemeinschaft, bei der nicht früher ein Warner gewesen wäre« (35,24); und: »Jede Gemeinschaft hat einen Gesandten« (10,47; vgl. 16,36); »unter ihnen sind manche, von denen wir dir erzählten, und unter ihnen sind manche, von denen wir dir nicht erzählten« (40,78). In dieser Perspektive wird im Islam sogar Adam schon zu den Propheten gezählt (nach 2,37f; 20,122f).

Die Aufforderung an alle Menschen, »Muslime« zu werden, ist nach islamischer Sicht also nichts anderes als die Aufforderung, zur eigenen Wahrheit, zum eigenen Weg *wieder zurückzukehren.*[11] Schon immer galt ohne Einschränkung: »Die Religion bei Gott ist der Islam« (3,19). So kann die Offenbarung »weder dem Inhalt noch dem Vollzug nach etwas sukzessiv Verwirklichbares sein«.[12]

In Sure 7 werden Mohammed und seine Hörer daran erinnert, daß Gott alle Menschen schon vor ihrer irdischen Existenz auf das einzig gültige Bekenntnis verpflichtete: »Als dein Herr aus den Lenden der Kinder Adams ihre Nachkommenschaft nahm und sie gegen sich selbst zeugen ließ: ›Bin ich nicht euer Herr?‹, da sagten sie: ›Doch, wir bezeu-

---

[10] Zu den sich daraus beim Thema »Erlösung« ergebenden erheblichen Unterschieden s. S. 95–99.
[11] Vgl. *H. Zirker* (1992 a), 64–71: Die Restauration der verderbten Ordnung.
[12] *A. Falaturi* (1975), 88.

gen es‹; damit ihr nicht am Tag der Auferstehung sagt: ›Wir hatten davon keine Ahnung.‹« (V. 172)[13]. Die Menschen haben also in muslimischer Sicht ein für allemal ihr wahres Verhältnis zu Gott anerkannt. Aller spätere Glaube ist demnach nur der konsequente Nachvollzug dieser urzeitlichen und urbildlichen Szene.

Gelegentlich ist zu lesen, daß nach muslimischem Verständnis »*Abraham der erste Muslim*«[14] gewesen wäre. Doch dies entspricht nicht dem Koran. »Muslim« zu sein, d. h. sich »Gott ergeben« zu haben, kommt den Menschen vom Anfang der Schöpfung an zu. Zwar zitiert der Koran Mose, als er am Sinai Gott gegenüber bekennt: »Ich bin der erste der Gläubigen« (7,143), und Mohammed wird aufgefordert, sich den Menschen vorzustellen als »der erste, der ›Muslim‹ wurde« (6,14); doch kann dies offensichtlich nicht in geschichtlich-chronologischer Bedeutung gemeint sein. Auch die Jünger Jesu verstehen sich im Koran schon als »Muslime«, d. h. solche, die sich Gott »ergeben« haben (3,52); und in Sure 26,51 nennen sich gar die Zauberer des Pharao »die ersten der Gläubigen«, weil sie die Taten, die Mose gewirkt hat, als gewaltiger anerkennen denn die ihres Herrn. So können sich immer wieder einzelne in ihrer jeweiligen Umgebung als Protagonisten des rechten Glaubens sehen; doch der Islam als ganzer kennt für sich keinen anderen Anfang als den der gesamten Menschheit.

Deshalb führt die häufige Zuordnung von Judentum, Christentum und Islam als den drei »*abrahamitischen Religionen*« auf christlicher Seite leicht zu theologischen Fehleinschätzungen, als ob auch Muslime hier eine besondere heilsgeschichtliche Herkunftslinie und Verwandtschaft erkennen könnten. Gewiß ist Abraham im Koran[15] ein Typos des Gläubigen schlechthin, ein wahrer Muslim, »Freund« Gottes (4,125: ḫalīl) und Vorbild für die Menschen« (2,124: imām; vgl. 16,120: umma), so daß der Islam immer wieder »die Religion Abrahams« genannt wird (2,130.135; 4,125 u.ö.: millat ibrāhīm); zugleich ist Abraham als Vater Ismaels der Stammvater der Araber (also diesen auch ethnisch verbunden wie als Vater Isaaks dem Volk Israel); und schließlich begründete er Mekka – »die Stätte Abrahams« (3,97) – als Wallfahrtsort für alle Zukunft und nach der Verkündigung des Koran auch

---

[13] Nach muslimischen Traditionen wird dabei auf eine Szene nach dem Sündenfall der ersten Menschen angespielt (vgl. *R. Blachère* [1957], 197); in den jüdischen Traditionen gibt es eine ähnliche, vielleicht verwandte Erzählung, in der am Sinai die Kinder der Israeliten zu Zeugen des Bundesschlusses angerufen werden (vgl. *H. Speyer* [1988], 304 f).

[14] So etwa *J. Bouman* (1990), 89; *L. Massignon* im Vorwort zu *Y. Moubarac* (1958), 5; *Sekretariat für die Nichtchristen / M. Borrmans* (1985), 69.

[15] Vgl. *Y. Moubarac* (1958); *H. Stieglecker* (1983), 202–210.

für die Gläubigen aller Welt. Dennoch beginnt mit Abrahams Erwählung keine eigene Offenbarungsgeschichte, durch die die jüdische, christliche und muslimische Religion aus der übrigen Menschheit herausgehoben würden und so in ein einzigartiges Verhältnis gebracht wären. Der Islam versteht seinen Glauben zwar betont als den Abrahams und all derer, die sich erinnernd auf ihn beziehen; aber dieser Glaube kann nach muslimischer Überzeugung schon von jeher und überall Zustimmung finden und gelebt werden. Wenn sich dagegen Juden und Christen in ihrem eigenen Verständnis auf Abraham berufen, so tun sie dies gerade in einer heilsgeschichtlichen Perspektive, in der Gott mit Abraham einen neuen, einzigartigen Weg eröffnet. Eine solche Sicht ist dem Islam fremd.[16] Für ihn steht Abraham in der unüberschaubaren Menge der Propheten aller Völker. Damit nimmt er in der muslimischen Einschätzung eine weit umfassendere typologische Stellung ein als in christlicher Theologie, wo er nur die drei besonderen Offenbarungsreligionen repräsentiert (soweit hier überhaupt der Islam neben dem Judentum noch mitgesehen wird).

Freilich erinnerten in islamischer Sicht die Propheten aller Zeiten die Menschen nicht allein an die schöpfungsgemäße und deshalb unveränderliche Grundordnung der Religion *(dīn)*, in der die wesentlichen Elemente des göttlichen Gesetzes *(šarī'a)* gründen; darüber hinaus teilten sie bis zu Mohammed hin auch Verhaltensanordnungen mit, die bei den verschiedenen Gemeinschaften jeweils voneinander abweichen konnten, aber aufgrund der Autorität Gottes, aus der sie alle hervorgingen, zunächst gleichermaßen verbindlich waren. Dementsprechend lehrte etwa *al-Ghazālī,* daß Jesus »der Gebieter einer Scharia« war, die nicht in allem mit der übereinstimmte, die Mohammed zu verkünden hatte; denn »jede Scharia zeichnet sich durch besondere Bestimmungen aus«.[17] Die Vielzahl der Offenbarungsgeschichten vor Mohammed brachte also auch ihre inhaltlichen Variationen mit sich. Darauf verweisen vor allem die mehrfachen Bemerkungen des Koran, daß er gegenüber früheren Verhaltensregeln Erleichterungen bringe (z. B. 6,145 f; 16,118). In diesem Sinn läßt der Koran schon Jesus gegenüber den Angehörigen seines Volkes sagen, daß er gekommen sei, »um euch einiges von dem zu erlauben, was euch verboten worden ist« (3,50).

Dennoch konnte nach dem Selbstverständnis des Islam keiner der Propheten eine neue Religion stiften, auch nicht etwa die vorausgehende Offenbarungsgeschichte zu ihrer Fülle bringen. Zwar sagt Gott

---

[16] Vgl. *Y. Moubarac* (1969), 429 f.
[17] Zum weiteren inhaltlichen Zusammenhang vgl. S. 148–152.

in Sure 5,3: »Heute habe ich euch eure Religion vollkommen gemacht und meine Gnade an euch vollendet«; doch dieser Satz hat nicht die Menschheitsgeschichte im Blick, sondern bezieht sich auf die Gemeinde in Medina (auch wenn sich die besondere Situation, in die hinein dies gesagt ist, nicht mehr genau ausmachen läßt[18]).

In mehrfacher Hinsicht freilich zeichnet sich die durch Mohammed vermittelte Offenbarung schließlich doch gegenüber den vorhergehenden prophetischen Verkündigungen aus:

1. Jetzt sollen zum erstenmal *alle Völker* angesprochen werden, während alle vorausgehenden Propheten nur zu ihrer je eigenen begrenzten Gemeinschaft gesandt waren.[19]

2. Zum erstenmal auch wird das Buch Gottes von vornherein so festgelegt, daß in alle Zukunft keine verändernden Einflüsse mehr möglich sein werden. Während die neutestamentlichen Schriften nur Zeugnisse der frühen Christen sind, nicht das unmittelbare Wort Jesu und noch nicht einmal insgesamt Erinnerung der ersten Generation, und darüber hinaus die Bibel als ganze eine Sammlung von Texten einer weitreichenden Erfahrungs- und Glaubensgeschichte darstellt, ist der Koran nur das Wort, wie es der eine Prophet verkündete und seinem Anspruch nach unmittelbar von Gott erhielt. Dies ist nicht nur die muslimische Überzeugung, sondern in der Tat auch der traditionsgeschichtliche Sachverhalt, wie er wissenschaftlich weitgehend anerkannt ist.[20] Dieses Buch, dessen einzelne Teile in einem Zeitraum von nur 22 Jahren (610–632) vermittelt wurden, erfuhr nicht die weitreichenden Verarbeitungen, die eine über viele Jahrhunderte reichende Traditions-, Literar- und Textgeschichte mit sich bringt. Hier ist das verkündete »Wort Gottes« in seine endgültig stabile Gestalt gebracht.

3. Gab es in der Sicht des Islam vor Mohammed nur die unüberschaubar vielen Geschichten einzelner menschlicher Gemeinschaften, so kann schließlich von der Verkündigung des Koran an erst die eine *Menschheitsgeschichte* beginnen, die zwar von Anfang an im Plan der Schöpfung stand, aber schuldhaft vereitelt worden war. Im Blick auf sie konnte es bislang nicht mehr als resignative Erinnerung geben: »Die Menschen waren eine schlechthin einzige Gemeinschaft (umma); dann wurden sie uneins« (10,19); jetzt aber gilt darüber hinaus das neue

---

[18] *J. Waardenburg* (1992), 38, sieht hier den »*Prozeß der Veralltäglichung*« der islamischen Lebensordnung besiegelt; vgl. auch *R. Paret* (1981), 114, zur Stelle.

[19] Zur Spannung zwischen dem partikularen Ansatz der Offenbarung durch Mohammed und seinem universalen Geltungsanspruch vgl. *H. Zirker* (1992 a), 78, mit Bezug u. a. auf *F. Buhl* (1926); *R. Caspar* (1987), 65 f; *R. Paret* (1991), 163–165.

[20] Vgl. dazu *A. Neuwirth* (1987), bes. 101–104.

Wort: »Aus euch wird eine Gemeinschaft entstehen: sie rufen zum Guten auf, gebieten das Rechte und verbieten das Verwerfliche. Das sind die, denen es wohl ergeht. Seid nicht wie diejenigen, die sich spalteten und uneins wurden, nachdem die klaren Beweise zu ihnen gekommen waren. Bestimmt ist für sie eine gewaltige Strafe.« (3,104 f). Dementsprechend sollten von nun an alle Menschen nicht nur die grundlegende religiöse Schöpfungsordnung (dīn) wahren, sondern sich auch im privaten wie öffentlichen Leben nach ein und derselben Weisung (šarīʿa) richten. Durch die gemeinsame Orientierung an Mekka sollen sie auch insgesamt an der besonderen Geschichte Abrahams Anteil bekommen; denn von diesem Ort ist im Koran gesagt, daß er »zum Segen und zur Leitung für alle Welt« sein wird (3,96; vgl. dagegen die bezeichnend unterschiedliche Bindung des Segens an die Person Abrahams in Gen 12,3). Daß sich Juden und Christen dieser nahegebrachten Gemeinsamkeit verweigern, ist aus der Sicht des Islam ihr besonderer innerer Widerspruch: Sie wollen »abrahamitische Religionen« sein und bleiben doch ihrem nur partikularen Weg verhaftet. So ist Abraham zwischen dem biblischen Glauben und dem muslimischen nicht nur eine verbindende Gestalt, sondern gerade im Blick auf die Zukunft der Menschheit auch eine trennende.

Die im Grund immer schon universale Religion erhält also von Mohammed an auch ihre universale Geschichte. Damit hat die erstaunlich machtvolle Durchsetzung des Islam – sein Gebiet reichte bereits hundert Jahre nach der Begründung der Gemeinde zu Medina vom äußersten Westen Europas bis jenseits des Indus im Osten – für diese Religion eine ganz andere Bedeutung als für das Christentum die Verbreitung des Evangeliums und der Aufbau christlicher Gemeinden im römischen Reich. Es ging bei der muslimischen Expansion nicht darum, eine »neue Lehre« (Mk 1,27; Apg 17,19) zu verkünden, sondern für die gesamte Menschheit das »*Haus des Islam*« (dār al-islām) zu errichten.[21]

Daß die mit Mohammed und den ersten Kalifen eingeleitete Menschheitsgeschichte nicht ihrem unübersehbar dynamischen Anfang entsprechend weiterging, ist das fundamentale Trauma des Islam. Die Durchsetzungskraft des Propheten und seiner Gefährten gegen seine Feinde konnte mit dem Wort des Koran noch als unmittelbares Wirken Gottes begriffen werden: »Nicht ihr habt sie getötet, sondern Gott hat sie getötet. Nicht du warfst, als du warfst, sondern Gott warf.« (8,17). Dieser Überzeugung gemäß wäre eigentlich eine entsprechende

---

[21] Zur Einschätzung des Krieges vgl. S. 221–240: Allah – ein kriegerischer Gott?

Fortsetzung der Geschichte zu erwarten; aber nicht anders als sonstige politische Gebilde unserer Welt wurde die islamische Gemeinschaft von Stagnationen, Machtverlust, inneren Zerwürfnissen, äußeren Niederlagen usw. befallen und ist bis heute weit davon entfernt, dem eigenen Ziel gemäß die Menschheit zu einen; oft erscheint sie mehr als ein Symbol der Zwietracht als des Friedens. Die Spaltung in Sunniten und Schiiten, die aus dem Streit um die Nachfolge Mohammeds in der Leitung des Islam hervorging, ist nur die bekannteste Verwerfung in einer noch weit zerklüfteteren Landschaft. Demgegenüber dominiert die Erinnerung an die Frühzeit, rückt ein überhöhtes Ideal in den Blick – und löst zugleich im Verhältnis zur Gegenwart Depressionen aus: »Das *Geschichtsbild* wirkt lähmend«[22].

Der *Kontrast zum christlichen Glauben* liegt auf der Hand: An dessen Anfang steht die Hinrichtung Jesu durch die staatliche Macht, erfahren sich die Christen als »Fremde, die in der Zerstreuung leben« (1 Petr 1,1); die in Abwertung aller irdischen Herrschaft sagen können: »Gebt dem Kaiser zurück, was des Kaisers ist, und Gott, was Gottes!« (Mk 12,17); die in der Distanz ihrer eschatologischen Hoffnung den Verhältnissen dieser Welt gegenüberstehen als »die kleine Herde«, die nicht nach dem fragt, worauf »die Völker der Welt« ihr Sinnen richten (Lk 12,30.32). Der Islam dagegen erfuhr von Beginn an den politischen Erfolg als Grundgestalt seiner Existenz. Seine Verheißungen umschließen das diesseitige Leben ebenso wie das jenseitige, die Zukunft ebenso wie die Gegenwart. Diese Religion kann ihre Enttäuschungen nicht mit dem Hinweis darauf verarbeiten, daß ihr Glaube ›unter dem Kreuz‹ stehe; »wenn die Gegenwart sich verdüstert, bleibt ihr nur Resignation, der Blick zurück in die große Vergangenheit«[23] – oder unter entsprechenden politischen Voraussetzungen auch der Versuch, die deprimierenden Erfahrungen in gewaltsamen Aktionen zu verdrängen, damit sich wieder allgemein die Überzeugung durchsetze: »Der Islam ist die Lösung.«[24]

Freilich muß man sehen, daß diese Ausrichtung auf den Erfolg eine innere Konsequenz ist aus *dem geschichtlichen Verantwortungsbewußtsein* des Islam: Er sieht sich von Gott her unabdingbar in die Pflicht genommen für den Zustand dieser Welt. So liegt ihm die Ausflucht

---

[22] *J. van Ess* (1974), 78. Vgl. darüber hinaus *W. M. Watt* (1988), 17–23: The idealization of Muḥammad and early Islam.

[23] *J. van Ess* (1974), 79.

[24] Zu diesem Schlagwort und seinem politischen Kontext vgl. S. 265.

einer Vertröstung auf das Jenseits fern. Sein Ziel ist es, der von Gott vorgegebenen Ordnung in den gesellschaftlichen Strukturen Geltung zu verschaffen.[25]

---

[25] Vgl. *T. Nagel* (1981) I, 11–18: Zur Eigenart des politischen Denkens im Islam; *T. Nagel* (1981) II, 330–352: Systematische Zusammenfassung der Ergebnisse.

2. Wegleitung Gottes – keine »Erlösung«

Der Widerspruch des Islam gegen das Christentum hat eine formale und eine inhaltliche Seite: Formal richtet er sich in erster Linie gegen die Überzeugung, daß mit der Geschichte Jesu von Nazaret Gottes Offenbarung endgültig und universal geworden sei[1], inhaltlich vor allem gegen das Verständnis der Offenbarung Gottes als Erlösung – auch wenn sich der Protest zunächst deutlicher vernehmbar und massiver an dem christologischen Bekenntnis zu Jesus als dem »Sohn Gottes«[2] und an der trinitarischen Theologie[3] entzündet. In solchem Gegensatz erweist sich der Islam nicht nur als ein Element der nachchristlichen Religionsgeschichte, sondern auch als ein bedeutsamer Faktor der Wirkungsgeschichte des Christentums selbst, der nicht einfach damit marginalisiert werden kann, daß man darlegt, wie unzulänglich Mohammed informiert gewesen und welchen Irrtümern er gegenüber dem christlichen Glauben erlegen sei.[4] Deshalb verdient der Islam bei der Erörterung der christlichen Soteriologie angesichts der nichtchristlichen Religionen besondere Aufmerksamkeit.

a. Die globale Abwehr einer »Erlösungs«theologie

Daß sich der Islam entschieden gegen die Vorstellung einer »Erlösung« ausspricht, kann angesichts seiner sonstigen Nähe zu den biblischen Religionen zunächst als ein erstaunlicher Tatbestand anmuten. Er wird noch merkwürdiger, wenn man sieht, wie weit der Begriff »Erlösung« im wissenschaftlichen Sprachgebrauch gefaßt wird.[5] Nach einer Definition *Max Webers* wären »»Erlösungs‹-Religionen« all diejenigen, »welche ihren Anhängern die Befreiung vom Leiden in Aussicht stellten. [. . .] Statt des durch Orgie oder Askese oder Kontemplation akut

---

[1] Vgl. *H. Zirker* (1992a).

[2] Vgl. *G. Riße* (1989).

[3] Vgl. später S. 186–203.

[4] Vgl. S. 38–47.

[5] Eine eigene Gruppe von »Erlösungsreligionen« wird im allgemeinen so unscharf zusammengestellt, daß dabei nicht deutlich zu entscheiden ist, ob der Islam hinzugerechnet werden soll oder nicht. Vgl. *C. Colpe* (1990a); *G. Lanczkowski* (1985).

und außeralltäglich, also: vorübergehend, erlangten Zustandes sollte ein heiliger und deshalb des Heils versichernder Dauerhabitus der Erlösten erreicht werden: dies war, abstrakt ausgedrückt, das rationale Ziel der Erlösungsreligion.«[6] Ginge man von einer solchen (freilich in mehrfacher Hinsicht suspekten) Definition aus, wäre nicht abzusehen, warum nicht auch der Islam zu diesen Religionen gerechnet werden sollte. Doch hätte man damit noch nicht im geringsten dessen Selbstverständnis wahrgenommen, gar verstanden.

Muslimische Äußerungen führen zunächst zu dem einfachen und umfassenden Urteil: »Es scheint, daß der Islam [. . .] keine Notwendigkeit für Erlösung sah und deshalb diesen Begriff nicht entwickelte – weder zu seinem Beginn im Koran noch in seiner späteren Theologie wie z. B. in al-Ghazālīs Schriften.«[7] Ihm ist der christlich-theologische »Zweck der Sendung des Gottessohnes, nämlich die Erlösung der Menschheit, die durch die Sünde der Stammeltern ins Unglück gestürzt worden war, eine unbegreifliche, unannehmbare Sache«[8], »ganz besonders widersinnig und unannehmbar«[9], »ein Hohn auf Gottes Majestät«[10] – letztlich aber ganz schlicht »nicht notwendig«[11]. Denn: »Der Mensch ist nach islamischem Verständnis nicht von seiner Natur und seinem Wesen her mit der Last der Sünde behaftet, etwa mit der Erbsünde, gleichgültig wie man diese auch immer interpretieren mag. Daher fehlt die Idee der Erlösung davon gänzlich.«[12]

Über alle einzelnen theologisch-argumentativen Gegengründe hinaus sieht der Islam den »schlagenden Beweis« gegen den Erlösungsglauben schon in der empirisch faßbaren *Konstanz der Verhältnisse unserer Welt*: daß nämlich »durch das Geschehen auf dem Kalvarienberg in der Menschheit nichts anders, nichts besser geworden ist«[13]. Damit trifft sich in diesem Punkt die muslimische Ablehnung des Erlösungsglaubens mit der *jüdischen Bestreitung*, daß Jesus der *Messias* gewesen sei. Wenn der Islam dennoch – im Anschluß an den Koran – Jesus durchweg »al-masīḥ«, den Messias, nennt, so ist dies nur noch ein Namensgebrauch ohne irgendeine erkennbare inhaltliche

[6] *Max Weber* (1920), 540 f.
[7] *H. Lazarus-Yaveh* (1981), 40–57 (mit Anmerkungen S. 146–148): Is there a concept of redemption in Islam?, hier 57; vgl. *A. Th. Khoury* (1985); *S. Riedel* (1987).
[8] *H. Stieglecker* (1983), 303.
[9] Ebd. 312.
[10] Ebd. 314.
[11] Ebd.
[12] *A. Falaturi* (1989), 199.
[13] *H. Stieglecker* (1983), 316.

Bedeutung.[14] (Deshalb findet man in islamischer Literatur gelegentlich, wenn sie die biblische Rolle des »Messias« bezeichnen will, das besondere arabisierte Wort »al-masiyyā«.[15]) Diese Differenz von biblischer und islamischer Sprache ist ein scheinbar geringfügiges, aber dennoch schwerwiegendes Symptom für einen traditionsgeschichtlichen Zusammenhang und einen radikalen theologischen Bruch an ein und derselben Stelle.

Da der Islam seinen Glauben prinzipiell mit der Verkündigung der Propheten Israels voll identifiziert, muß er die biblischen Grundlagen einer Erlösungstheologie als spätere »Verfälschungen« von Tora und Evangelium ausgeben. Im Blick auf das Christentum machen muslimische Theologen dafür bis heute in erster Linie Paulus[16] und das Konzil von Nizäa[17] haftbar. Auf dem Hintergrund solcher polemischer Vereinfachungen, denen man leicht mannigfache Unkenntnis nachweisen kann, mag es zunächst als naheliegend erscheinen, die muslimische Bestreitung des christlichen Erlösungsglaubens zwar für religionsgeschichtlich beachtenswert, aber als Ergebnis von Mißverständnissen und theologisch zu oberflächlich zu halten, als daß man sich ernsthaft damit befassen müßte. Doch geht der erhebliche Widerstand des Islam nicht von diesen sekundären apologetischen Kontroversen aus, sondern von seiner originären Sicht der Welt und des Menschen, die ihre innere Konsistenz und ihren eigenen respektablen Charakter hat.

Deshalb würde es sich die christliche Theologie gar zu leicht machen, wenn sie sich mit *Harnacks* irreführender Folgerung begnügen wollte: »Im Islam fehlt nun eine Erlösungsidee [...]. Weil aber die Erlösungsidee fehlt, so hat der Islam eben so wenig eine eigenthümliche Anschauung von der Sünde ausgeprägt; damit sind aber auch die Gedanken der Liebe und Gnade Gottes in den Hintergrund gerückt«.[18]

---

[14] Vgl. *A. J. Wensinck* (1991) (versehentlich werden hier die Suren, in denen dieses Wort zuerst vorkommt, als mekkanisch statt medinensisch bezeichnet). Zu den verschiedenen Bedeutungen, die muslimische Kommentatoren dem Wort »masīḥ« geben, vgl. *G. Parrinder* (1965), 30–34.

[15] Etwa Ṣ. al-ʿAǧmāwī (1989), 102. 104; vgl. mit Bezug auf das sogenannte »Barnabasevangelium« *J. Slomp* (1982), 5.

[16] Vgl. S. 21f.

[17] Vgl. *A. Th. Khoury / L. Hagemann* (1986), 110f; *O. H. Schumann* (1988), 41 (zu ʿAli aṭ-Ṭabari, einem zum Islam konvertierten Christen des 9. Jh.) und 97 (zu Muḥammad Rašid Riḍā, einem Reformtheologen des 19./20. Jh.).

[18] *Adolf von Harnack,* Lehrbuch der Dogmengeschichte, Bd. 2, Tübingen ⁴1909, 532.

b. Das Verständnis von Heil und Unheil

(1) Die Welt der Menschen als die gute Schöpfung Gottes

Die Einsicht, daß »unsere Welt nicht in Ordnung ist«, drängt sich uns schon mit den täglichen Nachrichten massiv und unausweichlich auf – unabhängig von allen besonderen Perspektiven und Deutungen, die die Religionen dabei noch nahelegen mögen. Und doch kann schon diese Redeweise erhebliche Differenzen verdecken: Sie spricht das Unheil einem uns global umgreifenden Raum zu; das Übel liegt dann unserem Handeln immer schon voraus und reicht weiter als unser jeweiliges Vermögen, etwas zu ändern; wir sind schon Betroffene, bevor wir selbst eingreifen können; wir sehen uns einer Übermacht an Ruinösem gegenüber und erfahren uns als überfordert.

Demgegenüber betont der Islam, daß das Unheil nicht im weiten Horizont »der Welt« zu sehen sei, sondern allein im unmittelbaren Verfügungsbereich der einzelnen Menschen. Was darüber hinausgeht, ist Gottes Werk, aus seiner überlegenen Macht gut erschaffen, von seinem ständigen direkten Wirken erhalten, für alle Zeiten unbeeinträchtigt von dem, was die Menschen an Bösem anrichten mögen. »Du kannst an der Schöpfung des Barmherzigen kein Mißverhältnis sehen. Wende deinen Blick um: Siehst du einen Mangel? Dann sieh dich noch zweimal um! Der Blick kehrt zu dir beschämt und ermüdet zurück.« (Sure 67,3 f).[19]

Selbstverständlich kann es hier dann auch nicht den geringsten Ansatzpunkt geben für kosmische Perspektiven, wie sie Paulus im Römerbrief anspricht: »Auch die Schöpfung soll von der Sklaverei und Verlorenheit befreit werden [...]. Denn wir wissen, daß die gesamte Schöpfung bis zum heutigen Tage seufzt [...]« (Röm 8,21 f). Eine so weit gefaßte Störung müßte für den Islam neben den Geschöpfen auch den Schöpfer fraglich werden lassen; doch: »Er wird nicht gefragt über das, was er tut; sie aber werden gefragt.« (Sure 21,23). Deshalb muß sich unser Blick im folgenden ganz auf die islamische Anthropologie beschränken.

(2) Die individuellen und sozialen Verirrungen

Die Botschaft Mohammeds war von Anfang an darauf ausgerichtet, den Menschen ihre unmittelbare Verantwortung für die bei ihnen herrschenden Verhältnisse vor Augen zu stellen. Unter der Androhung des Gerichts rief der Prophet die Bewohner der Handelsstadt Mekka auf,

---

[19] Vgl. S. 78 f.216.

die Maßstäbe ihres Lebens, vor allem ihr Verhalten gegenüber den Ohnmächtigen zu ändern – etwa mit den wenigen Worten der Sure 107 (die den Namen »al-māʿūn« – »Die Unterstützung« – trägt): »Hast du den gesehen, der das Gericht für Lüge erklärt? Das ist der, der die Waise zurückstößt und nicht zur Speisung des Bedürftigen anhält. Wehe den Betenden, die auf ihr Gebet nicht achtgeben, die nur gesehen werden wollen und die Hilfe verwehren.«

Die rauh egoistische, von den Interessen des wirtschaftlichen Vorteils beherrschte Realität steht dem Willen Gottes entgegen: »Aber nein! Ihr behandelt die Waise nicht großzügig, und ihr haltet nicht zur Speisung des Bedürftigen an; ihr verzehrt das Erbe ohne Unterschied; und ihr hegt für den Besitz eine allzu große Liebe.« (89,17–20) – »Wehe denen, die das Maß verkürzen, die, wenn sie sich von den Menschen zumessen lassen, volles Maß verlangen, wenn sie ihnen aber zumessen oder abwägen, weniger geben. Rechnen diese nicht damit, daß sie auferweckt werden zu einem gewaltigen Tag, am Tag, da die Menschen sich vor den Herrn der Welten hinstellen werden?« (83,1–6).

Das Unheil dieser Welt ist also genau dort auszumachen, wo Menschen sich offensichtlich entgegen den Weisungen Gottes gemeinschaftswidrig verhalten. Daß sie es selbst nicht wahrhaben wollen, mindert nicht ihre Verantwortung, sondern läßt ihr Meinen und Handeln nur um so widersprüchlicher erscheinen: »Wenn ihnen gesagt wird: ›Stiftet nicht Verderben auf der Erde!‹, sagen sie: ›Wir schaffen nur Ordnung.‹ Doch sie sind die, die Verderben stiften, aber sie merken es nicht.« (2,11f).

Es gibt demnach massiv Unheil, aber nicht als eine überindividuelle Macht, als strukturelle Vorgabe, sondern als den Tätern deutlich zurechenbare Vergehen – zurechenbar jetzt in der Sozialkritik und am Jüngsten Tag bei der Konsequenz des Gerichts: »Dann wird jeder Seele voll zurückerstattet, was sie erworben hat. Und ihnen wird nicht Unrecht getan.« (2,281; 3,161) – »Wer also Gutes im Gewicht eines Stäubchens tut, wird es sehen. Und wer Böses im Gewicht eines Stäubchens tut, wird es sehen.« (99,7f).

Hier bleibt kein Raum mehr, daß einer für den anderen eintreten könnte; jeder muß für seine Sache selbst einstehen: »Hütet euch vor einem Tag, an dem keiner für einen anderen etwas begleichen kann, von keinem Fürsprache und Lösegeld angenommen werden und niemand Unterstützung erfährt« (2,48; vgl. 2,123) – »an dem weder der Vater etwas für sein Kind begleichen kann noch das Kind für seinen Vater« (31,33).

Generell lautet der entsprechende Grundsatz: »Jeder erwirbt nur zu seinem eigenen Schaden. Keiner, der Last trägt, trägt die Last eines anderen« (6,164) – ein Wort, das in muslimischer Theologie auch ausdrücklich gegen den christliche Erlösungsglauben zitiert wird.[20]

In solcher pragmatischen Zurechnung des Guten und Bösen hat der Koran einen deutlich *appellativ-erzieherischen Charakter*. Dementsprechend finden wir in ihm auch das antike paränetische Bild von den *»zwei Wegen«* (90,10), vor die jeder Mensch in seiner Lebenswahl gestellt wird: Nur wenn er den steilen und beschwerlichen einschlägt, kann er an sein rechtes Ziel kommen. Damit diese Metapher aber nicht bloß eine vage Mahnung bleibt, wird ihr gleich noch im katechismus-artigen Frage-Antwort-Schema die konkretisierende Deutung beigefügt: »Woher weißt du, was der steile Weg ist? Die Befreiung eines Sklaven, die Speisung einer verwandten Waise am Tag der Hungersnot oder eines Bedürftigen, der im Elend ist, und dann, daß man zu denen gehört, die glauben, einander zur Geduld ermahnen und zur Barmherzigkeit.« (90,12–17).

Der Weg-Metapher entsprechend benennt der Koran das Unheil der Welt vor allem als ein »*Irre-gehen*«. Mit dieser theologischen Grundvokabel[21] unterstreicht er den *Tatcharakter* der Sünde. Sie ist in erster Linie nicht ein menschheitlicher Zustand, sondern das, was je Einzelne – und seien sie auch noch so viele – ruinös Falsches tun.

Zwar kann auch der Koran sagen, daß die Menschen durch ihre Vergehen einen »*Bund*« brechen; dennoch wäre es falsch, darin nach biblischem Verständnis die Zerstörung eines Gemeinschaftsverhältnisses von Gott und Mensch zu sehen[22]: Es geht hier allein um die Nicht-Anerkennung und Nicht-Befolgung von Gottes Forderungen; darüber wird beim Gericht Rechenschaft abgelegt werden müssen (vgl. etwa 2,27; 13,20–25; 17,34; 33,15). Selbst wenn es von denen, die »den Bund Gottes [. . .] für einen billigen Preis verkaufen,« heißt, daß Gott sie »am Tag der Auferstehung nicht ansprechen und nicht anschauen wird« (3,77), so meint auch dies nicht die Verweigerung einer ›personalen Nähe‹, sondern allein die Unausweichlichkeit des zu erwartenden Urteils.

Obwohl der Koran die böse Tat und ihre Konsequenz derart jeweils den einzelnen Tätern zurechnet, überschreitet doch auch er in einer

---

[20] Vgl. *M. al-Ġazāli* (1984), 89.

[21] Die Koran-Konkordanz von *M. F. 'Abd al-Bāqi* (1987), gibt zu den Ableitungen der Wurzel ḍall (dt.: irregehen, irreführen, Irrende, Irrtum usw.) als Beleg 192 Verse an.

[22] Zu der mißverständlichen Übersetzung von »*'ahd*« und »*mīṯāq*« in Anlehnung an die Sprache der Bibel mit »Bund« vgl. S. 194f.

fundamentalen Hinsicht diese individualisierende Perspektive: »Die Menschen waren eine schlechthin einzige Gemeinschaft; dann wurden sie uneins [. . .]« (10,19). Dieser globale Zustand, der sich hartnäckig bis zur Gegenwart behauptet, ist der deutlichste und massivste Verweis auf die *soziale Dimension menschlicher Schuld*. Schon mit der Vertreibung der ersten Menschen aus dem »Garten« verbindet der Koran an drei Stellen die unheilvolle Feststellung Gottes: »Die einen von euch sind den anderen feind.« (2,36; 7,24; 20,123). Zwar gibt die Übersetzung von *Rudi Paret* diesem Satz jedesmal durch einen erläuternden Vermerk eine eingeschränkte Bedeutung, die nicht mehr auch die Zerstrittenheit der Menschen untereinander als eine Folge des ersten Sündenfalls angesagt sein läßt: »Ihr (d.h. ihr Menschen und der Satan) seid (künftig) einander feind«[23]; aber dieses Verständnis ist vom Kontext her nicht begründet. Bei 20,123 heißt es im Arabischen sogar ausdrücklich »[Ihr] *allesamt* (ǧamīʿan)«, so daß *Paret* in seinem Kommentar vermerkt: »Hierbei ist nicht mehr nur an Adam und Eva zu denken, sondern an das ganze Menschengeschlecht einschließlich des Satans«; dennoch betont er zugleich: »der Ausdruck *baʿḍukum li-baʿḍin ʿadūwun* bezieht sich auf die Feindschaft zwischen Menschen und Satan«[24]. Wahrscheinlicher ist aber, daß hier die beiden ersten Menschen doch als Repräsentanten der späteren Menschheit angesprochen werden und somit dem Sündenfall Adams eine universale Schuldfolge zuerkannt wird.

Dies legen im Koran auch schon die warnenden Bedenken der Engel nahe, die von vornherein gegen Gottes Ankündigung »Ich will auf der Erde einen Nachfolger [oder: Stellvertreter] einsetzen«[25], Einspruch erheben: »Willst du auf ihr einen einsetzen, der auf ihr Unheil stiftet und Blut vergießt, während wir dein Lob singen und deine Heiligkeit rühmen?« (2,30).

Mit Adam schon wird der verhängnisvolle Zustand der Menschheit grundgelegt; die Bedenken der Engel erhalten nachträglich recht. In der Konsequenz des Anfangs mündet auch zu späteren Zeiten das von den Menschen gewirkte Unheil in soziale Katastrophen; warnend erinnert Gott im Koran an die Strafmaßnahmen, die sich auf ganze Generationen, Städte, Stämme und Völker erstreckten: »Wir ließen viele Geschlechter vor euch verderben, als sie Unrecht taten [. . .]. So vergelten wir Leuten, die Übeltäter sind.« (10,13) - »Wie manche Stadt rebel-

---

[23] Vgl. auch *KhKomm* 1, 236 mit Anm. 7.
[24] *R. Paret* (1981), 339.
[25] Vgl. S. 81, Anm. 5.

lierte gegen den Befehl ihres Herrn und seiner Gesandten; da rechneten wir mit ihr in einer harten Abrechnung ab und straften sie mit einer entsetzlichen Strafe. Da bekam sie die schlimmen Folgen ihres Verhaltens zu spüren. Das Ende ihres Verhaltens war Schaden.« (65,8f). So ruft der Koran beispielsweise immer wieder das Schicksal der altarabischen Stämme Ṯamūd und ‘Ād ins Gedächtnis, die als ganze vernichtet wurden – »Kannst du denn etwas sehen, was von ihnen übriggeblieben wäre?« (69,8) – wie auch den Untergang von »Noachs Volk« in der Sintflut (54,9–15) – »wegen ihrer Sünden wurden sie ertränkt« (71,25) – und die Vernichtung von »Lots Volk« durch »einen Steinregen« (54,33f).

Selbst wo der Koran zunächst nur von einem einzelnen Herrscher als Übeltäter spricht, kann er schließlich doch die von ihm repräsentierten Untertanen insgesamt ins Verderben gezogen sehen: So wird der Pharao, der die Israeliten auszurotten gedachte, »seinem Volk am Tag der Auferstehung vorangehen. Er führt sie wie zur Tränke ins Feuer hinab – welch schlimme Tränke, zu der sie hinabgeführt werden. Der Fluch verfolgt sie im Diesseits und am Tag der Auferstehung – welch schlimmes Geschenk, das ihnen geschenkt wird!« (11,98f).

Insgesamt rechnet der Koran Sünde, Schuld und Strafe also doch nicht derart ausschließlich den einzelnen Menschen zu, daß nicht auch in deren persönlichem Unheil noch die sozialen Verflechtungen und Abhängigkeiten menschlichen Lebens sichtbar würden.

(3) Die Angewiesenheit des Menschen auf Gottes Vergebung und Führung

Daß wir, wenn unser Leben gelingen soll, Gottes Zuwendung brauchen, ist eine Grundüberzeugung des Koran. Niemand kann auf sich selbst bauen und sich auf sein eigenes Leistungsvermögen berufen: »Ihr Menschen, ihr seid Gottes bedürftig.« (35,15)[26].

Dies gilt ausnahmslos für alle, insbesondere aber für diejenigen, die schuldig geworden sind. So zitiert der Koran – in deutlichem Anklang an das biblische Vaterunser – als ein Gebet der Gläubigen: »Herr, vergib uns unsere Sünden[27] und tilge uns unsere Missetaten!« (3,193).

Wie sehr Gott nach islamischem Glauben dieser Bitte entspricht, zeigt ein umfangreiches Bedeutungsfeld der »schönsten Namen« (7,180),

---

[26] Die wörtliche Übersetzung des Urtexts wäre: »Ihr seid auf Gott hin die Armen«; dies läßt an »die Armen im Geiste« der Bergpredigt (Mt 5,3) denken – entsprechend der Einheitsübersetzung: »Selig, die arm sind vor Gott«.

[27] Der Wortlaut des Koran ist hier (wie auch in den Versen 16 und 147 derselben Sure) völlig identisch mit der arabischen Übersetzung von Mt 6,12: iġfir lanā ḏunūbanā.

die ihm nach dem Koran zukommen[28]: Er heißt »der Barmherzige«
(ar-raḥmān), »der Erbarmer« (ar-raḥīm), »der sich gnädig Umwen-
dende« (at-tawwāb), »der Verzeihende« (al-ġafūr), der »Vergebende«
(al-ġaffār) und »der Nachsichtige« (al-ʿafūw).

So mündet schon die Erzählung vom Sündenfall Adams in Gottes
»Umkehr«: »Dann erwählte ihn sein Herr, er kehrte sich ihm wieder
zu (tāba ʿalayhi) und führte [ihn].« (20,122; vgl. 2,37). Die Wurzel
»tāb« gebraucht der Koran sowohl für die Reue der Sünder als auch für
die Vergebung Gottes; die semantische Gemeinsamkeit besteht in der
›erneuten Hinwendung‹.

Dementsprechend lautet die Verheißung, die grundsätzlich für die
Menschen aller Zeiten gültig ist: »Wann immer von mir eine Führung
zu euch kommt – wer meiner Führung folgt, wird nicht irregehen und
nicht unglücklich sein.« (20,123; vgl. 2,38).

Der Gläubige weiß, daß er sich ständig als gefährdet begreifen muß;
denn »der Mensch will drauflossündigen« (75,5). Deshalb legt ihm die
erste Sure des Koran – dem Zwei-Wege-Schema gemäß – als tägliche
Bitte nahe: »Führe uns den geraden Weg, den Weg derer, denen du
gnädig bist, denen du nicht zürnst und die nicht irregehen.« (1,6f).[29]

Um an allen entsprechenden Stellen des Koran unmißverständlich
den heilvollen Charakter dieser Führung Gottes zu betonen, wählen
manche Übersetzungen die im Deutschen sonst ungebräuchlichen
Wörter »rechtleiten« und »Rechtleitung«[30]. Die sprachliche Sonderbil-
dung unterstreicht zugleich die fundamentale und unverwechselbare
Stellung dieses Begriffs in der muslimischen Theologie. Der Koran verzeichnet über 300 Belege verschiedener Ableitungen dieses Wortes.
»Wegleitung« bedeutet schlechthin die Funktion der Offenbarung
Gottes: den Menschen die Weisung zu vermitteln, die sie eigentlich
schon immer kennen müßten, die ihnen aber wegen ihrer Verirrungen
immer wieder gesagt werden muß.

[28] Vgl. *L. Gardet* (1960 b).

[29] Nach *R. Paret* (1979) wären hier die zwei Wege sogar ausdrücklich als Alternative einander
gegenübergestellt: »Führe uns den geraden Weg, [. . .] und nicht (den Weg) derer, die d(ein)em
Zorn verfallen sind und irregehen!« Aber diese Übersetzung entspricht nicht dem Urtext.
Einige muslimische Kommentare wollen sogar die drei Wege der Muslime, Juden und Christen angesprochen sehen. Vgl. dazu *KhKomm* 1, 157 f

[30] Im Arabischen stehen dafür verschiedene Derivate der Wurzel *hdy*, vor allem die Verben *hadā*
(leiten, führen) und *ihtadā* (geführt werden, sich leiten lassen) samt den entsprechenden Parti-
zipien, sowie das Verbalnomen *al-hudā* (die Führung). Hierher gehört auch der im Koran noch
nicht vorkommende, aber in späterer Theologie und Frömmigkeit des Islam bedeutsame
Begriff *al-mahdī* (der Rechtgeleitete), der u. a. zum Titel eines endzeitlich erwarteten Retters
wurde. – In diesem Buch stehen für »*hudā*« sowohl »Führung« als auch »Wegleitung«.

Wo Gott ihnen sein Wort zukommen läßt, geht es nach islamischem Verständnis darum, ihnen das *rechte Bewußtsein und Handeln* einzuschärfen. Dies heißt aber gerade nicht, daß man Offenbarung hier als bloße Mitteilung von Forderungen verstehen dürfte; vielmehr will sie entscheidend auch zur Hoffnung ermutigen, Zuversicht bestärken und mit all dem die Menschen zu ihrem eigenen Wesen und ihrer schöpfungsgemäßen Gemeinschaftlichkeit zurückführen. Deshalb kann die Offenbarung auch eine »Heilung« genannt werden; sie will den Menschen wieder gut machen: »Ihr Menschen, zu euch ist eine Ermahnung von eurem Herrn gekommen und eine Heilung für das, was im Inneren ist (šifā'un li-mā fī ṣ-ṣudūri), Führung und Barmherzigkeit für die Gläubigen.« (10,57). Der Koran ist »für diejenigen, die glauben, Führung und Heilung« (41,44), »Heilung und Barmherzigkeit« (17,82).

Dies vermag nach muslimischer Überzeugung niemand als Gott selbst. So muß sich Mohammed sagen lassen: »Du kannst nicht führen, wen du möchtest. Gott ist es, der führt, wen er will. Er weiß am besten, wer sich führen läßt.« (28,56) – »Es ist nicht deine Aufgabe, sie zu führen, sondern Gott führt, wen er will.« (2,272) – »Bist du es, der die Blinden führt, auch wenn sie nicht sehen?« (10,43).

Unausweichlich gilt der Grundsatz, den der Koran in mehrfacher nachdrücklicher Wiederholung einprägt: »Wen Gott irreleitet, der hat niemanden, der ihn führen könnte.« (7,186; 13,33; 39,23.36; 40,33). Nach einem Ḥadīt qudsī[31] betont Gott selbst die Exklusivität seiner Führung: »Meine Knechte, alle irrt ihr umher außer dem, den ich führe. So erbittet von mir die Führung, dann führe ich euch.« Hier kommt der islamische Monotheismus zu seiner zentralen theologischen und anthropologischen Konsequenz.

Im Koran hat dementsprechend das Wort »Führung« samt seinen Derivaten als grammatisches und logisches Subjekt primär und fast ausschließlich Gott. Wo doch noch andere Subjekte hinzutreten, sind es entweder das »Buch«, das Gottes unmittelbares Wort enthält (32,23), die von ihm ermächtigten Propheten aller Völker (13,7), im besonderen Abraham (19,43), Isaak und Jakob (21,73), Mose (79,19; 40,38), David (38,22), deren Gemeinschaften (wie 7,159 das Volk des Mose; vgl. 7,181; 32,24) – oder in der bloßen Anmaßung, die der Koran bestreitet, der Pharao als Usurpator göttlicher Macht (20,79; 40,29), das goldene Kalb (7,148), die Gott beigesellten ohnmächtigen Götzen

---

[31] Ein Ḥadīt qudsī ist eine Überlieferung, die nicht nur bis zum Propheten, sondern darüber hinaus bis zu einem Wort Gottes zurückführt; hier nach den Traditionariern Muslim, at-Tirmiḏī und Ibn Māǧa, in: *Vierzig Heilige Ḥadīte* (1986), 69 (eigene Übers.).

überhaupt (10,35) und schließlich jeder, der sich fragen lassen muß: »Wollt ihr führen, wen Gott irregeleitet hat?« (4,88).

Auf solchem Hintergrund bildete sich das tief verwurzelte Urteil über den islamischen Willkür-Gott: »Allah ist z. B. freilich ›der Allbarmherzige‹, ›der Gnädige‹, aber diese Gnade ist die Gnade des gutgelaunten Despoten, nicht die erbarmende Liebe des nach höchsten Zwecken handelnden himmlischen Vaters«.[32] Doch in derartigen Wertungen dominiert die christliche Polemik über das Verständnis des Islam. Dabei übersieht sie, daß auch die biblische Theologie von Gottes Gnade, Freiheit und Macht und von deren Verhältnis zur Freiheit des Menschen nicht in einem widerspruchsfreien System sprechen kann, sondern nur von gegensätzlichen, begrenzten Perspektiven her, die sich nicht harmonisch miteinander vermitteln lassen.

Ebenso abwegig ist es, die Barmherzigkeit Gottes nach christlichem und muslimischem Glauben darin unterschieden zu sehen, daß der Koran die Vergebung der Sünden »auf die Sphäre der gläubigen Unterwerfung unter Allah« beschränke und somit »Allahs Barmherzigkeit [. . .] ihre Grenzen« hat.[33] Wie es auf der einen Seite, der des Koran, heißt: »Gott vergibt nicht, daß ihm beigesellt wird« (4,48.116), so lesen wir auch auf der anderen, der biblischen: »Aber die Lästerung des Geistes wird nicht vergeben, [. . .] weder in dieser noch in der zukünftigen Welt« (Mt 12,31f). In beiden Fällen werden die Gläubigen äußerst ernsthaft und dringlich darauf hingewiesen, daß sie nicht bei schlechthin jeglicher Gesinnung und Tat noch die Verzeihung Gottes einkalkulieren dürfen.

Gemäß dem pragmatischen Verständnis, das der Koran einerseits von göttlicher Offenbarung und Leitung wie andererseits von menschlicher Sünde, Schuld und Verantwortung hat, wehrt er mehrfach den Gedanken ab, die Führung Gottes könnte die Menschen über ihr eigenes Vermögen hinaus beanspruchen und somit überfordern. Jeder soll das, was von ihm erwartet wird, auch leisten und somit das Wohlgefallen Gottes erlangen können: »Wir fordern von niemandem mehr, als er vermag« (6,152; 7,42; 23,62; vgl. 2,233.286; 65,7).

Zwar lesen wir im Koran auch, daß die Gläubigen besorgt beten: »Herr, lege auf uns keine Last, wie du sie auf die gelegt hast, die vor uns lebten! Herr, lade uns nichts auf, wozu wir keine Kraft haben! Verzeih uns, vergib uns, und erbarme dich unser!« (2,286); aber diese Bitte bezeugt vor allem, wie sich der Koran von vorausgehenden religiösen

---

[32] *W. Rudolph* (1922), 91.
[33] So *J. Bouman* (1980), 246f.

Verpflichtungen – vermutlich besonders jüdischen Vorschriften – distanziert. Bezeichnenderweise ist das Gebet gerade hier wieder unmittelbar begleitet von der Zusicherung: »Gott fordert von keinem mehr, als er vermag.«

Es gibt hier kein Gesetz, dem gegenüber der Gläubige – wie in paulinischer Theologie – letztlich versagen müßte und allein auf Gottes Gnade bauen könnte; es gibt keine Offenbarungsgeschichte, die den Menschen zunächst mit sich selbst in Zwiespalt brächte, damit er sich so seiner Erlösungsbedürftigkeit erst voll bewußt würde. Gottes Gnade erweist sich vielmehr gerade darin, daß sie den gangbaren Weg aufzeigt und das fordert, was zu leisten ist. (Das arabische Wort »šarī'a«, das im Deutschen gewöhnlich mit »Gesetz« übertragen wird, bedeutet sowohl die göttliche *Weisung* als auch den *Weg zur Tränke*.)

Zwar besagt ein in der islamischen Tradition überliefertes Wort Mohammeds darüber hinaus auch: »Niemand von euch wird in das Paradies eintreten aufgrund seiner Taten«[34]; doch damit bestreitet der Prophet nicht die Bedeutung der menschlichen Handlungen für das göttliche Gericht, sondern er betont, daß die Gläubigen die Anerkennung, die sie von Gott erfahren, immer noch als seine grundsätzlich freie Gabe sehen sollen, die sich nicht erkaufen läßt, und daß sie bei all dem, was sie tun, auf sein größeres Entgegenkommen vertrauen dürfen. Die Dignität menschlichen Handelns vor Gott wird aber dadurch nicht gemindert.

(4) Die Funktion der Propheten als Mittler des Wortes

Die absolute Angewiesenheit des Menschen auf Gott schließt, wie gerade gesehen, auch im radikalen Monotheismus des Koran Vermittlungen nicht aus. Nicht allein die Propheten, sondern sogar die Gemeinschaften, die ihnen folgen, können als Subjekte der rechten Wegleitung angesprochen werden. Auf dieser Grundlage hat die islamische Theologie eine Reihe differenzierender Aspekte entfaltet:

Der doppelte Wortgebrauch, in dem der Koran einerseits von »Propheten« *(nabī),* andererseits von »Gesandten« *(rasūl)* spricht, erfuhr unterschiedliche Deutungen. Die verbreitetste besagt, daß ein »Gottesgesandter« derjenige ist, »der den Auftrag erhalten hat, zum ersten Mal einem bestimmten Volk ein Gesetz zu übermitteln; der Prophet hat die weniger wichtige Aufgabe, die Ordnung, die ein verstorbener Gottesgesandter gestiftet hat, zu bestätigen oder einen neuen Gesandten

---

[34] Hadith nach Ibn Ḥanbal, Musnad, Nr. 7473, zit. bei R. M. Speight (1985), 14.

anzukündigen.«[35] (Selbstverständlich muß hier die Aussage, daß ein Gesandter »die Ordnung« Gottes »stiftet«, eingeschränkt werden: Er kann sie nur in seiner Verkündigung und im Buch neu vergegenwärtigen; denn ihre Prinzipien sind den Menschen bereits in der Schöpfung grundgelegt und zur Kenntnis gebracht.) Nach einer anderen Deutung nimmt der Gesandte die Offenbarung wahr, indem er gleichzeitig »sieht« und »hört«, während das Aufnahmevermögen des Propheten auf die eine oder die andere Wahrnehmung begrenzt ist.[36] Doch dem Koran liegt noch nicht an solchen terminologischen Abgrenzungen der beiden Begriffe.[37] Entscheidend ist ihm vielmehr die häufig genannte Doppelfunktion der prophetischen Sendung: »Da sandte Gott die Propheten als Freudenboten (mubaššir[38]) und Warner (mundir).« (Z. B. 2,213; 4,165; 5,19). Dies entspricht genau der Aufgabe, die die Propheten Israels im biblischen »Botenspruch« haben: Gottes Drohung und Verheißung mitzuteilen.[39]

Wieder ist hier bezeichnend, daß dieselben Verben, die für Gott gebraucht werden, auch das Wirken der Propheten bezeichnen können: »Wir warnen euch (andarnākum) vor der nahen Strafe«, spricht Gott selbst in einer frühen mekkanischen Sure (78,40) – und das an Mohammed gerichtete Wort der Berufung fordert in der Konsequenz: »Steh auf und warne (andir)!« (74,2). In gleicher Parallele sagt der Koran im Blick auf Gottes Offenbarung: »Ihr Herr verkündet ihnen (yubašširuhum) eine Barmherzigkeit von sich [...]« (9,21) – und ruft den Propheten in derselben Sure auf: »Verkünde den Gläubigen eine frohe Botschaft (baššir)!« (9,112). Die theologische Folgerung daraus heißt: Gottes Zuwendung zu den Menschen setzt sich fort im gleichlautenden Handeln der Menschen selbst; und umgekehrt: Die von Gott beanspruchten Gesandten nehmen teil an Gottes heilschaffendem Wirken.

Eine neue Dimension gewinnt diese Sicht der Propheten in der islamischen *Mystik,* wo ihre Aufgabe, das Gesetz mitzuteilen, an Bedeutung zurücktritt gegenüber ihrer *Nähe zu Gott.* Das geschenkte *Sein*

---

[35] *T. Nagel* (1981) I, 193f, im Anschluß an al-Ǧāḥiẓ, einen Literaten des 9. Jahrhunderts. Vgl. auch *H. Stieglecker* (1983), 152.

[36] Vgl. *T. Nagel* (1981) I, 193.

[37] In 19,30 wird die Mitteilung des Buchs an Jesus gerade unmittelbar neben seiner Bestellung zum »nabi« genannt.

[38] Vereinzelt kann das Verb baššara, das deutlich mit dem hebr. biśśēr / bᵉśōrāh (der Äquivalenz für euangélion) verwandt ist, im Koran freilich auch die Ankündigung einer Strafe bedeuten (vgl. 9,3).

[39] Vgl. *Gerhard von Rad,* Theologie des Alten Testaments, Bd. 2, München ⁵1968, 45.

geht dem aufgetragenen *Handeln* voraus. Dies zeigt sich etwa bei einem
»der tiefsinnigsten, freilich auch der verwirrendsten sufischen Den-
ker«, *Ibn al-'Arabī* (1165–1240)[40]: »Gottes Freundschaft *(wilāja)* ist
das Kennzeichen jeglichen Prophetentums, aber auch aller übrigen heiligen Männer, in denen sie nach dem Abscheiden der Propheten und
Gottesgesandten, auch des letzten in deren Reihe, fortwirkt.«

So gilt schließlich in erster Linie für den Propheten das Hadith, in
dem Gott von demjenigen, der ihm nahe ist, sagt: »Ich wurde sein Hörvermögen, mit dem er hört, sein Sehvermögen, mit dem er sieht, und
seine Zunge, mit der er spricht.«[41] Der Glaube an die Führung der Menschen durch Gott kommt zu Identifikationen, die für das islamische
Denken erstaunlich sind und die al-Ghazālī veranlassen, seinem Leser
zu schreiben: »An dieser Stelle möchte ich einhalten; denn ich sehe,
daß du Überlegungen über diesen Grad hinaus nicht mehr ertragen
kannst.«[42]

Auf eigene Weise entwickelte sich die muslimische Offenbarungs-
theologie innerhalb der *Schia*. Hier wurden in einzelnen Richtungen
der Prophet und sogar seine Nachfolger, die Imame, derart an Gott angenähert, daß der übrige Islam kräftig widersprach, da er wie in der
christlichen Inkarnationslehre die Grenze zwischen Schöpfer und Geschöpf verwischt sah.[43] Auf jeden Fall aber setzte sich hier die Vermitt-
lungslinie von Propheten und Gesandten in der Reihe der Imame fort.

Entscheidend für das muslimische Verständnis der prophetischen
Mittler ist die *wesentliche Gleichheit ihrer Botschaft und Geltung* – entsprechend dem Wort des Koran: »Wir machen bei keinem von ihnen
einen Unterschied« (2,136; 3,84; vgl. 2,285; 4,150.152); zwar heißt es
hier auch: »Wir haben die einen von ihnen vor den anderen bevorzugt«
(2,253); doch dies meint allein ihre lebensgeschichtlichen Auszeichnungen, keine inhaltliche Gewichtung dessen, was sie vermitteln. Es gibt
vom einen zum anderen Propheten keine heilsgeschichtlichen Intensi-
vierungen oder Steigerungen.

---

[40] *T. Nagel* (1991), 207; das folgende Zitat 235 (in einem Druckfehler korrigiert).
[41] Zit. bei *A.-Ḥ. M. al-Ġazālī* (1987), 28; eine ähnliche Überlieferung bei *Ibn Taymiyya* (1984b),
   289, innerhalb seiner Auseinandersetzungen mit dem christlichen Dogma der Inkarnation;
   vgl. *Vierzig Heilige Ḥadīte* (1986), 92 f. Dies erinnert an das Wort, das Gott in der Bibel zu
   Mose sagt: »Geh also! Ich bin mit deinem Mund [. . .]. Er [Aaron] wird für dich der Mund
   sein, und du wirst für ihn Gott sein.« (Ex 4,12.16). Zum Hintergrund der Tradition s.
   al-Ġazālī, ebd. 75, Anm. 83;
[42] *A.-Ḥ. M. al-Ġazāli* (1987), 29.
[43] Zu den extremen Tendenzen der Vergöttlichung der Imame vgl. etwa *H. Halm* (1988),
   186–192.

In solcher Gleichrangigkeit der Propheten und Gesandten aller Zeiten und Völker steht deshalb grundsätzlich auch *Mohammed*. Die Besonderheit, die seiner Botschaft zukommt, ergibt sich allein aus der *Endgültigkeit und Universalität des Koran*.

Alles in allem hat Offenbarung nach muslimischem Verständnis einen ausgesprochen *undramatischen Charakter;* denn es geht ihr um das ständig Gleiche und deshalb eigentlich auch Selbstverständliche: die rechte Lebensordnung der Menschen in der Anerkennung des einen Gottes. Hier kommt auf die Menschen nichts wesentlich Neues zu, wird ihnen keine größere Wirklichkeit eröffnet. Allein daß durch Mohammeds tatkräftige Verkündigung die Perspektive einer geeinten Menschheit bis in ihre politischen Dimensionen realistisch geworden ist, läßt ihn nach muslimischem Glauben aus denen herausragen, die ihm vorhergingen.

c. *Analyse des muslimischen Gegensatzes zur christlichen Erlösungstheologie*

Auf dem Hintergrund des Verständnisses von Mensch und Geschichte, von Heil und Unheil, wie es im Vorausgehenden entfaltet wurde, erscheint die muslimische Zurückweisung der christlichen Erlösungstheologie ambivalent:

– Einerseits wird mehr Gemeinsames sichtbar, als der formale Widerspruch gegen den Begriff »Erlösung« zunächst erwarten läßt;

– andererseits aber erweist sich der Gegensatz schließlich doch als Konsequenz einiger prinzipieller Faktoren.

(1) Das im Widerspruch noch Gemeinsame

Zwei Elemente, gegen die sich der Islam in seiner globalen Bestreitung des christlichen Erlösungsglaubens wendet, sind ihm dennoch unter seinen Verständnisvoraussetzungen nicht schlechthin fremd:

1. Die *Vergehen der Menschen* haben – obwohl sie primär den Individuen zugeschrieben werden – auch *eine soziale, gar menschheitlich universale Dimension*. Sie haben von Anfang an die in Gottes Schöpfung grundgelegte Gemeinschaftlichkeit zerstört. Der Einzelne gehört – schon wenn er geboren wird, allem eigenen Wollen und Wirken voraus – einer vom Unheil betroffenen Welt an; er haftet mit.

Auch wenn der Islam diese sozialen und geschichtlichen Folgen des Bösen selbst nicht auch noch als »Sünde« ansprechen kann – und er deshalb den Begriff einer »Erbsünde« grundsätzlich abweisen muß –, liegt dennoch nicht hier die entscheidende Differenz seiner Ablehnung des christlichen Glaubens an die »Erlösung«.

2. Obwohl Gott immer wieder allein und unmittelbar Vergebung gewährt, ist sein *heilschaffendes Wirken* doch auch *vielfältig vermittelt*. Offenbarung und Wegleitung sind auch *geschichtliche Größen:* zunächst in der *Pluralität* der unüberschaubaren Geschichten der verschiedenen Gemeinschaften und Propheten[44], von Mohammed an aber auch im *Singular* der einen *auf Universalität hin angelegten Menschheitsgeschichte.*

So ist nach dem Wort des Koran Mohammed »eine Barmherzigkeit für die von euch, die glauben« (9,61), »eine Barmherzigkeit für alle Welt« (21,107) – obwohl der Gläubige dabei doch nur die Barmherzigkeit Gottes erfährt; aber gerade diese wird ihm durch den »Gesandten« zugesprochen. Im Anschluß daran erhielt in der islamischen Frömmigkeit trotz mancher theologischer Bedenken und Widerstände die *Fürsprache* des Propheten (und anderer Diener und Dienerinnen Gottes, vergleichbar den christlichen Heiligen) ein großes Gewicht.[45]

Darüber hinaus kommt dem Einzelnen die Barmherzigkeit Gottes schließlich nur in der Gemeinschaft aller Glaubenden zu. Ähnlich dem christlichen Grundsatz, daß »außerhalb der Kirche kein Heil« sei, sagt nach einem Hadith[46] Mohammed (in einem Bild, das auch die christliche Tradition verwendet): »Meine Familie ist für euch wie die Arche Noach: wer sich ihr anvertraut wird gerettet, und wer draußen bleibt, geht unter.«

(2) Die Elemente der Differenz

Der Widerspruch gegen die christliche Erlösungslehre – auch im Blick auf die beiden gerade genannten Gesichtspunkte – hat vor allem dreierlei Gründe:

1. Dem Islam ist der Gedanke an eine *Heilswirksamkeit des Leidens* weitgehend fremd, besonders, wenn sich damit die Vorstellung verbindet, daß »das Leiden und der Tod eines Menschen die Sünden anderer tilgen können«: »Die Lehre des Sühnopfers verwandelt die erste Person der Gottheit in einen blutrünstigen Tyrannen, um die selbstauf-

[44] Zum vergleichenden Blick auf die Bibel s. *J. Scharbert* (1964), 280–294: Die Propheten als Mittler.

[45] Vgl. im Blick auf Mohammed *A. Schimmel* (1981), Register-Stichwort »Fürsprache«; darüber hinaus *H. Stieglecker* (1983), 678–697; *A. J. Wensinck* (1976 b).

[46] Zit. bei *H. Halm* (1991), 139. Zur Verbindung des Vertrauens auf die Fürsprache des Propheten mit der auf die »Gemeinschaft, die Gottes Gnade erfuhr« (»umma marḥūma«), vgl. *A. Schimmel* (1984), 136.

opfernde Liebe der zweiten Person um so deutlicher hervorzuheben«, lesen wir in einer populären Schrift zum Verhältnis von Christentum und Islam aus unseren Tagen.[47] Die traditionelle christliche Lehre, Jesus habe »dieses schwere Opfer der tiefsten Erniedrigung auf sich geladen und den schandvollen Tod am Kreuz freiwillig erlitten, um dem Schöpfer für die ungezählten Sünden der Menschen Genugtuung zu leisten und allen das ewige Glück zu ermöglichen«, muß muslimischer Theologie als »Wahnsinn« erscheinen[48], der sich auch nicht durch differenziertere Interpretationen zum Sinnvollen wenden läßt. »Soll denn wirklich Gott der Menschheit die größte Wohltat durch ein derart ungeheuerliches Verbrechen erwiesen haben?« lautet der Tenor des Widerspruchs.[49]

Deshalb bedeutet die energische Behauptung des Koran, Jesus sei nicht durch die Juden gekreuzigt worden (4,157 f[50]), weit mehr als nur die Bestreitung eines historischen Sachverhalts. Bezeichnenderweise setzt der Koran zugleich die für ihn reale Alternative dagegen: »Gott hat ihn zu sich erhoben« (V. 158); denn er ist ein Gott des Sieges und nicht der Niederlage. Dies soll sich auch in seinen Gesandten zeigen.

Andererseits jedoch erhebt der Koran gegen die Juden auch den Vorwurf des Prophetenmords: »Wollt ihr denn jedesmal, wenn euch ein Gesandter etwas bringt, was ihr nicht mögt, hochmütig sein und einen Teil der Lüge zeihen und einen Teil töten? (2,87; vgl. 2,61; 3,183; 5,70 – vergleichbar etwa Mt 23,37 / Lk 13,34). Doch erhält diese Erinnerung über die Beschuldigung der Mörder hinaus keine weitere theologische Deutung im Blick auf die Opfer. Ihnen gilt der Grundsatz, den der Koran für alle Blutzeugen lehrt: »Sagt nicht von denen, die auf dem Weg Gottes getötet werden, sie seien tot. Nein! Sie sind lebendig; aber ihr merkt es nicht.« (2,154)[51]. Doch dies ist allein individuelle Belohnung, an der zunächst keinerlei heilsame Konsequenz für andere Menschen ablesbar ist.

In der *Schia* freilich kommt den Imamen, die als Märtyrer starben, und unter ihnen besonders dem 680 getöteten Prophetenenkel Hussein eine derartige Bedeutung als Fürbitter und Vermittler von Gottes verzeihender Gnade zu, daß sich in dieser Frömmigkeit der Abstand zum christlichen Erlösungsglauben mindert. Gelegentlich sprach man in diesem Zusammenhang sogar von einer »*islamischen Christologie*«:

[47] U. *Aziz-us-Samad* (1984), 92 f.
[48] H. *Stieglecker* (1983), 314 f.
[49] Ebd. 316, im Blick auf *Ibn Taymiyya*.
[50] Vgl. G. *Riße* (1989), 188–204.
[51] Vgl. auch 3,157 f.169–174; 4,74.155; 22,58 f; 47,4; 57,10 f.

»Die Nähe zwischen der schiitischen und der christlichen Sicht besteht vielleicht aufgrund der Tatsache, daß beide einen Mittler zwischen den Menschen und Gott annehmen, dessen Wesen und dessen Stelle in der Menschheitsgeschichte eine bestimmende Rolle im göttlichen Schöpfungs-, Offenbarungs- und Heilsplan spielen. [...] In christlicher Frömmigkeit ist Christus der ewige Logos, das göttliche Wort, einerseits der Mittler der Schöpfung und andererseits das geschlachtete Lamm, das vor dem Thron der Majestät steht, um zu retten und zu richten. Auf ähnliche Weise sind die Imame gleichzeitig zum einen Angelpunkt der Schöpfung und Grund ihres Bestandes wie zum andern die Blutzeugen, deren Tod ein Streitpunkt ist zwischen Gott und ihren Verfolgern.«[52] Doch darf man dabei den Unterschied nicht übersehen: Im schiitischen Glauben geht es um die Anerkennung derer, die »auf dem Weg Gottes« zugunsten der Gläubigen gelitten haben, und um die Wirksamkeit ihres Gebetes für die vielen, die sich ihnen in Verehrung zuwenden, nicht um eine heilsgeschichtlich neue Situierung der Menschheit, die zuvor auswegloser Schuld verfallen gewesen wäre.[53]

2. In islamischer Theologie gibt es keinen Ansatz, von dem her man die christliche *Konzentration der Heilsvermittlung auf eine Person* rechtfertigen könnte. Auch wenn das muslimische Glaubensbekenntnis neben die erste Aussage »Es gibt keinen anderen Gott außer Gott« die zweite stellt »und Mohammed ist sein Gesandter« – diesen einen also aus der unübersehbaren Fülle der Propheten heraushebt–, so ist er doch gleich allen übrigen nur ein Instrument Gottes an einer bestimmten, aber zufälligen Stelle der Menschheit; es kulminiert in ihm keine vorausgehende Heilsgeschichte. Mit der ihm aufgetragenen Botschaft bestätigt er *die Einheit der Offenbarung in der Pluralität der Offenbarungsereignisse.*

Während das *Christentum* die Universalität spannungsvoll gerade an die Individualität der einen geschichtlichen Person Jesus von Nazaret bindet – Christus ist das »universale concretum«[54]–, sieht sich der Islam zwar geschichtlich durch Mohammed promulgiert, seine Universalität dagegen dreifach anders begründet:

– in der einen Schöpfung und der konstanten Natur des Menschen, die ihn auf Gott hinordnet;

[52] *M. Ayoub* (1978), 199; vgl. darüber hinaus auch *ders.* (1980), 116, zur Behauptung christlicher Islamwissenschaftler, daß der Islam »dem Geheimnis des Leidens, das im Christentum den Grund von Glaube, Hoffnung und Liebe bilde, keinen Raum gebe«.

[53] Vgl. *H. Halm* (1988), 177f.

[54] Vgl. *Werner Löser*, »Universale concretum« als Grundgesetz der oeconomia revelationis, in: Handb. d. Fund.theol. 2 (1985), 108–121.

– in den zu allen Völkern mit wesensgleicher Botschaft gesandten Propheten und

– in dem allgemeingültigen, von Mohammed an immer und überall in gleicher Fassung lesbaren Buch, das den Menschen zu der ihm eigenen Vernunft und Religion zurückruft.

Mit der Betonung der fundamental gleichen Geschöpflichkeit aller Menschen ist es dem Islam prinzipiell unmöglich, irgendeinem unter ihnen eine besondere Erlösungsfunktion zuzusprechen und alle übrigen von ihm in Abhängigkeit zu sehen. Das neutestamentliche Bekenntnis, uns Menschen sei »kein anderer Name unter dem Himmel gegeben, durch den wir gerettet werden sollen« (Apg 4,12), als der Jesu Christi, ist für den Islam nicht erst wegen seiner anderen Bewertung Jesu unannehmbar, sondern schon aufgrund seiner strukturell verschiedenen Anthropologie und Sicht der Geschichte.

Dies wird gerade an erheblichen Unterschieden der *Weg- und Leitungs-Metaphorik* im Neuen Testament und im Koran deutlich. Nach islamischem Glauben war den Menschen der von der Schöpfung her gewiesene Weg prinzipiell nie so verschlossen, daß er hätte fundamental neu eröffnet werden müssen. Dem steht das christliche Bekenntnis entgegen: Jesus starb »*einmal (hápax)*«, damit er uns »zu Gott hinführe (prosagágē)« (1 Petr 3,18); nur durch ihn haben wir den »Zugang (prosagōgḗ)« zum Heil (Röm 5,2; Eph 2,18; 3,12), den »er für uns neu eingerichtet hat als einen noch nicht dagewesenen und lebendigen Weg« (Hebr 10,20[55]); ja er selbst ist »der Weg« schlechthin, der von sich sagt: »Niemand kommt zum Vater außer durch mich« (Joh 14,6); nur er kann die Menschen »zur Herrlichkeit führen« als »der Urheber (oder: Anführer[56]) ihres Heils« (Hebr 2,10), als der »Urheber und Vollender des Glaubens« (Hebr 12,2).

3. Nach muslimischer Theologie soll der gewiesene Weg zur erfüllten Gemeinschaft der Menschen untereinander führen, nicht zu einer *Gemeinschaft mit Gott*[57]; der Blick richtet sich nicht auf den »Zugang zum Vater« (Eph 2,18) und nicht darauf, daß Gott »sich nähert« (Jak 4,8). Er leitet die Menschen, aber er geht nicht selbst auf sie zu, gar in ihre Welt ein.

Nur scheinbar widerspricht dem das häufig zitierte Wort des Koran, mit dem er in Sure 50,16 Gottes Verhältnis zum Menschen bestimmt:

---

[55] Übersetzung nach *Christian Maurer,* prósphatos, in: ThWNT 6, 767 f, hier 768.

[56] Vgl. *Gerhard Delling,* archēgós, in: THWNT 1, 485 f.

[57] Zur Frage, ob die Gerechten nach der Auferstehung Gott »sehen«, s. *H. Stieglecker* (1983), 774–798; *M. K. I. Gaafar* (1978).

»Wir sind ihm näher als die Halsschlagader«. Die Umgebung dieses Satzes zeigt deutlich, daß es hier nicht um die Innigkeit einer persönlichen Verbindung geht, sondern um die genaue Beobachtung dessen, was jeder einzelne in den verborgensten Gründen seines Herzens denkt, damit er darüber auch zur Rechenschaft gezogen werden kann: »Wir haben doch den Menschen erschaffen und wissen, was ihm seine Seele einflüstert. [. . .] Er spricht kein Wort, ohne daß bei ihm ein Bewacher bereitstünde.« (50,16.18).

Auch können diejenigen, die glauben und Gutes tun, darin »Mittel zur Annäherung an Gott« erkennen (9,99): daß er ihnen so seine »Nähe« gewährt, sie »in seine Barmherzigkeit eingehen läßt« (ebd.); aber diese »Nähe« meint die paradiesischen »Wohnungen« (34,37), in denen die Gläubigen das Wohlgefallen Gottes erfahren, nicht aber eine Teilhabe an Gott selbst. Jede Angleichung der Menschen an Gott, erst recht jede Identifikation mit ihm muß für den orthodoxen Islam ein verwerflicher Gedanke sein.[58] Die muslimische Mystik wagt ihn schließlich dennoch zu denken: Das eigene Leben in Gott aufgehen zu lassen – »fanā' fī llāh« – kann hier zum erhofften und erstrebten Ziel werden.[59]

In der Bibel lesen wir beim Propheten Hosea (2,21f) als Rede Gottes: »Ich traue dich mir an auf ewig; ich traue dich mir an um den Brautpreis von Gerechtigkeit und Recht, von Liebe und Erbarmen; ich traue dich mir an um den Brautpreis meiner Treue: Dann wirst du den Herrn erkennen.« – Das Verhältnis Gottes zu seinem Volk ist in das Bild der Ehe von Mann und Frau gebracht. Dementsprechend erinnert Gott Israel – nach der rhetorischen Inszenierung des Propheten Jeremia – an die gemeinsame Vergangenheit: »Ich denke an deine Jugendtreue, an die Liebe deiner Brautzeit, wie du mir in der Wüste gefolgt bist [. . .]« (2,2). Nach der Sprache des Neuen Testamentes gewährt Gott den Menschen, »an Wesen und Gestalt seines Sohnes teilzuhaben, damit dieser der Erstgeborene von vielen Brüdern sei« (Röm 8,29); »damit Gott alles in allem sei« (1 Kor 15,28[60]). Jesus fordert in der Bergpredigt zur Feindesliebe mit der Begründung und dem Ziel auf: »damit ihr Söhne

---

[58] Vgl. die Erörterungen des mittelalterlichen Theologen Ibn Taymiyya (1984 b), 288–303, über die noch verantwortbare und die verwerfliche Bedeutung des Wortes »ḥulūl« (Einkehr, Niederlassung), das bei den Christen zum Begriff der »Inkarnation« Gottes geworden ist; 312–325 über den Gedanken der »Einigung Gottes mit einer Kreatur«.

[59] Zu »Liebe und Entwerden« vgl. A. *Schimmel* (1985), 191–214; außerdem später S. 251f.

[60] Die »Einheitsübersetzung« verfälscht den Sinn des originalen Textes mit der Formulierung, daß »Gott *herrscht* über alles und in allem«.

eures Vaters im Himmel werdet« (Mt 5,44 f). Und in der verwegenen Formulierung des 2. Petrusbriefs wurden die »Verheißungen geschenkt, damit ihr [. . .] *der göttlichen Natur teilhaftig* werdet« (1,4) – »*šurakā*'« schreiben hier die arabischen Übersetzungen für »teilhaftig«: so wird also nach islamischer Sicht bis in den Wortlaut hinein bekräftigt, daß all dies zu *širk* führt, der Aufhebung des Monotheismus.

Wenn im Johannesevangelium Jesus betet: »Das aber ist das ewige Leben, daß sie dich erkennen, den einzig wahren Gott, und den du gesandt hast: Jesus Christus« (Joh 17,3), scheint dies in der ausdrücklichen Abhebung des *»gesandten« Jesus* von dem *»einzigen« Gott* zunächst eine ganz ›islamische‹ Sicht und Sprache. Aber daß das »Erkennen« Gottes weit anders zu verstehen ist, zeigt sich, wenn Thomas letztlich zu Jesus spricht: »Mein Herr und mein Gott.« (20,28). Gottes Nähe wird erfahren im Menschen: Die *Vermittlung* führt zur *Identifikation*. Für den Islam dagegen schließen Mensch-Sein und Gott-Sein einander radikal aus.

Wenn gar das christliche Bekenntnis Gott mit dem Gekreuzigten identifiziert, kann dies aus muslimischer Sicht nur als eine Absurdität anmuten: »Die Vorstellung der Christen, daß sich Gott so tief erniedrige, daß er sich von seinen Feinden, vom gemeinsten Pöbel verhöhnen, verspotten und mißhandeln lasse wie ein Schwachsinniger oder wie ein Narr und daß er schließlich den schandvollsten und qualvollsten Tod erleidet wie ein Verbrecher zwischen zwei richtigen Verbrechern, ist eine unerhörte Schmach, die man der göttlichen Majestät antut, das heißt man sie ihrer Schönheit, ihres Lichtes berauben [. . .]«[61].

Doch auch die massive, dreifach begründete Abweisung des christlichen Erlösungsglaubens durch den Islam darf die Komplexität des wechselseitigen Verhältnisses nicht übersehen lassen. Der gelegentliche Einwand, daß dem Islam mit der Leugnung des Kreuzestodes Jesu die »Möglichkeit einer wahren Erlösung« verstellt sei[62], bleibt zu oberflächlich, gar wenn dabei behauptet wird, daß man in diesem Punkt den Islam nach wie vor als »eine Verführung des Teufels«[63] bewerten müsse.

In bezeichnender Differenzierung setzt sich ein zeitgenössisches iranisches Religionsbuch einerseits markant vom christlichen Glauben

---

[61] So der muslimische Theologe *Šihāb ad-Dīn Aḥmad Ibn Idris al-Qarāfī* (gest. 1285) nach der referierenden Wiedergabe von *H. Stieglecker* (1983), 315.

[62] *G. Jäschke* (1957), 295: »Mit der Leugnung des Kreuzestodes Jesu bzw. seiner doketischen Umdeutung beraubte Muhammed seine Gemeinde der Möglichkeit einer wahren Erlösung.«

[63] *J. Bouman* (1983), 33.

ab, schließt sich aber andererseits zugleich an die Würdigung Jesu als »Erlöser« an: »Der Koran sagt: Das Glück und die Rettung jedes Menschen hängt von seinen Taten ab, und niemand trägt die Last der Sünde eines anderen auf seinen Schultern. Der Koran sagt: Jesus ist ein Erlöser der Menschen, aber nicht aufgrund dieser phantastischen Gedanken [der Christen], sondern weil er ein großer Prophet Gottes und ein mitfühlender Führer der Menschen war und jeder, der wirklich nach seinen befreienden Weisungen handelt, gerettet wird und die Barmherzigkeit und Vergebung des fürsorglichen Gottes erlangt.«[64] Eine solche Sicht erschöpft sich nicht im Widerspruch zum christlichen Bekenntnis, sondern nötigt – gerade angesichts der Nähe und der gemeinsamen Elemente – zur weiteren Verhandlung.

d. Konsequenzen für die christliche Theologie?

(1) Die ausgeschlossene Harmonisierung

Wer die Aussagen von Christentum und Islam ernst nimmt, kann ihren Widerspruch nicht so überspielen, daß er im Gemeinsamen verschwindet. Wo dies geschieht – beachtenswert ist dabei vor allem der religionstheologische Entwurf von *John Hick*[65] –, baut man auf die Konstrukte einer spekulativen Abstraktion, die sich nicht mit der Analyse der jeweiligen Bekenntnisse und Theologien vertragen. Zu Recht kann man beim prüfenden Vergleich unterschiedlicher Verarbeitungen des Problems religiöser Pluralität feststellen: »Hick führt die phänomenalen Formen auf einen kleinsten gemeinsamen Nenner zurück, macht sie gleichnamig, minimiert Differenzen zwischen den Religionen zu Adiaphora, so als beträfen sie nur personale Dispositionen und kulturelle Variationen an der Oberfläche, nur die Ausgestaltung, nicht aber die Tiefenstruktur«.[66] Dabei ist für unseren Zusammenhang besonders beachtenswert, wie dieses »Verfahren der Abstraktion und Reduktion« bei Hick gerade auf das Thema »Erlösung« konzentriert wird: »Das Gemeinsame aller Religionen liegt in der *Soteriologie*. Und da dieses Ziel ein immer gleiches ist – ›salvation‹, ›liberation‹, ›ultimate fulfilment‹, ›the realisation of (a) limitlessly better quality of human existence‹ – haben sie bei aller ihrer Verschiedenheit doch den gleichen

---

[64] *Farhang-e eslāmi wa-taʿlīmāt-e dīnī. Sāl-e dowwom* [. . .] *marḥalle-ye dowwom* [. . .] (Islamische Kultur und religiöse Unterweisung, 2. Jahr, 2. Schulstufe), von Ibrāhīm Amīnī [u. a.], Teheran 1365 [= 1987], 56. Der erste Bezug auf den Koran ist in Sure 6,146 begründet; für den zweiten läßt sich nicht gleichermaßen ein einzelner Vers anführen.

[65] Vgl. vor allem *J. Hick* (1973; 1985 a; 1985 b; 1987; 1989; 1991).

[66] *R. Bernhardt* (1990), 209.

Zentralgehalt und denselben Richtungssinn«; aber – so muß auch nach unserer Wahrnehmung des Islam die nur noch rhetorisch fragende Kritik lauten –: »Ist die gefolgerte (und schon vorausgesetzte) Parallelität nicht um den Preis einer grandiosen Verallgemeinerung, Vereinfachung und Abblendung der geschichtlichen Wirklichkeit erkauft?«[67]

Ob man diese Reduktionen auf das wesentlich Gemeinsame mit den Modellen von ›äußerlicher Schale‹ und ›innerem Kern‹, von ›Tiefenstruktur‹ und ›Oberfläche‹ oder ähnlich anderem vornimmt[68], es bleibt immer dieselbe Schwierigkeit: »Bestreitet man die für Hicks Ansatz fundamentale Behauptung einer einheitlichen Grunderfahrung in allen Religionen, [. . .] so bricht das gesamte System in sich zusammen.«[69] Selbstverständlich sind alle Texte des Glaubens, in denen sich die Differenzen greifen lassen, schon theoriebedingte Artikulationen, denen gegenüber sich eine ursprünglichere Ebene religiöser Erfahrung postulieren läßt, aber diese ist inhaltlich nicht so zu fassen, daß man sie gegen die ›Oberfläche‹ ausspielen könnte.

Kräftig den hypothetischen Charakter seiner Religionstheologie betont demgegenüber *Paul F. Knitter*. Den kritischen Einwänden, daß er zwischen den Religionen eine Gemeinsamkeit voraussetze, bevor diese sich je hätte herausstellen und bewähren können, hält er entgegen, daß er den zuversichtlichen Dialog nur »*vorschlage* oder nahelege, nicht aber dekretiere oder aufdränge«.[70] Damit will er den Weg prinzipiell offenlassen und nicht das Ergebnis vorwegnehmen. Dies ist ein deutlich realistischerer und kommunikativerer Ansatz als der von John Hick; denn er setzt auf eine gemeinschaftliche Verantwortung.

(2) Der problematische Hintergrund: »Die Dringlichkeit der Mission«
Hinter den christlich-theologischen Bemühungen um eine Harmonisierung des Verhältnisses der Religionen steht als besonderer Anstoß *die traditionelle Koppelung von Erlösungsglaube und Bekehrungsdrang, von Heilszuversicht und Ausschließlichkeitsanspruch.* Zwar hat spätestens das Zweite Vatikanische Konzil die Lehre des Konzils von Florenz »Extra ecclesiam nulla salus«[71] revidiert und den Angehörigen der nichtchristlichen Religionen ausdrücklich eingeräumt, daß auch sie die

[67] Ebd.

[68] Zu den Einwänden *Ernst Troeltschs* gegen solche Deutungsmuster vgl. *H. Zirker* (1992 a), 152–156.

[69] *R. Bernhardt* (1990), 210. Vgl. dazu und darüber hinaus zu den »pluralistischen Religionstheologien« auch *ders.* (1993); *J. Werbick* (1993).

[70] *P. F. Knitter* (1991), 212. Vgl. *ders.* (1974; 1985; 1986; 1989).

[71] Vgl. DH 1351 (NR 381); s. S. 37.

Anerkennung Gottes finden können; doch zeigen sich bis heute an den Problemen der *Missionstheologie* die weiterwirkenden Verlegenheiten.

In seiner Enzyklika »*Redemptoris Missio*« hat Papst *Johannes Paul II.* von vornherein diejenigen vor Augen, die fragen: »*Ist die Mission unter den Nicht-Christen noch aktuell?* Wird sie vielleicht durch den Dialog unter den Religionen ersetzt? [. . .] Kann man nicht in jeder Religion gerettet werden? *Warum also Mission?*«[72] Nachdrücklich hält er denen, die so fragen, mit Berufung auf Apg 4,12 »die klare Aussage« entgegen, »daß Christus der alleinige Erlöser von allen ist«[73]; und die Konsequenz daraus lautet: »Der Dialog muß geführt und realisiert werden in der Überzeugung, daß die Kirche der *eigentliche Weg des Heiles* ist und daß *sie allein* im Besitz der Fülle der Heilsmittel ist.«[74]

Zwar heißt es selbstverständlich auch hier: »Die Universalität des Heiles bedeutet nicht, daß es nur jenen gilt, die ausdrücklich an Christus glauben und in die Kirche eingetreten sind«[75]; dennoch wird die erneut aufgegriffene »Frage *warum Mission?*« unvermittelt mit dem Bekenntnis beantwortet: In Christus »werden wir befreit von jeder Entfremdung und Verirrung, von der Sklaverei, die uns der Macht der Sünde und des Todes unterwirft«.[76] Die Argumentation zeigt deutlich Lücken; denn zum einen kann die Aufhebung »jeder« (!) Entfremdung kaum für die konkrete Ebene von Mission und Kirchenzugehörigkeit behauptet werden; zum anderen aber sind der eschatologischen Vermittlung von Gottes Heil doch keine institutionellen Grenzen gesetzt. Bei solchen gedanklichen Ansätzen ist nicht absehbar, wie die *Dringlichkeit der Mission* an der *Erlösungstheologie* festgemacht werden könnte – obwohl offenkundig gerade dieser Zusammenhang herausgearbeitet werden soll.[77]

Letztlich wird in dieser Enzyklika die Verlegenheit der Missionstheologie mit einer *erstaunlichen Geschichtsperspektive* überspielt. Zunächst stellt die Enzyklika fest: »Die Zahl jener, die Christus nicht kennen und nicht zur Kirche gehören, ist ständig im Wachsen«[78], so daß »die ›äußersten Enden der Erde‹, denen das Evangelium zu

---

[72] *Johannes Paul II.* (1990), 11: Nr. 4.

[73] Ebd. 11f: Nr. 5.

[74] Ebd. 57: Nr. 55 mit Verweis auf das 2. Vatikanische Konzil: Unitatis redintegratio Nr. 3; Ad gentes, Nr. 7.

[75] Ebd. 16: Nr. 10.

[76] Ebd. 17: Nr. 11. Vgl. ebd. 47, Nr. 44: »durch ihn ereignet sich die volle und echte Befreiung vom Bösen, von der Sünde und vom Tod«.

[77] Vgl. auch die Warnung vor denen, die »nichts über das Geheimnis der Erlösung« sagen (ebd. 23: Nr. 17).

[78] Ebd. 9: Nr. 3.

bringen ist, sich immer mehr entfernen«[79] – und dies in einer »*Welt der Kommunikation,* die die Menschheit immer mehr eint und – wie man zu sagen pflegt – zu einen ›Weltdorf‹ macht«[80] (freilich steht das letzte Zitat in einem anderen Zusammenhang). Aber daraus soll gerade nicht die relativierende Einsicht erwachsen, daß das Christentum innerhalb der Weltgeschichte und im Spektrum der religiösen Kulturen schließlich doch nur eine partikulare Rolle spielt, sondern im Gegenteil die Überzeugung, daß »die Dringlichkeit der Mission [...] klar auf der Hand« liegt[81]. Um die zurückliegenden Erfahrungen zu überbieten, behauptet die Enzyklika durchgängig: »Die Missionstätigkeit steht erst in den Anfängen«[82] – »Die kirchengeschichtliche Phase der *plantatio Ecclesiae* ist nicht abgeschlossen; sie ist vielmehr bei vielen Menschengruppen erst zu beginnen«[83] – »Es bleibt aber die Tatsache, [... die] Mission *ad gentes* steht noch in ihren Anfängen.«[84]. In einer erstaunlichen Deutung der Weltgeschichte wird hier für Gegenwart und Zukunft angesagt: »Unmittelbar vor Anbruch des dritten Jahrtausends der Erlösung ist Gott dabei, einen großen christlichen Frühling zu bereiten, dessen Morgenröte man schon ahnend erkennen kann.«[85]

Dabei ist die Redeweise vom »dritten Jahrtausend der Erlösung« angesichts der Geschichte Israels, der Theologie des Alten Testaments und der heutigen theologischen Würdigung der nichtchristlichen Religionen bestürzend naiv. Offensichtlich wird hier mit einer pathetischen Historisierung des Erlösungsglaubens versucht, den Verlegenheiten des christlichen Geltungsanspruchs entgegenzuwirken. Für eine differenzierte Würdigung der Religionen bleibt dann – trotz der geradezu inflationären Verwendung des Wortes »Dialog« – kein Platz. Auch kann hier kein bescheideneres Verständnis von Mission aufkommen, bei dem die Bezeugung des Glaubens und die Rechenschaft über ihn nicht schon zielstrebig auf die Abwendung des Anderen von seinem eigenen Glauben ausgerichtet sein müßte.

[79] Ebd. 44: Nr. 40.
[80] Ebd. 41: Nr. 37c.
[81] Ebd. 9: Nr. 3.
[82] Ebd. 32: Nr. 30.
[83] Ebd. 51: Nr. 49.
[84] Ebd. 44: Nr. 40.
[85] Ebd. 81: Nr. 86. Eine nicht nur differenziertere, sondern auch nüchternere Behandlung des Verhältnisses von Kirche und nichtchristlichen Kulturen findet sich in *Päpstlicher Rat für den Interreligiösen Dialog / Kongregation für die Evangelisierung der Völker* (1991). Auch wenn diese Schrift ausdrücklich betont, daß sie »im Licht dieser Enzyklika gelesen werden« soll (7: Nr. 4c.), ist die Differenz zu *Redemptoris Missio* unverkennbar.

Wo die christliche Mission kein Gehör findet, gibt es in solcher Sicht nur noch Menschen, die »leben, ohne von der Liebe Gottes zu wissen«[86] – eine im Blick auf Muslime (aber nicht nur auf sie) ungeheuerliche Aussage, lehrt doch gerade der Koran, daß Gott eine Gemeinschaft von Menschen will, »die er liebt und die ihn lieben« (Sure 5,54). So ist nicht verwunderlich, daß in dieser Missionstheologie trotz einer appellativen Überschrift »Die Aufmerksamkeit dem Süden und dem Orient zuwenden«[87] vom Islam so gut wie nichts gesagt wird.[88]

(3) Dringlichkeitsverluste

Als *Franz Xaver* auf einer seiner Missionsreisen einen chinesischen Schiffer, der ihm viel geholfen hatte und den er schätzte, durch eine tödliche Krankheit verlor, schrieb er in schmerzlicher Betroffenheit: »Während der ganzen Fahrt war er gut zu uns, aber wir konnten es ihm nicht lohnen, da er in seinem Heidentum starb. Nicht einmal nach dem Tod konnten wir ihm helfen und für ihn beten, da er in der Hölle ist.«[89] Bei einer solch deutlichen Markierung der Grenze zwischen denen, die des Heils teilhaftig werden, und denen, die der Verdammnis verfallen, hat die Soteriologie offensichtlich einen massiv pragmatischen Charakter: Die Scheidung zwischen Gläubigen und Ungläubigen geschieht zum einen *in sozial greifbaren Identifikationen* und zum anderen mit dem *Gewicht eschatologischer Endgültigkeit*. In der Zuversicht auf Gottes Erlösung wird hier die Menschheit klassifiziert in zwei einander absolut ausschließende Gruppen: »Wer glaubt und sich taufen läßt, wird gerettet; wer aber nicht glaubt, wird verdammt werden.« (Mk 16,16). Selbstverständlich will dieser Vers mit seiner teilweise asymmetrischen Formulierung nicht nahelegen, daß es noch eine dritte Gruppe gäbe: diejenigen, die glauben – und deshalb gerettet werden–, obwohl sie sich nicht taufen lassen.

Die neuzeitlichen Erfahrungen der Größe der Welt und der Vielzahl von Völkern und Kulturen mußten zunächst die Dringlichkeit der Mission verschärfen; doch im Gegenzug führten sie auf Dauer zu einer

---

[86] *Johannes Paul II.* (1990), 82: Nr. 86.

[87] Ebd. 44: Nr. 40.

[88] *Das Wort »Islam«* kommt nur einmal innerhalb eines Zitats vor: »Wenn auch die Kirche gerne alles anerkennt, was in den religiösen Traditionen des Buddhismus, des Hinduismus und des Islam wahr und heilig ist [...]« (ebd. 57: Nr. 55 – Brief an die Bischöfe Asiens anläßlich der 5. Vollversammlung der Vereinigung ihrer Bischofskonferenzen [23. Juni 1990], 4: L'Osservatore Romano, 18. Juli 1990).

[89] Aus einem Brief an den Kapitän von Malakka Dom Pedro da Silva (1549), zit. bei *Jan Brodrick*, Abenteurer Gottes. Leben und Fahrten des hl. Franz Xaver, Heidelberg ²1954, 306, mit der beiläufigen Bewertung: »Einer der härtesten Sätze, die Franz je geschrieben hat«.

tiefgreifende Revision dieses Handlungsdrucks. Der Glaube, daß den Menschen keine Rettung gegeben ist außer im Namen Jesu (Apg 4,12), verlor die Handgreiflichkeit seiner sozialen Zuschreibungen von Heil und Unheil und beschränkte seinen absoluten Anspruch auf die nur noch gedanklich faßbare Vermittlung vor Gnade. *Karl Rahners* Theorie vom *»anonymen Christentum«* ist dafür ein deutlicher Beleg.[90] Bei solcher theologischer Umorientierung konnte man zwar theologisch auf vorausgehende Ansätze zurückgreifen[91]; dennoch kam es zu grundlegend neuen Bewertungen der nichtchristlichen Welt. Im Ansatz (nicht in der Bedeutung und Wirkung) vergleichbar ist ihr die Aussage eines muslimischen Theologen unseres Jahrhunderts: »Der wahre Muslim ist ein wahrer Christ [. . .]. In ihrem Wesen sind sie ein und dasselbe; beide sind das Ergebnis derselben in der Menschheitsgeschichte wirkenden Geisteskräfte.«[92] Derartige Lehren bestätigen auf ihre Weise, daß es unter den neuzeitlichen Bedingungen jeder Religion schwerfallen mußte, sich der anderen gegenüber noch als die überzeugungskräftigere zu behaupten. Jedoch ziehen sie daraus für den eigenen Glauben kaum erkenntniskritische Konsequenzen. So sind sie zwiespältige Reaktionen auf die unaufhebbare Pluralität der Religionen.

Freilich wurde durch das veränderte Bewußtsein das Verhältnis zu den Angehörigen nichtchristlicher Religionen sowohl auf der Ebene der Praxis als auch der Theorie von dringlicher Entscheidung entlastet: Man konnte es weit gelassener als zuvor hinnehmen, wenn sich Menschen dem christlichen Heilsangebot gegenüber verschlossen zeigten, und konnte es dahingestellt sein lassen, was ihr wirklicher Standort sei. Damit aber verblaßte der religiös fundamentale Gegensatz zwischen »Glaube« und »Unglaube«, »Gläubigen« und »Ungläubigen«: aus einer konkreten Grenze wurde eine theologisch abstrakte Differenz, deren Geltung man weiterhin unterstellte, deren Folgen aber niemandem mehr zugerechnet werden konnten.

Es ist nicht verwunderlich, daß schließlich auch das Prinzip der universal-exklusiven Heilsvermittlung durch Jesus Christus, wenn es

---

[90] Vgl. *K. Rahner,* Bemerkungen zum Problem des »anonymen Christen«, in: Ders., Schriften zur Theologie, Bd. 10, Zürich 1972, 531–546; dazu *Ewmar Klinger (Hg.),* Christentum innerhalb und außerhalb der Kirche, Freiburg 1976; *R. Bernhardt* (1990), 174–197, auch 123 über Analogien bei *Paul Tillich, Albert Schweitzer, Karl Barth, Otto Karrer,* der *Weltmissionskonferenz von 1963.*

[91] Vgl. für die frühe Kirche *Henri de Lubac,* Die Kirchenväter und die nichtchristlichen Religionen, in: Ders., Geheimnis, aus dem wir leben, Einsiedeln 1967, 131–154.

[92] Aus: *Syed Ameer Ali,* The Spirit of Islam, a History of the Evolution and Ideals of Islam [²1922], in: J. Schacht (1931), 168–173, hier 171. Vgl. auch *A. Th. Khoury* (1991).

erst einmal derart von der ›Oberfläche‹ geschichtlicher und sozialer Realität abgelöst und in die ungreifbare ›Tiefendimension‹ der göttlichen Gnade verlagert ist, an Plausibilität verliert und hie und da auch innerhalb der Theologie als ein revidierbares Element angesehen wird.[93]

Wenn man in all dem nur eine »Denkweise der Gleichgültigkeit« erkennen wollte, »durchdrungen von einem religiösen Relativismus, der zur Annahme führt, daß ›eine Religion gleich viel gilt wie die andere‹«[94], könnten die geistesgeschichtlichen Verschiebungen der Neuzeit nicht in den Blick kommen; dann bliebe nur das Verdikt, daß eine solche Mentalität »ihre Wurzeln in theologisch nicht richtigen Vorstellungen hat«[95].

Freilich besitzt die Theologie kein wissenschaftliches Instrumentarium und keine fachliche Kompetenz, mit denen sie selbst entscheiden könnte, was im christlichen Glauben noch Geltung haben oder revidiert werden sollte. Beim Aufbau wie beim Umbau von Überzeugungen ist vieles im gedanklichen Spiel, das als mehr oder weniger plausibel erscheinen mag, aber weit entfernt ist von schlüssigen Argumenten. Der theologischen Reflexion gehen die lebensweltlichen Orientierungen mit ihren Stimmigkeiten und Spannungen, Stabilitäten und Unsicherheiten, Konstanten und Verschiebungen voraus und liefern den nachfolgenden theoretischen Verarbeitungen die Kraft, Aufmerksamkeit und Zustimmung zu gewinnen. Theologie kann zwar helfen, die hermeneutische Situation zu klären, in der sich die Glaubensgemeinschaft bereits befindet; sie kann bestimmten Gruppen und Tendenzen beistehen, ihre Überzeugungen zu verantworten und deren Veränderungen zu rechtfertigen; aber die entscheidenden Weichenstellungen erfolgen nicht durch die Theologie selbst, sondern durch das ihr weithin schon vorgegebene gesellschaftliche, letztlich innerkirchliche Bewußtsein.

Da es dieses Bewußtsein aber nicht als einheitliches gibt, werden notwendigerweise auch die theologischen Positionen und Tendenzen plural sein. Dies kann nur den irritieren, der von der Theologie gleichzeitig sowohl wissenschaftliche, d. h. methodisch geleitete Sachlichkeit als auch überlegene Klarstellungen des Glaubens erwartet. Damit aber wäre sie überfordert.

---

[93] Vgl. etwa *P. F. Knitter* (1988), 101–152: Wie ist Jesus einzigartig? Auf dem Weg zu einer theozentrischen Christologie.

[94] *Johannes Paul II.* (1990), 38: Nr. 36.

[95] Ebd.

(4) Verständigungsbarrieren – Selbstbehauptungen – Irritationen
Die christliche und die muslimische Lehre von der Heilsvermittlung –
von der Erlösung einerseits und der Wegleitung andererseits – können
jeweils im eigenen theologischen System stimmig dargelegt und behauptet werden, sind aber weder wechselseitig harmonisch auszu-
gleichen noch im argumentativen Diskurs auf ihren Anspruch hin zu
prüfen. Beide aber berufen sich dabei auf die Offenbarung Gottes und
machen diese in der gegebenen Situation zum Geltungsgrund einer
inkommunikablen Selbstbehauptung. So ist es verständlich, daß angesichts der zahlreichen Abschottungsmentalitäten unserer Zeit auch
innerhalb der Theologie die Frage gestellt wird: »Sind Offenbarung
und Fundamentalismus überhaupt voneinander zu trennen?«[96]

Der Koran prangert in der zweiten Sure den jüdischen und christlichen Erlösungsglauben aus doppeltem Grund an – zum einen wegen
seiner *sozialen Exklusivität* und zum anderen wegen seiner *argumentativen Schwäche:* »Sie sagen: ›In den Garten werden nur die hinein-
gehen, die Juden oder Christen sind.‹ Das sind ihre Wünsche. Sag:
›Bringt euren Beweis, falls ihr die Wahrheit sagt!‹ [. . .] Die Juden
sagen: ›Die Christen haben keine Grundlage.‹ Und die Christen sagen:
›Die Juden haben keine Grundlage.‹ Dabei lesen sie das Buch. [. . .]«
(2,111–113). Angesichts dieses Widerstreits der partikularen Religionen will der Koran den universalen Heilsweg weisen: »Aber nein! Wer
sich ganz Gott zuwendet und rechtschaffen ist, der hat seinen Lohn bei
seinem Herrn. Die haben nichts zu befürchten und werden nicht traurig
sein.« (2,112).

Dem läßt sich zunächst leicht zweierlei entgegenhalten: zum einen,
daß Juden- und Christentum nicht auf den angeprangerten Erlösungs-
egoismus festgelegt werden können, und zum anderen, daß schließlich
auch der Islam eine partikulare Religion wurde – mit ähnlichen Zustim-
mungsdefiziten und Exklusivitätsproblemen wie die der christlichen
Soteriologie. Doch damit wird die Verlegenheit nicht gemindert, sondern noch bekräftigt:

Die *universale* Zusage von Gottes Heil ist in Christentum und Islam
an die Anerkennung des *je besonderen* Geltungsgrundes (Jesus Christus bzw. Koran) gebunden; dieser Anspruch findet aber offensichtlich
nicht universal Zustimmung. Unter dieser Voraussetzung muß also
entweder

---

[96] *Ottmar Fuchs,* Zwischen Wahrhaftigkeit und Macht. Pluralismus in der Kirche?, Frankfurt
1990, 215.

– Gottes Heil auf den Kreis derer eingeschränkt werden, die der eigenen Voraussetzung zustimmen (so vorwiegend in islamischer[97] und vorneuzeitlicher christlicher Theologie), oder

– ›im Grund‹ eine Zustimmung auch dort noch unterstellt werden, wo sie auf der erkennbaren ›Oberfläche‹ nicht gegeben ist (so heute weithin in christlicher Theologie).

Prinzipiell besteht aber noch eine dritte Möglichkeit:

– einzuräumen, daß jede der beiden Soteriologien ihre begrenzten Geltungsvoraussetzungen hat, ohne daß absehbar wäre, wie diese je überwunden werden könnten, und daß dadurch universalistische religiöse Deutungsansprüche zunehmend an Glaubwürdigkeit verlieren dürften. Dann könnte freilich die eine Religion nicht von vornherein ›das Heil der Welt‹ auch für alle anderen Menschen gerade dort und nur dort festlegen, wo sie es für sich selbst gegeben sieht.[98]

Wieweit Christentum und Islam – und diesen beiden Religionen stellt sich das Problem wie keiner anderen sonst – schließlich überhaupt in der Lage sind, auf diese letzte Möglichkeit ernsthaft einzugehen, und wie weitreichend dies ihr Selbstverständnis ändern würde, ist nicht im voraus schlüssig auszumachen. Aber der Gedanke daran läßt sich auch nicht von vornherein verwehren; er steht mit im Experiment des religiösen Bewußtseins.

---

[97] Vgl. *KhKomm 1,* 285–290; *J. van Ess* (1991), 20–22: Glaube und Paradiesesverheißung; hier 20: »Die *ahl an-nār,* die zur Hölle Bestimmten, waren alle diejenigen, die nicht an Muḥammad glaubten, also auch die Juden und die Christen«.

[98] Zur Frage nach einer möglichen »Deabsolutierung der Christologie« vgl. *R. Bernhardt* (1993).

3. 'Īsā = Jesus?

a. Unterschiedliche Ausgangspunkte

(1) Identifikationen und Abgrenzungen

Für die Beziehungen von Muslimen zum Christentum spielt die Tatsache, daß nach dem Koran Jesus von Gott gesandt ist und seine Verkündigung wie die Mohammeds als Gottes Offenbarung gilt, eine erhebliche Rolle. Nach geschichtlichen Zeugnissen aus der Frühzeit des Islam hatte man den Propheten Jesus gelegentlich sogar neben Mohammed in das muslimische Glaubensbekenntnis, die šahāda, aufgenommen.[1] Wie dringlich Muslime bis heute ihre Anerkennung Jesu wahrgenommen wissen wollen, zeigt sich schon daran, wie oft sie darauf sowohl in theologischen Abhandlungen als auch in populärer religiöser Literatur und persönlichen Äußerungen zu sprechen kommen – häufig zugleich mit der vorwurfsvollen Feststellung, daß man auf christlicher Seite nicht gleichermaßen etwas über Mohammed zu sagen wisse.[2] Offensichtlich geht es ihnen dabei nicht nur um ein einzelnes Glaubenselement, sondern um die prinzipielle Überlegenheit ihrer Religion, um ihr Selbstbewußtsein und ihre Selbstbehauptung gegenüber dem Christentum, aber darüber hinaus gegenüber den Religionen insgesamt.

Was der Koran und die muslimische Theologie über Jesus sagen, ist in zahlreichen wissenschaftlichen Studien untersucht.[3] Die detaillierte Erhebung der Sachlage schließt jedoch für christliche Theologie das Problem nicht ab, sondern legt es gerade erst deutlich offen: Welche Konsequenzen hat dieses muslimische Bekenntnis zu Jesus für das Ver-

---

[1] Vgl. *J. van Ess* (1991), 125.

[2] Vgl z. B. *'A. al-Ḥ. Maḥmūd* (1986), 186: »Wir haben unsererseits die Grundlagen der Verständigung offen und deutlich vorgelegt: Die Verehrung Christi – der Friede sei mit ihm – und die Verehrung seiner Mutter – der Friede sei mit ihr. Aber was haben die Christen vorgelegt? ... Nichts!« (Aus einem Brief an den Generalsekretär der Gesellschaft für islamisch-christliche Freundschaft in Madrid).

[3] Vgl. etwa als kleine Auswahl nichtmuslimischer Publikationen *G. C. Anawati* (1978); *R. Arnaldez* (1980); *S. Balić* (1975); *G. Basetti-Sani* (1989); *M. Hayek* (1959); *A. Th. Khoury* (1968); *G. Parrinder* (1965); *H. Räisänen* (1971); *G. Riße* (1989); *N. Robinson* (1991); *C. Schedl* (1978); *O. H. Schumann* (1988). Auf die darüber hinaus reichende Fülle verweist die 726 Titel umfassende, aber durch ihren Sprachraum und ihr Erscheinungsjahr begrenzte Bibliographie von *D. Wismer* (1977).

hältnis von Christentum und Islam? Inwieweit kann es vielleicht auch über die besonderen Interessen der wechselseitigen Beziehung hinaus das Selbstverständnis des christlichen Glaubens berühren? Sind über die differierenden Aussagen und Geltungsansprüche argumentative Verhandlungen denkbar? – Derartige Fragen sind nicht schon mit historischen und literarischen Forschungen beantwortet. Selbst die Erörterung, wieweit das christliche und das muslimischen Verständnis Jesu übereinstimmen, ist nicht allein eine Sache wissenschaftlicher Prüfungen, sondern berührt auf beiden Seiten Identifikationsbereitschaften und Abgrenzungsbedürfnisse, die sich nicht eindeutig objektivieren lassen, da sie geschichtlichen Verschiebungen unterliegen und von weitreichenden sozialen Verständigungen über den eigenen und den fremden Glauben abhängen.

Der Zusammenhang der beiden Namensformen *Jesus* und *'Isā* ist sprachwissenschaftlich nach wie vor nicht eindeutig geklärt.[4] Dies ist mehr als ein rein etymologisches Problem, nämlich auch das Symptom eines Traditionsbruchs, der die Identifikation der so unterschiedlich benannten Personen wenigstens erschwert, vielleicht auch verwehrt. Nicht zufällig bestehen die arabischen Christen bei ihren Übersetzungen des Neuen Testaments auf der eigenen christlichen Form »*Yasū'*«. Sie wollen ihre Sicht und ihr Verständnis Jesu nicht mit der anderen der Muslime verwechselt wissen.[5] Der unterschiedliche Sprachgebrauch belegt das ambivalente Verhältnis zwischen dem »Jesus« der einen und dem der anderen. Bezeichnenderweise gibt eine entsprechende Untersuchung als ihre methodische Voraussetzung an: »Wir werden tun, als ob es sich unter ein und demselben Namen, Jesus bzw. arabisch 'Isā, um zwei verschiedene Personen handelte, die nichts gemeinsam haben als den Namen.«[6] Aber selbst diese Namen sind gerade nicht ohne weiteres gleichzusetzen.

Wie unkompliziert, einleuchtend und wirksam der Islam im interreligiösen Gespräch auf seine Hochschätzung der Propheten anderer Religionen verweisen kann, führt eine Erzählung in einem türkischen Religionsbuch vor, das die Schüler bereits im dritten Schuljahr der Grundschule mit diesem Thema konfrontiert.[7] Obwohl es dabei den

---

[4] Vgl. dazu *G. C. Anawati* (1978). Erklärungsbedürftig sind besonders die unterschiedlichen ersten Konsonanten Jot (bzw. arab. Yā') und 'Ain.

[5] Freilich zeigt der Sprachgebrauch der türkischen und persischen Christen, daß diese Opposition der unterschiedlichen Namen nicht überall in muslimischen Kulturräumen zwingend ist: Sie benutzen die dem Koran entsprechenden Namensformen »*Îsa*« (türk.) bzw. »*'Îsā*« (pers.).

[6] Vgl. *R. Arnaldez* (1980), 16.

[7] Vgl. *İsmail Dolap* [u. a.], Dinimiz İslam 3, Duisburg ⁴1985, 54.

didaktischen Voraussetzungen entsprechend von einer möglichst einfachen Situation ausgehen und die Argumente möglichst schlicht und allgemein halten muß – es bezieht sich noch nicht einmal ausdrücklich auf »das Christentum« und »Jesus« –, kann es zugleich doch schon ganz das Grundmuster der theologischen Verhältnisbestimmung übernehmen.

Unter der Überschrift »*Welche Religion ist die beste?*« erzählt eine muslimische Schülerin, wie sie eines Tages im Schulhof auf eine Gruppe aus ihrer Klasse traf, die offensichtlich in einen Disput vertieft war: Die türkische Mitschülerin Aysel verteidigte anderen gegenüber den Islam mit der Behauptung, daß er die Religion sei, die am höchsten stehe; der deutsche Klaus und seine Freunde widersprachen ihr und hielten dagegen, daß »die eigenen Religionen« noch über ihm stünden. Zuerst erschien der Erzählerin solch wechselseitiges Messen mit gutem Grund als ein überflüssiger, nämlich unentscheidbarer Wettstreit, an dem sie sich nicht beteiligen wollte; denn: »In jedem Land lernt jedes Kind von den Eltern, den Lehrern und den Büchern, daß von allen Religionen die eigene die beste sei. Welches Kind kann aufstehen und sagen: ›Nein, unsere Religion ist nicht gut, deine steht höher!‹?« Aber die Auseinandersetzung geht weiter. Das erste deutliche Argument trägt Klaus vor: »In unserer Religion ist es verboten, jemanden zu töten.« Auf dieser moralischen Ebene kann Aysel mithalten: »In unserer auch.« Die folgenden Vergleiche verlaufen nach demselben Muster und führen gleichermaßen nicht zum Ziel: »›In unserer ist Diebstahl eine Sünde.‹ [...] ›In unserer auch.‹ [...] ›In unserer ist Anständigkeit gefordert.‹ – [...] ›In unserer auch.‹« Nach diesem dreimal gleichen und jedesmal als unergiebig erwiesenen Argumentationsansatz weiß die Gruppe nicht mehr weiter.

Da kommt der Erzählerin ein entscheidender Einfall, der sie überzeugt, sie könne »beweisen, daß der Islam von allen Religionen am höchsten steht«: »Der Islam ist die Religion, die alle anderen Religionen ehrt. Er bejaht, daß eure Propheten heilig sind. Deshalb ist er die toleranteste und kultivierteste Religion.« An dieser Stelle schauen die anderen einander nur noch schweigend an; sie können jetzt nicht mehr sagen: »So ist es in unserer Religion auch«, denn dann müßten sie auch Mohammed anerkennen. Damit ist die Streitfrage entschieden.

Mehreres ist in dieser knappen, auf das kindliche Verstehen angelegten Szene für die theologisch weiterführende Erörterung bezeichnend:

1. Am Anfang steht eine zunächst unrealistisch anmutende Situation: Daß sich in unserer Gesellschaft Kinder über den Rang verschie-

dener Religionen auseinandersetzen und ihre eigene gegenüber den übrigen zu behaupten versuchen, ist im allgemeinen äußerst unwahrscheinlich. Trotzdem wäre es falsch, wollte man darin von vornherein nicht mehr erkennen als die Künstlichkeit dieser religionsdidaktischen Strategie. Wo eine religiöse Gruppe innerhalb der Öffentlichkeit derart auffällig in der Minorität ist wie die Türken bei uns als Ausländer und Muslime, liegen Provokationen zum Vergleich und zur Selbstbehauptung nahe.

2. Die vernünftige Einstellung scheint eingangs nicht bei denen gegeben zu sein, die sich über ihre Religionen streiten, sondern bei der Erzählerin, die einen solchen Streit für müßig hält. Sie geht von der Einsicht aus, die in unserem kulturellen Klima dominiert: Religiöse Überzeugungen hängen von gesellschaftlicher Umgebung und lebensgeschichtlichen Bedingungen ab. Mit ihren eigenen Worten sagt sie dasselbe, was Lessings Nathan dem Sultan Saladin vorhält: »Wie kann ich meinen Vätern weniger / Als du den deinen glauben? Oder umgekehrt.«[8] Doch damit würde sich jede argumentative Begründung der unterschiedlichen Positionen erübrigen, und an seine Stelle träte der Verweis auf den biographischen Zufall. Gerade dabei bleibt die Erzählerin aber (ebenso wie Nathan) nicht stehen.

3. Dem einen Islam werden ungeschieden die übrigen Religionen in der Mehrzahl gegenübergestellt. Dies mag zunächst um der Einfachheit willen so gewählt sein; aber vom »Christentum« und von »Jesus« ist in anderen Kapiteln des Schulbuchs die Rede; außerdem bezieht sich hier ein deutscher Schüler seiner muslimischen Mitschülerin gegenüber ausdrücklich auf die »eigenen Religionen« in der Mehrzahl. Offensichtlich soll die Umgebung des Islam – auch wenn man in ihr vor allem das Christentum antrifft – als religiös plural gesehen werden. Die Vielheit der anderen möglichen Standorte – auffallendes Charakteristikum unserer Gesellschaft – mindert jede einzelne von ihnen in ihrem Wert. Demgegenüber kann vom Islam als einer Einheit gesprochen werden. So bildet schließlich die soziale Lage an diesem zufälligen schulischen Ort die religiös-weltanschauliche Situation ab, in die sich Muslime in der Welt schlechthin gestellt sehen.

4. Der Wettstreit der Religionen setzt ein mit dem Versuch, den Islam als moralisch minderwertiger zu diskriminieren. Die Antwort darauf ist dreifach: Moralische Normen werden von Muslimen als gültiges Kriterium akzeptiert; sie können sich ihm gegenüber behaupten;

---

[8] Nathan der Weise III, 7.

auf dieser Ebene kann keine Entscheidung über die bessere Religion getroffen werden.

5. Ihre Pointe hat die Erzählung darin, daß sie, nachdem sie in die Sackgasse hineingeführt hat, nicht auf den ganzen Vergleich überhaupt verzichtet (was sie anfangs selbst gerade als vernünftig ausgab), sondern eine frappierend knappe Lösung anbietet.

6. Der Schluß scheint überzeugend (obwohl die Behauptung, daß der Islam »alle anderen Religionen« ehre, in dieser uneingeschränkten Form falsch ist); niemand aus der Runde kann dem »Beweis« widersprechen; aber die Zustimmung der nichtmuslimischen Schüler bleibt dennoch aus. Eigentlich müßten sie es jetzt besser wissen; aber sie gestehen es nicht ein. Sie sind nicht in der Lage, in gleicher Weise von der anderen Religion mit Hochschätzung zu sprechen und deren Propheten ebenfalls als »heilig« zu bekennen.

So erweist sich diese Geschichte für den Religionsunterricht der Grundschüler bei genauerem Hinsehen trotz ihrer äußeren Schlichtheit als eine differenzierte Umsetzung des islamischen Selbstverständnisses gegenüber den anderen Religionen, besonders dem Christentum und seinem Propheten Jesus.

(2) Die Tücken christlicher Koranlektüre

Wenn man einfach nachliest, was im Koran über Jesus geschrieben steht, findet man zahlreiche einzelne Aussagen, aber man hat noch wenig verstanden – vor allem aus zwei Gründen:

1. Der Koran erzählt nicht so ausführlich wie die biblischen Bücher, sondern er spielt auf die Geschichten meistens nur kurz an; offensichtlich waren sie den Zeitgenossen Mohammeds schon weithin bekannt. Da er so an zahlreichen auseinanderliegenden Stellen verfährt, muß man zusammenlesen – im doppelten Sinn des Wortes: versammeln, was verstreut ist, und das eine mit dem Blick auf das andere verstehen. Dies ist auch bei den Partien erforderlich, die sich auf Jesus beziehen.

2. Vieles kann Christen vertraut vorkommen; sie meinen das wiederzufinden, was sie auch aus biblischem Zusammenhang schon kennen – und übersehen dabei leicht, daß es im Koran unter Voraussetzungen gesagt sein kann, die von den eigenen recht verschieden sind, und demnach möglicherweise eine andere Bedeutung hat:

Wenn Jesus im Koran »al-masīḥ«, »der Messias«, genannt wird, der »Gesandte Gottes« (4,157), »der Gesandte Gottes und sein Wort«, das er an Maria richtete, »Geist von ihm« (4,171; vgl. 21,91); wenn hier Maria sagt: »Mein Herr, wie soll ich ein Kind bekommen, wo mich kein Mensch berührt hat?« (3,47), so daß Jesus nach muslimischem Glauben (wie in den Vorgeschichten des Matthäus- und Lukasevangeliums und daran anschließend im christlichen Glaubensbekenntnis) keinen leiblichen Vater hat; wenn Gott ihn nach dem Koran zusammen mit seiner Mutter »zu einem Zeichen« machte (23,50), »zu einem Zeichen für alle Welt« (21,91); wenn Jesus »das Evangelium« lehrte (5,46; 57,27) und wenn ihn Gott schließlich »zu sich erhob« (4,158; vgl. 3,55), dann hören Christen bei all dem sehr schnell den Gleichklang mit den biblischen Zeugnissen. Und dennoch ist es nötig, zunächst den Koran und die Glaubensüberzeugungen der Muslime aus sich selbst zu begreifen, um nicht Mißverständnissen zu erliegen.

Fehlinterpretationen drängen sich gerade dann auf, wenn man um der Annäherung wie der Selbstbehauptung willen bemüht ist, Gemeinsames zu entdecken. Unmittelbaren Anlaß dazu bieten verständlicherweise vor allem die Benennungen, mit denen der Koran Jesus scheinbar göttliches Sein zuspricht. Das zeigt sich schon bei den christlichen Theologen des Mittelalters, die sich mit dem Islam befassen. So schreibt beispielsweise *Nikolaus von Kues* im Blick darauf, daß der Koran Christus »das Wort Gottes und den Sohn der Maria nennt«: »Weil das Wort Gottes von derselben Natur ist wie Gott, dessen Wort es ist, – denn alles, was Gottes ist, ist Gott, wegen der absoluten Einfachheit seiner Natur –, schickte Gott, als er den höchsten Gesandten schicken wollte, sein Wort, über das hinaus kein höherer Gesandter gedacht werden kann.«[9] Die Konsequenz daraus ist gleicherweise harmonisierend wie polemisch: »Es wird deshalb nicht schwierig sein, im Koran die Wahrheit des Evangeliums zu finden, obwohl Muḥammad vom wahren Verständnis des Evangeliums weit entfernt war.«[10] Doch Gottes »Wort« und »Geist« kann Jesus im Sinn des Koran deshalb genannt werden, weil er zum einen aus Gottes machtvollem Geheiß geschaffen ist und zum anderen als der Gesandte Gottes dessen Botschaft ausrichtet[11]; in beiderlei Hinsicht hat er in keiner Weise an Gottes Sein teil.

Wo die Mißverständnisse so an einzelnen Wörtern ansetzen, können die falsch eingetragenen Bedeutungen einigermaßen leicht dingfest gemacht werden. Dementsprechend begegnen sie durchweg nicht mehr in gegenwärtiger theologischer Literatur. Schwieriger wird es jedoch, bei der Lektüre des Koran die Tücken der eigenen Verständnisvorgaben

[9] Cribratio Alkorani: *Nikolaus von Kues* (1460/61), 18 f: Nr. 15.
[10] Ebd. 18 f: Nr. 16.
[11] Vgl. zu »Wort Gottes« *O. H. Schumann* (1988), 19–21; zu »Geist Gottes« ebd. 21–23; *E. Verwaal* (1987).

dort zu vermeiden, wo es nicht um die angemessene Bedeutung eines einzelnen sprachlichen Elementes geht, sondern um weiterreichende Bewertungshintergründe. Wenn beispielsweise der Koran von Jesus aussagt, daß er keinen menschlichen Vater gehabt habe, so wird damit seine Zeugung und Geburt dennoch nicht im geringsten gegenüber der aller übrigen Menschen zu einem besonderen »*Mysterium*«[12]. Für den Koran ist die Entstehung Jesu nicht anders als jede sonstige Zeugung eine unmittelbare Schöpfungstat Gottes. Sonst wäre im Vergleich mit der »Menschwerdung« Jesu die von Adam und Eva ein noch größeres »Geheimnis« gewesen; denn diese hatten weder Vater noch Mutter; aber im einen wie im andern Fall gilt: »Mit Jesus ist es vor Gott wie mit Adam. Er erschuf ihn aus Erde, dann sagte er zu ihm: ›Sei!‹, und er war.« (3,59). Gewiß sind Jesus und seine Mutter gerade durch die Besonderheit dieser Geschichte »Zeichen für alle Welt« (21,91); dies aber sind auch Ölbäume, Palmen und Weinstöcke, Sonne und Mond, das Meer und die Berge, die Fische und Vögel, die Milch und der Honig usw. - wie letzten Endes die Entstehung und der Tod jedes Menschen (vgl. etwa 16,3-21).

Deshalb kann die christliche Theologie auch nur unter dem Einfluß ihrer eigenen Verständnisvoraussetzungen dem Koran entnehmen, daß dieser von Jesus in einer Weise spreche, »die ihn in vieler Hinsicht [. . .] Mohammed überlegen erscheinen läßt«[13]. Von einer solchen Annahme ist es nicht weit zu der eindeutig falschen Aussage des *Nikolaus von Kues,* daß Christus »auch nach dem Koran der höchste von allen Propheten war«[14]. Zwar spricht Sure 2,253 unmittelbar nach der Feststellung, daß Gott einige der Gesandten »bevorzugt« und »um Stufen erhöht hat«, von Jesus; aber zum einen ist hier zunächst von einem

---

[12] So *G. Riße* (1989), 7; 19; 175 u.ö. Erst recht führt der Begriff »Inkarnation« (ebd. 7; 19) in die Irre.

[13] *H. Waldenfels* (1985 a), 250; noch pointierter (und temporal seltsamer) schreibt *H. Küng* (1984), 189: Die Muslime »sehen ihn schon jetzt als den größten Propheten und Botschafter des einen Gottes«. Nach *J. Henninger* (1951), 37, zähle der Koran Jesus zwar »unbestreitbar zu den Größten unter den großen Gottgesandten«, stelle ihn aber dann doch wieder mit allen Propheten auf die gleiche Linie - »Logische Konsequenz ist ja nicht Mohammeds stärkste Seite.« Auch nach *J. Bouman* (1980), 119, zeige das koranische Jesusbild »in sich eine deutliche Diskrepanz«, da in ihm Jesus einerseits »in die Nähe Allahs gerückt« sei, er andererseits aber aufgrund der »konsequenten [!] Durchsetzung der einheitlichen Struktur des Prophetentums« allen übrigen Gesandten Gottes gleichgestellt erscheine. Vgl. demgegenüber *H. Räisänen* (1971), 86-89; 58: »Es besteht aber kein Grund zu behaupten, Jesus sei [. . .] ›nach Person und Wesensart über alle anderen Propheten und Apostel gestellt‹.« (Gegen S. M. Zwemer, Die Christologie des Islam, Stuttgart 1921, 24; *Isḥaq Mūsā al-Ḥusayni,* Christ in the Qur'ān and in Modern Arabic Literature, in: The Muslim World 50, 1960, 297-302).

[14] *Nikolaus von Kues* (1460/61), 50f: Nr. 40. Vgl. oben S. 70 mit Anm. 53.

unbestimmten Plural besonders gewürdigter Propheten die Rede, zum anderen fehlt jeder Vergleich mit Mohammed. Auch wenn man zu den besonderen Auszeichnungen Jesu außer seiner Benennung als »Wort Gottes« und »Geist von ihm« sowie seiner außergewöhnlichen Erschaffung noch die von ihm ausgesagten Wunder und schließlich seine »Erhöhung« am Ende seines irdischen Lebensgeschicks hinzurechnen muß, so gibt der Koran doch keinen Grund, ihm einen eigenen Rang, gar ein besonderes Sein zuzusprechen.

(3) Inğīl – Evangelium – Evangelien
Für Muslime ist der Koran, den Mohammed verkündete, nicht das erste Buch, das Gott offenbarte. Im Koran ist ausdrücklich die Rede von den *»Blättern Abrahams und Moses«* (87,18f; vgl. 53,36f), dem *»Psalter«* Davids (4,163; 17,55), der *»Tora«* der Juden und dem *»Evangelium«* Jesu (3,3 u. ö.), das mit arabisiertem, aber deutlich der biblischen Sprache entlehntem Namen »inğīl« (= griech. euangélion) heißt. Daneben verweisen noch einige weitere Begriffe auf Offenbarungsbücher, ohne daß diese deutlich identifizierbar wären:

Von Jesus wird zweimal gesagt, daß Gott ihn *»die Schrift, die Weisheit, die Tora und das Evangelium«* lehrte (3,48; 5,110).[15] An anderen Stellen werden in offensichtlich feststehender Formel nur »Schrift und Weisheit« genannt (2,129.151; 3,164; 62,2; 4,113). Sure 3,3f listet nebeneinander auf »die Schrift«, »die Tora und das Evangelium« und *»al-furqān«*. Die Bedeutung des letzten Wortes ist unsicher; in der bloßen Übersetzung könnte es etwa »Entscheidung«, »Unterscheidung(snorm)« oder »Rettung«[16] meinen; in 2,53 und 21,48 wird es für die an Mose (und Aaron) ergangene Offenbarung gebraucht, in 2,184 und 25,1 für die an Mohammed. Erstaunlicherweise bezieht sich der Koran insgesamt nie auf die biblischen ›Schriftpropheten‹.[17] Nichtmuslimische Wissenschaftler nahmen dafür gelegentlich einen Einfluß des samaritanischen Schriftkanons an[18]; doch eine solche traditionskritische Hypothese ist kaum nachprüfbar.

[15] Vgl. die Dreiheit in 45,16 (ähnlich 3,79; 6,89): »Wir haben den Kindern Israels das Buch, das Urteil [oder die Urteilsfähigkeit, auch die Macht: al-ḥukm] und die Prophetie gegeben [. . .]«. Zur Frage, ob dabei an drei Schriften gedacht sein könnte, vgl. *R. Paret* (1981), 73 zu Sure 3,79; vgl. auch Sure 29,27; 57,26: »die Prophetie und das Buch«.

[16] Solchen unspezifischen Sinn hat es wohl in 8,29.41.

[17] Die mehrfache Beziehung auf *Jona* (z.B. 4,163) spricht nicht dagegen, sondern verstärkt diese Feststellung; denn er nimmt als Figur einer biblischen Erzählung in der Gruppe der ›kleinen Propheten‹ eine Sonderstellung ein.

[18] Vgl. *P. Crone / M. Cook* (1977), 14f: »To accept the Pentateuch and reject the prophets is the Samaritan scriptural position.«

Erheblicher als solche Detailfragen sind jedoch ohnehin die grundsätzlichen Aussagen des Koran: »Jede Gemeinschaft hat einen Gesandten« (10,47; vgl. 16,36) und »Jede Zeit hat eine Schrift« (13,38)[19]. Unter dieser Voraussetzung würdigt der Islam das von Jesus verkündete »Evangelium« als Buch Gottes:

In Sure 19,30 bekennt Jesus von sich selbst: »Ich bin der Diener Gottes. Er ließ mir die Schrift zukommen und machte mich zu einem Propheten.« Darin liegt eine wichtige Differenz zum christlichen Verständnis von Jesu Wirken, die nicht – wie man vielleicht zunächst annehmen möchte – schon mit historisch-kritischer Einsicht zu bereinigen ist. Daß das Evangelium Jesu als eine »Schrift« verstanden werden kann, setzt nämlich nach islamischer Sicht nicht das geringste schriftstellerische Wirken Jesu selbst voraus. Dies belegt die Analogie zu Mohammed: Für Muslime konnte er selbst weder lesen noch schreiben – entsprechend ihrem Verständnis von Sure 7,157f, wo zweimal von »dem Gesandten, dem unkundigen[20] Propheten« die Rede ist. Mohammed hätte demnach nie selbst ein Buch zustande bringen können. Es reichte jedoch hin, daß das durch ihn verkündete Wort Gottes die Tendenz der Verschriftlichung in sich trug. Selbstverständlich gibt es kein Argument, mit dem man bestreiten könnte, daß dies bei der Verkündigung Jesu nicht ebenso der Fall gewesen wäre. Feststellen läßt sich allein, daß einerseits der Koran häufig und nachdrücklich betont, ein »Buch« zu sein, während andererseits die Reden Jesu, wie wir sie aus den neutestamentlichen Schriften kennen, sich selbst an keiner Stelle derart literarisch qualifizieren. Dieser Unterschied verliert jedoch angesichts der bald nach Jesu Tod einsetzenden Verschriftlichung seiner Worte an Gewicht.

Der entscheidende Gegensatz zwischen dem christlich und dem islamisch verstandenen »Evangelium« liegt darin, daß die frühe Kirche Jesu Verkündigung in einer vielstimmigen Tradition vergegenwärtigte: sie brachte das eine »*Evangelium*« in eine Mehrzahl von »*Evangelien*« ein. Damit ging sie terminologisch in bezeichnender Weise über den Sprachgebrauch der neutestamentlichen Schriften hinaus. Zum ersten

---

[19] Freilich ist die Übersetzung der letzten Koranstelle nicht gesichert; *R. Paret* (1979) übersetzt: »Jede (den einzelnen Menschen oder ganzen Völkern gesetzte) Frist hat eine Bestimmung [w. Schrift] [durch die sie von vornherein festgelegt ist].)« Dagegen überträgt *R. Blachère* (1957), 278: »A chaque terme une Écriture.«

[20] Zu den unterschiedlich möglichen Bedeutungen von »ummi« vgl. *R. Paret* (1981), 21f, zu 2,78; s. auch *H. Stieglecker* (1983), 386–388. Zur Tatsache, daß die frühe muslimische Koranexegese den Propheten noch nicht als illiterat ansah, sondern ihn nur zu denen zählte, die noch keine Offenbarungsschrift besaßen, vgl. *J. van Ess* (1991), 31f.

Mal finden wir den Plural am Ende des zweiten Jahrhunderts bei Irenäus von Lyon. Freilich bezog man gelegentlich schon vorher auch den Singular auf eine literarisch feste Größe. Für die Kirchenväter umfaßt der Begriff »Evangelium« oft das Neue Testament insgesamt.[21]

Daß die Kirche in dieser grundlegenden Sache vom Singular zum Plural überging, bedeutet für den Islam einen schwerwiegenden Verrat an der originären Verkündigung Jesu. In ihr konnte es nur heißen: »Kehrt um und glaubt an *das* Evangelium!« (Mk 1,15). In der einen Botschaft sprach der eine Gott; mit der Pluralisierung Hand in Hand geht die Einsetzung menschlicher Autoren. Muslimische Theologen könnten ein treffendes Eingeständnis dieser Tatsache etwa in der Aussage des *Irenäus von Lyon* finden: »Lukas, der Paulus folgte, setzte das von diesem verkündete Evangelium ins Buch.«[22] In dieser Formulierung ist noch nicht einmal mehr Jesus derjenige, dem die Botschaft zugerechnet wird; der literarische Autor ist Lukas, das von ihm vermittelte Evangelium ist das des Paulus – und keiner von beiden hat den geschichtlichen Jesus erfahren. So kommt schließlich zur *Mehrzahl der Schriften* und zur *menschlichen Autorschaft* als drittes noch der *zeitliche Abstand* von der originalen Verkündigung. Für islamische Theologie ist dies insgesamt ein massiver Beleg dafür, daß die Christen mit der Offenbarung Gottes nicht anders umgingen als schon die Juden vor ihnen: »Sie rückten die Worte von ihrer Stelle und vergaßen einen Teil dessen, womit sie ermahnt worden waren« (5,13; vgl. 2,75; 4,46; 5,41)[23] – denn das Ursprüngliche »vertauschten sie mit einer Rede, die nicht zu ihnen gesagt worden war« (2,59), und »ein Teil von ihnen verschweigt wissentlich die Wahrheit« (2,146). Demgemäß können muslimische Theologen die Bibel der Christen (und der Juden) noch als »die Heilige Schrift« (al-kitāb al-muqaddas) apostrophieren, in ihr aber eigentlich nicht mehr »das Evangelium« (al-inğīl) Jesu erkennen.[24] Eine entsprechende Polemik (die sich auch traditionsgeschichtlicher

---

[21] Vgl. *Gerhard Friedrich*, euangélion, in: ThWNT 2, 718–734, hier 734. – Dem entsprechen heute noch die Titel des Neuen Testaments in Sprachen islamischer Länder, z. B. persisch: Enğīl-e šarīf yā ʿahd-e ğadīd (Das erhabene Evangelium oder das Neue Testament), Teheran ³1981; türkisch: İncil, Istanbul 1988.

[22] *Iren.* III, 1 (MPG 7, 845 a), griech. zit. bei G. Friedrich (s. Anm. 21), 733.

[23] Dennoch ist zu sehen, daß diese Koranstellen, die den besonderen Vorwurf des »taḥrīf« (der Verfälschung) erheben, durchweg die Juden im Blick haben. Vgl. *W. M. Watt* (1990), 77–85: The Early Development of the Muslim Attitude to The Bible.

[24] Zur entgegengesetzten Position des mittelalterlichen Theologen al-Ghazālī vgl. S. 149.

Erkenntnisse christlicher Exegeten bedient) reicht heute bis in apologetische Kleinschriften für die volkstümliche religiöse Belehrung.[25]

Für das Verhältnis des islamischen zum christlichen Sprachgebrauch ergibt sich daraus insgesamt eine eigenartige Situation teilweiser Entsprechungen und Gegensätze:

– Der *Koran* und mit ihm die muslimische Theologie beharren auf dem Singular »das Evangelium«, stimmen so mit der durchgehenden Sprechweise des Neuen Testamentes überein, verstehen diese singularische Größe aber als ein von Gott her vermitteltes *Buch*.

– Die *neutestamentliche Überlieferung* dagegen gebraucht zwar insgesamt wie der Koran den Singular, kann dieses eine Evangelium aber gerade nicht als ein schriftliches Zeugnis, als Buch verstehen, sondern nur als das Wort Jesu und die in ihm angesagte Sache.

– Im Unterschied dazu wiederum orientiert sich die *frühchristliche Kirche* zunehmend an der verschriftlichten Botschaft und spricht diese – wie der Islam – als »Evangelium« an, kennt aber davon verschiedene Ausführungen, verfaßt von menschlichen Autoren, die zu Jesus in einem zeitlichen Abstand stehen.

Bei einer derart verqueren semantischen Situation liegen die theologischen Komplikationen zwischen islamischer und christlicher Theologie schon auf der Hand, bevor sich ihr Blick überhaupt auf einzelne inhaltliche Differenzen von »Evangelium« und »inǧīl« richtet.

Letztlich geht es bei all dem nicht nur um die unterschiedliche Beurteilung der Verkündigung Jesu und der neutestamentlichen Schriften, sondern um ein gegensätzliches Offenbarungsverständnis. Für den christlichen Glauben ist das »Wort Gottes« im eigentlichen Sinn keine satzhafte Mitteilung – ob mündlich oder schriftlich –, sondern Jesus selbst; Offenbarung ist in erster Linie nicht göttliche Instruktion, sondern Selbstmitteilung Gottes. Ihr gegenüber sind die biblischen Schriften sekundäre Zeugnisse, Bekundungen von Glaubenserfahrungen, Wort über das Wort Gottes, also abgeleitete Mitteilung. Suchte man dazu in islamischer Theologie eine Entsprechung, könnte man diese nicht im Koran finden, sondern in der Sunna, der vielstimmigen Tradition, die vom Propheten Mohammed ausgeht und literarisch verkör-

---

[25] Besonders geschätzt sind dabei offensichtlich die recht unqualifizierten Publikationen von *Aḥmad Didāt*, z. B. Hal al-kitāb al-muqaddas kalām allāh? (Ist die Heilige Schrift Wort Gottes?), Kairo ⁵1986 (¹1980 – eine Übersetzung aus dem Amerikanischen). Vgl. darüber hinaus die Belege bei *A. Th. Khoury / L. Hagemann* (1986), bes. 73–84 zu den neutestamentlichen Evangelien.

pert ist in den *Hadithen*.[26] Diese sind für den muslimischen Glauben von Menschen bezeugte, den Bedingungen geschichtlicher Überlieferung ausgesetzte und dennoch zuverlässige Orientierungen im Blick auf die Offenbarung Gottes. Sie können freilich nie den Rang einnehmen, der nach islamischer Theologie dem Koran und dem (originären) Evangelium Jesu zukommen.

In einer Hinsicht jedoch muß für den Islam jedes Buch göttlicher Offenbarung in seiner Mitteilungskraft begrenzt bleiben: »Sag: Wenn das Meer Tinte für die Worte meines Herrn wäre, ginge das Meer zu Ende, bevor die Worte meines Herrn zu Ende gingen, auch wenn wir noch einmal soviel hinzubrächten« (18,109), und: »Wenn das, was es auf der Erde an Bäumen gibt, Schreibrohre wären, und nach dem Meer sieben weitere Meere dazukämen, gingen die Worte Gottes nicht zu Ende« (31,27). So kann keines der geschichtlichen Bücher mit der beschränkten Zahl seiner Seiten die Fülle dessen umfassen, was an Offenbarung in Gottes Verfügung steht: »Bei ihm ist die Mutter der Schrift« (umm al-kitāb – 13,39). Nach verbreitetem Verständnis meint dies das himmlische »Original«[27], dem der Koran, das Evangelium und die anderen prophetischen Bücher zwar entsprechen, das sie alle aber nie einholen können. Den Konsequenzen, die sich aus dieser Differenz des unauslotbaren Wortes Gottes einerseits und der geschichtlich vermittelten, notwendigerweise begrenzten Bücher andererseits ergeben könnten, ging die muslimische Theologie kaum nach. Die in Spannung dagegenstehende Aussage: »Wir haben in der Schrift nichts übergangen« (6,38[28]) hat die Einschätzung des Koran weit mehr bestimmt.

---

[26] Vgl. *A. J. Wensinck* (1976 c); *J. Robson* (1971).

[27] So z. B. der muslimische Kommentator *az-Zamaḫšari* (1075–1145) zu 43,4: »Diese Schrift ist als *umm al-kitāb* (›Mutter der Schrift‹) bezeichnet, weil sie das Original *(aṣl)* darstellt, in welchem die (Einzel)schriften niedergelegt sind. Ihr werden sie zum Abschreiben entnommen. Sie ist unter den Schriften von erhöhtem Rang, weil sie sich als unnachahmliches Wunder *(muʿǧiz)* von ihnen abhebt« (zit. nach H. Gätje [1971], 76). – »Umm al-kitāb« kann im Koran auch die himmlische Aufzeichnung aller göttlichen Entscheidungen meinen. Zu den mehrfachen Übersetzungsmöglichkeiten vgl. *R. Paret* (1981), 264 zu Sure 13,39. – Nach einem naheliegenden Sinn von Sure 3,7 gibt es im Koran sogar Verse – die »mehrdeutigen (mutašābihāt)« –, die nicht in dieser himmlischen Urschrift enthalten sind; vgl. *H. Gätje* (1971), 81 und 351 mit Anm. 30.

[28] Im Kontext bezieht sich dieser Satz aber nicht auf das geschichtlich offenbarte Buch, sondern auf die himmlischen Aufzeichnungen der göttlichen Entschlüsse und irdischen Ereignisse; vgl. die Parallelen 6,59; 10,61; 11,6; 27,75; 34,3.

b. Historische Annäherungen und Distanzen

(1) Zwei Bestätigungen des islamischen Jesusbildes

Bis in populär-religiöse Literatur hinein stellen muslimische Theologen mit Zufriedenheit fest, daß christliche Exegeten unserer Zeit mit ihren wissenschaftlichen Methoden den neutestamentlichen Schriften Einsichten entnehmen, die bereits im Koran gelehrt werden.[29] Vor allem im Blick auf zwei Elemente haben sie dazu guten Grund:

1. In der Sicht des Islam verstand sich Jesus als einen »*Gesandten*« Gottes, einen »*Propheten*«, der mit seiner Verkündigung nicht zur ganzen Menschheit, sondern zu seinem Volk Israel geschickt war. Nach Sure 3 kündeten bereits die Engel Maria gegenüber an, daß Gott »ihn zu einem Gesandten an die Kinder Israels machen« wird (3,49). Als in den Auseinandersetzungen Mohammeds mit seinen Zeitgenossen Jesus »als Beispiel angeführt wurde« und Mohammeds Gegner fragten: »Sind unsere Götter besser oder er?«, da entschied der Koran: »Er ist nichts als ein Diener, den wir begnadet und zu einem Beispiel für die Kinder Israels gemacht haben.« (43,57–59). An anderer Stelle zitiert der Koran Jesus selbst mit den Worten: »Ihr Kinder Israels, ich bin der zu euch Gesandte Gottes« (61,6).

Diese Sicht des Koran entspricht weitgehend der Intention des geschichtlichen Jesus, wie sie in den biblischen Evangelien ihren Ausdruck gefunden hat: »Ich bin nur zu den verlorenen Schafen des Hauses Israel gesandt« (Mt 15,24; vgl. Mk 7,27), hält Jesus der Frau aus dem Gebiet von Tyrus und Sidon entgegen, als sie ihn bittet, ihrer Tochter zu helfen. Eine Sendung »zu allen Völkern« (Mt 28,19) und an »die ganze Welt« (Mk 16,15) lag offensichtlich noch nicht in seiner Absicht, sondern geht auf die nachösterliche Kirche zurück.[30]

2. Nach muslimischer Überzeugung wäre es Jesus als eine Gotteslästerung erschienen, wenn er sich selbst »Gott« genannt hätte. Mag es ihm noch möglich gewesen sein, sich in einem bildlichen Sinn als »Sohn Gottes« zu bezeichnen, so muß die sprachliche Identifizierung Jesu als »Gott« auf die spätere christliche Theologie zurückgehen. Damit in dieser Sache auf Jesus kein Makel falle, läßt der Koran ihn selbst Gott gegenüber bezeugen: »Es steht mir nicht zu, etwas zu sagen, wozu ich kein Recht habe. [. . .] Ich habe ihnen nichts anderes gesagt als das, was du mir befohlen hast, nämlich: ›Dient Gott, meinem Herrn und eurem Herrn.‹« (5,116f).

[29] Vgl. *Ṣ. al-ʿAǧmāwi* (1989), 199–234: »Die Reden der Wissenschaftler des Westens über die Verkündigung der Inkarnation Gottes in dem Herrn Christus«.

[30] Vgl. *Gerhard Lohfink,* Jesus und die Kirche, in: Handb. d. Fund.theol. 3 (1986), 49–96.

Auch in den neutestamentlichen Schriften bezeichnet sich Jesus nie selbst als »Gott«, sondern wird nur durch andere so benannt – aber noch zögernd an wenigen Stellen.[31] Dagegen sagt Jesus angesichts der Ablehnung, die er in Kafarnaum erfährt – ganz der muslimisch verantwortbaren Sprache gemäß: »Nirgends hat ein Prophet so wenig Ansehen wie in seiner Heimat, bei seinen Verwandten und in seiner Familie.« (Mk 6,4). Die Tradition dieses Wortes durchzieht alle Evangelien (vgl. Mt 13,57; Lk 4,24; Joh 4,44). Ihr entsprechend begründet Jesus seinen Weg von Galiläa nach Judäa mit dem Hinweis: »Ein Prophet darf nicht außerhalb Jerusalems umkommen.« (Lk 13,33). Daß auch christliche Theologen darin eine traditionsgeschichtlich frühere Stufe der Christologie erkennen, die unmittelbar auf das Selbstverständnis Jesu zurückgeht[32], ist für Muslime eine längst fällige Bestätigung dessen, was der Koran über Jesus sagt. Sie finden ihren eigenen Glauben in dem biblischen Bekenntnis wieder: »Er war ein Prophet, mächtig in Wort und Tat vor Gott und dem ganzen Volk.« (Lk 24,19).

Doch beruht diese Übereinstimmung auf einer schmalen Basis; denn gerade die zuletzt zitierte Äußerung der Jünger von Emmaus ist nicht abzulösen von der biblischen Passionsgeschichte, der der Islam mit anscheinend unüberwindbarem Widerspruch gegenübersteht.

(2) Ein scharfer Konflikt: Die Kreuzigung Jesu

Daß Jesus hingerichtet wurde, ist eine Annahme, ohne die die Entstehung des Christentums historisch unverständlich bleibt. Obwohl die Kreuzigung Jesu ein zentrales Element des christlichen Glaubens ist, ist sie zugleich nach den üblichen wissenschaftlichen Maßstäben doch auch ein unbestreitbares Datum der Geschichte. Unter dieser Voraussetzung scheint sich der Islam mit seiner Behauptung, daß Jesus nicht gekreuzigt worden sei[33], aus der Gemeinschaft der historisch vernünftig Argumentierenden auszuschließen und sich nicht nur von den Christen zu distanzieren, sondern von allen, die sich mit dieser Sache überhaupt ernsthaft befassen wollen. Den einzigen Beleg, den Muslime als Begründung für ihre eigene Überzeugung anführen können, ist *Sure 4,157–159*. Diese wenigen Koranverse sind aber nur für

---

[31] Mit exegetischen Unsicherheiten: Joh 1,1; 1,18 (?); 20,28; Röm 9,5 (?); 2 Thess 1,12; 2 Kor 5,19; Kol 2,2 (?); 1 Tim 3,16 (sek.); Tit 2,13; Hebr 1,8 f; 2 Petr 1,1 (?); 1 Joh 5,20.

[32] Vgl. *Ferdinand Hahn,* Christologische Hoheitstitel. Ihre Geschichte im frühen Christentum, Göttingen [4]1974, 351–404: Der eschatologische Prophet.

[33] *A. Šalabi* (1960), 104, vermutet gar, daß die christliche Idee der Kreuzigung und Erlösung vom Hinduismus herkomme.

diejenigen eine zuverlässige Aussage über einen sechs Jahrhunderte zurückliegenden Tatbestand, die hier eine unmittelbare Bezeugung durch Gott anerkennen können, der gegenüber alle übrigen historischen Zeugnisse argumentativ unbrauchbar werden müssen.

Freilich kann sich die christliche Theologie mit dieser Beschreibung der Sachlage, auch wenn sie durchweg zutreffend ist, nicht begnügen; denn damit wäre nur dem christlichen Überlegenheitsgefühl gedient, bei weitem aber noch nicht der möglichen Verständigung über den Koran und den islamischen Glauben. Die Textanalyse legt eine differenziertere Auseinandersetzung nahe:

1. Das entscheidende Element ist die Aussage: »*Sie haben ihn nicht getötet und nicht gekreuzigt*« (V. 157). Das *Subjekt* dieses Satzes ist in dem weit zurückliegenden Vers 153 bestimmt als »*die Leute der Schrift*«, wobei im unmittelbaren Kontext freilich genauer von denen gesprochen wird, die sich rühmen, Jesus umgebracht zu haben. Die häufige Betonung, daß der Koran sich hier nicht eigentlich gegen »die Christen« und ihr Bekenntnis, sondern gegen »die Juden« richte[34], bringt eine Unterscheidung in die Interpretation, an der dem Text selbst offensichtlich nicht gelegen ist. Deswegen ist auch die Behauptung, daß hier »der Koran das Christentum nicht angreift, sondern es eher gegen jüdische Angriffe verteidigt«[35], wenigstens mißverständlich. Ihm selbst liegt das eine ebenso fern wie das andere.

Das negative *Prädikat* »nicht getötet und nicht gekreuzigt« scheint zwar eindeutig, läßt aber von sich aus offen, was dies positiv meint: Wurde Jesus seinen Häschern bereits vor der Gefangennahme entzogen, auf dem Weg zur Kreuzigung oder gar erst am Kreuz selbst? Bezeichnen die beiden Formulierungen »nicht getötet« und »nicht gekreuzigt« dasselbe, oder soll mit dem zweiten Ausdruck betont über den ersten hinaus noch gesagt sein, daß Jesus schon gar nicht ans Kreuz gebracht wurde? Was betraf ihn in diesem Ereigniszusammenhang überhaupt noch?

Unmittelbar darauf wird der wiederholten negativen Aussage noch eine positive beigefügt: »Sie haben ihn gewiß nicht getötet, sondern Gott hat ihn zu sich erhöht« (4,157f; vgl. 3,55). Doch von der »*Erhöhung*« Jesu ist auch im neutestamentlichen Bekenntnis zur Auferstehung Jesu die Rede (z. B. Joh 3,14; 12,34; Apg 2,33; Phil 2,9)[36] – selbstverständlich unter der entgegengesetzten Voraussetzung, daß er hin-

---

[34] Vgl. z. B. *W. M. Watt* (1990), 66–70: The Christianity criticized in the Qur'ān, hier 69 f.
[35] Ebd. 70.
[36] Vgl. *Georg Bertram,* hypsós [usw.], in: ThWNT 8, 600–619, bes. 606–611.

gerichtet wurde. So trägt auch dieses positive Element nichts dazu bei, das Ereignis auf der geschichtlichen Ebene genauer zu bestimmen.

Wenn sich Jesus nach Sure 19,33 als Kind in der Wiege auf den »Tag, da ich geboren wurde,« den »Tag, da ich sterbe,« und den *»Tag, da ich auferweckt werde,«* bezieht, ordnet er sich nur in das Geschick aller Menschen ein. Dieselben zeitlichen Perspektiven werden wenige Verse vorher auch im Blick auf Johannes den Täufer angesprochen (19,15). Für beide gilt gleichermaßen das Wort, das der Koran über Mohammed sagt: »Keinem Menschen vor dir haben wir ewiges Leben geschaffen. Wenn du stirbst, sollten sie ewig leben? Jeder wird den Tod kosten.« (21,34 f).

Viele muslimische Exegeten sehen in all dem angesagt, daß Jesus, nachdem er bei der Kreuzigung »erhöht« wurde, am Ende der Tage noch einmal auf die Erde kommen werde, um dann den Tod aller Menschen zu erleiden.[37] Doch der Koran selbst bezieht die Aussagen dieser verschiedenen Verse nicht so eindeutig aufeinander. Darüber hinaus kann erst recht der zweimaligen Feststellung, daß Gott Jesus »zu sich nahm« – 3,55; 5,117 –, nichts über die Art seines irdischen Lebensendes entnommen werden.[38]

2. Daß von der Kreuzigung und Tötung Jesu gesprochen wird, ist aber nach dem Koran auch nicht einfach grundlose Überlieferung, absichtsvolle Lüge oder ähnliches, sondern wird im selben Vers 4,157 auf eine Täuschung zurückgeführt, die im Passiv ausgesagt ist: šubbiha – in naheliegender Übersetzung: »er [d. h. Jesus, oder ›es‹ – was da geschah] *wurde ihnen so ähnlich gemacht*«. Zwar wird im Anschluß an muslimische Kommentare dieser Satz vielfach in dem Sinn verstanden, daß ihnen »(ein anderer) ähnlich, eine ähnliche Gestalt erschien«[39] – in der Annahme, daß ein Doppelgänger hingerichtet wurde[40]; aber dies

[37] Zu Jesu Wiederkehr vgl. *N. Robinson* (1991), 78–105.

[38] Anders *G. Riße* (1989), 190–193.202, der das Verb »*tawaffā*« unberechtigt einfach mit »*sterben lassen*« übersetzt und im Koran die Überzeugung ausgesagt sieht: »Jesus ist eines natürlichen Todes gestorben, er ist nach seinem Tod von Gott erhöht worden und wird am Tag der Auferstehung aller wiederkommen.« (202). Offener bleibt *H. Räisänen* (1971), 68; für ihn »wäre es also natürlich«, anzunehmen, daß diese Stellen »vom *Tode* Jesu sprechen«. Schon die Differenzen der islamischen Exegese zeigen aber, daß dies den Texten nicht eindeutig zu entnehmen ist. Vgl. *N. Robinson* (1991), 117–126: The meaning of the Verb *tawaffā*.

[39] Vgl. *R. Paret* (1979) und *A. Th. Khoury* (1992); aber auch *R. Paret* (1981), 110, zur Stelle: »Der Passus [. . .] könnte auch übersetzt werden: ›sondern er (Jesus) wurde ihnen (in ihren Augen) ähnlich gemacht (so daß sie ihn verwechselten und statt seiner einen anderen töteten)‹.« Zu den verschiedenen muslimischen Interpretationen vgl. *M. M. Ayoub* (1980); *M. Hayek* (1959), 224–230; *G. Parrinder* (1965), 109–114; *H. Räisänen* (1971), 65–76; *N. Robinson* (1991), 127–141.

[40] So ausdrücklich etwa *R. Blachère* (1957), 128: »son sosie a été substitué à leurs yeux«. Vgl. auch *W. Rudolph* (1922), 82.

steht nicht im Koran, sondern wird im Rückgriff auf gnostische und doketische Traditionen im Christentum, nach denen etwa Simon von Cyrene oder gar nur ein »Scheinleib« Jesu gekreuzigt worden sein soll, eingetragen. Zu Recht wird deshalb angemerkt: »Im vorliegenden Kontext besteht kein Anlaß, über den möglichen gnostischen Ursprung der positiven Konzeption zu spekulieren.«[41] Das passive Prädikat legt von sich aus nur zweierlei nahe: 1. Das logische Subjekt ist Gott: Er hat einen Zustand geschaffen, daß es ihnen so vorkommen mußte, als ob . . .; 2. der äußere Anschein der Hinrichtung Jesu war gegeben. Die Frage, ob man sich dabei einen besonderen »wunderhaften« Vorgang vorstellen müsse, wäre der Sicht und Sprache des Koran gegenüber abwegig, da für ihn das Geschehen, wie immer auch vorgestellt, auf jeden Fall Gott zum Urheber hat.

Während der Koran für die Behauptung, daß Jesus gekreuzigt wurde, die Erfahrung des Anscheins gelten läßt und dafür auch die historischen Zeugen benennt – die »Leute der Schrift«, die die Hinrichtung betrieben –, gibt er für die »Erhöhung« Jesu keinerlei äußeren Anhalt an. Nichts anderes steht dafür ein als das Wort Gottes selbst.

Nach all dem kann man aus Sure 4,155–159 keine Aussage über oder gegen das ›historische Phänomen‹ der Kreuzigung entnehmen. Geschichtswissenschaftliche Argumente werden irrelevant: Ein ›Phänomen‹ der Hinrichtung wird für Jesus nicht bestritten, sondern im Gegenteil gerade festgestellt, aber nicht weiter identifiziert. Der äußere Vorgang bleibt offen. Insofern kann man – wenn auch etwas mißverständlich – sagen, daß es im Koran »keine Verneinung der historischen Tatsache der Kreuzigung« gebe.[42]

Noch weiter geht die Annahme, die Feststellung des Koran, die Juden hätten Jesus nicht gekreuzigt, sage (in Entsprechung zu Sure 3,55 und 5,17) nur, daß grundsätzlich »Menschen den Messias nicht

---

[41] *W.M. Watt* (1990), 70; so auch *G. Parrinder* (1965), 110–112; *N. Robinson* (1991), 110f; 115f; dagegen z. B. *C. Schedl* (1978), 469f.

[42] Vgl. *Y. Moubarac* (1982), 119–122, hier 120: »Je crois même qu'il n'y a pas une négation du fait historique de la Crucifixion de Jésus [du coté qor'anique]. En revanche, il y a un refus scandalisé de la croix du Christ comme échec de Dieu dans l'histoire.« Fragwürdig ist hier der Begriff »*fait historique*«; die Behauptung, der Koran leugne in keiner Weise die Kreuzigung Jesu, wäre »extrem unredlich« (*N. Robinson* [1991], 115: »disingenuous in the extreme«; vgl. ebd. 108–110). Aber selbst *H. Räisänen* (1971), 70, schreibt trotz seiner entgegenstehenden Bedenken: »Geht man von den *tawaffā*-Stellen aus, die einen wirklichen Tod nahelegen, dürfte es irgendwie innerhalb der Grenzen des Möglichen sein, die Worte *šubbiha* [›es wurde ihnen so ähnlich gemacht‹] und *yaqīnan* [›gewiß‹ haben sie ihn nicht getötet] mit einer tatsächlichen Kreuzigung zu vereinbaren«.

töten könnten; allein Gott könnte dies«[43]. Doch wird dieser Gedanke vom Koran gerade nicht ausdrücklich nahegelegt.

Außerdem wäre damit ohnehin der Widerspruch des muslimischen Glaubens gegen den christlichen bei weitem noch nicht ausgeräumt: Auf der einen Seite steht im Anschluß an den Koran ein »unanimous aggreement«[44], daß Jesus *nicht gekreuzigt* wurde, auf der anderen das Bekenntnis »*gekreuzigt unter Pontius und Pilatus*«. Feststellen läßt sich allein, daß dieser Gegensatz nicht unbedingt mit der Berufung auf das historisch Plausible oder wissenschaftlich Begründete zuungunsten des Islam ausfallen muß, denn die karge Aussage des Koran ist nicht so eindeutig zu fassen, wie dies weithin – bei Muslimen wie Christen – vorausgesetzt wird.

In diesem Zusammenhang sind allerdings noch zwei weitere Stellen des Koran beachtenswert, die nach manchen Kommentaren deutlich besagen, daß Jesus erst am Jüngsten Tag sterbe:

Erstens soll dies aus Sure 5,17 hervorgehen, wo Gott den Propheten auffordert: »Sag: Wer vermag gegen Gott etwas auszurichten, wenn er Christus, den Sohn Marias, und seine Mutter und die auf der Erde insgesamt vernichten will?« Doch dabei setzt der Vers nur voraus, was für den muslimischen wie den christlichen Glauben selbstverständlich ist: daß Jesus lebt – nicht jedoch, daß er »noch am Leben ist«[45]. Wo man gar meint, man könne aus diesem Vers »schließen, daß Muhammad von der leiblichen Aufnahme Mariens in den Himmel gehört hat«[46], entnimmt man ihm mehr, als er sagt (und müßte dann konsequenterweise in der eigenen Formulierung noch weiter gehen: daß nämlich nicht nur *Mohammed* davon *gehört* hat, sondern daß der *Koran* dies *lehrt*). Als sicher ist diesem Vers nur zu entnehmen, daß Jesus und seine Mutter zusammen mit den übrigen Geschöpfen dieser Erde in absoluter Abhängigkeit von Gott gesehen werden sollen.

Zweitens besagt Sure 4,159 nach Parets Übersetzung: »Es gibt keinen der Leute der Schrift, der nicht (noch) vor seinem (d. h. Jesu) Tod (der erst am Ende aller Tage eintreten wird) an ihn glauben würde«. Aber auch dieser angebliche Beleg ist fragwürdig. Selbst Muslime verstanden »schon in früher Zeit« diesen Koranvers so, daß sie

---

[43] *G. Parrinder* (1965), 120.

[44] *G. C. Anawati* (1978), 84. Vgl. *H. Stieglecker* (1983), 320–334: Der Gekreuzigte ist nicht Jesus Christus. – Zu vereinzelten abweichenden Auslegungen vgl. *M. Hayek* (1959), 230–236: Jésus en croix.

[45] So *R. Paret* (1981), 118; vgl. 110, zu 4,159: »immer noch weiterlebt«; ebenso *J. Henninger* (1954), bes. 274f mit vier Argumenten; doch sind diese nicht schlüssig.

[46] So *H. Busse* (1988), 57, im Anschluß an *J. Henninger* (1954).

darin nicht den Tod Jesu angesprochen sahen, sondern den der Schrift-
besitzer insgesamt.[47]

So kann man insgesamt aus dem Koran selbst zu dem ›Phänomen‹
der Kreuzigung, das er geschichtlich einräumt, nichts anderes entnehmen, als daß die Absicht derer, die ihn beseitigen wollten, zum Scheitern gebracht wurde. Die sich selbst als Täter sehen, sind in Wirklichkeit die Getäuschten. Dies rechtfertigt aber noch nicht, den Koran
schon bei der historischen Frage der Kreuzigung Jesu auf eine Position
festzulegen, die sich aus seinem Text nicht ergibt.

Als Grund dafür, daß der Koran die Hinrichtung Jesu bestreitet,
wird häufig angegeben, Mohammed hätte sich grundsätzlich nicht
damit abfinden können, daß die Feinde eines Propheten über den von
Gott Gesandten mit tödlicher Gewalt triumphierten; »dass ein Gesandter Allahs so endigen könnte, ist für ihn ausgeschlossen«[48]: »Die Kreuzigung Jesu würde den Sieg der kleingläubigen Frevler bedeuten und
dem Weltregiment des allmächtigen Allah widersprechen.«[49] Gegen
eine derart prinzipielle Voraussetzung spricht jedoch eindeutig Sure
5,70 (ähnlich 2,87), wo der Koran den Juden vorhält: »Jedesmal, wenn
ein Gesandter ihnen brachte, was sie nicht mochten, waren sie hochmütig, erklärten einige für Lügner und töteten einige.« Hier greift der
Koran den auch in der Bibel (Mt 23,29–35) erhobenen Vorwurf des Prophetenmords auf. Dabei ist besonders bemerkenswert, daß unmittelbar zuvor im selben Vers die Sendung Jesu angesprochen wird. Gewiß
kann man daraus nicht schließen, daß der Koran seine Tötung an-
nehme[50]; aber Jesus gehört jedenfalls zu denen, die massiv abgelehnt,
gelegentlich auch umgebracht wurden. Von hier aus hätte also nichts
dagegen gesprochen, auch Jesus – wie nach dem Bekenntnis der Christen – durch den gewaltsamen Tod hindurch gerettet zu sehen.

Wenn man weiter danach Ausschau hält, was schließlich dazu beigetragen haben mag, daß der Koran die Kreuzigung Jesus leugnet (dies ist

[47] R. Paret (1981), 111. Hier verweist Paret zur »Bestätigung« auf 5,17 und dort zurück auf
4,159. Zum Spektrum der muslimischen Exegese dieses Verses vgl. darüber hinaus N. Robinson (1991), 78–89.
[48] W. Rudolph (1922), 82.
[49] J. Bouman (1983), 29.
[50] Nur darin ist G. Riße (1989), 193f, zuzustimmen; doch abwegig ist seine Behauptung: »Entweder wird über den Tod der Gesandten im Koran nichts ausgesagt, oder sie sind erhoben worden, oder sie sind eines natürlichen Todes gestorben«, so daß man diesem Vers nur entnehmen
könne, »daß Jesus wie jeder Gesandte vor ihm gestorben ist« (194) – »eines natürlichen
Todes« (202). Dagegen spricht erstens die unbestreitbare Bedeutung von qatala = töten und
zweitens, daß der Vers unterscheidet zwischen dem »einen Teil« der nur zu Lügnern erklärten Propheten und dem anderen, der auch getötet wurde (bei Riße verschwindet diese Unterscheidung).

so keine Frage im Geist des Islam), mag man an zwei Gründe denken –
einen aktuellen aus der zeitgenössischen Situation und einen theologisch grundsätzlichen im Verhältnis zum christlichen Glauben:

Zum einen geht es dem Koran hier nicht um das Geschick der Propheten und den möglichen Triumph ihrer Gegner allgemein, sondern
um die Auseinandersetzung Mohammeds mit den »Leuten der Schrift«,
d. h. in diesem Fall den Juden. Ihnen soll gesagt sein, daß sie über den
Gesandten Gottes nicht siegen können, selbst wenn sie meinten, sie
hätten die Macht dazu. In solcher Absicht lag es angesichts der jüdisch-
christlichen Geschichte nahe, auf Jesus zurückzuschauen. Zugleich
sollte damit verkündet werden, mit welcher Zuversicht Mohammed im
Vertrauen auf Gott seinen Gegnern gegenübertreten darf: Sie werden
am Ende die Getäuschten sein.

Zum anderen – und dies ist für das Verhältnis von Christentum und
Islam weit erheblicher – könnte der Koran der Kreuzigung Jesu ohnehin keine Heilsbedeutung zusprechen, wie dies der christliche Glaube
tut. Die christologische Vorstellung eines »Opfers« für die »Erlösung«
der Menschheit ist dem Islam nicht nur fremd, sondern unannehmbar.[51] Doch muß man zugleich sehen, daß diese Glaubensdifferenz in
Sure 4,156–159 selbst nicht die geringste Rolle spielt.

Faßt man die verschiedenen Momente zusammen, erlaubt der schwierige Text von Sure 4,157–159 schließlich auch eine *christlich annehm-
bare Lesart* (der gewiß Muslime faktisch durchweg nicht zustimmen,
die ihnen aber gleichwohl nicht grundsätzlich verwehrt sein brauchte):
Die Gegner Jesu wollten ihn mit der Kreuzigung vernichten; sie dach-
ten, daß sie den Gesandten Gottes ausrotten könnten. Dem Anschein
nach ist ihnen dies auch gelungen; aber sie erlagen dabei einem Irrtum.
Der Tod hat nicht über Jesus triumphiert; Gott hat ihn zu sich erhoben.

In solcher Paraphrase wird der Text zu einem Stück Osterverkündi-
gung. Doch dieser Ausgleich mit dem biblischen Zeugnis ist in doppelter Hinsicht problematisch:

Erstens dominiert dabei faktisch der christliche Leser über fast
alle muslimischen; er gibt vor, den islamischen Glauben hier besser
zu begreifen als dieser sich selbst. Das kann nicht von vornherein
prinzipiell ausgeschlossen werden, dient aber kaum der gegenseitigen
Verständigung. Um so bemerkenswerter ist es jedoch, wenn sich vereinzelt auch ein muslimischer Theologe unserer Tage auf eine solche
Interpretation einläßt, indem er auffordert: »Laßt uns den Koranvers

[51] Vgl. S. 93.112.

noch einmal anschauen, und diesmal von einem theologischen, nicht von einem historischen Gesichtspunkt!«[52] Dabei stellt er fest: »Indem der Koran die Tötung Jesu leugnet, leugnet er die Macht der Menschen, das göttliche Wort zu bezwingen und zu zerstören, das für immer siegreich ist. Deshalb gehen die Worte ›Sie haben ihn nicht getötet und nicht gekreuzigt‹ weit tiefer als die Ereignisse der flüchtigen menschlichen Geschichte.«[53] Letztlich wolle der Koran nicht einen äußerlichen historischen Tatbestand behaupten oder bestreiten, sondern dasselbe, was er in Sure 9,32 mit einem deutlich bildhaften Wort besagt: »Sie wollen Gottes Licht mit ihrem Mund auslöschen; aber Gott will nichts anderes als sein Licht vollenden, auch wenn es den Ungläubigen zuwider ist.« – Doch eine derart offene Lesart der Aussage des Koran zur Kreuzigung Jesu findet im Islam bislang zu wenig Resonanz, als daß man in ihr schon den Anfang einer tragfähigen Verständigung erkennen könnte.

Zweitens bleiben darüber hinaus aber noch weitere massive Differenzen gegenüber der Sprache und der theologischen Perspektive des Neuen Testaments, in dem es heißt: »Der Gott unserer Väter hat Jesus auferweckt, den ihr ans Holz gehängt und ermordet habt. Ihn hat Gott als Anführer und Retter zu seiner Rechten erhöht, um Israel die Umkehr und Vergebung der Sünden zu schenken.« (Apg 5,30 f). Hier rettet Gott Jesus nicht nur vor dem Tod, sondern durch ihn hindurch; Jesus wird nicht nur gerettet, sondern selbst zum Retter der anderen; Gott ›nimmt‹ ihn nicht nur ›zu sich‹, sondern setzt ihn machtvoll an seine Seite. Dies sind gewichtige Unterschiede; ihnen gegenüber wäre eine Harmonisierung des christlichen und islamischen Glaubens gar zu oberflächlich. Der Einwand wäre berechtigt, daß man so nur darauf achten würde, »was das fremde Religionsbuch heute *mir, d. h.* meinen christlichen Ohren, sagt.«[54]

c. Die besondere Bedeutung Jesu

(1) »Zeichen« und »Beispiel«

Während die Kreuzigung und damit die österliche Auferstehung dem Jesus-Bild des Koran fremd sind, gehören zu ihm doch ganz massiv die

[52] *M. M. Ayoub* (1980), 116.
[53] Ebd. 117.
[54] *H. Räisänen* (1971), 13. – Dieser Vorwurf trifft z. B. auf *G. Basetti-Sani* (1989), 189–196, zu, der für Sure 4,157–159 ausdrücklich gegen die muslimische Theologie für eine paulinische Koraninterpretation plädiert (bes. 154 ff).

Wunder. Wie gesehen, ist Jesus selbst schon allen einzelnen Taten voraus – durch ein besonderes Schöpfungswort Gottes ins Leben gerufen – zusammen mit seiner Mutter der Welt zum »Zeichen« gesetzt worden (21,91; 23,50).[55] Dies kann freilich für den Koran kein Anlaß sein, Jesus seinem Wesen nach aus allen Menschen herausgehoben zu sehen, ihn gar »Sohn Gottes« zu nennen. Die Perspektive, in welcher der Koran Jesus würdigt, faßt Sure 3 (bevor sie auf einzelne seiner Wunder zu sprechen kommt) in das Wort: »Er wird angesehen sein im Diesseits und im Jenseits und zu denen gehören, die [Gott] nahegebracht sind.« (V. 45). Jesus bleibt bei aller besonderen Auszeichnung immer noch einer unter anderen. Als diejenigen, die Gott seiner Nähe würdigt (al-muqarrabūn), spricht der Koran auch die Engel (z. B. 4,172) und schließlich die Bewohner des Paradieses insgesamt (z. B. 83,21) an.[56]

Es ist theologisch bedeutsam, daß der Koran fast alle Hinweise darauf, daß Jesus Wunder wirkte, mit seiner frühen Kindheit oder gar schon mit der Verheißung seiner Geburt zusammenbringt. (Von der einzigen Ausnahme in Sure 5 wird später die Rede sein.) Bereits der Engel sagt Maria an: »Er wird zu den Menschen in der Wiege sprechen« (3,46); und im unmittelbaren Zusammenhang damit (formal bleibt undeutlich, ob dies auch noch in die Ankündigung durch den Engel hineingehört) stellt Jesus sich selbst vor, indem er eine ganze Reihe seiner künftigen Wunder benennt: »Ich komme zu euch mit einem Zeichen von eurem Herrn. Ich schaffe euch aus Ton etwas wie eine Vogelgestalt, dann blase ich hinein, und es wird zu einem Vogel – mit Gottes Erlaubnis. Ich heile den Blinden und den Aussätzigen und mache Tote wieder lebendig – mit Gottes Erlaubnis. Ich tue euch kund, was ihr eßt und in euren Häusern speichert.« (3,49). Daß Jesus bereits als Säugling zu den Menschen sprach, bezeugt der Koran noch an anderer Stelle (5,110; 19,29 f); ebenso, daß er Vögel aus Ton erschuf (5,110). Dieses letztgenannte Wunder entspricht einer Szene der apokryphen »Kindheitserzählung des Thomas« (2,1)[57] vom Ende des zweiten Jahrhunderts, in der Jesus beim Spiel anderen Kindern seine Macht vorführt: Als er in die Hände klatscht, fliegen die angefertigten Figuren-Vögel weg. Krankenheilungen und Totenerweckungen kennen wir aus den biblischen Überlieferungen. Allein der rätselhafte Hinweis darauf, daß Jesu den Menschen mitteilt, was sie essen und in ihren Häusern

[55] Vgl. *H. Räisänen* (1971), 23–37: Die Geburt Jesu als göttliches Zeichen.
[56] In 56,11 grenzt der Begriff undeutlich eine bestimmte Gruppe der Seligen ein. In 7,14 und 27,42 bezieht er sich im besonderen auf die gläubig gewordenen Zauberer des Pharao.
[57] Vgl. *E. Hennecke* (1959), 293 f.

speichern – »eine besondere hellseherische Fähigkeit«[58]? –, scheint sich in keinem anderen literarischen Zeugnis zu finden. Entfernt erinnert dies daran, daß Jesus in der Bergpredigt davor warnt, sich um das Essen zu sorgen und seine Sicherheit in vollen Scheunen zu suchen (Mt 6,25 f; vgl. Lk 12,16–21.24).

Als Maria sich wegen ihrer Schwangerschaft verbarg und sich vor Hunger und Durst nicht mehr zu helfen wußte, konnte Jesus sie trösten: »Da rief er ihr von unten her [aus der Wiege oder gar aus dem Mutterleib?] zu: ›Sei nicht traurig! Dein Herr hat unter dir Wasser fließen lassen. Schüttle den Stamm der Palme zu dir her, so läßt sie frische, reife Datteln auf dich herunterfallen. Dann iß, trink und sei frohen Mutes!‹« (19,24–26 – Anders als in unseren biblischen Erzählungen von Jesu Geburt findet diese also nicht in einem Stall statt, sondern unter einer Palme).

Indem der Koran die Erinnerungen an die Wunder Jesu derart mit dem Anfang seines Lebens und seiner Kindheit verbindet (obwohl die Krankenheilungen und Totenerweckungen wie die Verkündigung gerade erst zum Leben des erwachsenen Jesus gehören), führt er sie unübersehbar auf Gott als den eigentlich Wirkenden zurück. Jesus soll in seinen Machttaten ganz als der von seinem Schöpfer Abhängige verstanden werden; deshalb betont der Koran auch in nachdrücklicher Wiederholung, daß Jesus die Wunder mit Gottes »Erlaubnis« wirkte (3,49 zweimal; 5,110 viermal). Damit liegt der wesentliche Unterschied zu den neutestamentlichen Wundererzählungen und der genannten apokryphen »Kindheitserzählung des Thomas« offen zutage. In diesen handelt Jesus aus selbständiger Überlegenheit: »Ich will es – sei rein!« (Mk 1,41) – »Einige aber, die sahen, was geschah, sagten: ›Woher stammt dieser Knabe, daß jedes Wort von ihm gerade fertige Tat ist?‹«[59] Der Koran dagegen kann so nur von Gott selbst bekennen: »Wenn er eine Sache beschlossen hat, sagt er zu ihr nur: ›Sei!‹, und sie ist.« (3,47).

Deutlich in das öffentliche Wirken des erwachsenen Jesus hineingestellt ist allein die Erzählung von der wunderbaren Gabe eines himmlischen »Tisches« (nach dem die fünfte Sure insgesamt ihren Namen erhielt). Aber dabei schafft Jesus nicht selbst das Wunder – auch nicht mit Gottes Ermächtigung –, sondern er bittet nur darum. Offensichtlich bringt hier der Koran eine eigene Variation der *Brotvermehrungs-*

---

[58] *R. Paret* (1981), 69 z. St.; so auch *H. Räisänen* (1971), 41: »Jesus sieht durch die Wände, was drinnen geschieht.«

[59] *E. Hennecke* (1959), 294: 4,1.

und Abendmahlserzählungen[60]: »Als die Jünger sagten: ›Jesus, Sohn Marias, kann dein Herr uns einen Tisch vom Himmel herabsenden?‹ da sagte er: ›Fürchtet Gott, wenn ihr gläubig seid.‹ Sie sagten: ›Wir wollen davon essen, damit unser Herz Ruhe findet, damit wir wissen, daß du uns die Wahrheit gesagt hast, und wir zu denen gehören, die darüber Zeugnis geben.‹ Da sagte Jesus, der Sohn Marias: ›Gott, unser Herr, sende auf uns einen Tisch vom Himmel herab, damit er uns, den ersten und den letzten von uns, ein Fest sei und ein Zeichen von dir! Versorge uns! Du bist der beste Versorger.‹ Da sagte Gott: ›Ich werde ihn auf euch hinabsenden. Wer von euch danach noch ungläubig sein wird, den werde ich strafen wie sonst keinen aus aller Welt.‹« (5,112–115). Das Miteinander-am-Tisch-Sitzen, das Miteinander-Essen ist also nach dem Koran wie nach den neutestamentlichen Zeugnissen für die Jünger Jesu ein herausragendes Zeichen der Gemeinschaft und des Lebens. Der eigentliche Gastgeber ist freilich ausdrücklich Gott.

Daß all solches von Jesus erzählt wird, nicht aber von Mohammed, ist bemerkenswert. (Erst die spätere muslimische Frömmigkeit wußte auch von ihm entsprechende Wundergeschichten zu berichten.[61]) Dennoch ist für den Koran die Gemeinsamkeit zwischen beiden Propheten größer: Jesus fand durch seine Wunder bei seinem Volk nicht mehr Zustimmung als Mohammed bei seinen Mitbürgern in Mekka. So heißt es von Jesus und seinen ungläubigen Mitmenschen: »Als er mit den deutlichen Zeichen zu ihnen kam, sagten sie: ›Das ist eine offenkundige Zauberei‹« (61,6) – und fast gleichlautend von Mohammeds abweisender Umgebung: »Die ungläubig sind, sagen von der Wahrheit, nachdem sie zu ihnen gekommen ist: ›Das ist nichts als eine offenkundige Zauberei.‹« (34,43). In dieser Hinsicht sind also beide im selben Geschick zusammengeschlossen – auch wenn Gott Jesus durch viele Wunder ausgezeichnet hat, Mohammed dagegen nur durch ein einziges: das von ihm gebrachte Buch, den Koran. Ist Jesus zunächst nur »ein Beispiel für die Kinder Israels« (43,59), so wird er durch Mohammeds Verkündigung des Koran auch dessen Volk »als Beispiel angeführt« (V. 57) – im einen wie im andern Fall zum öffentlichen Widerspruch und zur Bestätigung durch Gott.

---

[60] Für *H. Räisänen* (1971), 42, »leuchtet ein, dass die Erzählung sich auf missverstandene Nachrichten über das Abendmahl gründet«. Auch *T. Andrae* (1932), 31, sieht hier einen Beleg für »Mohammeds Auffassung von der Einsetzung des Abendmahls« und seine »erstaunliche Unwissenheit über die Formen des christlichen Kults«. Aber für derart negative traditionsgeschichtliche Bewertungen besteht kein Anlaß. – Zum Spektrum der islamischen Exegese vgl. *R. Arnaldez* (1980), 173–185.

[61] Vgl. *G. von Bülow* (1964); *H. Stieglecker* (1983), 408–411.

Daß die Christen die Propheten nicht in ihrer wechselseitigen Entsprechung beließen, sondern einen von ihnen in einem unvergleichlichen Maß aus allen übrigen heraushoben und sich dabei mit den Juden und untereinander zerstritten, ist der energische Vorwurf des Koran.

(2) Die Ansage des kommenden Propheten und die »Kenntnis der Stunde«

Nach Sure 61,6 verheißt Jesus den Israeliten »einen Gesandten, der nach mir kommt; sein Name ist hochgerühmt [oder: Aḥmad]«. Schon in der ersten Hälfte des zweiten muslimischen Jahrhunderts setzte sich allgemein die Interpretation durch, daß Jesus hier das Kommen *Mohammeds* in einer sprachlich verwandten Namensform angesagt habe.[62] Zugleich bezog man diese Ankündigung auf die Verheißung des Parakleten im Johannesevangelium. So lesen wir in der Propheten-Biographie des *Ibn Isḥāq* aus dieser Zeit das Wort Jesu: »Wenn aber Munhamannā [d. h. syrisch »der Tröster« und steht in den Bibelübersetzungen für das griechische »ho paráklētos«, »der Beistand«] gekommen sein wird [. . .], der Geist der Wahrheit, der vom Herrn ausgegangen sein wird, dann wird er Zeugnis geben von mir« (Joh 15,26) – und Ibn Isḥāq bemerkt dazu lakonisch: »Munhamannā bedeutet auf Syrisch Mohammed, auf Griechisch ist es Paraklit.«[63] Offensichtlich sah er sich durch die Ähnlichkeit der Laute in seiner Gleichsetzung bestärkt. Gelegentlich meinte man auf christlich-islamwissenschaftlicher Seite, daß dem eine Verwechslung zugrunde läge: Man habe das griechische Wort »paráklētos« als »paráklytos« - »der Berühmte«, »der Gepriesene« - gelesen, darin das Wort »aḥmad« von Sure 61,6 in seiner sprachliche Verwandtschaft mit dem Namen »Muḥammad« erkannt und so schließlich den eigenen Propheten mit dem im Johannesevangelium angekündigten Beistand identifiziert. Diese Annahme, die zuerst der italienische Islamwissenschaftler *Ludovico Marracci* 1698 publizierte, ist von der islamischen Tradition her nicht zu beweisen[64]; dennoch wird sie nach wie vor vertreten[65]. Unabhängig von dieser Hypo-

---

[62] Vgl. *G. Parrinder* (1965), 99; *J. Schacht* (1960); *O. H. Schumann* (1988), 25–27; *H. Stieglecker* (1983), 559–567.

[63] Vgl. *Ibn Isḥāq* (1976), 42.

[64] Vgl. *G. Parrinder* (1965), 96–100; *H. Räisänen* (1971), 52–56.

[65] Vgl. *W. M. Watt* (1990), 43–50, hier 46. Auch muslimische Autoren haben sich der Gleichsetzung von »aḥmad« mit »paráklytos« angeschlossen, müssen dann freilich den heutigen griechischen Text des Johannesevangeliums für verderbt halten; vgl. *Ṣ. al-ʿAġmāwi* (1989), 104.

these bleibt aber der Sachverhalt, daß im Koran Jesus über sich hinaus auf einen künftigen Gesandten Gottes verweist, der für Muslime niemand anders sein kann als Mohammed, und daß man schon im frühen Islam diese Verheißung mit der Ankündigung des Parakleten im Johannesevangelium gleichsetzte.

Da sich Jesus im Koran bei der Ansage des kommenden Gesandten zugleich als derjenige vorstellt, der »bestätigt, was von der Tora vor mir war«, fragte man sich in der islamischen Tradition, auf welche früheren prophetischen Ankündigungen Mohammeds sich Jesus bezogen haben könnte. Besondere Beachtung fand dabei Dtn 18,18, wo Gott zu Mose sagt: »Einen Propheten wie dich will ich ihnen mitten unter ihren Brüdern erstehen lassen. Ich will ihm meine Worte in den Mund legen, und er wird ihnen alles sagen, was ich ihm auftrage.«[66]

So ist Jesus nach islamischer Sicht derjenige, der in seinem prophetischen Wissen den weiten Bogen schlagen kann von den frühen Verheißungen in Israel bis hin zu ihrer Erfüllung in der Sendung Mohammeds und der Verkündigung des Koran.

Noch in einer weiteren Hinsicht sieht die muslimische Theologie Jesus aufgrund des Koran durch ein besonderes Wissen der Zukunft ausgezeichnet. In Sure 43,61 sagt Gott von ihm: »Er ist eine Kenntnis der Stunde ('ilmun li-s-sā'ati). So zweifelt nicht an ihr und folgt mir! Das ist ein gerader Weg.« Das Verständnis dieser Stelle ist freilich unsicher: Zum einen könnte statt von Jesus auch vom Koran die Rede sein; zum anderen gibt es Textvarianten, die statt von »Kenntnis«, von »Zeichen« oder »Erinnerung« sprechen.[67] Doch weithin sieht die muslimische Tradition hier Jesus als denjenigen vorgestellt, der einerseits schon in seinem irdischen Wirken, durch seine Verkündigung und seine Totenerweckungen, den Menschen die Endzeit zur Kenntnis brachte und andererseits bei seiner Wiederkunft selbst als das Zeichen des Endes erscheinen wird. So wurde er im Islam anders als die übrigen Propheten »eine für das eschatologische Geschehen entscheidende Person«[68].

---

[66] Vgl. *H. Stieglecker* (1983), 545; aber auch darüber hinaus 541–551 im Blick auf weitere Stellen aus dem Alten Testament.

[67] Vgl. *N. Robinson* (1991), 90–93. Aber auch die Übersetzungen sind schon recht unterschiedlich; vgl. etwa *R. Paret* (1979): »ein Erkennungszeichen (w. Wissen)«.

[68] *R. Paret* (1981), 441. Vgl. *R. Arnaldez* (1980), 205–210: Jésus et la fin des temps.

d. Die Benennung Jesu als »Sohn Gottes« nach al-Ghazālī

Eine dem Umfang nach kleine Schrift, in der sich der mittelalterliche Theologe und Mystiker al-Ghazālī mit dem christlichen Bekenntnis zu Jesus auseinandersetzt, trägt den Titel: »*Die schöne Widerlegung der Gottheit Jesu nach dem klaren Text des Evangeliums*«[69]. Diese selbstsichere Überschrift läßt zunächst nichts anderes als eine kräftige Konfrontation erwarten. Aber inmitten der vielfältigen Gedankengänge, in denen al-Ghazālī eine große Vertrautheit mit den biblischen Texten zeigt, findet sich ein überraschender Abschnitt, der für die wechselseitige Beziehung von Christentum und Islam in ihrem jeweiligen Verständnis von 'Īsā und Jesus hilfreich sein kann.

Im gegebenen Zusammenhang bezieht sich al-Ghazālī vor allem auf Aussagen des Johannesevangeliums, das der kirchlich dogmatisierten Christologie am nächsten steht:

»So etwas wie die vorhergehende bildliche Redeweise (al-maǧāz), nämlich der Gebrauch des Ausdrucks ›Inkarnation‹ (al-ḥulūl: die Herabkunft, die Einkehr, also die Menschwerdung Gottes) und ›Ich und der Vater sind eins‹, wurde dem Gebieter unserer Scharia [Mohammed] und jedem aus seiner Gemeinschaft absolut nicht erlaubt. Aber auch Jesus ist der Gebieter einer Scharia (ṣāḥib šarī'atin), und jede Scharia zeichnet sich durch besondere Bestimmungen aus. Als er diese Formulierungen gebrauchte und sich dabei von dem Verdacht distanzierte, daß er ihren vordergründig wörtlichen Sinn beabsichtigte, indem er für sie [seine Zuhörer] die Gleichnissprache wählte, zeigte er, daß es ihm erlaubt sei, sie zu gebrauchen und die erwähnte bildliche Redeweise zu benutzen. Und so steht es auch mit dem Gebrauch der Wörter ›Vaterschaft‹ und ›Sohnschaft‹.«[70]

Im einzelnen können wir aus diesem Text al-Ghazālīs folgende Aussagen und Bewertungsmaßstäbe herausheben:

1. Jesus lehrte als Prophet Gottes nicht einfach dasselbe wie später Mohammed. Er hatte mit seinem jüdischen Volk andere Adressaten; er mußte mit den Weisungen, die er gab, auf besondere Verhältnisse eingehen und eigene Verständnisvoraussetzungen berücksichtigen. So kann man die *Scharia Jesu* von der *Scharia Mohammeds* unterscheiden, ohne daß man sie gegeneinander ausspielen muß.

---

[69] *A.-Ḥ. M. al-Ġazālī* (1988 a – nach dem arabischen Text dieser Ausgabe wird im folgenden übersetzt). Als deutsche Ausgabe und Kommentar vgl. auch *F.-E. Wilms* (1966); eine kurze Besprechung dieser Schrift al-Ghazālīs findet sich in *O. H. Schumann* (1988), 68–75.
[70] *A.-Ḥ. M. al-Ġazālī* (1988 a), 25.

2. Jesus selbst nannte Gott seinen »*Vater*« und sich dessen »*Sohn*«, ja erklärte sogar, daß sie beide »eins« seien (so daß die Bibel Jesus auch als »*Gott*« bezeichnen kann).

3. Um dies zu beurteilen, muß man den wichtigen Unterschied sehen zwischen einem engen »*wörtlichen*« und einem weiten »*übertragenen*« Verständnis. Das erste lag Jesus fern, das letzte dagegen erschien ihm angemessen. (Dabei erinnert al-Ghazālī im weiteren Kontext vor allem an eine Szene aus dem Johannesevangelium – 10,34–36 – wo Jesus in etwas schwieriger Argumentation »den Juden« ein Wort aus den Psalmen – 82,6 – entgegenhält: »Steht nicht in eurem Gesetz geschrieben: ›Ich habe gesagt: Ihr seid Götter‹? Wenn er jene Menschen Götter nannte, an die das Wort Gottes erging, und wenn die Schrift nicht aufgehoben werden kann, dürft ihr dann von dem, den der Vater geheiligt und in die Welt gesandt hat, sagen: ›Du lästerst Gott‹, weil ich gesagt habe: ›Ich bin Gottes Sohn‹?«[71]

4. Man kann daraus, daß eine bestimmte Sprechweise den Muslimen »absolut nicht erlaubt« ist, keineswegs schließen, daß dies dann auch für alle übrigen Menschen und in jeder Zeit ebenso gelten müsse. Im Gegenteil: Es kann durchaus gerechtfertigt sein, daß *in unterschiedlichen religiösen Gemeinschaften,* unter verschiedenen kulturellen Bedingungen, jeweils eine *andere religiöse Sprache* benutzt wird.

Was ist bei diesen vier Momenten so beachtlich, daß sie über die mittelalterliche Situation hinaus auch für uns heute noch bedenkenswert sein können?

Zunächst ist es nicht selbstverständlich, daß al-Ghazālī hier das Johannesevangelium wie ein historisch zuverlässiges Zeugnis liest; denn damit schließt er sich der traditionellen Überzeugung der Christen an. (Daß diese in unserer Zeit sogar von den christlichen Bibelwissenschaftlern nicht mehr geteilt wird, spielt hier keine Rolle.) Al-Ghazālī hätte es sich auch leichter machen und auf die verbreitete muslimische Auffassung zurückgreifen können, daß die Evangelien die wahren Überlieferungen von Jesus unter dem Einfluß der späteren christlichen Lehren verfälschten. Dann wären für ihn ausschließlich die zwischen dem Koran und der Bibel gemeinsamen Benennungen Jesu als »*Diener*« (oder »*Sklave*«, »*Knecht*«) und »*Prophet*« verantwortbar; so aber hat für al-Ghazālī auch der christologische Titel »*Sohn Gottes*« prinzipiell einen guten Sinn. Er kann demnach die Auseinandersetzung mit dem Glauben der Christen auf dem Boden ihrer eigenen Schriften

---

[71] Vgl. ebd. 9 und 39.

führen und braucht die ihm fremde, für das christliche Bekenntnis aber zentrale Benennung Jesu nicht schon von vornherein als verwerflich abzuwehren.

Allerdings bringt al-Ghazālī eine solche Bereitschaft zur einfühlsamen Interpretation gegenüber der nachbiblischen dogmatischen Lehre der Christen nicht mehr auf. Seine schlichte Alternative eines »wörtlichen« Sprachgebrauchs, der abgelehnt werden muß, und eines »übertragenen«, der unter bestimmten Umständen hingenommen werden könnte, ist von vornherein auf die Diskriminierung des christlichen Bekenntnisses angelegt. Schon an anderer Stelle geht er fraglos davon aus, daß die Christen Jesus in einem derart »wörtlichen« Sinn für den »Sohn Gottes«, gar »Gott« selbst halten, wie dies nicht erst vom Koran, sondern schon von den biblischen Zeugnissen her völlig unverantwortlich sein muß; denn er hält ihnen entgegen: »Seine [Jesu] menschliche Natur steht fest mit allen notwendigen, geforderten und wesentlichen Eigenschaften von Lebewesen: Sprache, Erschöpfung, Hunger, Durst, Schlaf, die Entstehung im Mutterleib und das Erleiden von Schmerzen – nach ihrer Meinung – bei der Kreuzigung, wo er sagte: ›Mein Gott, mein Gott, warum hast du mich verlassen?‹«[72] Und daraus folgert al-Ghazālī: »Das alles ist unvereinbar mit der Gottheit.«[73] Damit schließt er sich einer Argumentation an, die auch der Koran wählt, wenn er in Sure 5,75 sagt: »Christus, der Sohn Marias, ist nichts anderes als ein Gesandter [. . .]. Seine Mutter ist eine aufrichtige Frau. Beide aßen Speise.« In solcher Gemeinsamkeit mit allen übrigen Propheten, insbesondere mit Mohammed (vgl. 21,8; 23,33; 25,7.20) sollen sie unbezweifelbar als Menschen erkannt werden.

Diese Doppelstrategie, das metaphorische Verständnis von »Sohn Gottes« als relative Möglichkeit anzuerkennen, es aber im Bekenntnis der Christen völlig ausgeschlossen zu sehen, findet sich über al-Ghazālī hinaus in muslimischer Literatur bis heute: Wenn man von Jesus so als »Gottes Sohn« spräche, wie etwa nach Lk 3,38 auch Adam ein Sohn Gottes ist und die Bibel in ihrer Sprache alle Menschen »Kinder Gottes« nennt, dann wäre eine solche Rede in ihrer Bildhaftigkeit erträglich[74]; aber die Christen müßten einräumen, daß Jesus doch offensichtlich Mensch gewesen sei. Dabei wird zum einen in keiner Weise wahrgenommen, daß auch der christliche Glaube vom Mensch-Sein Jesu überzeugt ist (welche Einwände man dann im übrigen immer noch bringen

[72] Ebd. 17f.
[73] Ebd. 18. Vgl. dieselbe Argumentation bei Ṣ. al-ʿAǧmāwi (1989), 115.
[74] Vgl. Ṣ. al-ʿAǧmāwi (1989), 113f.

könnte); zum anderen findet man so erst recht keinen Ansatz für die hermeneutische Einsicht, daß auch der christliche Glaube in seiner Weise sein Bekenntnis nicht schlechthin als eine »wörtliche«, sondern als eine »übertragene« Rede begreifen muß, weil er anders gar nicht von Gott und seinem Verhältnis zu den Menschen reden kann. Stattdessen wird der biblischen Sprache durchweg ein grob biologisches Verständnis unterstellt – entsprechend der Folgerung, die al-Ǧāḥiẓ (gest. 868/69) zieht: »wenn Gott der Vater Jakobs ist, müßte er der Großvater Josefs sein, und wenn Er Vater und Großvater ist – abgesehen davon, daß dies eine Abstammung erforderlich macht, auf manche Art und Weise eine falsche Vorstellung von der Ähnlichkeit [göttlichen und menschlichen Seins] gibt, der Größe Gottes Abbruch tut und Seine Majestät herabsetzt –, müßte man wiederum zugeben, daß Er Onkel und Oheim ist [. . .]. Solches kann aber nur einer gutheißen, der die Erhabenheit Gottes und den geringen Wert des Menschen nicht kennt . . .«.[75]

Auch wenn demgegenüber die Feststellung, bestimmte Äußerungen seien »übertragen«, »bildhaft«, »metaphorisch« o. ä. zu verstehen, diesen gewiß keinen eindeutigen Sinn gibt, so baut sie doch wenigstens die oberflächliche Vorstellung ab, man wüßte auf jeden Fall schon ganz genau, was man mit ihnen meinte. Gerade wo die Sprachspiele so unterschiedlich und ihre Differenzen so unverarbeitet sind wie zwischen verschiedenen Religionen, kann man einzelne Begriffe nicht auf eine derart scharf umrissene Bedeutung fixieren wie bei alltäglich gebrauchten Wörtern. Sie sind dann weit mehr Ausdrucks- und Verständigungsversuche als sichere Benennungen. Unter dieser Voraussetzung müßte auch das religiöse Gespräch zwischen Muslimen und Christen (und übrigens auch der Christen untereinander) für ein besseres wechselseitiges Verstehen offen sein.[76]

Letztlich bleibt also aus dem gesamten zitierten Text al-Ghazālīs als Wichtigstes die These: *Auch wenn es den Muslimen absolut verwehrt ist, von der »Menschwerdung Gottes«, von Jesus als »Gottes Sohn« und ähnlichem zu sprechen, so kann dies trotzdem für andere Menschen unter bestimmten Voraussetzungen zulässig, ja sogar sinnvoll sein.* Damit ist freilich noch nicht entschieden, ob dies nur für die Zeit Jesu und für die Menschen seiner Umgebung gelten soll oder unter Umständen auch darüber hinaus noch im Blick auf die späteren Christen

---

[75] Zit. nach: Ch. Pellat (1967), 145.
[76] Vgl. dazu S. 200–203: Das christliche Bekenntnis zu Gott angesichts des muslimischen Monotheismus.

gesagt werden kann. Daß aber al-Ghazālī überhaupt derart aufgeschlossen und entgegenkommend Jesus eine andere »Scharia« – und dies heißt hier: eine andere religiöse Sprachregelung – zuerkennt, zeigt ein erstaunliches Verständnis für die unterschiedlichen geschichtlichen Bedingungen, unter denen die Propheten mit ihrer jeweiligen Verkündigung gesehen werden müssen. Damit macht es al-Ghazālī dem christlichen Leser auch leichter als viele sonstige muslimische Theologen unserer Tage, den ʿĪsā des Koran und den Jesus der Bibel trotz der unterschiedlichen Perspektiven des Glaubens einander nahe zu sehen.

4. Christlich gefragt:
Wer ist der Autor des Koran?

Die Frage nach dem Autor des Koran berührt den Nerv des Verhältnisses von Christentum und Islam. Aber die christliche Theologie findet dazu auch bei sich selbst keine einvernehmliche Antwort. In ihrer Geschichte wehrte sie den prophetischen Anspruch Mohammeds zunächst vehement ab, da sie ihn im Widerspruch zu ihrem eigenen Glaubensverständnis erfuhr, nach dem sich Gott in Jesus Christus endgültig offenbart hat. Bis zur Neuzeit bewegten sich dabei ihre Urteile über den Koran zwischen seiner Schmähung als phantastisch-lügnerisches Machwerk und seiner relativen Anerkennung als Imitat biblischer Überlieferungen.[1] Im einen wie im andern Fall mußte selbstverständlich Mohammed als Autor angesetzt werden, da Gott nicht in Frage kam und ein anderer Verfasser nirgendwo behauptet wurde.

Im Zuge der Aufklärung veränderten sich die Beurteilungen der nichtchristlichen Religionen und damit grundsätzlich auch die des Islam. Man lernte den Eigenwert der verschiedenen religiösen Kulturen höher schätzen. Doch schien es auch unter dieser neuen Voraussetzung unausweichlich, schlechthin Mohammed als den Autor des Koran anzusehen; denn Hand in Hand mit der Aufgeschlossenheit für die fremde Religion ging deren wissenschaftliche Erforschung, die mit keinen anderen als innerweltlichen Faktoren rechnen konnte. Der Koran kam so als ein Werk in den Blick, das in vielem die Züge der Abhängigkeiten und Eigenmächtigkeit seines menschlichen Schöpfers trägt.[2] Gleichzeitig hielt man aber auch danach Ausschau, wie man die methodisch areligiöse Einstellung der Wissenschaft mit einem gewissen Respekt gegenüber dem Islam, seinem heiligen Buch und dessen Propheten zusammenbringen könne.

a. Prophetie aus dem Unterbewußtsein?

Soweit man in islamwissenschaftlichen Studien um des gerechten interreligiösen Vergleichs willen einräumte, daß »Muhammed ein echter

---

[1] Vgl. zum Wert des Koran nach *Nikolaus von Kues'* Cribratio Alkorani S. 27.
[2] Vgl. schon S. 38–43; außerdem *E. Rudolph* (1991), 83–90.

Prophet war«[3], verband man dies mit einer Bedeutung, die von keinem religiösen Bekenntnis abhängig war: »Das Wesen des Propheten besteht darin, daß sein Geist von einer religiösen Idee erfüllt und endlich so ergriffen wird, daß er sich wie von einer göttlichen Macht getrieben sieht, jene Idee seinen Mitmenschen als von Gott stammende Wahrheit mitzuteilen.«[4] Unter dieser Voraussetzung ist man nicht gehindert, dort, wo Mohammed seine Reden als »wirkliche Gottesbotschaften ausgab«, trotzdem nur »Erzeugnisse seines glühend erregten Gemütes«[5] zu finden. So bleibt einerseits Mohammeds alleinige Autorschaft unbeeinträchtigt – »Muhammed selbst erklärte seinen Koran für ein unnachahmbares Werk«[6] –; andererseits kann man ihm zugleich die reflektierte Verantwortung seines Buchs absprechen: Wenn er »das von Fremden Empfangene in langer Einsamkeit mit sich herumtrug, es auf seine Denkweise wirken und nach dieser wieder sich umformen ließ, bis ihn endlich die entschiedene innere Stimme zwang, trotz Gefahr und Spott damit vor seine Landsleute zu treten, um sie zu bekehren«[7], dann ist der Koran letzten Endes das Ergebnis einer genial-unpersönlichen Traditionsgeschichte. Mohammed brauchte in dieser Sicht nur seinem »Instinkt« zu folgen, »der ihn bald hierhin, bald dorthin trieb«; dabei »hielt er das, was sein Inneres bewegte, für etwas ganz äußerlich vom Himmel her Hineingelegtes und prüfte nie seinen Glauben« – obwohl er den Koran angeblich zugleich »nachweisbar mit bewußter Überlegung und Benutzung fremder Erzählungen anfertigte«.[8] Als »in der Seele Muhammeds jener starke Trieb zum Prophetentum erwuchs«, geriet er auch unter den Einfluß religiöser Vorstellungen, die sich ihm gar schon »als Naturmensch« aufdrängten.[9]

Mit einer eigenen raffinierten Differenzierung geht die Erklärung vor, nach der Mohammed »in der ersten Zeit seines Auftretens in Mekka ein vollkommen aufrichtiger Charakter mit einem stark hervortretenden Idealismus war«, später dagegen »mitunter eine kleine Komödie gespielt und einen prophetischen Anfall arrangiert hat«.[10] Sie vertraut »der auch psychologisch wahrscheinlichen Annahme, daß es

[3] *Th. Nöldeke / F. Schwally* (1909), 2.
[4] Ebd. 1.
[5] Ebd. 4 f. Vgl. bei *I. Goldziher* (1925), 4, den Verweis auf »das Gewissen des zu krankhafter Grübelei veranlagten Mannes«.
[6] *I. Goldziher* (1925), 11.
[7] *Th. Nöldeke / F. Schwally* (1909), 3.
[8] Ebd. 4.
[9] *C. H. Becker* (1907 a), 392 und 395.
[10] *F. Buhl* (1961), 141 f.

nach und nach Muhammed möglich geworden ist, selbst jene patholo-
gischen Zustände hervorzurufen, ohne daß ihm dies klar vor Augen
stand, und ohne daß er irgendeinen Unterschied in der Objektivität
zwischen den so provozierten Anfällen und den früheren bemerkte.«[11]
In solchen Erklärungen verbanden sich islamwissenschaftliche Forschungen eng mit naiven psychologischen Mutmaßungen (deren unterschiedliche Plausibilität hier ganz dahingestellt bleiben soll[12]).

Christliche Theologie konnte sich dadurch in ihren eigenen glau-
bensbedingten Urteilen über den Islam bekräftigt sehen und zugleich
die alten, gar zu groben Diskriminierungsmuster aufgeben. Einerseits
war es ihr von nun an möglich, den Koran in religiös-gewohnter
Sprechweise auf den »Geist der Inspiration« zurückzuführen, und
andererseits konnte sie doch im selben Atemzug das Offenbarungserle-
ben Mohammeds als ein Zusammenspiel rein seelischer Faktoren ent-
schlüsseln: »Er war sich keiner Absicht bewußt. Heißt dies, daß sie
nicht vorhanden war? Gewiß nicht. [...] Es ist mehr als wahrscheinlich, daß die Form, die Mohammeds Eingebung in seiner prophetischen Offenbarung erhielt, im voraus durch Gedanken und warum
nicht auch in geheimen Wünschen gegeben war, die in seiner Seele während der Jahre der Erwartung und Vorbereitung gelebt haben.«[13]

Der damit eröffnete Interpretationsspielraum läßt theologische
Würdigungen von Mohammeds prophetischer Rolle in unterschiedlichen Graden der Anerkennung und Distanzierung zu. Einerseits
spricht man in ambivalent offener Formulierung von »der unergründlichen Tiefe des menschlichen Unterbewußtseins, das Muḥammad so
hat handeln lassen, wie er mußte«[14], andererseits stellt man in theologisch deutlicherer Zuordnung und Bewertung fest, »daß die Botschaften zu Mohammed aus seinem Unterbewußten kamen (im Jungschen
Sinne)« und daß dies in der Sprache des Glaubens »teilweise dem entspricht, was Christen unter dem Heiligen Geist verstehen, der nach dem
nizänischen Glaubensbekenntnis ›durch die Propheten gesprochen
hat‹«[15]. Beides jedoch ist weit entfernt sowohl von dem, was sich mit
historischer Kritik ausmachen läßt, wie von dem, was man gegenüber
dem orthodoxen Selbstverständnis des Islam verantworten kann.

---

[11] *Ebd.* 142.
[12] Zu psychoanalytisch orientiertem Islamverständnis vgl. auch *B. Tibi* (1979) in weitgehender
Zustimmung zu *M. Rodinson* (1975).
[13] *T. Andrae* (1932), 77 f.
[14] *J. Bouman* (1990), 108.
[15] *W. M. Watt* (1988), 83 f.

b. Der Koran – Mohammeds Wort?

Nach herkömmlicher islamwissenschaftlicher Gewohnheit zitieren auch christliche Theologen bis heute den Koran weithin unbefangen und selbstsicher mit der Formel »*Mohammed sagte* . . .«. Doch schon ein rein literarischer Sachverhalt müßte diese wissenschaftlich gängige Sprechweise in ihrer scheinbaren Selbstverständlichkeit irritieren: Sie läßt den erheblichen Unterschied zwischen dem Koran und den Hadithen verschwinden. Während die Hadithe inhaltlich wie formal Mohammeds Aussagen überliefern, ist das Redesubjekt des Koran primär Gott[16], wie realistisch oder fiktional man dies auch immer verstehen mag. Gewiß kann eine neuzeitlich säkulare Wissenschaft nicht wirklich Gott als Autor eines literarischen Werks ansetzen, aber sie muß, wenn sie der Religion und nicht nur einem von ihr zubereiteten Objekt gerecht werden will, den phänomenologischen Unterschied beachten, daß im Glaubenssystem des Islam der Koran nicht die Rede Mohammeds ist und dies auch in der Sprachgestalt des Buchs seinen Ausdruck findet. Wer aus dem Koran in derselben Weise wie aus den Hadithen zitiert, verfälscht die religiöse Realität, die er zu untersuchen und zu besprechen vorgibt.

In nichts verstieße man gegen die wissenschaftlichen und sprachlichen Spielregeln oder gäbe man den eigenen weltanschaulichen Standort preis, wenn man bei Zitaten stattdessen formulierte: »*Der Koran sagt* . . .«. Im Gegenteil wird nur so die sprachliche Genauigkeit gewahrt. Es geht in dieser Sache nicht allein um eine Konvention von Formulierungen, sondern um die entscheidende Frage, welches Objekt man wahrzunehmen bereit ist: eine Religion nach ihrem Selbstverständnis oder ein eigenmächtig zubereitetes Konstrukt.

Darüber hinaus spricht derjenige, der sich auf den Koran als Wort Mohammeds bezieht, aber auch in schwerwiegender Hinsicht undeutlich; es bleiben verschiedene, weit auseinanderliegende Möglichkeiten, seine Formulierung zu verstehen:

– Meint er vielleicht nur, daß Mohammed diesen Text öffentlich zu Gehör gebracht hat? Dies würde in der Tat niemand bestreiten.

– Will er ausdrücken, daß schlechthin allein Mohammed als Produzent dieser Rede angesprochen werden kann? Dann bezöge er damit eine entschieden religionskritische Position, und diese könnte entweder nur gegen den besonderen Anspruch des Islam oder prinzipiell gegen jeglichen Offenbarungsglauben gerichtet sein.

---

[16] Zu den nötigen Differenzierungen vgl. S. 162–164.

– Stehen für ihn der menschliche Verfasser und Gott als Autor in grundsätzlicher Konkurrenz, oder gehören sie nur unterschiedlichen Handlungsebenen an? Im letzten Fall könnte er die Formulierung *»Mohammed sagt . . .«* mit der Bewertung des Koran als Wort Gottes vereinbaren; seine Voraussetzung entspräche dann derjenigen, die die christlich-theologische Hermeneutik den biblischen Texten gegenüber wählt. Vereinzelt wird diese Möglichkeit auch in muslimischer Sicht für verantwortbar gehalten: »Der Koran ist gänzlich das Wort Gottes und, in einem gewöhnlichen Sinn, auch gänzlich das Wort Mohammeds. Der Koran enthält offensichtlich beides; denn er besteht darauf, daß er ›zum Herzen‹ des Propheten gekommen ist [2,97; 26,192–194] – wie könnte er ihm äußerlich sein? [. . .] Der Koran ist also reines göttliches Wort, aber selbstverständlich ist er gleichermaßen zutiefst bezogen auf die innerste Persönlichkeit des Propheten Mohammed, dessen Beziehung zu ihm nicht so mechanisch begriffen werden kann wie die einer Schallplatte. Das göttliche Wort floß durch des Propheten Herz.«[17] Wo immer eine solche Deutung gewählt wird, ist sie gewiß einerseits eine Sache des Glaubens und muß sich andererseits nicht unbedingt abhängig machen von bestimmten psychologisierenden Erklärungen.

Aber selbst wenn jemand deutlich machte, daß für ihn die Formel *»Mohammed sagt«* diesen und sonst niemanden als Subjekt der Rede benennen wollte, bliebe immer noch zweierlei offen:

– ob er dabei Mohammed hauptsächlich ein bewußtes und absichtsvolles Handeln unterstellt – oder weit mehr mit unbewußten Voraussetzungen rechnet. Im einen Fall wäre Mohammed ein raffinierter Taktiker, im anderen nur ein über sich selbst unaufgeklärter Mensch.

– Und bei all dem wäre noch zu fragen, wie man in solcher Sache überhaupt zu einer verantwortbaren Aussage zu finden meint.

Freilich muß auch die andere Formulierung *»Der Koran sagt . . .«* mit Einwänden rechnen; denn man kann ihr entgegenhalten, daß sie noch weit unbestimmter ist: Sie wählt eine Metapher, bei der ein personaler Autor schlechthin verschwindet, und verzichtet auf alle sonstigen Festlegungen. Doch ist dies unter mehreren Gesichtspunkten gerechtfertigt:

– Diese Sprechweise ist in ihrer Unbestimmtheit dennoch eindeutig; sie sagt oder suggeriert nicht mehr, als was sich über alle unterschiedlichen Positionen hinweg unbestreitbar sagen läßt.

[17] *F. Rahman* (1966), 31 und 33; innerhalb 30–33: What is the Qur'ān? – Vgl. auch *ders.* (1980), 80–105: Prophethood and Revelation; *M. Arkoun* (1982), 27–40: Le problème de l'authenticité divine du Coran; *R. Caspar* (1980); zum Spektrum der Positionen im zeitgenössischen Islam s. auch *ders.* (1987), 353–360: Le Coran et l'exégèse.

– Darüber hinaus ist sie in ihrer Zurückhaltung zugleich ein Ausdruck des Respekts gegenüber dem Glauben der Muslime; denn für sie ist der Koran und nicht Mohammed die entscheidende Autorität.

– Schließlich weicht diese Formulierung nicht dem weiteren Gespräch aus, sondern legt gerade offen, wo Fragen, Verlegenheiten und Unterschiede anstehen.

Ob jedoch eine solche Verständigung über den Autor des Koran prinzipiell überhaupt noch weiter möglich ist, hängt in erster Linie davon ab, wieweit Christen und Muslime unter ihren je eigenen Glaubensvoraussetzungen dafür Spielräume sehen. Die Erwartung, daß zuerst und vor allem die andere Seite sich in ihren Überzeugungen bewegen müßte, ist wenig realistisch und gibt keine Impulse.

c. Mohammed – »prophetisches Genie« oder »Prophet«?

Da das Christentum im Blick auf seine biblischen Schriften schon von jeher menschliches Wort als »Wort Gottes« versteht, darüber hinaus durch die Aufklärung noch weit brisanter lernen mußte, Gottes »Offenbarung« im Zusammenhang von Religionsgeschichte und religiöser Kultur zu begreifen, könnte es ihm auch leichter fallen, den Koran in bestimmter Hinsicht als »Wort Gottes« anzuerkennen.

Während sich das Zweite Vatikanische Konzil bei seiner Würdigung des Islam nicht in der Lage sah, Mohammed und den Koran auch nur mit dem Namen zu erwähnen, schreibt sechzehn Jahre später das päpstliche *Sekretariat für die Nichtchristen* in seiner Schrift »Wege zum christlich-islamischen Dialog«[18]: Die Christen müßten im Blick auf Mohammed »objektiv abschätzen und ›im Glauben‹ entscheiden, wo genau seine Inspiration, seine Aufrichtigkeit und seine Treue lagen im Rahmen seiner persönlichen Antwort auf den Ruf Gottes und in jenem umfassenderen Bereich einer von der Vorsehung geleiteten Weltgeschichte.«[19] Sieht man von dem unerreichbaren Ziel einer »objektiven« Entscheidung ab, ist hier deutlich das Problem benannt, dem gegenüber die Kirche zuvor verlegen schwieg.

Trotzdem erweist sich die dabei bezogene Position in mehrfacher Hinsicht als fragwürdig. Zunächst wird zugestanden, die Christen könnten Mohammed als »ein großes literarisches, politisches und religiöses Genie« anerkennen, dem »nicht die besonderen Gaben gefehlt haben, viele Menschen zur Verehrung des wahren Gottes zu führen,

[18] Vgl. *Sekretariat für die Nichtchristen / M. Borrmans* (1985).
[19] Ebd. 78 f.

selbst wenn das mit Unwissenheit und unüberwindbarem Irrtum in deren Augen einhergeht«[20]; dabei könnten Christen »in ihm auch gewisse ›prophetische Besonderheiten‹ entdecken«[21], wie es »die glückliche Formel« nahelegt, »die einst der Patriarch Timotheus von Bagdad im Gespräch mit dem Kalifen seiner Zeit benutzte: ›Muhammad ist dem Weg der Propheten gefolgt‹«[22]. Indem diese Würdigung Mohammeds den Begriff des »*religiösen Genies*« aufgreift, schließt sie sich an eine im liberalen Protestantismus für Jesus gebrauchte Interpretationskategorie an. In deren Hintergrund steht das romantische Persönlichkeitsideal des 19. Jahrhunderts[23], besonders wirkungsvoll ausformuliert durch den schottischen Schriftsteller *Thomas Carlyle* (gerade auch im Blick auf Mohammed)[24]. Soweit diese Sicht konsequent durchgehalten ist, wird Mohammed zu einem exemplarischen Fall der großen Reihe genial produktiver Menschen: »Die Entstehung des Islam [...] zeigt uns an einem neuen Beispiel, daß die prophetische Persönlichkeit der Urquell der religiösen Neuschöpfung ist.«[25] Der Abstand dieser Bewertung Mohammeds zu dem Bild, das der islamische Glaube von ihm als einem aus sich selbst ganz unvermögenden, von Gott aber berufenen und ermächtigten Propheten hat, ist gewaltig.

Darüber hinaus beschränkt die Stellungnahme des *Sekretariats für die Nichtchristen* ihr bescheidenes Zugeständnis, daß Mohammed »gewisse ›prophetische‹ Besonderheiten« aufweise, schnell auf doppelte Weise: Erstens sieht sie ihn nicht wie die biblischen Propheten als einen von Gott Ergriffenen, sondern als einen, der aus sich selbst tätig wird und dabei zugleich ganz unselbständig bleibt: »denn er hat nichts anderes getan als ihr Beispiel nachzuahmen«[26]; zweitens wird er schließlich doch gar zu deutlich hinter die Propheten zurückgesetzt, da »er sich nicht völlig dem anschloß, den sie angekündigt haben«.[27]

---

[20] Ebd. 79.

[21] Ebd. mit dem Zitat aus einer Rede des *Kardinals Tarancon* beim Zweiten christlich-islamischen Treffen von Cordoba 1977.

[22] Ebd.; das Zitat erfolgt mit Verweis auf *Robert Caspar,* Les versions arabes du Dialogue entre le Catholicos Timothée I et le calife al-Mahdi [...], in: Islamochristiana, Nr. 3, 1977, 107–175, 107–175, und *Hans Putman,* L'Eglise et l'Islam sous Timothée (780–823), Beirut 1975 (1977).

[23] Vgl. *Heinrich Kahlert,* Der Held und seine Gemeinde. Untersuchungen zum Verhältnis von Stifterpersönlichkeit und Verehrergemeinschaft in der Theologie des freien Protestantismus, Frankfurt 1984.

[24] Vgl. *Thomas Carlyle,* On Heroes Hero-Worship and the Heroic in History [Vorlesung von 1840], New York 1974 (Centenary Edition, Bd. 5), 42–77: Lecture II: The Hero as Prophet. Mahomet: Islam.

[25] *T. Andrae* (1932), 8. Ausdrücklich auf *Thomas Carlyle* bezieht sich *Andrae* ebd. 142–144.

[26] *Sekretariat für die Nichtchristen / Maurice Borrmans* (1985), 79. Vgl. dagegen *T. Andrae* (1932): »Mohammed [...] ist der erste Vertreter eines neuen, selbständig religiösen Typs.«

[27] *Sekretariat für die Nichtchristen / Maurice Borrmans* (1985), 79.

Ein solches Verständnis wird weder religionsphänomenologisch dem Erscheinungsbild Mohammeds gerecht, noch bibeltheologisch der alttestamentlichen Prophetie (die Jesus nicht so eindeutig »angekündigt« hat, daß man Jahrhunderte später nur ihnen zu folgen brauchte, um sich zugleich auch »völlig« im christlichen Sinn zu Jesus zu bekennen). So führt diese kirchliche Erklärung zwar erheblich über die Äußerung des Zweiten Vatikanischen Konzils hinaus, trägt aber kaum weniger deutlich Zeichen der Verlegenheit (die sie selbst freilich nicht einräumt). Auf jeden Fall ist sie kein Ergebnis, das schon auf einer geschichtsmächtigen Verständigung innerhalb des Christentums oder gar zwischen beiden Religionen basiert, und kann deshalb auch nicht mehr als eine ernsthafte Anregung sein.

Weiter gehen diejenigen christlichen Theologen, die in Erwägung des von Mohammed erhobenen Anspruchs, seiner subjektiven Glaubwürdigkeit, der ihm entgegengebrachten Zustimmungen und der aufbauenden Kraft, die von seiner Botschaft ausgeht, zu dem Urteil kommen, daß »Mohammed ein echter Prophet ist«[28]. Es liegt auf der Hand, daß sie sich damit noch nicht schlechthin mit dem Bekenntnis der Muslime identifizieren; aber darum geht es auch nicht. In erster Linie haben christlicher Glaube und christliche Theologie für sich selbst zu sagen, wie sie in ihrem Verständnis Koran und Mohammed sehen können. Ein unter Christen allgemein konsensfähiges Urteil ist dabei freilich nicht zu erwarten.

[28] *W. M. Watt* (1983), 61 (»Muḥammad is a genuine prophet«), zum Abschluß eines Kapitels über »Revelation and prophethood« (55–61). Die sprachliche Übereinstimmung mit dem Urteil von *Th. Nöldeke / F. Schwally* (1909), 2 (s. o. S. 153 f mit Anm. 3), darf nicht die je unterschiedliche Mentalität übersehen lassen. Zum Spektrum der christlich-theologischen Positionen – insbesondere herausgefordert durch *Louis Massignon* und *Charles-J. Ledit* (vor allem dessen Buch »Mahomet, Israël et le Christ, Paris 1956), vgl. den Überblick von *G. Harpigny* (1975).

III. Gott

1. Die Rede zu Gott im Koran

a. Sprecherrollen

Daß die Heilige Schrift der Muslime Texte enthält, in denen Gott angesprochen wird, ist nicht so selbstverständlich, wie man dies in Kenntnis
der Bibel und aufgrund der Verwandtschaft von Judentum, Christentum und Islam vielleicht annehmen möchte. Die Grundstruktur des
Koran steht dem zunächst entgegen: Er ist vor allem und in allem Rede
Gottes selbst – gerichtet an Mohammed, durch ihn als Gesandten an
seine Zeitgenossen und letztlich an die Menschheit insgesamt. Damit
sind seine Texte nach muslimischem Verständnis in wesentlich anderem Sinn »Wort Gottes«, als dies nach jüdischer und christlicher Theologie von den biblischen Überlieferungen gesagt wird. Selbst wenn
man diese auch in der dogmatischen Überzeugung einer Verbalinspiration[1] zu lesen bemüht war und sie damit Wort für Wort von Gottes
Geist als wahr und zuverlässig verbürgt sah, so blieb doch immer noch
der theoretische Spielraum, daß man außer von dem primären Autor
Gott auch noch von den sekundären menschlichen Autoren sprechen
konnte.[2] Dies legen die biblischen Texte schon formal nahe: In den
Psalmen wenden sich Beter an Gott; in den Geschichtserinnerungen
erzählen die Gläubigen von ihren vergangenen Begebenheiten und
Erfahrungen und überliefern dies den kommenden Generationen zur
künftigen Weitergabe; die Propheten teilen nicht nur das Wort Gottes
mit, sondern auch ihre eigenen Betroffenheiten, ihre Hoffnungen und
Sorgen usw. Wo in der Bibel darüber hinaus auch Gott selbst spricht –
etwa Jer 23,24: »Bin nicht *ich* es, der Himmel und Erde erfüllt?« –,
da wird dies eigens inszeniert – hier etwa durch Jeremia mit der viel-
fachen Wiederholung der sogenannten Botenspruchformeln »Rede des
Herrn« (V. 11.12.23.24)[3] und »So spricht der Herr der Heerscharen«[4]
(V. 15.16). Der Prophet erteilt also Gott das Wort.

---

[1] Vgl. *J. Beumer* (1968), 18 f, über die von Origenes »zum ersten Male aufgestellte Hypothese einer rigorosen ›Verbalinspiration‹«; darüber hinaus ebd. etwa 21, 26 f, 54, 56 f.

[2] Vgl. ebd. 39 f zu *Heinrich von Gent.*

[3] Vgl. *Hermann Eising,* ne'um, in: ThWAT 5, 119–123, über die »JHWH-Spruchformel«.

[4] Vgl. *Siegfried Wagner* Artikel »āmar«, in: ThWAT 1, 353–373, über die »Botenformel«.

Im Koran dagegen ist es genau umgekehrt[5]: Wo wir hier die Rede Mohammeds lesen, wird ihm diese durch Gott aufgetragen: »*Sag* (qul): ›Mein Herr hat mich auf einen geraden Weg geführt, zu einem richtigen Glauben, der Religion Abrahams [. . .].‹ *Sag:* ›Mein Gebet, mein Gottesdienst, mein Leben und mein Tod gehören Gott, dem Herrn der Welten.‹« (6,161f).[6] Zwar gibt es dazu auch in den prophetischen Schriften der Bibel Entsprechungen. In Jer 8,4 wird eine solche gerade verknüpft mit der Botenspruchformel: »Du sollst zu ihnen sagen: ›So spricht der Herr: . . .‹«. Dennoch hebt sich der Koran in der Dominanz und Stereotypie dieser sprachlichen Eigenart von der biblischen Prophetie deutlich ab. Menschliches Wort erscheint in ihm fast ausschließlich schon formal als von Gott vorgegeben. Dies wird üblicherweise bei der Frage nach der Originalität der Verkündigung Mohammeds gegenüber den jüdischen und christlichen Traditionen vernachlässigt[7]; es ist aber von erheblichem theologischem Gewicht.

Nur an einigen wenigen Stellen spricht im Koran der Prophet unmittelbar selbst, ohne daß er dazu durch eine besondere Einführungsformel eigens ermächtigt wird (6,114; 11,2; 27,91; 51,50f).[8] Auch ist die erste Sure, die Fātiḥa, insgesamt ein Gebet der Menschen, das ihnen nicht ausdrücklich durch Gottes Wort übergeben wird.[9] Schließlich ist der Koran seiner Sprachgestalt nach auch noch überall dort nicht als Wort Gottes selbst formuliert, wo von ihm in der dritten Person die Rede ist.[10] Dennoch gilt nach muslimischem Verständnis dieses Buch insgesamt als eine literarische Komposition Gottes, zu der Mohammed von sich aus nichts beigetragen hat – gemäß der ihm von Gott erteilten Weisung: »Es obliegt uns, ihn [den Koran] zusammenzustellen und zu rezitieren. Und wenn wir ihn rezitiert haben, folge du seiner Rezitation! Dann obliegt es uns, ihn zu erklären.« (75,17-19). Gott ist also der einzig authentische Autor, Vorleser und Kommentator des Koran; dieser ist durchweg seine Rede an die Menschen.

---

[5] *H. Küng* (1984), 58, meint irrtümlich, die Rede-Einleitungs-Formeln der Bibel und des Koran entsprächen einander.

[6] Diese Formel »*qul*« ist nicht für Mohammed exklusiv; in 23,29 richtet der Koran sie an Noach. Außerdem kann sie sich auf alle Gläubigen beziehen (z. B. im Plural 2,136; 29,46; aber auch im Singular 17,24, denn die Bitte zugunsten der Eltern paßt dem weiteren Kontext nach nicht mehr in die lebensgeschichtliche Situation Mohammeds).

[7] Vgl. etwa *J. Fück* (1936).

[8] Aber wir finden in Sure 19,64 auch die unvermittelte Rede der Engel, in 12,52 die Josefs.

[9] Zu Überlegungen der islamischen Exegeten, ob die Fātiḥa ursprünglich überhaupt zum Koran gehört habe oder vielleicht ein persönliches Gebet Mohammeds gewesen sei, vgl. KhKomm 1, 132; darüber hinaus s. *A. Neuwirth* (1991).

[10] Zu den Variationen der Redeform vgl. *R. Bell* (1970), 65-68: The dramatic form.

Wo so mit der imperativischen Aufforderung »Sag!« (qul) dem Propheten ein Wort als sein eigenes vorformuliert wird, unterscheidet sich die Redeeröffnung theologisch grundlegend von der anderen »Lies!« (oder: »Rezitiere!« – iqra'), die zur Verkündigung des Wortes Gottes, des Koran, aufruft (96,1). Nur im ersten Fall kann zum »Ich« Mohammeds eingeleitet werden.[11]

Wie dem Propheten derart von Gott ein eigenes Wort zur Verfügung gestellt wird, damit er sich selbst den Menschen gegenüber auf rechte Weise behaupte, so werden im Koran gelegentlich auch Szenen entworfen oder Konstellationen geschaffen, in denen jemand Gott anspricht. Das dabei aufgebaute Gefüge verschiedener Rollen und die jeweils thematisierten Inhalte sollen im folgenden untersucht werden.

Gemessen am gesamten Umfang des Koran, kommen dafür nur relativ wenige Stellen in Betracht; doch verdienen diese allein schon aufgrund ihrer eigenen kommunikativen Struktur eine besondere theologische Aufmerksamkeit. Insgesamt sind die entsprechenden Verse auf 45 Suren verteilt. Von ihnen kann nach den verschiedenen chronologischen Einteilungen des Koran nur Sure 1 der ersten mekkanischen Periode von Mohammeds Verkündigung zugerechnet werden.[12]

b. Widerstände, Selbstbehauptungen, Einsprüche

Aus doppeltem Grund ist bisher die sprachliche Hinwendung zu Gott nicht als »Gebet« bezeichnet worden: Zum einen kann man nämlich diese Textgruppe so weit fassen, daß auch Hymnen, Klagen, Doxologien, Segenssprüche usw., die sich auf Gott in der dritten Person beziehen, dazugehören (z. B. 25,1.10.61: »Voll Segen ist er, der ...«);[13] zum anderen aber – und vor allem – enthält der Koran manche an Gott gerichtete Rede, die nicht die Haltung eines Gebets zeigt, nicht den Charakter von Klage oder Dank, Bitte oder Lob, Schuldbekenntnis oder Gehorsamsbezeugung oder ähnlichem. Hielte man nur nach

---

[11] Diesen erheblichen Unterschied vernachlässigt R. Bell, ebd. 68: »it may be noted that declarations [...] are often preceded by the command (presumable addressed to Muḥammad himself), ›Say‹. Yet, even where this word does not occur, the passages must have been regarded as part of what Muḥammad was commanded to proclaim to the people, following on the ›Recite!‹ of 96,1.«

[12] Vgl. aber auch zur unterschiedlichen Datierung der Fātiḥa KhKomm 1, 130–132.

[13] Vgl. A. d'Alverny (1960/1961); A. Baumstark (1927 – mit der Konzentration auf die Beracha-Typen und die Doxologien wird hier die erhebliche Gruppe der Bittgebete völlig vernachlässigt); F. Goitein (1923); S. D. Goitein (1966); s. auch die Gebetssammlungen A.-Th. Khoury (1981); K. Cragg (1970); A. Schimmel (1992).

Gebeten Aussicht, übersähe man leicht, daß sich Gott im Koran auch in anderer Weise als Adressaten seiner Geschöpfe vorstellt.

Obwohl die Situationen, in die solches Reden zu Gott eingelassen ist, teilweise untereinander recht verschieden sind, haben sie doch alle eines gemeinsam: Die Lage, der diese Äußerungen angehören, ist kritisch oder wenigstens unsicher. Einverständnis wird aufgekündigt oder Zustimmung zurückgehalten; Konfrontationen werden sichtbar; Antworten werden gefordert und Bedenken erhoben; Vorwürfe geäußert und Grenzen gezogen.

In knapper Form kann etwa jemand in seiner Rede zu Gott von anderen konstatieren: »Herr, das sind Leute, die nicht glauben.« (43,88; vgl. 44,22). Ausführlicher dagegen ist die Rechenschaft, die Jesus in Sure 5,116–118 auf die Frage Gottes hin abgibt, ob er in seiner Verkündigung je verlangt habe, daß man außer Gott auch noch ihn und seine Mutter als weitere Götter verehre (in einer Dreifaltigkeit also, wie sie möglicherweise zu Mohammeds Zeiten von einigen christlichen Gruppen nahegelegt worden war – und sei es auch nur in der Sicht von Außenstehenden[14]). Zwar ist hier nicht Jesus der eigentlich Beschuldigte; Gott kennt die Lage der Dinge, auch schon bevor ihm die geforderte Auskunft gegeben wird. Aber Jesus wird in die Auseinandersetzung hineingezogen; er soll selbst bekunden, ob sich die Beschuldigten mit Fug und Recht auf ihn berufen. Er freilich weist Gott gegenüber die Unterstellung, er könnte derart Verwerfliches gelehrt haben, mit Nachdruck zurück: »Wenn ich es gesagt hätte, wüßtest du es. [...] Ich habe ihnen nur gesagt, was du mir befohlen hast. [...] Nachdem du mich abberufen hattest, warst du der Wächter über sie. [...] Wenn du sie bestrafst, so sind sie deine Diener, und wenn du ihnen vergibst.« Dabei zeigt diese Rede, wie nahe und durchlässig solche Selbstbehauptung zum Gebet hin sein kann: Vor der zitierten Auskunft steht die Doxologie »Dir sei Preis!« und in ihrer Mitte wie an ihrem Ende wird Gott in ehrfürchtigem Bekenntnis angesprochen: »Du kennst mein Inneres, aber ich kenne dein Inneres nicht; du bist der, der die Geheimnisse kennt!« (V. 116) und »Du bist der Zeuge aller Dinge!« (V. 117).

Eine solche Nähe zum Gebet ist jedoch dort nicht mehr gegeben, wo der Gefragte nicht wie Jesus auf der Seite Gottes steht, sondern sich zu ihm gerade in Widerspruch gesetzt hat: In drei Suren wird von Iblīs, dem Engel und Satan, Rechenschaft dafür verlangt, daß er

---

[14] Vgl. S. 187–192.

nicht der Forderung Gottes, sich vor Adam, seinem Geschöpf, niederzuwerfen, nachgekommen ist: »Was hindert dich daran [...], nachdem ich dir befohlen habe?« (7,12; 38,75; vgl. 15,32). Mit der Antwort, die Iblīs gibt, will er Gott ins Unrecht setzen: »Ich bin besser als er; mich hast du aus Feuer erschaffen, ihn aber aus Ton.« (7,12; 38,76; bzw. 15,33: »Ich werde mich nicht vor einem Menschen niederwerfen, den du aus Ton erschaffen hast, aus stinkendem Schlamm.«) Dieser Versuch, sich argumentativ gegen Gott zu behaupten, ist freilich erfolglos: Der Satan wird verurteilt. Gewährt wird ihm nur die Erfüllung einer Bitte: »Gib mir Aufschub bis zu dem Tag, an dem sie [die Menschen] auferweckt werden!« (7,14; 15,36; 38,79; vgl. 17,62). Doch das letzte Wort Satans in dieser Wechselrede ist nicht irgendeine Form von Dank, sondern die Schilderung seiner Rolle, die er den Menschen gegenüber einnehmen wird, und zugleich die Beschuldigung Gottes, daß dieser ihn selbst in eine solche Lage gebracht habe: »Weil du mich irregeführt hast, will ich ihnen auf deinem geraden Weg auflauern. Dann will ich von vorn und von hinten, von rechts und von links über sie kommen, und du wirst die meisten von ihnen nicht dankbar finden.« (7,16 f; vgl. 15,39 f). Gott wird im Koran also nicht nur fügsam angesprochen; und er seinerseits läßt sich nicht nur auf ehrfürchtige Rede ein. (Der Vergleich mit dem Prolog des biblischen Buches Ijob – besonders 1,6–12 und 2,1–10 – drängt sich auf.)

In der Darstellung einer anderen Sure (17,61–64) wartet Iblīs erst gar nicht ab, daß Gott ihn frage und zur Rechtfertigung nötige, sondern er ergreift sofort von sich aus die Initiative; er richtet seinerseits vorwurfsvolle Fragen an Gott: »Soll ich vor dem niederfallen, den du aus Ton geschaffen hast?« (V. 61) und: »Was hältst du von dem, den du an Ehre über mich stellst?« (V. 62). Dies sind freilich nur rhetorische Fragen, nach denen kein Raum gelassen wird für eine Antwort Gottes. Auch hier kündigt Iblīs an, daß er den Menschen nachstellen werde; doch richtet er dabei an Gott keine Bitte mehr, sondern nennt ihm nur noch die Bedingung: »Wenn du mir bis zum Tag der Auferstehung Aufschub geben wirst [...]« (V. 62).

Ähnlich wie in dieser Szene der Satan, wenden sich in Sure 2,30 auch die übrigen Engel gegen die Stellung, die Adam auf der Erde zukommen soll, und fragen Gott empört: »Willst du auf ihr jemanden einsetzen, der auf ihr Verderben anrichten und Blut vergießen wird, während wir dich preisen und deine Heiligkeit rühmen?« Doch Gott beantwortet diese Frage so, daß er sie zugleich zurückweist: »Ich weiß, was ihr nicht wißt.«

Vergleichbar richten in geschichtlicher Situation einige der Gefährten Mohammeds, geängstigt von der Forderung, auf dem Weg des
Glaubens auch das Leben einzusetzen, an Gott Frage und Vorwurf:
»Herr, warum hast du uns vorgeschrieben zu kämpfen? Warum hast
du uns nicht für eine kurze Frist Aufschub gewährt?« (4,77). Einen
gewissen Widerstand aus Zurückhaltung und Bedenken gegenüber
den Absichten Gottes zeigen sogar Äußerungen in Situationen der
Verheißung und Erwählung: Noach möchte sich zunächst nicht damit
abfinden, daß auch sein eigener Sohn als ein frevelhafter Mensch in
der Flut versinken soll, und wendet ein: »Herr, mein Sohn gehört
doch zu meiner Familie« (11,45); aber er muß sich sagen lassen:
»Noach, er gehört nicht zu deiner Familie.« (V. 46). Ihre Bedenken
erheben auch Mose und Aaron gegen Gott, als dieser sie zum Pharao
schicken will: »Herr, wir fürchten, daß er sich an uns vergreift oder
tyrannisch maßlos handelt.« (20,45). Als die Geburt des Johannes
angekündigt wird, hält sein Vater Zacharias (obwohl er selbst zuvor
um Nachkommenschaft gebetet hat) Gott die Frage entgegen: »Herr,
wie soll ich einen Jungen bekommen, wo ich schon alt bin und meine
Frau unfruchtbar ist?« (3,40, vgl. 19,8); und ähnlich richtet sich
Maria, als ihr die Engel einen Sohn verkünden, mit der Frage an
Gott: »Herr, wie sollte ich ein Kind bekommen, wo mich kein Mann
berührt hat?« (3,47). Doch Gott reagiert auf ihren Einwand wie auf
den des Zacharias mit der Bekundung seiner Selbstherrlichkeit: »So
ist Gott: Er tut, was er will« (3,40; bzw. 3,47: »Er schafft, was er
will«[15]; 19,9: »So ist es«). Im Unterschied aber zu Maria schiebt
Zacharias noch die Bitte um eine Bestätigung nach: »Herr, setze mir
ein Zeichen!« (3,41).

Aus seiner machtvollen Überlegenheit bescheidet Gott auch die
empörte Frage dessen, der am Tag der Auferstehung und des Gerichts
als Strafe sein Augenlicht nicht mehr erhält und von Gott wissen will:
»Herr, warum hast du mich blind zur Versammlung gerufen, wo ich
doch sehen konnte?« (20,125). Diese Rede steht freilich als ein Ereignis der Endzeit noch aus; der Koran nimmt sie vorweg. Doch jetzt ist
schon entschieden: Auch der letzte Einspruch gegen Gott wird nur bewirken, daß dieser seine Überlegenheit behauptet: »So vergelten wir
dem, der maßlos ist und nicht an die Zeichen seines Herrn glaubt.«
(V. 127).

---

[15] Man kann an beiden Stellen auch übersetzen: »So ist es: Gott tut (bzw. schafft), was er
will.« Vgl. *R. Paret* (1981), 67 zu Sure 3,40.

Darüber hinaus fingiert Gott in derselben Sure sogar noch die Frage, die die Menschen im Widerstand an ihn hätten richten können, falls er über sie sein Strafgericht hätte kommen lassen, ohne zuvor einen Propheten zu senden: »Herr, warum hast du uns keinen Gesandten geschickt, so daß wir deinen Zeichen gefolgt wären, bevor wir erniedrigt und verworfen wurden?« (V. 134, vgl. 28,47). In ihrer Irrealität bekundet diese Fiktion die Nutzlosigkeit solcher Widerrede. Denkbaren Einwänden soll ein für allemal der Boden entzogen werden: »Sag: ›Jeder wartet ab. So wartet ab! Ihr werdet erfahren [...]‹.« (20,135).

Aber es gibt am Tag des Gerichts noch eine weitere Möglichkeit, sich an Gott zu wenden, ohne daß dabei die Rede schon zum Gebet wird. Mehrfach tragen Engel, Teufel und Dschinn, die von Menschen als göttliche Wesen verehrt und als Fürsprecher angerufen worden sind, zu ihrer eigenen Entlastung Beschuldigungen vor – wie 50,27 der Satan: »Herr, ich habe ihn [den Menschen] nicht zum Ungehorsam aufgewiegelt, sondern er war längst im Irrtum.« Freilich kann sich mit solcher Anklage anderer zugleich auch die Einsicht in die eigene Lage verbinden: »Herr, die wir irregeführt haben, die haben wir irregeführt, wie wir irregegangen sind. Wir sprechen uns von ihnen los – zu dir hin. Nicht uns haben sie verehrt.« (28,63). In der Konsequenz dieses Versuchs, sich selbst zu entlasten, verstärken schließlich diese Ankläger ihre Beschuldigung noch durch die einleitende Doxologie, ohne daß sich damit freilich im übrigen der Charakter ihrer Aussage verändert: »Dir sei Preis! Uns stand es nicht zu, außer dir irgendwelche Freunde zu nehmen; aber du hast ihnen und ihren Vätern Genuß geschenkt, bis sie die Ermahnung vergaßen und ein verworfenes Volk wurden.« (25,18). Noch etwas mehr dem lobenden und bekennenden Gebet angenähert erscheint solche Rede in Sure 34,41: »Dir sei Preis! Dich haben wir zum Schutzherrn, nicht sie, nein, sie haben die Dschinn verehrt; die meisten von ihnen glauben an sie.«

Auch die so beschuldigten Menschen kommen zur Einsicht in ihre Lage; doch sie wollen sich nicht mit ihr abfinden, sondern schließen ihrem Schuldeingeständnis einen letzten zaghaften Versuch an, dem Unheil zu entrinnen: »Herr, du hast uns zweimal tot sein lassen und uns zweimal lebendig gemacht. Wir bekennen unsere Sünden. Gibt es einen Ausweg?« (40,11). Wie schon mehrfach gesehen, wird auch hier Gott durch die an ihn gerichtete Frage nur dazu veranlaßt, die gegebene Situation uneingeschränkt zu behaupten: »Dies ist so, weil ihr, wenn Gott allein angerufen wurde, nicht glaubtet; aber ihr glaubtet, wenn ihm [noch jemand] beigesellt wurde. Das Urteil steht Gott zu, dem Hohen und Großen.« (V. 12).

In der Konsequenz solcher Endgültigkeit beschränkt sich auch die Rede zu Gott ihrerseits völlig auf die Feststellung der gegebenen Lage, ohne daß sie noch irgendwie zu erkennen gäbe, wie sie Widerstand leisten oder was sie zu erreichen versuchen wollte: »Herr, das sind unsere Teilhaber, zu denen wir gebetet haben statt zu dir« (16,86) und »Herr, die einen von uns haben von den anderen Nutzen gehabt; wir haben unsere Frist erreicht, die du uns gesetzt hast.« (6,128). In dieser äußersten Form der Rede zu Gott fallen Widerspruch und Einverständnis zusammen: Einerseits wird die Konfrontation festgeschrieben – die Verwerfung all derer, die sich gegen Gott gestellt haben, der Menschen wie der Teufel und der Dschinn, ist unwiderruflich; andererseits wird dies hier von den Betroffenen selbst so nüchtern und sachlich registriert, daß sich darin beide Seiten treffen können.

Schließlich versuchen die Menschen im Gericht Gott nur noch hilflos verlegen auszuweichen, wo sie ihm auf seine Frage, wie lange sie auf (oder in) der Erde gewesen seien, abweisend antworten: »Einen Tag oder einen Teil davon. *Frage doch die, die zählen!*« (23,113). Sie haben zu ihrer Lage nichts mehr zu sagen und geben es auf, vor Gott noch etwas vorzubringen.

So zeigt sich, daß auch an all den Stellen, an denen im Koran die Rede zu Gott nach Intention, Inhalt und Form nicht als Gebet angelegt ist, sie dennoch zur Bestätigung der machtvollen, von keiner Seite eingeschränkten, mit niemandem geteilten Überlegenheit Gottes führt. Dies muß nicht schon die Absicht dessen sein, in dessen Mund das jeweilige Wort gelegt wird; aber die letztlich gültige, authentische Bedeutung kommt von Gott selbst, der all diese Äußerungen, seien sie formal zunächst auch noch so sehr als Widerspruch zu ihm angelegt, in seinem Buch zu Wort kommen läßt; er ist es, der ihnen in seiner Verkündigung Raum gewährt, ihnen ihre Gestalt gibt und sie für alle Welt hörbar macht.

Indem der Koran so die eschatologische Szene als eine von Rede und Gegenrede entwirft, fällt er zugleich sein Urteil über die gegenwärtigen Konfrontationen von Glaube und Unglaube, von Mohammed und seinen Widersachern.

c. Gebete – rechtschaffen und verkehrt

Nicht alle Gebete, die der Koran enthält, werden als unmittelbar vorbildhafte Texte zur frommen Nachahmung zitiert. Dies ist aus zwei

Gründen nicht immer der Fall: Zum einen sind bestimmte Äußerungen in eine derart individuelle Situation eingelassen, daß sie sich nicht einfach von dem Ort, dem sie angehören, ablösen und damit generalisieren lassen. (Dabei gibt es freilich Zwischenformen, so daß bei einem bestimmten Text vielleicht nur wenige Elemente herausgenommen oder geändert werden müssen, um ihn nach seiner Intention, seinem Inhalt und seiner Gestalt jederzeit auch unter veränderten Umständen wieder als Gebet sprechen zu können.) Zum anderen aber läßt der Koran darüber hinaus auch diejenigen zu Wort kommen, die sich auf irrigem Weg befinden und sich aus verderbter Gesinnung an Gott wenden. Diese Texte sollen hier zunächst betrachtet werden.

(1) Falsche Bitten
– Der beschränkte Blick

Wie irrig Menschen ihr eigenes Leben und ihr Verhältnis zu Gott einschätzen können, zeigt der Koran an einem Gebet, das sich ausschließlich um die irdische Existenz sorgt: »Herr, gib uns [das Gute] im Diesseits!« (2,200). Sich so an Gott zu wenden wäre nicht verwehrt, wenn sich der Beter dabei nur bewußt bliebe, daß er auch über dieses jetzige Leben hinaus auf Gott angewiesen ist. Die zitierte Bitte ist also nicht schlechthin falsch, aber gegenüber dem eigentlich geforderten Gebet verstümmelt. In ähnlich vordergründigem Denken befangen erscheinen in einer anderen Sure die Sabäer, Bewohner Südarabiens, da sie sich nicht mit den ihnen gewährten wirtschaftlichen Verhältnissen dankbar bescheiden, sondern sich von Gott immer noch weitere Regionen für ihren Handel erbitten: »Herr, leg größere Strecken in unsere Reisen!« (34,19). In der Sicht des Koran ruinieren sie sich aber mit ihrem gewinnsüchtigen Denken selbst.

Die Beschränkung des Gebets auf das Diesseits erscheint schließlich noch zugespitzt, wo zwar der Gedanke an die Vorläufigkeit des irdischen Lebens und das drohende Gericht gegenwärtig ist, aber zugleich leichtfertig mißachtet wird: »Herr, gib uns eilig unseren Anteil vor dem Tag der Abrechnung!« (38,16). Ob dies überhaupt noch eine ernstgemeinte Äußerung der Ungläubigen sein soll oder vielleicht nur noch eine sarkastisch spottende Karikatur ist, läßt sich dem Kontext dieser Stelle nicht eindeutig entnehmen.

Ähnlich zwiespältig kann man das Gebet lesen, mit dem die Gegner Mohammeds zitiert werden: »O Gott, wenn das die Wahrheit von dir ist, dann laß über uns Steine vom Himmel herabregnen, oder bring eine schlimme Strafe!« (8,32). Die so beten, wissen jedenfalls nicht, was sie tun; sie sprechen ihr eigenes Urteil.

– Die vergebliche Ausflucht
Die Verkehrtheit all derer, die sich nicht Gottes Weisungen fügen, die Aussichtslosigkeit ihres Weges, ihr Mangel an Einsicht in ihre eigene Lage werden schließlich im Koran besonders markant in den Szenen des Gerichts gezeichnet. Ansätze dazu zeigten schon einige im Vorausgehenden zitierte Äußerungen gegenüber Gott. In einem geballten Maß wie nirgends sonst kommt diese Verderbtheit in den zahlreichen verfehlten und nutzlosen Gebeten derer zur Sprache, die ihre Verurteilung vor Augen haben. Ihre Bitten lassen nach Inhalt und Absicht zwei verschiedene Richtungen erkennen:

1. In der Angst, ihr Leben endgültig verwirkt zu haben, versuchen diese Beter – so wie der Koran sie an einer Reihe von Stellen zu Wort kommen läßt – eine neue Bewährungschance zu erreichen, sei diese auch noch so knapp bemessen: »Herr, gewähre uns für eine kurze Frist Aufschub, damit wir deinem Ruf antworten und den Gesandten folgen!« (14,44). In der Sackgasse, in die sie geraten sind, soll es ihnen wenigstens noch möglich sein, umzuwenden und zurückzukehren: »Herr, laß uns herauskommen, damit wir rechtschaffen handeln und nicht so, wie wir gehandelt haben!« (35,37; vgl. 23,99f; 63,10). Das bisherige Leben soll eine vorläufige, heilsame Erfahrung sein, nicht der einmalige, endgültige Ernstfall: »Herr, wir haben gesehen und gehört; so laß uns zurückkehren, damit wir rechtschaffen handeln. Wir sind überzeugt.« (32,12). Der jetzt gewonnenen Einsicht sollte ein Neuanfang folgen; die Bilanz, die endgültig zählt, könnte dann beim nächsten Mal gezogen werden. Das Bisherige soll mehr Mißgeschick und Unfall als freie und einsichtige Tat gewesen sein: »Herr, unser Elend hat uns überwältigt; wir sind Leute, die irregegangen sind. Herr, laß uns da herauskommen! Wenn wir rückfällig werden, dann sind wir Frevler.« (23,106f).

Aber diese vermeintlichen Gebete sind für Gott nur leere Worte (vgl. 23,100), die an der gegebenen Situation völlig vorbeigehen. Einsicht und Umkehr hätten schon früher erfolgen können. Jetzt lehnt Gott diesen Betern nicht nur die Erfüllung ihrer Bitten ab, sondern er untersagt ihnen, sich noch weiter an ihn zu wenden: »Redet nicht mit mir!« (23,108). Damit wird dieser Perversion des Gebets das Wort abgeschnitten. Nur auf die Bitte von Sure 44,12 »Herr, hebe die Strafe von uns auf; wir wollen gläubig sein!« folgt die Zusage Gottes: »Wir werden die Strafe ein wenig aufheben« (V. 15), doch zugleich auch die düstere Konsequenz: »Ihr aber werdet rückfällig werden«.

2. Die Verkehrtheit scheint noch gesteigert, wenn die Beter ihre Bitten nicht mehr – jedenfalls nicht mehr ausdrücklich – auf die eigene Rettung richten, sondern nur noch auf die Rache an denen, denen angeblich das schlimme Ende zuzuschreiben ist: »Herr, zeig uns die Dschinn und die Menschen, die uns irregeführt haben, dann legen wir sie unter unsere Füße, damit sie zu den Niedrigsten gehören!« (41,29). Der einzige Genuß, um den hier noch gebeten wird, ist ein Triumph über die angeblich Schlimmeren. Das eigene Elend erscheint leichter, wenn es gegenüber dem der anderen, denen man die Schuld anlasten möchte, geringer ist: »Herr, wer uns das verschafft hat – gib ihm im Feuer eine doppelte Strafe!« (38,61; vgl. 7,38; 33,67 f). Aber auch diese letzte Bitte, die aus Gottes Gerechtigkeit wenigstens noch etwas Schadenfreude zu gewinnen trachtet, wird abgewiesen: »Jeder bekommt Doppeltes.« (7,38).

So sind schließlich diese Gebete nur noch ein äußerster Ausdruck dafür, daß es in der Verdammnis der Hölle keine Verbundenheit im gemeinsamen Unglück mehr geben kann: »Sooft eine Gemeinschaft hineingeht, verflucht sie ihre Schwester.« (7,38) – »Das ist die Wirklichkeit: der Streit der Bewohner des Feuers!« (38,64). Die Bitten der Verworfenen erreichen also insgesamt nicht mehr Gott, an den sie sich formal noch richten; sie sind letztlich keine Gebete mehr, obwohl sie in deren Gestalt gefaßt sind, sondern nur noch Manifestationen der äußersten Beziehungslosigkeit.[16]

(2) Die Gebete der Frommen

Daß bei der Untersuchung der im Koran enthaltenen Reden zu Gott jetzt erst eigentliche Gebete wahrgenommen werden, unterstreicht, in welch größeren spannungsvollen, von Konfrontationen, Auseinandersetzungen und Verwerfungen erfüllten Raum hier die gläubige Hinwendung zu Gott gestellt ist. Im folgenden wird sich zeigen, wieweit dem auch die einzelnen Gebete in ihren Strukturen entsprechen.

– Die Identifikation der Beter

1. An weitaus den meisten Stellen, an denen wir im Koran Gebete finden, werden diese von bestimmten Personen und Gruppen im Zusam-

---

[16] Zu den Gebeten, die der Koran als verkehrte verwirft, gehören über die in diesem Kapitel zitierten hinaus noch zwei kurze jüdische Formen, bei denen der Grund der Anstößigkeit freilich unklar bleibt, da die eine zunächst in einem guten Sinn verstanden werden kann (»Gib auf uns acht!« 2,104; 4,46), die andere in ihrer Bedeutung umstritten ist (»Höre, ohne daß es gehört wird!« – 4,46; vgl. R. Paret (1981), zu den jeweiligen Versen; KhKomm 2, 82f.

menhang eines konkreten Ereignisses, das man erzählend in Erinnerung rufen kann, gesprochen. Sie gehören also primär vergangenen Szenen an. Diese sind fast alle auch aus biblischen Traditionen bekannt, selbst wenn dort an den entsprechenden Stellen nicht gerade derart gebetet wird.

In ihrer situativen Verankerung sind die folgenden Texte, in denen Gott angesprochen wird, zunächst Äußerungen der persönlichen Frömmigkeit, des freien Gebets *(du'ā'),* nicht der gemeinschaftlichen Pflicht, des rituellen Gebets, der Liturgie *(ṣalāt).* [17] Wie das eine vom anderen unterschieden ist und zugleich auf es bezogen sein kann, zeigt Sure 14,40, wo Abraham in einer du'ā' erbittet, daß er die ṣalāt auf rechte Weise verrichte und daß seine du'ā' erhört werde.

Am häufigsten finden wir Beziehungen zum *Alten Testament*[18]: Es beten die Engel, die Gott nach der Erschaffung des Menschen preisen und für diesen eintreten (2,32; 40,7–9); Adam und seine Frau, die nach ihrem Vergehen im Paradies Gott um Vergebung bitten (7,23) und von ihm einen gesunden Jungen erhoffen (7,189); Noach, der, gefährdet durch seine Landsleute und beunruhigt durch die Flut, für sich und seine Familie Gott um Rettung und Nachsicht anruft (11,45.47; 23,26.29; 26,117 f; 54,10; 71,5–24.26–28); Abraham, der sich von der polytheistischen Welt seines Vaters distanziert, die Macht des einen Gottes zu erkennen sucht, sich einen Sohn erbittet und Mekka als Zentrum der Gläubigen erhofft (2,124.126–129.260; 14,35–41; 26,83–89; 37,100; 60,4 f); Lot, der nichts mit den Frevlern seiner Zeit zu tun haben will (26,169; 29,30); Josef, der sich unter Gottes Schutz flüchtet (12,33), sich der Wohltaten Gottes erinnert und ihn um die endgültige Gemeinschaft mit den Rechtschaffenen bittet (12,101); Mose, der im Auftrag, die Israeliten aus der Macht des Pharao zu befreien und darüber hinaus das Böse von ihnen fernzuhalten, die Nähe und Unterstützung Gottes sucht (5,25; 7,143.151.155 f; 10,88; 20,25–35.84; 26,12–14; 28,16 f.21.24.33 f); Mose und Aaron gemeinsam, die Gott ihre Furcht vor dem Pharao mitteilen (20,45), aber auch die Israeliten insgesamt angesichts der Macht des ägyptischen Königs und seines ungläubigen Volkes (10,85 f); die Frau des Pharao, die sich von der Bosheit ihres Mannes abwendet (66,11)[19]; seine Zauberer, die zu den wahrhaft Gläubigen gezählt werden wollen (7,126);

[17] Vgl. *A. d'Alverny* (1960), 212–226: La prière personnelle dans le Coran; 303–317: La prière rituelle dans le Coran; *L. Gardet* (1965 b); *A. J. Wensinck* (1976 a).

[18] Zu den folgenden Stellen vgl. *H. Speyer* (1988), 493 ff: Index I.

[19] Zu dieser Gestalt, die in der Bibel nicht vorkommt, vgl. ebd. 281 f.

die Israeliten, die gegen Goliath und seine Truppen in den Kampf ziehen müssen (2,250); Salomo, der in seiner königlichen Position um ein rechtschaffenes Leben und eine ruhmvolle Herrschaft bittet (27,19; 38,35); die Königin von Saba, die ihre Schuld bekennt (27,44); Ijob, der in der Not, die ihn überfallen hat, bei Gott Zuflucht sucht (21,83); »der mit dem Fisch« (d. h. Jona), der gemeint hat, er könnte sich Gott entziehen, ihn aber schließlich aus der Finsternis, in die er geworfen worden ist, anruft (21,87).

Nur in beiläufiger und undeutlicher Beziehung zu jüdischen Überlieferungen steht Schu'aib, der nicht biblisch zu identifizieren ist, aber nach dem Koran zu den Madianitern zählt und deshalb in arabischer Tradition mit Jitro, dem Schwiegervater von Mose, gleichgesetzt wird.[20] Er bittet um eine Entscheidung zwischen ihm als einem Propheten Gottes und seinem Volk, das sich seiner mahnenden Rede entziehen will (7,89). – Namentlich nicht genannt, aber in die Zeit nach Noach eingeordnet ist ein Prophet, der in gleichen Worten wie zuvor Noach Gott gegen die anruft, die ihn zum Lügner erklären wollen (23,39; vgl. V. 26). Auch noch an anderer Stelle ist ohne Namensnennung einfach von »dem Gesandten« die Rede, der sich an Gott wendet, weil seine Hörer den Koran ablehnen (25,30); die Vergangenheitsform des Kontextes läßt an einen Propheten vor Mohammed denken.[21]

Daneben finden wir als Beter Personen, die uns aus dem *Neuen Testament* vertraut sind: Zacharias, der sich von Gott einen Sohn wünscht (3,38.40.41; 19,4–6.8.10; 21,89); Jesus, der Gott um »einen Tisch vom Himmel« bittet, damit dieser für seine Gemeinschaft »Fest und Zeichen« sei (5,114); die Jünger Jesu, die sich in dessen Gefolgschaft als gläubige Zeugen bekennen (3,53). Hinzunehmen kann man hier auch die Beter, derer man sich nicht aus der Vergangenheit erinnert, sondern an die man im Blick auf die noch ausstehende, aber schon angesagten Zukunft denkt: Die Gläubigen, die am Tag des Gerichts in das Paradies geladen werden und Gott dafür preisen (10,10), die ihn um Vergebung und Erleuchtung bitten (66,8) und sich von den Frevlern distanzieren (7,47).

In der Beziehung zum *apokryphen* »*Protoevangelium des Jakobus*« stehen die beiden Gebete, in denen die Mutter Marias (hier heißt

[20] Vgl. ebd. 251–254.

[21] *R. Paret* (1979) übersetzt diese Stelle präsentisch; dann könnte sie sich auch auf Mohammed oder auf Propheten schlechthin beziehen. Auch 21,112 lautet die Einleitung eines Gebets anonym: »Er sagt(e): ...«; doch gibt es dort auch die Variante »Sag: ...!«, die sich an Mohammed richtet; vgl. *R. Paret* (1981) zu dieser Stelle und zu 21,4.

sie die Frau 'Imrāns) zunächst ihr noch ungeborenes Kind Gott weiht und nach der Geburt Maria samt deren Nachkommen Gottes Schutz empfiehlt (3,35 f).[22]

Darüber hinaus erinnert der Koran noch an ein Gebet aus seiner Vorzeit, das sich *nicht auf Situationen der biblischen Überlieferung oder deren nahe Umgebung* beziehen läßt, nämlich an eines der »Leute der Höhle«, die aus der christlichen Legende als die »Siebenschläfer« bekannt sind (18,10).[23]

Von den *Zeitgenossen Mohammeds* zitiert der Koran als Gläubige, die in rechter Weise zu beten wissen, nur zwei Gruppen: zum einen die muslimischen Männer, Frauen und Kinder, die im feindlich gesinnten Mekka zurückbleiben mußten und von Gott ihre Rettung erbitten (4,75), zum anderen die Anhänger Mohammeds, die nicht schon bei der Hidschra, sondern erst zu einem späteren Zeitpunkt nach Medina kamen und keine Rivalität zwischen den verschiedenen Gruppen aufkommen lassen wollen (59,10). Zwar finden wir auch noch an einer weiteren Stelle, die auf Auseinandersetzungen unter den Muslimen in Medina anspielt, ein an Gott gerichtetes rühmendes Wort (24,16); aber hier wird nur formuliert, was die Mitbürger Mohammeds statt ihrer Lüge, die sie tatsächlich verbreiteten, hätten eigentlich sagen sollen. Ähnlich werden in Sure 4,46 den falschen Gebetsworten, die man bei Juden hört, richtige entgegengesetzt (vgl. auch 2,104).

Als Gebete, die der Koran *Mohammed* selbst sprechen läßt, kann man die ansehen, die ohne eine besondere Namensnennung mit dem Imperativ Gottes: »Sag: . . .!« eingeleitet sind – also mit der Formel des prophetischen Auftrags (3,26f; 17,80; 20,114; 21,112[24]; 23,93 f. 97 f.118; 39,46). Einerseits wird damit Gott auf eine besondere Weise als der primäre Autor der Worte erkennbar, die an ihn gerichtet werden sollen; andererseits können diese Gebete aber zugleich auch ganz Mohammeds Rede sein, denn sie spiegeln die Spannungen wider, in die sich der Prophet durch die ihm aufgetragene Botschaft seinen Mitmenschen gegenüber versetzt sieht. Doch über die formale Einführung dieser Worte durch den göttlichen Auftrag hinaus haben sie keinen eigenen Charakter, durch den sie sich von den sonstigen Gebeten abhöben.

Insgesamt fällt bei dem bisherigen Überblick über die Beter, die der Koran ausdrücklich zu Wort kommen läßt, auf, in welch großem

[22] Vgl. *E. Hennecke* (1959), 281 f: 4,1; 6,1.

[23] Vgl. *Josef Oswald*, Siebenschläfer, in: LThK 9, 737 f; *R. Paret* (1960).

[24] Zu dieser Variante s. o. Anm. 21.

Maß er die Vergangenheit zur Sprache bringt und wie geringfügig sich daneben der Anteil aus der unmittelbaren Gegenwart Mohammeds ausnimmt. So legt der Koran schon durch die personellen Zuschreibungen der Gebete nahe, daß das, was in seiner Zeit gefordert und angemessen ist, in erster Linie durch den Rückblick in die Vergangenheit und durch die Identifikation mit ihr vorgestellt und bekräftigt werden kann.

Dabei gibt es im Koran keine einzelne Szene – gar aus dem Leben Mohammeds –, die für die muslimische Gebetssprache gleichermaßen fundamental und exemplarisch wäre wie im Neuen Testament diejenige, in der Jesus den Jüngern das *Vaterunser* lehrt (Mt 6,7–13; Lk 11,1–4). Auch wenn die Fātiḥa, die erste Sure, nach ihrer Form, ihrem theologischen Gehalt und ihrer Bedeutung für die alltägliche Frömmigkeit einen dem christlichen Vaterunser vergleichbaren Rang einnimmt[25], so wird doch gerade sie nicht in einem besonderen Ereignis verankert. Wie nach dem Glauben des Islam alle prophetischen Offenbarungen zurückbinden an die religiöse Ordnung, die den Menschen von der Schöpfung her eingestiftet ist, so braucht auch der Koran bei seinen Weisungen zum rechten Gebet nur daran zu erinnern, wie die Gläubigen aller Zeiten in der Fülle ihrer Lebenssituationen immer wieder Gott angerufen haben.

Um diesen Sachverhalt angemessen zu würdigen, müssen in einem späteren Teil die einzelnen Gebete noch genauer geprüft werden, wieweit sie mit den Worten, die sie aus ihren jeweils singulären Situationen an Gott richten, für Generalisierungen offen sind.

2. An einer relativ geringen Anzahl von Stellen formuliert der Koran – wie mit der ersten Sure – Gebete, die nicht in konkrete Szenen eingelassen und deren Akteuren zugeschrieben, sondern von vornherein nach ihrem Kontext ganz *allgemein* gehalten sind. Aber auch dabei werden noch einige wenige Gruppierungen besonderer Beter herausgehoben: *Propheten,* die in ihrem Auftrag standhaft bleiben wollen (3,147); *Christen,* die ihren Glauben bekennen und Gott darum bitten, daß er sie zu den Zeugen der Wahrheit rechnen möge (5,83); *Engel,* die Gott loben und bei ihm für die Gläubigen eintreten (40,7); aber auch – alltagsnäher – *die Reisenden,* die sich in Seenot befinden und zu Gott um Rettung rufen (10,22) und die *(erwachsenen) Kinder,* die für ihre Eltern bitten (17,24; 46,15). Im übrigen sind diejenigen, deren Gebete zitiert werden, ganz allgemein solche, die sich nicht nur

[25] Zum Verhältnis der beiden Gebete s. *H. Winkler* (1928).

»im Diesseits Gutes« wünschen, sondern ebenso »im Jenseits Gutes«
(2,201), einfach alle, die glauben (2,285 f; 66,8), diejenigen, die
Verstand haben (3,7–9.191–194), Gottes Diener (1,5–7; 3,16; 23,109;
25,65.74). Hier kommen also ausdrücklich *die Gläubigen schlechthin*
zu Wort – unabhängig von den Besonderheiten der Zeit, des Ortes,
der sozialen Umgebung und der jeweiligen Ereignisse. Doch belegt die
relativ geringe Zahl dieser Stellen noch einmal, wie bedeutsam dem
Koran die konkreten Beter aus der Vergangenheit sind: Sie gelten ihm
als so repräsentativ, daß er nur selten generalisierend und aktualisie-
rend andere zu zitieren braucht.

– *Funktionen und Inhalte der Gebete*
Schon bei der vorausgehenden Sichtung des Koran, wer im einzelnen
die Beter sind und aus welchen Situationen heraus sie sich an Gott
wenden, wurde vielfach das, was sie dazu bewegt, mit wahrgenommen. Aber in dieser Hinsicht ist noch eine systematischere Bilanz
nötig. (Dabei werden im folgenden die zuvor schon zitierten sämt-
lichen Belegstellen nicht jeweils noch einmal notiert; das charakteri-
stische Gesamtergebnis soll genügen.)

1. Zunächst fällt auf, daß die entsprechenden Texte *fast ausschließlich Bittgebete* sind.[26] Auch wenn diese im einzelnen zusätzlich
noch andere Elemente enthalten (etwa des Danks, des Bekenntnisses,
der Situationsbeschreibung, der erzählenden Erinnerung – so ganz
besonders ausführlich 71,5–28); es dominiert doch durchweg die ausdrückliche Absicht, Gott zu etwas zu bewegen.

In einigen Fällen ist die Bitte nicht formal ausgesprochen, aber
implizit deutlich greifbar – wenn Jonas aus der Finsternis des Fisches
Gott preist und seine Schuld bekennt, um dadurch gerettet zu werden
(21,87); wenn Ijob einfach seine Lage nennt: »Not ist über mich gekommen« und die Bekenntnisaussage anschließt: »Niemand ist so
barmherzig wie du« (21,83); wenn ein Gesandter Gottes sich darüber
beschwert, daß seine Landsleute den Koran ablehnen (25,30); wenn
Mose Gott schlicht sagt: »Herr, ich bin bedürftig und brauche, was
du mir an Gutem herabsendest« (28,24).

Die *Ausnahmen,* bei denen es sich nicht um Bittgebete handelt,
sind nur wenige: zwei Rühmungen der Allwissenheit Gottes (2,32;
39,46), eine ausführlich lobende Anerkennung seiner Herrschaft und

---

[26] Dies entspricht auch der ursprünglichen Bedeutung von »du'ā'«, dem Begriff für das freie
Gebet: »Il s'agit d'un appel, d'un cri, d'une invitation pressante« (*A. d'Alverny* [1960],
213), »ad-du'ā'« ist »la prière de demande« (ebd. 215), »prayer of request« (*L. Gardet*
[1965 b], 617).

Schöpfermacht (3,26 f), die gelegentliche stereotype Formel »Dir sei Preis« (7,143; 10,10; 24,16), zwei Bekenntnisse der Umkehr nach der Erfahrung göttlicher Macht (7,143) und wundersamer Kräfte (27,44). Zwar finden wir den Ruhm Gottes durch die Menschen, ihr Bekenntnis zu ihm und ihren Dank für erlangte Wohltaten im Koran noch weit häufiger, aber, abgelöst vom Bittgebet, nicht in der unmittelbaren Rede zu Gott selbst (vgl. 1,2–5; 23,28). Wie im Einzelfall die eine (seltene) Form neben der anderen (häufigeren) stehen kann, ist an dem bereits zitierten Vers 10,10 ablesbar: »Gepriesen seist du, o Gott!« – »Das Lob sei Gott, dem Herrn der Welten!«[27]

Mit solcher Dominanz der Bittgebete bei den Reden zu Gott wird der dringliche Charakter der Verkündigung des Koran auch in diesem Zusammenhang unterstrichen.

2. Gelegentlich hat die Bitte nicht nur den Beter selbst und seine Situation im Blick, sondern ausdrücklich auch andere Menschen, denen er sich verbunden weiß: Das Gebet wird zur *Fürsprache* (z. B. 17,24 für die Eltern; 14,41 und 71,28 darüber hinaus auch für alle Gläubigen; 26,86 für den Vater, der noch nicht zum rechten Glauben gekommen ist; 59,10 für diejenigen, die früher zum Glauben gekommen sind als die Beter selbst). Eine besondere Stelle nimmt das fürbittende Gebet der Engel ein (40,7–9), da sie sich nicht als Wesen begreifen, die Gott noch für sich selbst um etwas ersuchen müßten; die deshalb ganz von sich absehen und zugunsten der Menschen beten können. Eine ähnliche selbstlose Fürsprache ließe sich grundsätzlich auch von den Menschen denken, die nach ihrem Tod das endgültige Glück ihres Lebens erreichten. In der muslimischen Frömmigkeit spielt diese Fürbitte eine große Rolle[28], aber im Koran wird sie noch nicht ausdrücklich realisiert.

Andererseits setzt der Koran der Fürsprache eine doppelte Grenze: Niemand kann sie bei Gott einlegen »außer mit seiner Erlaubnis« (vgl. 2,255); und sie dürfte für niemanden ausgesprochen werden, der sich dem konsequenten Monotheismus des Islam verschließt: »Es kommt dem Propheten und den Gläubigen nicht zu, für die, die [Gott noch andere] beigesellen, um Vergebung zu bitten, selbst wenn es Verwandte wären, nachdem ihnen deutlich geworden ist, daß sie Gefährten der Hölle sind.« (9,113). Aus diesem Grund entschuldigt der Koran Abraham, daß er für seinen Vater, der den Götzen anhing,

---

[27] Zum möglichen Einfluß der christlichen Kultsprache vgl. *A. Baumstark* (1927).
[28] Vgl. *H. Stieglecker* (1983), 678–683.

»nur aufgrund eines Versprechens, das er ihm vorher gegeben hatte«, um Vergebung bat (9,114; vgl. 19,47; 26,86; 60,4) – »als ihm aber klar wurde, daß er ein Feind Gottes war, sagte er sich von ihm los« (9,114).

3. Weitaus am häufigsten wird Gott um die *Vergebung der eigenen Sünden* gebeten. Der Gläubige sieht sich demnach einerseits einem strengen ethischen Anspruch ausgesetzt – er hat sich in seinem Handeln vor dem Gesetz Gottes zu bewähren –, andererseits weiß er sich aber zugleich angewiesen auf die nachsichtige Barmherzigkeit Gottes, der zur Verzeihung bereit ist (z. B. 7,23; 23,109). Hier zeigt sich, wie fragwürdig oder wenigstens unzulänglich es ist, den Islam undifferenziert als eine »Gesetzesreligion« zu begreifen[29]; er ist wenigstens ebensosehr eine »Religion der Gnade«.

In der Nähe und der Konsequenz der Bitte um Sündenvergebung stehen die (in der Zahl deutlich geringeren) Gebete um *Bewahrung vor den Strafen der Hölle* (z. B. 25,65).

Daß bei all dem nicht einfach eine Perspektive auf Endzeit und Jenseits vorherrscht, gar das bloße Bedürfnis, sich unter dem Druck der Vorstellungen von irdischem Lohn und höllischer Strafe zu behaupten, zeigen die (in der Häufigkeit an zweiter Stelle stehenden) Bitten, Gott möge aus der *Bedrohung durch die Frevler* retten (z. B. 28,21). Die Beter suchen Zuflucht in der Gefährdung, in der die menschliche Kraft allein nicht ausreicht. Dabei ängstigt sie nicht nur die physische Aggression, sondern vor allem die mit ihr einhergehende Macht der Lüge (z. B. 23,26.39). Daß ihr Widerstreit gegen die Wahrheit bislang noch nicht abgewehrt ist, läßt die Beter nach der Entscheidung Gottes rufen (z. B. 7,89; 39,46) – dies heißt nicht allein: nach der Bestrafung der Schuldigen (z. B. 71,26), sondern zugleich nach der Rettung der Gläubigen aus der Gefahr, selbst noch schuldig zu werden (z. B. 3,8f; 23,97f). Die Menschen brauchen Gottes Hilfe, wenn sie den »geraden Weg« gehen wollen (z. B. 1,6f). Die Bitte um »Geduld« (z. B. 7,126) ist getragen von der Sorge, den Spannungen dieser Welt nicht gewachsen zu sein. Auch wenn der Koran mehrfach versichert: »Gott fordert von keinem mehr, als er vermag« (z. B. 2,286), so erkennt er dennoch auch das Gebet der Gläubigen an:

---

[29] Vgl. als besonders massives Beispiel *E. Kellerhals* (1956) mit den im Register zu »Gesetz, Gesetzesreligion« genannten Stellen. *Hans-Georg Fritzsche,* Lehrbuch der Dogmatik, Bd. I, Göttingen ²1982, 290, spricht von den »*Werkreligionen* des Islam und des Konfuzianismus«, denen »die Herztöne« fehlen und die nicht ohne spätere »Ergänzungen« auskommen: »daher der starke Einbruch des Sufismus, also der Mystik, in den Islam«.

»Herr, belaste uns nicht mit etwas, wozu wir keine Kraft haben!« (Ebd. – Der Vergleich mit der Vaterunser-Bitte »Führe uns nicht in Versuchung!« liegt auf der Hand.) Die Angst vor der Überforderung soll den Menschen einerseits genommen, andererseits aber auch als berechtigt zugestanden werden. Die Welt bleibt vor der endgültigen, machtvollen Entscheidung Gottes auch für die Gläubigen zwiespältig und bedrohlich. Selbst dort, wo nicht Feinde erkennbar sind, kann doch einfach – wie bei Ijob – die »Not« den Menschen überfallen (21,83).

4. Wo sich die Gebete nicht auf die Negation des Übels und des Bösen, auf die Abwehr von Gefahren, auf die Stärkung der Gläubigen in ihrem Kampf beschränken, wo sie ihren Blick über die Konfrontation und Krisen hinaus richten, da lassen sie ihre eigentlichen Beweggründe und den Kern ihrer Spiritualität erkennen: die Absicht nämlich, Gott ständig zu loben und seiner zu gedenken (20,33 f),[30] mit ihm im Gebet verbunden zu sein (14,40), aus der von Gott geschenkten »Urteilskraft« zu leben, um seinem Willen zu entsprechen (26,83), dadurch »zu einem Vorbild für die Frommen« zu werden (25,74), insgesamt also Gott »ergeben«, d. h. »*Muslim*« *zu sein* (2,128) und damit zum »muslimischen Volk« (ebd.) zu gehören, zur Gemeinschaft der »Rechtschaffenen« (26,83) – in dieser Welt schon wie schließlich im »Garten des Glücks« (V. 85). Selbst wenn die Bitte des Mose, bei der Offenbarung des Gesetzes Gott schauen zu dürfen (7,143), abgewiesen wird, so zeigt doch auch dieser Wunsch das Bedürfnis des Gläubigen nach der erfahrbaren Nähe seines Herrn. Letztlich greift das Bittgebet zur metaphorischen Sprache, da sein Ziel alles benennbar Konkrete übersteigt: »Herr, mach uns unser Licht vollkommen, und verzeih uns!« (66,8).

Angesichts der Tatsache, daß der Koran formal keine eigentlichen Dankgebete enthält, ist es besonders bemerkenswert, daß er das *Danken-Können* in die Bitte hineinnimmt – so daß der Beter in dem ausdrücklichen Bewußtsein, von Gott abhängig zu sein, doch implizit jetzt schon vollzieht, worum er gerade noch bittet: »Herr, halte mich an, daß ich für deine Gnade danke, mit der du mich und meine Eltern begnadet hast« (27,19; 46,15). Der Beter erkennt Gott als denjenigen an, der sich bislang schon als Helfer erwiesen hat. Deshalb auch ist die Bitte »ein lobenswerter Akt, der die wahren Gläubigen charakterisiert«[31].

---

[30] Vgl. *A. d'Alverny* (1961), 3–11: Le ›dhikre‹, état de prière; *L. Gardet* (1965 a).
[31] *A. d'Alverny* (1960), 215.

Die Spiritualität, die sich in den Gebeten des Koran äußert, schließt auch die Anerkennung der Güter dieser Welt ein. So sehr diejenigen verurteilt werden, die in ihren Bitten nur an das Irdische denken, so deutlich (ja formal gleichgewichtig) kann sich das rechte Gebet aber doch auch auf das irdische Wohlergehen richten: »Herr, gib uns im Diesseits Gutes und im Jenseits Gutes« (2,201) – hier gibt es keine Konkurrenz oder fromme Alternative.

Bei der Auflistung dessen, worauf sich die Bittgebete des Koran insgesamt richten, zeigt sich inhaltlich, daß die innerweltliche Perspektive überwiegend von den negativen Gegebenheiten und der dringlichen Erwartung, daß diese beseitigt werden mögen, besetzt ist.

5. Die meisten der Gebete, die namentlich bestimmten einzelnen Betern oder Gruppen zugesprochen werden, sind inhaltlich so *generell formuliert,* daß sie grundsätzlich jederzeit und von jedermann übernommen werden können. Bezeichnend dafür ist etwa, daß die Bitte König Salomos, Gott möge ihn zur Dankbarkeit und zum rechten Handeln anhalten (27,19), an anderer Stelle als ein Gebet jedes Mannes, der »das Alter von 40 Jahren erreicht hat«, zitiert wird (46,15). Ebenso kehrt ein Gebet der Jünger Jesu später als ein Gebet der Christen schlechthin wieder – mit einer wichtigen Auslassung freilich (die im folgenden Zitat mit Klammern gekennzeichnet ist): »Herr, wir glauben (an das, was du herabgesandt hast, und folgen dem Gesandten). So verzeichne uns bei den Zeugen!« (3,53 und 5,83). Die Kürzung dürfte wohl darauf beruhen, daß die christlichen Zeitgenossen Mohammeds ihn und seine Verkündigung nicht anerkannten. Das Gebet der Jünger Jesu entspricht hier also dem muslimischen Glauben deutlicher als das der Christen.

Nur wenige Gebetselemente sind im Koran so personbezogen, situationsbedingt und damit *individuell,* daß sie sich in der wörtlichen Bedeutung gegen eine Verallgemeinerung sperren: Wenn Abraham darum bittet, daß Gott ihm als Beglaubigungszeichen Tote lebendig mache (2,260); wenn er im Gebet daran erinnert, daß er einige seiner Nachkommenschaft in Mekka angesiedelt hat (14,37), und in diesem Textzusammenhang seine Söhne Ismael und Isaak namentlich nennt (V. 39); wenn er seinen Vater zu den Götzendienern zählt (26,86); wenn Mose seine mangelnde Redefähigkeit beklagt und sich seinen Bruder Aaron als Helfer erbittet (20,30; 26,13; 28,34); aber auch wenn er sich wünscht, Gott sehen zu dürfen – ein Wunsch, der ihm abgeschlagen wird (7,143); wenn Salomo um die Königsherrschaft bittet (38,95) und Jesus um einen »Tisch vom Himmel« (5,114), dann läßt sich all dies nicht unmittelbar in das sonstige Gebet der Gläubigen übernehmen. Vor allem aber ist es in muslimischer Sicht aus prinzipiellen theologischen Gründen verwehrt, noch wie Abraham die Hoffnung auf einen künftigen Propheten zu setzen: »Herr, erwecke unter ihnen einen Gesandten aus ihrer Mitte, der ihnen deine Zeichen vorträgt, sie das Buch und die Weisheit lehrt und sie läutert!« (2,129). Mit der Verkündigung Mohammeds ist dieses Gebet endgültig erfüllt und überholt.

Doch außer dem letzten Beispiel lassen sich die von individuellen Elementen durchsetzten Gebete mit geringfügigen Auslassungen und Veränderungen oder mit einem weniger wörtlichen Verständnis in eine allgemeinere Bedeutung transformieren. So sind sie trotz ihrer person- und situationsgebundenen Elemente von zeitloser Repräsentativität.

In ihrem weitgehend generellen Charakter entsprechen die Gebete des Koran dem Selbstverständnis des Islam, »die naturgemäße Religion« (30,30) und damit grundsätzlich allem geschichtlichen Wandel enthoben zu sein. Da sich nach muslimischer Sicht außerdem der Widerstreit gegen diese Religion und den in ihr gelebten Glauben seinem Wesen nach nicht ändert, die Menschen immer für das Böse anfällig bleiben, außerdem bis zum Ende der Tage dem Leiden ausgesetzt und der Vergänglichkeit unterworfen, besteht insgesamt kein Grund, im Verhältnis der Menschen zu Gott und damit auch bei den Worten, die sie an ihn richten, mit tiefgreifend Neuem zu rechnen.

– Der angesprochene Gott

Mit der Formulierung der Gebete gibt der Koran nicht nur vor, wie sich die Gläubigen begreifen und mit ihren Bedürfnissen Gott gegenüber aussprechen sollen, sondern er bringt damit auch den Adressaten der Gebete, Gott selbst, in die kommunikativen Strukturen menschlicher Texte ein und schreibt ihm darin entscheidende Momente seiner Rolle zu.

1. Schon durch Inhalt und Funktion der Gebete, wie sie im vorausgehenden betrachtet wurden, ist Gott in seinem Verhältnis zu den Menschen positionell bestimmt: Er ist in erster Linie derjenige, der helfen kann – gegenüber denen, die auf seine Hilfe angewiesen sind. Durch das erhebliche Übergewicht der Bittgebete wird Gott aber nicht allein als der machtvoll Überlegene vorgestellt, der über alle Verhältnisse von Not, Bedrängnis und Gefahr verfügt (so kann er auch in entsprechenden Dankgebeten, Hymnen u. ä. gesehen werden), sondern ausdrücklich als derjenige, der in seiner Verfügungsmacht auf das hört, was ihm gesagt wird, und sich dadurch bewegen läßt.

Die Gebete des Koran legen damit den Gläubigen implizit nahe – auch wenn dadurch das Bild Gottes recht anthropomorphe Züge gewinnt –: Nehmt Gott als einen, den ihr beeinflussen könnt! Freilich kann diese kommunikative Struktur der Texte theologisch weitergehend so interpretiert werden, daß damit letztlich nicht etwas über Gott an sich ausgesagt wird, sondern nur über das Verhältnis, in das sich die Menschen zu ihm stellen sollen.[32]

2. Als Anrede Gottes finden wir in den Gebeten des Koran fast ausschließlich nur den Titel »Herr« (rabb); die Gläubigen sehen sich hier demnach in der Rolle der »Knechte« oder »Diener«, gar »Sklaven« ('abd). Nur an wenigen Stellen wird das besondere Anrufwort »O Gott!« (allāhumma) gebraucht (3,26; 5,114; 8,32; 10,10; 39,46),[33] ohne daß damit eine besondere theologische Differenzierung eingebracht würde. Darüber hinaus gibt es im Koran für Gott keine weitere vokativische Benennung mehr. – Wenn gelegentlich, aber selten Gott in Gebeten ohne eigene Benennung angesprochen wird (z. B. 2,32; 2,124; 21,83; 54,10), so ist dieser knappen Redeweise keine besondere Bedeutung zu entnehmen.

Damit entsprechen die Gebete des Koran zunächst weitgehend dem biblischen Sprachgebrauch. Als Anredewörter finden wir auch im Alten Testament fast nur »JHWH« (in der Septuaginta mit »kyrios« übersetzt, entsprechend dem arabischen »rabb«) und »Gott«, nur selten daneben etwa auch vokativisch »König« (z. B. Ps 5,3). Ein entscheidender Gegensatz ist erst mit der im Frühjudentum aufkommenden metaphorischen Anrede Gottes als »Vater«[34] gegeben, die einerseits durch das Gebet Jesu für das christliche Gottesverständnis wesentlich wird[35], andererseits wegen ihrer Nähe zum polytheistischen Denken dem Islam unannehmbar erscheint.

Bei einem solchen Vergleich der Denk- und Sprechweisen von Islam und Christentum ist jedoch nicht zu vergessen, daß auch im Neuen Testament Jesus seinen Jüngern das Verhältnis eines Herrn und seines Knechtes gleichnishaft vorstellt und seine Rede mit der Aufforderung abschließt: »So soll es auch bei euch sein: Wenn ihr alles getan habt, was euch befohlen wurde, sollt ihr sagen: ›Wir sind unnütze Sklaven; wir haben nur unsere Schuldigkeit getan.‹«

---

[32] Zu den Auseinandersetzungen in der islamischen Theologie über die anthropomorphe Rede von Gott und den Verzicht auf semantische Bedeutung vgl. S. 193.

[33] Vgl. *F. Buhl* (1960): »a heathen expression . . . was retained as inoffensive«.

[34] Vgl. im Achtzehngebet, in: *P. Riessler* (1966), 8 (4. und 6. Bitte).

[35] Vgl. S. 201f.

Freilich ist diese Beziehung von »Herr und Knecht« zwischen-
menschlich durch vielfältige Erfahrungen der Unfreiheit, Ausbeu-
tung, Entwürdigung usw. belastet.[36] Wie soll es angesichts solcher
negativer Bewertungen möglich sein, diese Sozialstruktur positiv auf
die Beziehung von Mensch und Gott zu übertragen? Die Antwort darauf ergibt sich, wenn man sieht, daß für den Gläubigen, der Gott als
»Herrn« begreift, zugleich alle anderen Mächte ihre scheinbar überlegene, gar unangefochtene Stellung verlieren: »O Gott, Herr[37] der
Herrschaft! Du gibst die Herrschaft, wem du willst, und nimmst die
Herrschaft, wem du willst; du machst mächtig, wen du willst, und
du erniedrigst, wen du willst. In deiner Hand ist das Gute. Du bist zu
allem mächtig.« (3,26).

Deshalb ist es theologisch von großer Bedeutung, daß im arabischen Urtext die in der Übersetzung oft nur »Herr« lautende Anrede[38]
immer von einem Possessivpronomen begleitet ist, also »mein Herr«
(z. B. 3,38) oder »unser Herr« (z. B. 3,53) heißt. Doch im Deutschen
ist als Anrede grammatisch nur die erste Form möglich (das Vaterunser weicht aufgrund seiner griechischen und lateinischen Vorlage
von dieser Regel ab); dann legt es sich nahe, in der Übersetzung auf
beide Personalpronomen zu verzichten. Andererseits unterstreichen
die pronominalen Formulierungen des Arabischen die Einzigartigkeit
und Einmaligkeit dieser Beziehung und wehren die Vorstellung ab,
es könnte auf gleicher Ebene noch andere Herrschaftsverhältnisse
geben.

3. Neben diese fast ausschließliche, ständig wiederkehrende, eindringlich gleichbleibende Anrede »Herr« tritt eine Vielfalt prädikati-
ver Benennungen Gottes, die ihn als Adressaten der Gebete in besonderer Weise qualifizieren – in seinem Wissen, seiner Macht, seinem
Erbarmen usw.[39] Dabei werden (in den hier untersuchten Gebeten
wie in anderen Texten des Koran) bestimmte *rhetorische Formen* bevorzugt, so etwa Doppelbenennungen – »Du bist der Mächtige und
Weise« (2,129; 5,118; 40,8; 60,5), »der Wissende und Weise« (2,32),
»der Hörende und Wissende« (2,127), »der sich Zuwendende und
Barmherzige« (2,128), »verzeihend und barmherzig« (14,36), »gütig

---

[36] Vgl. *H. Zirker* (1991a).

[37] Zwar steht hier nicht »rabb«, sondern »mālik« (d. h. auch »Besitzer«, »Inhaber«); aber
syntaktisch ist dieses Wort an dieser Stelle auch nicht Anredetitel, sondern Apposition zu
»allāhumma«.

[38] So immer *R. Paret* (1979).

[39] Zum weiterreichenden sprachlichen und theologischen Zusammenhang der folgenden Benennungen Gottes vgl. *J. van Ess* (1975); *L. Gardet* (1960b); *H. Stieglecker* (1983), 48–96.

und barmherzig« (59,10), »der Erbarmungsvolle und um Hilfe Angerufene« (21,112) –; steigernde Vergleiche – »Du bist der Barmherzigste der Barmherzigen« (7,151; 21,83), »der Gerechteste der Richter« (11,45), »der beste der Versorger« (5,114), »der beste der Verzeihenden« (7,155), »der beste der Erben« (21,89), »der beste derer, die Unterkunft geben« (23,29) –; andere strukturähnliche Prädikationen – »Du bist der Hörer des Rufes« (3,38), »der uns durchschaut« (20,35), »der das Geheime kennt und das Bezeugte« (39,46), »Schöpfer der Himmel und der Erde« (ebd.) –; einfache Kennzeichnungen – »unser Schutzherr« (7,155), »der Freigebige« (3,8; 38,35) – und derartiges mehr.

Mit all diesen Benennungen wird Gott in seinen grundsätzlichen Eigenschaften charakterisiert. Demgegenüber geschieht es nur selten, daß in der Anrede Gottes an eine einzelne Tat erinnert wird – wie 10,88: »Herr, du hast dem Pharao und seinen Vornehmen im diesseitigen Leben Pracht und Reichtum verliehen [. . .]«. Gott soll demnach insgesamt vor allem als derjenige angesprochen werden, der den Gläubigen als der immer Gleiche gegenübersteht; die Beter bekunden mit ihren Worten ihre entsprechende Einsicht. Es ist deshalb bezeichnend, daß sich von diesen vielfältig qualifizierenden Benennungen Gottes in den angeführten »falschen Bitten« keine findet; dort fehlt dazu das rechte Verständnis.

Allen gläubigen Anrufen Gottes durch die Menschen voraus liegt aber die fundamentale Selbstvorstellung Gottes in der Zusage, die er seinem Propheten gibt: »Wenn dich meine Diener über mich fragen – ich bin nahe; ich antworte dem Ruf des Rufenden, wenn er ruft.« (2,186; vgl. 11,61; 40,60).

2. »Sagt nicht: Drei!« (Sure 4,171) – Zur Faszination der Einzigkeit Gottes im Islam

Das christliche Bekenntnis zum dreifaltigen Gott ist für muslimische Theologie in doppelter Hinsicht eine »offenkundige Verderbnis«[1]: zum einen im Blick auf die »Naturanlage Allāhs, in der Er die Menschen erschuf« und in der sie dazu verpflichtet sind, ihn als den einen Herrn anzuerkennen und sich selbst als dessen Diener zu begreifen, und zum anderen im Blick auf die »Schrift Allāhs, die Er herabsandte« und in der er die Verkündigung aller vorausgehenden Propheten bestätigte – auch die Jesu. Daß es den Juden und Christen zumeist nicht möglich war, die ursprüngliche Identität ihres Glaubens mit der Verkündigung des Koran zu erkennen, war die große Enttäuschung Mohammeds und führte faktisch zu der besonderen Religion »Islam« – nach unserem üblichen Verständnis dieses Wortes.

Demgegenüber ist die christliche Theologie von Anfang an bis heute geneigt, dem Islam bei diesem dogmatischen Thema noch mehr als sonst theologische Ignoranz oder Verständnislosigkeit zu unterstellen. Das Urteil über Mohammed heißt dann etwa: »Eine genaue Kenntnis ist ihm jedoch nicht zuteil geworden, so daß er insgesamt eine unklare Vorstellung von der christlichen Trinitätslehre und damit verbunden von dem christlichen Gottesbild hatte. Aus Unkenntnis der christlichen Trinität hat Muhammad selbst die koranische Trias Gott-Jesus-Maria (Vers 116 [von Sure 5]) geschaffen.«[2] Die Gegensätze werden so zurückgeführt auf flüchtige Kenntnisnahme des kirchlichen Dogmas, mangelnde Vertrautheit mit den biblischen Traditionen, unzuverlässige Gewährsmänner und ähnliches mehr. Aber auch wenn all dies faktisch mit im Spiel sein mag, kann es der christlichen Theologie nicht hinreichen, sich darauf zu berufen. Zu einer differenzierteren Auseinandersetzung fordert sie der Islam schon dadurch auf, daß er trotz aller Gegensätze den »Leuten der Schrift« noch sagt: »Unser Gott und euer Gott ist einer.« (29,46).

---

[1] *Ibn Taymiyya* (gest. 1328) in einem Brief an den König von Zypern: *Ders.* (1984a), 26.

[2] *G. Riße* (1989), 213. Vgl. demgegenüber aber die ›polytheistische Trinität‹, wie sie in einem deutschen katholischen Sonntagsgottesdienst unserer Tage zu hören war: »*Gott* ist unser *Vater; Maria* ist unsere *Mutter* [...] durch *Christus*, unseren *Herrn*.«

a. Die Ablehnung der Trinität als Abwehr von Polytheismus

Wenn der Islam sich im Blick auf Gott mit aller Macht gegen irgendeine Dreiheit wendet, dann wehrt er in erster Linie die Vielheit von Göttern überhaupt ab. Polytheismus war in seiner ursprünglichen religiösen Umwelt ein selbstverständlicher Tatbestand. Da gab es nicht nur »*den* Gott«, *Allāh,* sondern auch eine ihm im Namen schon entsprechende Göttin *Allāt;* daneben aber noch viele andere himmlische Akteure. Interessanterweise berichtet uns eine zuverlässige Überlieferung, daß im Heiligtum zu Mekka, als es durch Mohammed von den »Götzenstandbildern« gereinigt wurde, auch ein Bildwerk Jesu und Marias beseitigt wurde – in angemessener Ehrfurcht.[3] Offensichtlich war die religiöse Landschaft Arabiens zur Zeit Mohammeds stark synkretistisch geprägt. Bestimmte Orte hatten ihre Schwerpunkte der Verehrung, besonders wenn sie wie Mekka Wallfahrtszentren waren; demnach waren auch bestimmte Stämme mit dem Kult eigener Gottheiten verbunden. Wer reiste – und dies war die Lebensform sowohl der Nomaden als auch der Handelsleute – kam also immer wieder in den besonderen Einflußbereich anderer Götter. Dies schwächte zugleich das Ansehen und die Geltung jedes einzelnen. Deshalb scheint schließlich der Glaube an ein anonymes »*Schicksal«,* an den unerbittlichen Lauf der »*Zeit«* (dahr), mächtiger gewesen zu sein als die Bindung an jeweils verehrte Gottheiten. So heißt es im Koran von den Ungläubigen: »Sie aber sagen: ›Es gibt nur unser diesseitiges Leben. Wir sterben und leben; nur die Zeit läßt uns verderben.‹ Aber sie haben kein Wissen darüber; sie stellen nur Mutmaßungen an.« (45,24).

In der Umwelt Mohammeds lebten jedoch auch einzelne Fromme, die – ohne einer konkreten Religion anzugehören, also auch ohne Christ oder Jude zu sein – nur einen einzigen Gott bekannten. Man nannte sie Ḥanīfe. Für den Islam sind sie die Zeugen dafür, daß sich die Menschen allen geschichtlichen Religionen voraus schon dem einen wahren Gott anheimstellten, d. h. »Muslime« waren. So hält der Koran Juden und Christen kritisch entgegen: »Ihr Leute der Schrift, warum streitet ihr über Abraham, wo die Tora und das Evangelium erst nach ihm herabgesandt wurden? [...] Abraham war weder Jude noch Christ, sondern er war ein gottergebener Anhänger des reinen Glaubens [oder: ein muslimischer Ḥanīf], und er gehörte nicht zu denen, die [Gott noch jemand anders] beigesellen.« (3,65.67).

---

[3] Vgl. *A. J. Wensinck* (1978), 320; *G. Lüling* (1981), 130.

Mohammeds Botschaft schloß sich also dieser »Religion« der Ḥanīfe an; doch im Unterschied zu deren Beschränkung auf die private Frömmigkeit, ging es ihm darum, seine soziale Umgebung zu verändern. Dies rief den energischen und aggressiven Widerstand der Mekkaner hervor – wohl aus verschiedenen Gründen: zum einen konnten sie die Bedeutung ihrer Stadt als Wallfahrtszentrum gefährdet sehen (doch die spätere Geschichte zeigte, daß diese Furcht nicht gerechtfertigt war); zum andern aber – vielleicht vor allem – sahen sich die Mekkaner durch die drohende Gerichtspredigt Mohammeds in ihrem Selbstbewußtsein getroffen. Mit den vielen Göttern hatte man sich auch moralisch günstiger arrangiert. Die Verkündigung des einen Gottes ließ diese selbstgefällige Beruhigung nicht mehr zu. Denen, die sagten: »Es gibt nur unser diesseitiges Leben; wir sterben, und wir leben, und wir werden nicht auferweckt« (23,37), hielt Mohammed die Worte des Koran entgegen: »Jeder wird den Tod erleiden. Ihr werdet euern Lohn am Tag der Auferstehung zugeteilt bekommen. Wer vom Feuer entfernt und in den Garten geführt wird, der hat das Ziel erreicht. Das diesseitige Leben ist nichts als eine betörende Nutznießung.« (3,185).

Diesem Ernst des Gerichts gegenüber sollte es keinen Ausweg geben. Dafür stand das Bekenntnis zu dem einen Gott, der keinen anderen neben sich hat. Denn wo mehrere sind, können sie untereinander in Rivalität geraten, um ihre jeweiligen Einflußsphären streiten, und sich so ihre Macht selbst ruinieren: »Gäbe es in beiden [in Himmel und Erde] noch Götter außer Gott, dann wären beide verdorben. Preis sei Gott, dem Herrn des Thrones, statt dessen, was sie schildern!« (21,22) – »Es gibt keinerlei Gott neben ihm, sonst würde jeder Gott das für sich wegnehmen, was er geschaffen hat, und die einen von ihnen würden sich gegen die anderen erheben.« (23,91).

In die traditionelle Theologie ging dieser Gedanke als »der Beweis aus der wechselseitigen Behinderung« ein: In der polytheistischen Welt müßten die Folgen des himmlischen Widerstreites über »den Lauf von Himmel und Erde, über die Bahnen von Sonne, Mond und Sternen und die Berechnung des Tages, der Nacht und der Stunden« sichtbar sein; doch »da all dies harmonisch arbeitet, ist bewiesen, daß das Universum einen weisen und wissenden Lenker hat, dem niemand Sein Lenken streitig macht und gegen dessen Berechnungen sich niemand stellt.«[4]

---

[4] *F. Kholeif* (1978), 72; vgl. *J. van Ess* (1992b), 26f, zu entsprechenden Belegen des 8. Jh.

Wo Juden und Christen nicht unzweifelhaft mit gleicher Radikalität auf der Einzigkeit Gottes bestehen wie der Koran, sieht dieser sie im Bannkreis des Polytheismus. Die massivsten Vorwürfe treffen dabei die Christen: »Sie sagen: ›Gott hat sich ein Kind genommen.‹ Nein! Ihm gehört, was im Himmel und auf der Erde ist. Alle sind ihm ergeben.« (2,116). »Ungläubig sind diejenigen, die sagen: ›Gott ist Christus, der Sohn Marias.‹ Der Christus sagte: ›Ihr Kinder Israels, dient Gott, meinem Herrn und eurem Herrn!‹ Wer Gott beigesellt, dem verwehrt Gott den Garten. Seine Heimstatt ist das Feuer. Die Unrecht tun, werden keine Helfer haben. Ungläubig sind diejenigen, die sagen: ›Gott ist der Dritte von dreien.‹ Es gibt keinen Gott außer einem einzigen Gott. Wenn sie mit dem, was sie sagen, nicht aufhören, wird diejenigen von ihnen, die ungläubig sind, eine schmerzhafte Strafe treffen.« (5,72f) – »Die Christen sagen: ›Christus ist der Sohn Gottes.‹ Das ist ihre Rede aus ihrem Munde. Damit gleichen sie in ihrer Rede denen, die vorher ungläubig waren. Gott bekämpfe sie! Wie leicht lassen sie sich betrügen.« (9,30). Wo man Gott quasi-familiäre Verhältnisse zuspricht, macht man ihn in dieser Sicht zugleich von anderen abhängig; dann aber bekennt man ihn nicht mehr als den, der sich in seiner Fülle des Seins und der Allmacht selbst genügt.[5]

So unterscheiden sich hier die Christen nach der Überzeugung des Koran in ihren Vorstellung nicht von den Polytheisten, die meinen, Gott würde sich mit einer Frau paaren, um so ein Kind zu bekommen. Auf sie trifft also auch zu, was Sure 6 allgemeiner sagt: »Sie haben Gott Teilhaber gegeben: [...] sie haben ihm Söhne und Töchter angedichtet ohne Wissen. [...] Der Schöpfer der Himmel und der Erde – woher soll er ein Kind haben, wo er doch keine Gefährtin hat?« (V. 100f).

Wir finden im Koran keinen Ansatz dafür, die christliche Rede vom Sohn Gottes von dieser polytheistischen abzuheben. Im einen wie im anderen Fall entsteht Vielheit; die Zahl spielt dann keine Rolle mehr. Deshalb ist es irreführend, wenn dort, wo der Koran sich auf die bezieht, »die beigesellen (al-mušrikūn)«, in der Übersetzung einfach von den »Heiden« gesprochen wird[6]; zu dieser Gruppe kann der Koran auch Christen (und Juden) zählen. Aber sie als »Polytheisten« zu bezeichnen[7], ist ebenfalls noch mißverständlich, da dieser Begriff religionswissenschaftlich und allgemeinsprachlich anders besetzt ist.

[5] Auf diesen Zusammenhang verweist *Th. Mooren* (1991a), 66f. Vgl. auch S. 195, Anm. 27.
[6] So durchweg *R. Paret* (1979).
[7] So die Übersetzung von *A. Th. Khoury* (1992).

Wenn darüber hinaus gelegentlich (wegen der unterschiedlichen Behandlung der verschiedenen Gruppen von Nichtmuslimen im islamischem Recht) die Polytheisten in der üblichen Bedeutung des Wortes als die *»Ungläubigen«* von den Christen und Juden als den *»Andersgläubigen«* abgehoben werden[8], entspricht auch dies nicht islamischer Terminologie und ist nur begrenzt hilfreich: Sie alle betreiben »širk« – »Beigesellung«.

Mit einer angemessenen Unterscheidung und Zuordnung tut sich hier auch der Islam schwer. Die Frage, ob und inwieweit die »Leute der Schrift« doch auch »Ungläubige« sind, wird uneinheitlich beantwortet. Bezeichnenderweise überschreibt etwa ein um Offenheit bemühter muslimischer Theologe unserer Tage einerseits ein entsprechendes Kapitel: »Die Juden und Christen sind Leute der Schrift, nicht solche, die Gott noch jemanden beigesellen, und keine Ungläubige«; andererseits erklärt er im folgenden differenzierend, »daß die Leute der Schrift nach dem Koran nicht in die absolute Beigesellung verfallen sind, sondern nur in die eingeschränkte.«[9]

Die Übergänge zwischen monotheistischen und polytheistischen Einstellungen dürften schon in der Umwelt Mohammeds fließend gewesen sein. So kommen etwa die falschen »Götter«, die in der Sicht des Koran »außer Gott«[10] noch angerufen werden, in ihrer Funktion oft den christlichen Heiligen, wie volkstümliche Frömmigkeit sie verehrt, wenigstens sehr nahe; denn man sagt von ihnen: »Das sind unsere Fürsprecher bei Gott« (10,18) und: »Wir dienen ihnen nur, damit sie uns Zutritt in die Nähe Gottes verschaffen« (39,3).

In Sure 5 wird Jesus selbst zur Rechenschaft gezogen: »Als Gott sagte: ›Jesus, Sohn der Maria, warst du es, der zu den Menschen sagte: Nehmt euch außer Gott mich und meine Mutter zu Göttern?‹, da sagte er: ›Preis sei dir! Es steht mir nicht zu, etwas zu sagen, wozu ich kein Recht habe. [...] Ich habe ihnen nichts anderes gesagt als das, was du mir befohlen hast, nämlich: Dient Gott, meinem Herrn und eurem Herrn!‹« (5,116f).

---

[8] Vgl. *A. Th. Khoury* (1980), 31.

[9] *M. Abū Rayya* (1970), 107 und 112.

[10] *»min dūni llāhi«* wird häufig übersetzt *»an Gottes Statt«* oder ähnlich *exklusiv* (z. B. von *R. Paret* [1979]). Aber diese Verhältnisbestimmung wird den religionsgeschichtlichen Verhältnissen nicht gerecht. Vgl. im folgenden Abschnitt Sure 5,116, wo die *additive* Bedeutung »außer / neben Gott« unausweichlich ist; aber so müßte dann auch an den übrigen entsprechenden Stellen übersetzt werden (dies gilt besonders für den im folgenden teilweise zitierten Vers 39,3).

Im Blick auf dieses Zitat könnte man es sich leichtmachen und in ihm den Beweis dafür finden, daß hier Mohammed in völliger Unkenntnis des christlichen Dogmas einem massiven Irrtum unterlegen sei: »Die Trinitätslehre wird offensichtlich im Sinne einer Dreigötterlehre mißverstanden und daher abgelehnt.«[11] Aber zum einen wissen wir nicht, ob sich der Koran hier nicht doch gegen Vorstellungen wendet, die zur Zeit Mohammeds faktisch unter bestimmten christlichen Gruppen verbreitet waren und ihre Frömmigkeit prägten[12]; zum andern – und dies ist erheblicher – entspricht das, was Jesus in dieser Sure als sein Bekenntnis bekräftigt (»Dient Gott, meinem Herrn und eurem Herrn!«), in der theologischen Struktur zunächst weitgehend dem, was wir den neutestamentlichen Evangelien als Glauben Jesu entnehmen können; selbst das Johannesevangelium läßt ihn noch beten: »Das ist das ewige Leben: dich, den einzigen wahren Gott, zu erkennen und Jesus Christus, den du gesandt hast« (17,3) – auch wenn es freilich an anderer Stelle deutlich darüber hinausgeht.

Muslimische Theologen entnehmen heute mit Zufriedenheit und nicht selten auch mit einer gewissen Schadenfreude den Veröffentlichungen unserer Exegeten das Eingeständnis, daß Jesus sich nicht selbst als Gott verkündet habe; und sie weisen darauf hin, daß man dies schon immer hätte wissen können, wenn man nur auf den Koran gehört hätte.[13]

Es gelang dem Christentum mit seiner Dogmengeschichte nicht, von der Gegenwart Gottes in Jesus Christus so zu sprechen, daß der Vorwurf des Polytheismus erst gar nicht aufkommen konnte. Die beunruhigende Bedeutung des Koran für die christliche Theologie besteht darin, daß er die Uneinigkeit unter den Leuten der Schrift gerade angesichts ihrer gegensätzlichen Bewertungen Jesu anprangert. Dabei stehen ihm die dogmatischen Lehrstreitigkeiten intensiv vor Augen.[14]

---

[11] *H. Waldenfels* (1985 b), 35. – Etwas vorsichtiger ist die Aussage in: *Texte zur Theologie: Fundamentaltheologie:* Jesus der Offenbarer I, bearb. von *Franz-Josef Niemann,* Graz 1990, 112, daß »Mohammed vermutlich die Trinität als Tritheismus mißverstanden und als die drei christlichen Gottheiten Vater, Jesus und Maria angesehen hat«.

[12] Beispiele dafür bei *H. Busse* (1988), 58; *Franz Joseph Dölger,* Die eigenartige Marienverehrung der Philomariaten und Kollyridianerinnen, in: Ders., Antike und Christentum, Bd. 1, Kultur und religionsgeschichtliche Studien, Münster 1929, 107–142; *H. Räisänen* (1971), 83 f; dagegen aber auch *J. Henninger* (1951), 54 f. Vgl. *O. H. Schumann* (1988), 15–19.

[13] Vgl. S. 134 f.

[14] Vgl. S. 55–59.

Dementsprechend erfährt das trinitarische Bekenntnis bis heute aus seiner unmittelbaren religionsgeschichtlichen Umgebung deutlichen Widerspruch: »Die von Judentum und Islam an die Adresse des Christentums gerichtete Frage lautet: Ist das Christentum mit seinem trinitarischen Bekenntnis dem Bekenntnis zum einen Gott nicht doch wieder untreu geworden?«[15] Freilich kann man auf eine derart formulierte rhetorische Frage theologisch leicht antworten: Nein, die christliche Gotteslehre ist selbstverständlich nicht polytheistisch. Die Frage könnte jedoch auch anders lauten: Hat die christliche Dogmengeschichte für viele Menschen – insbesondere Juden und Muslime, aber vielleicht auch für die zahlreichen Christen, die sich im Lauf der Geschichte dem Islam anschlossen – das Bekenntnis zu dem einen Gott verdunkelt, gefährdet, belastend kompliziert? Dann werden wir uns mit der Beantwortung der Frage schwerer tun.

b. Die absolute Transzendenz

Weit mehr als im biblischen Verständnis ist für den Islam Gott von aller Welt abgehoben in *radikaler Überlegenheit*. Er läßt ihr seine Weisungen zukommen, teilt sich ihr aber selbst nicht mit; denn nichts Welthaftes könnte ihn vermitteln; nicht einmal im *metaphorischen Vergleich* kann ihm etwas zur Seite gestellt werden: »So führt für Gott keine Gleichnisse an! Gott weiß; ihr wißt nicht.« (16,74). Kein Element der Schöpfung, auch nicht der Mensch, kann als sein »Bild«, als ihm »ähnlich« angesehen werden (wie in Gen 1,26 f). Zwar spielt al-Ġazālī im verwegenen Denken der Mystik an auf »jene verborgene Verwandtschaft des Menschen mit der Gottheit [. . .], die in dem Worte des Propheten angedeutet ist: ›Gott schuf Adam nach seinen Bilde‹«[16]; doch das Verständnis dieses an die biblische Anthropologie erinnernden Hadith ist in muslimischer Theologie umstritten.[17] Das

---

[15] *W. Kasper* (1982), 294. Vgl. auch die Frage *Karl Rahners,* »ob nicht das Bekenntnis zum dreifaltigen Gott doch im Grunde einen schlechterdings verwerflichen Tritheismus darstelle und das christliche Bekenntnis zur Einzigkeit Gottes doch bloß eine Verschleierung eines solchen Tritheismus bedeute« (Einzigkeit und Dreifaltigkeit Gottes, in: Ders. [1983], 141).

[16] *A.-H. M. al-Ġazālī* (1981), 19; vgl. *ders.* (1987), 29: »Es ist möglich, daß jemand, der Ihm zuschaut, die Aussage verallgemeinert, daß Gott Adam nach dem Ebenbilde des Barmherzigen geschaffen habe, bis er gründlicher überlegt und erkennt, daß dies eine Interpretation hat, wie zum Beispiel [. . .]: ›Ich wurde krank und du hast mich nicht besucht‹, oder ›Ich bin sein Hörvermögen, sein Sehvermögen und seine Zunge‹.«

[17] Vgl. *M. W. Watt* (1990), 94–100: Created in his Image: A Study of Islamic Theology; auch *A.-H. M. al-Ġazālī* (1981), 99: »Und mit Abu Thaur brach er [Ahmad ibn Hanbal] wegen seiner Deutung der Koranstelle: ›Gott schuf Adam nach seinem Bilde.‹«

Bekenntnis zur *Einzigkeit Gottes* soll jedenfalls durch keinerlei Annäherungen gefährdet werden.

Über das Problem der Leistungsfähigkeit religiöser Sprache gab es in muslimischer Theologie bald heftige Auseinandersetzungen; denn es stellt sich immer wieder die irritierende Frage, wie von Gott überhaupt etwas gesagt werden könne, wenn er derart außerhalb jeglicher Analogie zu irdischen Verhältnissen gedacht werden müsse. Widerspricht dem nicht auch schon der Koran selbst, wenn er Gott ständig barmherzig und verzeihend, einen mächtigen Herrscher und gerechten Richter, sehend, hörend, redend usw. nennt? Hat dies nicht alles nur dann eine Bedeutung, wenn wir es im Zusammenhang unserer welthaften Erfahrungen zu verstehen versuchen? Das Thema wurde »ein heiß umstrittenes Kampffeld im frühen Islam«[18].

In konsequenter Behauptung der absoluten Transzendenz Gottes gilt für eine Richtung muslimischer Theologie, die sich von alten Zeiten bis heute durchgehalten hat, der hermeneutische Grundsatz, daß Gott in seiner Offenbarung uns zwar eine Sprache zur Verfügung stelle, damit wir von ihm reden können (entsprechend Sure 24,35: »Gott führt den Menschen die Gleichnisse an«); daß es uns aber prinzipiell unmöglich sei, zu sagen, was die dabei benutzten Begriffe in Beziehung auf Gott an sich bezeichnen: Wir gebrauchen sie »ohne ein Wie (bilā kayfa)«[19]. Der *aussageartige* Charakter der religiösen Sprache wird so auf einen *pragmatischen* zurückgeführt: Was wir von Gott sagen, hat seinen Sinn darin, daß es uns dazu *verhilft,* uns und unsere Welt ihm gegenüber gläubig zu verstehen und diesem Glauben entsprechend zu leben. Mehr steht uns dann nicht zu. Deswegen ruft sich islamische Theologie die Mahnung von *Ibn ʿAbbās,* einem Vetter und Gefährten Mohammeds (gest. 688), ins Bewußtsein: »Denkt über alles nach, nur nicht über das Wesen Gottes!«[20] Und in gleichem Sinn erinnert sich *Muḥammad ʿAbduh* an eine Überlieferung des Propheten, die, »selbst wenn sie nicht echt sein sollte, doch der Bedeutung nach durch den Koran samt und sonders bestätigt wird: ›Denkt über die Schöpfung Gottes nach, aber nicht über sein Wesen, sonst geht ihr zugrunde!‹«[21]

[18] *H. Stieglecker* (1983), 48.
[19] Vgl. ebd. 91–93. Neben dieser Position hat sich im Islam freilich auch die andere, zunächst kräftig bekämpfte durchgesetzt, daß die Rede von Gott in einem *übertragenen Sinn* verstanden werden müsse. Damit ist aber das anstehende Problem nur verdrängt. Vgl. *M. Allard* (1965), Register unter »ressemblance« und »tašbīh«; *J. van Ess* (1975–76); *ders.* (1992 a), 206–212; (1992 b), 142 f; *R. Strothmann* (1976); *W. M. Watt / M. Marmura* (1985), Register unter »tašbīh« und »bi-lā-kayf«.
[20] Zit. bei *F. Kholeif* (1978), 70.
[21] *M. ʿAbduh* (1897), 26 (53); vgl. auch in *J. Schacht* (1931), 177.

Obwohl der Koran von Bezeichnungen Gottes und Aussagen über ihn gefüllt ist, läßt er es doch nicht zu, daß man sich aus den zahlreichen Elementen eine geschlossene Vorstellung mache. Deswegen kann es letztlich kein muslimisches »Gottesbild« geben, kein repräsentatives »Symbol« seiner Wirklichkeit. Alles, was der Koran über Gott lehrt, findet seine Mitte in dem häufig wiederholten Bekenntnissatz: »Es gibt keinen Gott außer ihm« (z. B. 2,255). Nur diese nachdrückliche Ausrichtung auf die Einheit und Einzigkeit Gottes hält die kontrastreiche Vielheit dessen, was von ihm gesagt und gedacht wird, zusammen. Daraus ergibt sich, »daß die Gottesvorstellung Mohammeds wie auch der Nachzeit einen ausgesprochen unsinnlichen Zug an sich hat« und dennoch »nicht irgendein abstrakter Begriff« ist.[22] Dies aber genügt dem muslimischen Glauben, denn sein Maß ist dabei allein, was Gott im Koran über sich selbst mitteilt, nicht auch noch darüber hinaus, ob dies für uns ein einleuchtendes Bild ergibt.

Die radikale Abgrenzung Gottes gegenüber der Welt erlaubt es im Islam auch nicht, Gott und Mensch in einem gemeinsamen »*Bund*« zu sehen. Zwar können wir in bestimmten deutschen Übersetzungen des Koran scheinbar ähnlich wie in der uns vertrauten Sprache der Bibel lesen, daß Gott mit Israel »einen Bund schloß« (vgl. 2,83 f); daß er auffordert: »Haltet meinen Bund, so will auch ich den Bund mit euch halten!« (2,40)[23]. Doch trotz der sachlichen Nähe zu den biblischen Überlieferungen ist es besser, mit anderen Übersetzungen an diesen Stellen nur von »Verpflichtung« zu sprechen; denn es bereitet Mißverständnisse, wenn man hier im einen wie im anderen Fall dasselbe Wort einsetzt: Im Zusammenhang der biblischen Theologie bezeichnet »Bund« eine besondere Verbindung Gottes mit den Menschen, die Stiftung einer intensiven Gemeinschaft.[24] Im Koran dagegen stehen Gott und Mensch nie in einem sie gemeinsam umgreifenden Verhältnis, sondern jede Seite hat ihre je eigene Beziehung: »Ihr Kinder Israels! Gedenkt meiner Gnade, die ich euch erwiesen habe! Erfüllt eure Verpflichtung gegen mich, dann werde ich meine Verpflichtung gegen euch erfüllen. Vor mir sollt ihr Ehrfurcht haben.« (2,40). Es gibt hier also zwar eine Wechselseitigkeit: Gott erhebt nicht

---

[22] *R. Paret* (1950), 87.

[23] Hier gebraucht der Koran nicht an beiden Stellen dasselbe Wort für »Bund«; an der ersten spricht er von »*mītāq*«, an der zweiten von »'ahd«.

[24] Dabei kann hier die Diskussion über die rechte Bedeutung und Übersetzung des hebräischen Wortes *bᵉrît* unberücksichtigt bleiben (vgl. dazu *Ernst Kutsch,* Bund, in: TRE 7, 397–410); für die biblische Begründung einer Theologie des »Bundes« Gottes mit seinem Volk ist dies eine zu schmale Frage.

nur den Menschen gegenüber Forderungen, sondern bindet sich selbst auch an seine Zusagen; aber dies schließt nicht beide Seiten in Gemeinschaft zusammen (auch wenn Sure 5,54 die Gläubigen in Beziehung zu Gott bezeichnet als »die Leute, die er liebt und die ihn lieben«). Deshalb muß eine Übersetzung des Koran, wenn sie in solcher Perspektive von einem »Bund« sprechen will, dieses Wort doppelt verwenden: »[...] erfüllt *euren* Bund mit mir, dann will ich *meinen* Bund mit euch erfüllen!« Demgegenüber sagt Gott nach der Sprache der Bibel in bezeichnendem Unterschied: »Ich will einen Bund stiften zwischen *mir und dir* [...]« (Gen 17,2). Hier ist der Bund Gottes gerade auch der der Menschen.

Aus dieser Differenz des muslimischen Glaubens zum biblischen ergibt sich zwingend, daß erst recht das christliche Bekenntnis zur »Menschwerdung Gottes«, zur »Gottessohnschaft Christi« dem Islam völlig abwegig erscheinen muß, nur als eine Wiederkehr polytheistisch-mythologischer Vorstellungen gedacht werden kann und dementsprechend mit aller Schärfe abgelehnt wird. Die Offenbarung zielt im Koran nicht auf eine »Selbstmitteilung« Gottes, sondern auf die Kundgabe des »rechten Weges«, den er den Menschen weist und von ihnen fordert. Zwar gibt sich Gott dabei als »der Barmherzige« zu erkennen; aber er geht nicht »auf die Welt zu«, gar »in sie ein«, sondern bleibt ihr immer als der unergründlich Überlegene fern.[25]

Der radikal eine Gott ist zugleich der absolut Verborgene. Er ist uns nahe; aber wir haben keinen Zugang zu ihm. Nur wer ihm etwas oder jemanden beigesellt, meint, es gäbe zu ihm Vermittlungen. Deshalb stellt der Koran fest: »Gäbe es neben ihm noch Götter, wie sie [die Ungläubigen] sagen, dann würden sie nach einem Weg suchen, zum Herrn des Thrones zu gelangen.« (17,42). Dieser Weg aber ist verwehrt.

So bleibt Gott nach islamischem Verständnis in unvermittelter Distanz zur Welt – als ihr Schöpfer und Herr in der Fülle von Freiheit und Macht.[26] Während sie durch und durch auf ihn angewiesen ist, steht er ihr in völliger Selbstgenügsamkeit gegenüber – entsprechend den Worten des Koran: »Ihr Menschen, ihr seid auf Gott hin arm; Gott aber ist reich und des Lobes würdig.« (35,15[27]).

[25] Vgl. S. 107–113.

[26] Vgl. die theologische Auseinandersetzung »Gibt es für Gott Pflichten?« bei *H. Stieglecker* (1983), 134–140; dabei etwa 139 f die Auseinandersetzung darüber, ob Gott in seiner Freiheit nicht auch Unmögliches befehlen darf (was von den Ašʿariten bejaht wird).

[27] Ähnlich 47,38; zu Gottes Selbstgenügsamkeit (istiġnāʾ: Sich-reich-Wissen) im Gegensatz zur angemaßten Selbstgenügsamkeit von Menschen vgl. auch 64,6 gegenüber 80,5; 92,8; 96,7.

Darum kann man jedoch keinesfalls sagen – wie man dies gelegentlich auf christlicher Seite tut –, daß Gott für den Islam »der starre, unbewegte, einsame Gott« wäre, für den biblischen Glauben dagegen »der *lebendige Gott* in liebender Gemeinschaft«[28]; daß man Gott außerhalb des trinitarischen Glaubens für »ein höchst einsames Wesen« hielte, »das als Gegenüber notwendig der Welt bedürfte und das eben damit sein Gottsein verlieren würde«[29]; daß der islamische Monotheismus »– aus dem trinitarischen Gesamtaspekt gelöst – zwar noch das Moment des personalen Gegenübers zu wahren vermag, aber nicht mehr die Spannung von Macht und Liebe«, so daß für ihn »der ›Töpfergott‹ von Röm. 9,20 ff. das ein und alles ist«[30]. Eine solche Einschätzung ist viel zu grob. Auch nach dem Koran ist Gott »barmherzig und liebevoll« (11,90). Deshalb kann sich selbst die islamische Mystik ganz im Koran verwurzelt sehen, obwohl sie weit über dessen Sprache hinausgeht und in ihrem Streben nach Gottes Liebe oft den Abstand von Schöpfer und Geschöpf aufzuheben scheint. Für sie ist Gott »mein Freund (waliyyi) im Diesseits und im Jenseits« (Sure 12,101).

c. *Das Bekenntnis zur Einheit Gottes in den Konsequenzen muslimischen Glaubens und Lebens*

Das muslimische Bekenntnis »Es gibt keinen Gott außer dem einen Gott« ist eine negative Formulierung, wendet sich also gegen andere Annahmen. Dies haben wir gerade gesehen. Doch gewinnt es seine eigentliche Bedeutung nicht aus solchem Gegensatz, nicht aus der Ablehnung von anderem. Die Verkündigung des Koran artikulierte sich in dem Maß nachdrücklich monotheistisch, als sie die Mekkaner von der *Unausweichlichkeit des Gerichts,* von der *uneingeschränkten Macht des Schöpfers* überzeugen wollte. Zu Recht, wenn auch in einer etwas vordergründigen Alternative, stellte man fest, »daß nicht der Monotheismus die Zentralidee der urislamischen Predigt ist, sondern das Jüngste Gericht, das freilich engstens mit dem monotheistischen Gedanken verbunden ist.«[31]

[28] *Evangelischer Erwachsenenkatechimus.* Kursbuch des Glaubens. Im Auftrag der Katechismuskommission der Vereinigten Evangelisch-Lutherischen Kirche Deutschlands hg. von Werner Jentsch [u. a.], Gütersloh 1975, 411.
[29] *W. Kasper* (1982), 295, rhetorisch fragend im Blick auf das Verhältnis von Judentum, Christentum und Islam (vgl. 294), aber gerade im Blick auf den Islam völlig abwegig.
[30] *Hans-Georg Fritzsche,* Lehrbuch der Dogmatik, Bd. I, Göttingen ²1982, 305.
[31] *J. Fück* (1936), 515.

Wie der jüdisch-christliche Glaube setzt der muslimische sein Vertrauen darauf, daß die gesamte Welt, die Geschichte aller Völker und das Leben jedes Menschen in der Hand und im Blick einer einzigen Macht liegen; kein Raum und keine Zeit sollen sich ihr entziehen, sich ihr gar entgegenstellen können. Darin besteht der Kern jedes monotheistischen Bekenntnisses. In Ps 139,7–12 lesen wir: »Wohin könnte ich fliehen vor deinem Geist, wohin mich vor deinem Angesicht flüchten? Steige ich hinauf in den Himmel, so bist du dort; bette ich mich in der Unterwelt, bist du zugegen. Nehme ich die Flügel des Morgenrots und lasse mich nieder am äußersten Meer, auch dort wird deine Hand mich ergreifen und deine Rechte mich fassen. Würde ich sagen ›Finsternis soll mich bedecken, statt Licht soll Nacht mich umgeben‹, auch die Finsternis wäre für dich nicht finster, die Nacht würde leuchten wie der Tag, die Finsternis wäre wie Licht.« Und ganz ähnlich verkündet der Koran: »Gottes ist der Osten und der Westen. Wohin immer ihr euch wendet, dort ist das Antlitz Gottes. Gott ist umgreifend und wissend.« (2,115). Die Wirklichkeit soll im Grund nicht bestimmt sein von Abgrenzung und Zwiespalt, von Widerspruch und Rivalität, sondern sie soll ihren Bestand haben in umfassender Ordnung, aus der Einheit eines Willens.

Das monotheistische Bekenntnis ist also keine bloße Behauptung über das Sein Gottes, sondern von vornherein zugleich auch eine über das des Menschen. Die Wahrheit dieses Glaubens wird nicht einfach deshalb beansprucht und damit begründet, daß dies eben der Fall ist: Es gibt nur einen einzigen Gott. Die Verkündigung der Einzigkeit Gottes ist im Koran vielmehr aufs engste verbunden mit der Ansage, daß der Mensch unausweichlich in der Verantwortung gegenüber seinem Schöpfer steht und vor seinem Gericht Rechenschaft ablegen muß. Niemand sollte mit anderen Instanzen rechnen, die ihm vielleicht gegen diesen Gott beistehen könnten. Der Ungläubige entwirft sich eine trügerische Zukunft: »Er ruft außer Gott das an, was ihm weder schaden noch nützen kann. Das ist der tiefe Irrtum. Er ruft den an, dessen Schaden näher ist als sein Nutzen. Welch schlimmer Schutzherr und welch schlimmer Gefährte!« (22,12 f). Beim Gericht wird man fragen: »Warum halfen ihnen die nicht, die sie sich außer Gott zu Göttern nahmen als Annäherung? Nein, sie sind ihnen entschwunden. Das ist ihre Lüge und das, was sie erdichteten.« (46,28).

In diesem Sinn sagt der berühmte »Thronvers« der zweiten Sure, für Muslime eine der bekanntesten Stellen des Koran: »Gott – es gibt keinen Gott außer ihm, dem Lebenden, dem Beständigen. Nicht überkommt ihn Schlummer noch Schlaf. Ihm gehört, was in den Himmeln und was auf der Erde ist. Wer ist es, der bei ihm Fürsprache einlegt, außer mit seiner Erlaubnis? Er weiß, was vor ihnen und was hinter ihnen liegt, sie aber begreifen nichts von seinem Wissen, außer was er will. Sein Thron umfaßt die Himmel und die Erde, und es fällt ihm nicht schwer, sie zu bewahren. Er ist der Erhabene, der Gewaltige.« (2,255). Dementsprechend bindet Sure 3,18 das Bekenntnis zum einen Gott an das Vertrauen, daß durch ihn die Welt die erhoffte soziale Ordnung gewinne: »Er setzt die Gerechtigkeit durch. Es gibt keinen Gott außer ihm, dem Mächtigen, dem Weisen.«

Damit hat das Bekenntnis zu dem einen Gott für den Islam zugleich auch eine eminent *politische Dimension:* Da Gott einer ist, sind auch die Menschen gehalten, Einheit herzustellen und zu wahren, letzten Endes im Blick auf das umfassendste Ziel einer ungeteilten Menschheit. Der Glaube an den einen Gott verlangt nach muslimischer Überzeugung auch in den irdischen Verhältnissen die Anerkennung letztlich nur einer einhelligen Autorität[32]; aus dem Bekenntnis: »Das Urteil liegt allein bei Gott« (6,57) folgt als religiös-politische Konsequenz: »Ihr Gläubigen, gehorcht Gott und gehorcht dem Gesandten und denen von euch, die den Befehl haben. Wenn ihr über etwas streitet, so bringt es vor Gott und den Gesandten, falls ihr an Gott und den Jüngsten Tag glaubt. Das ist besser und führt zu einem schöneren Abschluß.« (4,59). Goethe faßte deshalb Mohammeds Wirken in das pointierte Wort: »Nur durch den Begriff des Einen / Hat er alle Welt bezwungen.«[33] In der für den Islam programmatischen Vokabel »at-tawḥīd« – »die Einigung«[34] – ist der Blick auf Gott mit dem auf die gesellschaftliche Realität untrennbar verbunden.

Diejenigen, die Gott noch jemanden »beigesellen«, setzen auf die Partikularität ihrer Sondergruppen; sie wollen nicht das eine Haus des Friedens, sondern den Zwiespalt. »Viele von den Leuten der Schrift möchten euch gern, nachdem ihr gläubig geworden seid, wieder zu Ungläubigen machen, aus dem Neid ihrer Seelen, nachdem ihnen die Wahrheit deutlich wurde.« (2,109). »Die Juden sagen: ›Die Christen haben keine Grundlage‹; und die Christen sagen: ›Die Juden haben keine Grundlage.‹« (2,113). Gott will die Einheit der Menschen – »aber sie spalteten sich in ihrer Sache untereinander auf nach

---

[32] Vgl. *T. Nagel* (1981) II, 101 (mit Bezug auf den bereits zitierten Koranvers 21,22).

[33] *J. W. von Goethe,* West-östlicher Diwan. Aus dem Nachlaß, in: Weimarer Ausg., Abt. 1, Bd. 6, 289.

[34] Vgl. aus neuzeitlicher Theologie vor allem *M. ʿAbduh* (1897).

Büchern, und jede Partei freute sich über das, was sie hatte. Laß sie für eine Weile in ihrem Abgrund!« (23,53f).

Demgegenüber setzt der Koran auf die eine muslimische Glaubensgemeinschaft – die »*umma*« –, die dem einen Gott entspricht und in der die Zersplitterung der Menschheit überwunden sein müßte: »Haltet alle am Seil Gottes fest, und spaltet euch nicht! Gedenket der Gnade Gottes euch gegenüber, als ihr Feinde wart und er Vertrauen zwischen euren Herzen stiftete, so daß ihr durch seine Gnade Brüder wurdet; und als ihr euch am Rande einer Feuergrube befandet und er euch davor rettete. So macht euch Gott seine Zeichen deutlich. [...] Seid nicht wie diejenigen, die sich spalteten und uneins wurden, nachdem die klaren Beweise zu ihnen gekommen waren. Bestimmt ist für sie eine gewaltige Strafe.« (3,103.105).

Es ist für Muslime ein schmerzliches Trauma, daß auch unter ihnen bald nach dem Tod des Propheten die Zerwürfnisse einsetzten und sie bis heute ein Bild der Zerstrittenheit abgeben. Gegenwärtig wird es angesichts mancher politischer, kultureller und religiöser Aufbrüche etwas von Zuversicht überdeckt; aber der melancholische Rückblick in die Vergangenheit des Ursprungs in Mekka und Medina liegt immer nahe. Schon die erste Propheten-Biographie überliefert aus dem 8. Jahrhundert, daß Mohammed unmittelbar vor seinem Tod beim Gang über den Friedhof ausgerufen habe: »Friede sei über euch, o ihr Volk der Gräber! Freut euch, daß ihr nicht mehr seid, wo die Lebenden sind! Wie Fetzen der finsteren Nacht nahen die Versuchungen [oder nach späterem Sprachgebrauch: die Bürgerkriege, die Spaltungen der Gemeinde], eine nach der anderen, die letzte schlimmer als die erste.«[35]

Deshalb kann sich der Islam infolge seines radikalen Monotheismus auch nur schwer oder gar nicht mit den neuzeitlichen Bedingungen einer säkularen Welt, einer Pluralität religiös-weltanschaulicher Standorte und einer Trennung von religiösem und staatlichem Zuständigkeitsbereich, abfinden.[36] Wer bekennt, daß es einen Gott gibt, dem alles untersteht, der wird seinem Willen keinen Lebensbereich entziehen. Der Satz des Koran »Gott gehört die Herrschaft der Himmel und der Erde« (9,116) hat zwar auch wie die ähnliche Bitte des Vaterunsers eine eschatologische Dimension – Gott wird seine Herrschaft durchsetzen –, aber weit mehr als im neutestamentlichen Zusammen-

[35] *Ibn Ishāq* (1976), 247.
[36] Vgl. S. 256–271.

hang wird hier ein Anspruch erhoben über die gegenwärtige Welt in all ihren Dimensionen. Die Anerkennung der Einheit und Einzigkeit Gottes ist demnach für den Islam die unabdingbare Voraussetzung und Forderung des rechten Glaubens schlechthin – von seiner spirituellen und theologischen Bedeutung bis zu seinen politischen Konsequenzen. Alle menschlichen Vergehen dürfen mit der Barmherzigkeit Gottes rechnen, nicht aber die Verweigerung dieses Bekenntnisses: »Gott vergibt nicht, daß ihm beigesellt wird; doch er vergibt, was darunter ist, wem er will. Aber wer Gott beigesellt, der hat eine gewaltige Sünde ausgeheckt.« (4,48; ähnlich 4,116). In der Konsequenz untersagt der Koran, daß man für derart Ungläubige noch Fürsprache einlege (9,113).

d. Das christliche Bekenntnis zu Gott angesichts des muslimischen Monotheismus

Für das Verhältnis des christlichen und des muslimischen Glaubens an Gott ergab sich im Vorhergehenden, daß zwar einerseits die Dreiheit Gottes und die Gottessohnschaft Jesu, wie sie im Koran abgelehnt werden, dem christlichen Bekenntnis nicht entsprechen und daß deshalb das, was Christen mit ihrem trinitarischen Gottesbild meinen, im Koran nirgends auch nur andeutungsweise im Blick ist; daß aber andererseits die Verkündigung des Koran trotzdem der christlichen Lehre vom dreifaltigen Gott prinzipiell entgegensteht; eine versöhnende Vermittlung ist nicht in Sicht. Nach wie vor ist für islamische Theologie die christliche Trinität im Verhältnis zur polytheistischen »Vielheit« (ta'addud) nur »eine Begrenzung der Götter auf drei« (taḥdīd al-āliha bi-ṯalāṯa).[37]

Diese Situation läßt aber immer noch die Frage zu, ja macht sie sogar dringlich, ob und wie sich der christliche Glaube angesichts des muslimischen Monotheismus überhaupt verständlich formulieren kann. Dies ist nicht erst ein Problem des interreligiösen Dialogs, sondern schon des christlichen Selbstverständnisses in der Wahrnehmung des Islam.[38] Vor allem drei Gesichtspunkte sind dabei erheblich, die gewiß nicht die ganze Trinitätstheologie ausmachen, aber im Gespräch mit dem Islam beachtet werden sollten – zum Gewinn vielleicht auch für ein einfacheres christliches Reden von Gott:

---

[37] A. Šalabi (1960), 76.
[38] Vgl. R. Caspar (1985).

1. Christen bekennen auf der Grundlage der neutestamentlichen Zeugnisse, daß sie selbstverständlich und ohne Einschränkung im Glauben Israels stehen wollen.

»Niemand ist gut außer Gott, dem einen«, lesen wir als ein Wort Jesu in den Evangelien nach Markus (10,18) und Lukas (18,19). »Gott ist einer«, schreibt Paulus in zweien seiner Briefe (Röm 3,30; Gal 3,20). »Du glaubst: Es gibt nur den einen Gott – und damit hast du recht«, lesen wir im Jakobusbrief (2,19), einer der späteren Schriften des Neuen Testaments. Was immer Christen darüber hinaus noch sagen mögen, es darf nicht gegen diese Grundüberzeugung stehen, die sie vom jüdischen Glauben gewonnen haben. Das zentrale biblische Wort »Höre Israel, der Herr, unser Gott, ist einziger Herr«, das als Rede von Mose an sein Volk überliefert ist (Dtn 6,4), greift im Neuen Testament Jesus auf, als ihn einer der Schriftgelehrten fragt: »Welche Weisung ist die allererste?« – »Da antwortete Jesus: ›Die erste ist: Höre Israel: Der Herr, unser Gott, ist einziger Herr.‹« (Mk 12,28 f.)

2. Daß sich Gott offenbart, heißt nach biblischem Glauben: Er selbst teilt sich uns mit.

Im Verständnis der Bibel läßt Gott den Menschen nicht nur seine Weisung zukommen; er *sagt* ihnen nicht nur *etwas,* sondern er *geht selbst auf sie zu,* damit sie mit ihm Gemeinschaft haben; er will also nicht nur *unter den Menschen* Gemeinschaft stiften, sondern mit ihnen.[39]

So sieht die christliche Theologie – in der Entfaltung der biblischen Glaubenszeugnisse – auch die »*Gnade*« Gottes schließlich nicht als bloße Unterstützung, Leitung, Rettung durch Gott, sondern als Gegenwart Gottes selbst: Er läßt die Menschen an seiner eigenen Wirklichkeit, seinem Leben teilhaben. Der Weg der Menschen führt demnach nicht nur in die Gemeinschaft der Glaubenden, sondern (wie auch in islamischer Mystik) zugleich über diese hinaus zu Gott selbst.

In solcher Sicht liegt es nahe, daß die Bibel Gott nach dem Bild familiärer Beziehungen auch »*Vater*« nennen kann, nicht erst, gar ausschließlich im Verhältnis zu Jesus von Nazaret, sondern auch schon im Bezug auf das Volk Israel und seine Könige: Sie heißen »Söhne« Gottes (vgl. Ex 4,22; Ps 2,7). In diesem Sinn nennt Paulus Jesus den »Erstgeborenen von vielen Brüdern« (Röm 8,29); in Gemeinschaft mit ihm sind alle Gläubigen »Kinder Gottes« des »Vaters«. Damit schließt sich Paulus auch der Sprache Jesu selbst an, der für

---

[39] Vgl. auch oben S. 110–112 im Hinblick auf den islamischen Gegensatz zum christlichen Erlösungsglauben.

Gott besonders nachdrücklich die Anrede »Vater« gewählt hat (Mt 6,9 par; 11,25 par; 26,39.42; Lk 23,34.46; Joh 11,41; 12,27 f; 17,1.5.11. 21.24 f; in Mk 14,36 noch unter der aramäischen Form »Abba«; vgl. auch Röm 8,15; Gal 4,6).

Damit die Unvergleichlichkeit Gottes dennoch nicht vergessen werde, lehrt Jesus in einem der Evangelien: »Auch sollt ihr niemanden auf Erden euren Vater nennen; denn nur einer ist euer Vater, der im Himmel.« (Mt 23,9). So ist die biblische Rede vom »Vater« und seinen »Kindern« deutlich von den irdischen Beziehungen, die auf geschlechtlicher Zeugung und biologischer Abstammung beruhen, abgesetzt.

Gelegentlich wird dies auch von muslimischen Theologen gesehen, aber den Christen gerade apologetisch entgegengehalten unter der offensichtlichen Annahme, daß diese sich nach ihrer dogmengeschichtlichen Vergangenheit einer solchen übertragenen Bedeutung keinesfalls mehr anschließen könnten.[40] Hier müßte eigentlich eine weiterreichende Verständigung möglich sein, zumal man auch von muslimischer Seite schon darauf verwiesen hat, daß der Koran der biblischen Benennung Gottes als »Vater« nicht völlig fern stehe, wenn er seinerseits Gott immer wieder den »Barmherzigen und Erbarmenden« nennt.[41] Doch trotz alledem sind an dieser Stelle die Differenzen der religiösen Sprache theologisch und spirituell so erheblich, daß man nicht mit dem *Katholischen Erwachsenen-Katechismus* sagen kann: »Das Bekenntnis zum einen Gott, dem allmächtigen Vater, ist Christen und Juden, in etwa auch den Muslimen, gemeinsam.«[42] Mit einer solchen Feststellung werden wichtige Unterscheidungen verwischt.

3. Nach biblischem Glauben läßt Gott seine Nähe erkennen
  in der Liebe der Menschen.

Nirgends in den Evangelien sagt Jesus selbst, daß er »Gott« sei; aber diejenigen, die sahen, wie er für sie da war, wie er sie lehrte, mit ihnen lebte und schließlich am Kreuz starb, sie erkannten in ihm die Zuwendung, die Nähe, die Offenbarung Gottes. Der Mensch Jesus wurde für sie die Stelle, an der sie sagen konnten: Wir haben erfahren, daß Gott mit uns ist.

---

[40] Vgl. S. 148–152.
[41] Vgl. *A. Falaturi* (1987); *G. Müller* (1981).
[42] *Katholischer Erwachsenen-Katechismus.* Das Glaubensbekenntnis der Kirche, Kevelaer 1985, 75.

Dies wird gerade am Johannesevangelium deutlich, das in seiner Weise, über Jesus Christus zu sprechen, am weitesten geht. Wo sich hier Jesus betend an »den einzigen wahren Gott« wendet, sieht er sich demnach selbst nicht als »Gott«, sondern als den »Gesandten« (17,3); Gott steht ihm als der andere gegenüber. Wenig später aber bekennt im selben Evangelium einer der Jünger seinen Glauben, indem er sich Jesus mit den Worten zuwendet: »Mein Herr und mein Gott.« (20,28). Damit soll jedoch das vorhergehende Gebet Jesu nicht aufgehoben sein, sondern erfüllt werden: daß Menschen durch den Mitmenschen Jesus und in ihm »den einzig wahren Gott« erkennen.

Deshalb hängen in christlicher Theologie *Gotteslehre* und *Anthropologie* eng miteinander zusammen: Von Gott zu sprechen verlangt, daß man dabei auf den Menschen schaue. Die eine Perspektive ist nicht ohne die andere zu haben; beide erhellen einander. Für muslimische Theologie dagegen ist ein solcher Zusammenhang nicht gegeben; es kann ihr nur darum gehen, den *Willen* Gottes zu erkennen, nicht *ihn selbst* – gar vermittelt über das Selbstverständnis des Menschen. Wo dieser Unterschied übersehen wird, kann Theologie geradezu »als Dialoghindernis« wirken.[43]

Demgegenüber wäre es für das komplizierte Verhältnis von Christentum und Islam schon ein Gewinn, wenn sich die schlichte Einsicht durchsetzte, daß es bei dem trinitarischen Glauben der Christen nicht um die Zahlen »eins« und »drei« geht; schon gar nicht (wie muslimische Apologetik vielfach immer noch anzunehmen scheint) darum, daß Jesus ein Mensch war – diese Überzeugung müßte allen Seiten eine selbstverständliche Gemeinsamkeit sein –, sondern daß nach christlichem Glauben ein Mensch als Zeichen Gottes, als seine Sprache, seine Gegenwart erfahren werden kann. Dann wird allerdings auch »der Gegensatz zwischen dem eschatologischen Anspruch Jesu einerseits (mit der christlichen Theologie und Trinitätslehre als Folge) und der Prophetie Mohammeds andererseits (mit der Folge der Unüberholbarkeit des Korans)«[44] um so deutlicher hervortreten.

[43] Darauf verweist *P. Antes* (1990).
[44] *W. Pannenberg* (1987), 194.

3. »Er wird nicht befragt ...« (Sure 21,23) – Theodizee und Theodizeeabwehr in Koran und Umgebung

Wenn wir etwas hören oder lesen, gerät es in unserem Bewußtsein notwendigerweise in Beziehung zu anderem, das wir bereits kennen; Texte finden in uns zusammen – mit Entsprechungen und Gegensätzen. Sie erhalten so eine Umgebung, die ihnen nicht schon von ihrem Ursprung her eigen sein muß und doch für ihr Verständnis folgenreich sein kann. Dies ist in besonderem Maß das Geschick der religiösen Traditionen, die ihrem Geltungsanspruch nach über regionale und zeitliche Grenzen hinausreichen und damit kulturell wechselnden Bedingungen ausgesetzt sind. Ihre Zeugnisse haben ihre Bedeutung nicht unveränderlich aus sich selbst, sondern immer in dem Zusammenhang, in dem sie wahrgenommen werden. Was man in ihnen angesprochen sieht, welche Überzeugungskraft sie haben, zu welchen Fragen sie anstoßen, welche Bedenken und Widersprüche sie auslösen, zu welchen Handlungen sie anregen, welche Einstellungen sie fördern – dies ist nicht schlechthin ein für allemal ausgemacht; sie sagen im großen Kontext ihrer Geschichte viel mehr, als was in ihnen von Anfang an »schwarz auf weiß« geschrieben steht.

So soll auch im folgenden der ausgewählte Vers des Koran in Zusammenhängen gesehen werden, die seinen unmittelbaren Ort weit übergreifen – in die jüdisch-christliche Tradition und den geistigen Raum der neuzeitlichen Aufklärung hinein – und die dennoch mehr sind als beliebige Assoziationen. Dabei geht es nicht darum, den einen Text im Vergleich mit anderen zu bewerten – gar aus der religiösen Distanz eines nichtmuslimischen Theologen –, sondern wahrzunehmen, welche Beziehungen sich ihm nahelegen und seinen Sinn unterschiedlich mitbestimmen können.[1] Wenn die Erwägungen, die sich daraus ergeben, über eine bloße Exegese hinausgehen und auch nicht immer und in jeder Hinsicht der Lesart des muslimischen Glaubens entsprechen, so müssen sie deshalb doch nicht das Verständnis des Textes schlechthin verfehlen; sie nehmen ihn jedenfalls ernst.

---

[1] Zu dieser hermeneutischen Aufgabe vgl. *H. Zirker* (1979).

a. *Beunruhigte Fragen an Gott in biblischer Tradition und deren Wirkungsgeschichte*

In Sure 21,23 wird nicht abgewehrt, daß man Gott in irgendeiner Hinsicht um Auskunft ersuche; verurteilt wird vielmehr die Annahme oder gar Forderung, daß es irgend jemandem unter den Geschöpfen Gottes zukomme, ihn nach der Rechtmäßigkeit seines Tuns zu fragen. Dementsprechend lautet dieser Vers in der Übersetzung von *Rudi Paret:* »Er wird nicht zur Rechenschaft gezogen über das, was er tut. Aber *sie* werden zur Rechenschaft gezogen.« Dies scheint zunächst für alle monotheistischen Religionen selbstverständlich zu sein; denn wo gäbe es nach ihrem Glauben noch eine Instanz, die den einen Gott, Schöpfer und Richter der Welt, zur Verantwortung rufen könnte? Ist es demgegenüber nicht die Besonderheit polytheistischer Mythen, daß in ihnen auch noch über das unterschiedliche Tun und Lassen der himmlischen Mächte Prozeß geführt werden kann?[2] An diese kulturelle Konfrontation zu denken, liegt auch bei der zitierten Koranstelle nahe[3]; denn die vorausgehenden Verse betonen, daß all diejenigen Gott gehören, »die im Himmel und auf Erden sind«, und daß selbst die Engel »nicht zu hochmütig sind, ihm zu dienen« (19); und gegen die Ungläubigen wenden sie ein: »Oder haben sie sich aus der Erde Götter genommen, die auferwecken können? – Gäbe es in beiden [in Himmel und Erde] noch Götter außer Gott, dann wären beide verdorben.« (21f). Demgemäß fragt auch der nachfolgende Vers 24 noch einmal: »Oder haben sie sich außer ihm Götter genommen?« Die Aussage, daß Gott nicht zur Rechenschaft gezogen wird, scheint sich hier also ganz gegen ein Bewußtsein zu richten, wie es Polytheisten zu eigen ist; denn nach deren Vorstellungen kann kein Gott sicher sein, daß er auf Dauer in seiner Macht anerkannt bleibt und sich nicht ein Aufruhr gegen ihn erhebt. Der Gedanke, man könne Gott nach dem fragen, was er tut, muß auf solchem Hintergrund als eine empörende Verirrung gelten. Für ihn dürfte es demnach im rechten Glauben keinen Platz geben.

---

[2] Vgl. beispielsweise den Streit der Götter und die Verurteilung einiger von ihnen im babylonischen Mythos »Enuma Elisch«, in: *Die Schöpfungsmythen,* Darmstadt 1991, 134–139. Vgl. auch *Karl Goldammer,* Theodizee I. Religionsgeschichtlich, in: RGG 6, 739 f; *H. Zirker* (1985 b).

[3] Vgl. auch den Korankommentar von *ar-Rāzī,* gest. 1209, (1890/91), Bd. 6, 138, mit dem Verweis darauf, daß die Erfahrungen von Gut und Bös, Tod und Leben, Gesundheit und Krankheit, Arm und Reich dazu verführten, die Gegebenheiten der Welt unterschiedlichen Göttern zuzuschreiben.

Aber der naheliegenden Verallgemeinerung, das Urteil von Sure 21,23 sei eine Folge monotheistischer Religiosität schlechthin, stehen *die biblischen Traditionen* entgegen. In ihnen ist es keineswegs ungewöhnlich, daß sich Gläubige beunruhigt, klagend und gar vorwurfsvoll an Gott richten. So können sie ihm etwa im Wechsel von energischen Imperativen und eindringlichen Fragen zurufen: »Wach auf! Warum schläfst du, Herr? Erwache! Verstoß nicht für immer! Warum verbirgst du dein Gesicht, vergißt unsere Not und Bedrängnis? [...] Steh auf und hilf uns! In deiner Huld erlöse uns!« (Ps 44,24–27). Dies steht in erregtem Gegensatz zu dem vertrauensvollen Bekenntnis, das wir in den Psalmen an anderer Stelle lesen: »Er, der dich behütet, schläft nicht; nein, der Hüter Israels schläft und schlummert nicht« (Ps 121,3f; vgl. Koran 2,255: »Er kennt weder Schlummer noch Schlaf«). Der Prophet Jeremia will mit seinen Fragen Gott gar zu einem Rechtsstreit herausfordern, obwohl er zugleich weiß, daß er sich nicht durchsetzen wird: »Du bleibst im Recht, Herr, wenn ich mit dir streite; dennoch muß ich mit dir rechten. Warum haben die Frevler Erfolg? Weshalb können alle Abtrünnigen sorglos sein? [...] Wie lange noch soll das Land vertrocknen, das Grün auf allen Feldern verdorren? [...]« (12,1.4). In ohnmächtiger Empörung über das Leid, das ihn getroffen hat, bäumt sich Ijob auf und hält Gott Frage um Frage entgegen: »Was ist der Mensch, daß du ihn groß achtest und deinen Sinn auf ihn richtest, daß du ihn musterst jeden Morgen und jeden Augenblick ihn prüfst? Wie lange schon schaust du nicht weg von mir, läßt mich nicht los, so daß ich den Speichel schlucke? Hab ich gefehlt? Was tat ich dir, du Menschenwächter? Warum stellst du mich vor dich als Zielscheibe hin? Bin ich dir zur Last geworden? Warum nimmst du mein Vergehen nicht weg, läßt meine Schuld nicht nach? [...]« (7,17–21). Die Klage wird hier rhetorisch zum bitteren Verdacht: »Nützt es dir, daß du Gewalt verübst, daß du das Werk deiner Hände verwirfst, aber aufscheinst über dem Plan der Frevler?« (10,3). Freilich schließt das Buch nicht in solchem Ton; am Ende fügt sich Ijob und gibt – zwar immer noch fragend, aber in einer Mischung von Einsicht und Resignation – allen Widerstand auf: »Sieh, ich bin zu gering. Was kann ich dir erwidern? Ich lege meine Hand auf meinen Mund. Einmal habe ich geredet, ich tu es nicht wieder; ein zweites Mal, doch nun nicht mehr!« (40,4f). Von jetzt an will er nur noch um Gottes Auskunft bitten: »Ich will dich fragen; du belehre mich!« (42,4). Aber damit ist das Vorhergehende nicht ausgelöscht; die dramatische Bewegung des Buchs ist nicht beseitigt, sondern geht in die biblische Überlieferung und die spätere Wirkungsgeschichte[4] ein: Gerade derjenige, der mit dem Glauben seines Volkes von Anfang an vertraut ist und intensiv mit Gott rechnet, wird hier als der vorgestellt, der sich nicht von vornherein und unter allen Umständen fraglos Gottes Macht fügt.

Solche rhetorische Beharrlichkeit Gott gegenüber, für die man in den biblischen Schriften noch zahlreiche weitere Belege finden kann, ist in der neuzeitlichen Literatur mit besonderer Schärfe zu vernehmen – zunächst in christlicher Frömmigkeit, dann aber darüber hinaus und im Widerspruch dazu auch in den Äußerungen der Religionskritik.[5] In einem Gedicht von *Albrecht Haller* aus dem Jahr 1734 »Über den Ursprung des Übels«[6] wird bestürzt gefragt (und die Berechtigung dazu gleich selbst wieder in Frage gestellt): »O Gott voll Gnad und Recht, darf ein Geschöpfe fragen: / Wie kann mit deiner Huld sich unsre Qual vertragen? / Vergnügt, o Vater, dich der Kinder Ungemach? / War deine Lieb erschöpft? Ist dann die Allmacht schwach?« Diese bedrohliche Möglichkeit wird sofort mit dem Bekenntnis abgewehrt: »Verborgen sind, o Gott! die Wege deiner Huld, / Was in uns Blindheit ist, ist in dir keine Schuld«; aber der verwegene Gedanke bleibt gesagt, und die entsprechenden Stimmen vermehren sich. »Gott wird angerufen, er möge sich zeigen; aber er schweigt«, bis er »sich in der Sicht des fragenden Menschen in den grausamen Gott verwandelt«.[7] *Heinrich Heine* faßt schließlich seinen Widerstand dagegen, daß die Klagen über das Leiden der Gerechten ungehört bleiben, in die – schon nicht mehr an Gott gerichteten – Worte: »Also fragen wir beständig, / Bis man uns mit einer Handvoll / Erde endlich stopft die Mäuler – / Aber ist das eine Antwort?«[8] Gewiß geht diese Sprache über die der biblischen Zeugnisse weit hinaus; doch läßt sie trotz allen Abstands noch die verbindende Linie erkennen.

b. Die fraglose Überlegenheit Gottes im Koran

Die beiden Aussagen, aus denen sich der Koranvers 21,23 zusammensetzt, lassen in erster Linie an das Jüngste Gericht denken, in dem

---

[4] Vgl. *Carl-Friedrich Geyer,* Wirkungsgeschichtliche Aspekte der biblischen Hiobdichtung, in: Willi Oelmüller (Hg.), Leiden, Paderborn 1986, 28–39.

[5] Vgl. zum folgenden *H. Zirker* (1985a).

[6] Gedichte, hg. von Ludwig Hirzel, Frauenfeld 1882, 140f; zit. nach: Karl S. Guthke, Die Mythologie der entgötterten Welt. Ein literarisches Thema von der Aufklärung bis zur Gegenwart, Göttingen 1971, 62 (in einem Druckfehler korrigiert).

[7] *K. S. Guthke,* ebd. 246.

[8] *Heinrich Heine,* Werke und Briefe, Bd. 2, Berlin ²1966, 209.

selbstverständlich nur über das Handeln der Menschen geurteilt werden wird. Ob die Feststellung »Gott wird nicht befragt« auch über diese eschatologische Szene hinaus für das Verhältnis von Gott und Mensch im Koran als repräsentativ und damit im Kontrast zum Vorhergehenden gesehen werden kann, ist in einem größeren Zusammenhang zu prüfen.[9] Dabei muß man freilich von vornherein mitberücksichtigen, daß der literarische Charakter des Koran keinen unmittelbaren Vergleich mit den biblischen Texten zuläßt, da die Offenbarungsschrift des Islam formal primär und als Ganzes Rede Gottes zu den Menschen ist; wir können in ihr also das umgekehrte Verhältnis der Menschen zu Gott nicht gleichermaßen artikuliert finden. Dennoch steht unser Zitat im Koran nicht vereinzelt und beziehungslos.

(1) Fragen und Frageverzicht in den Reden zu Gott

Zunächst liegt es nahe, mit Hilfe der Konkordanz[10] diejenigen Stellen des Koran aufzusuchen, an denen das Stichwort »(be)fragen« vorkommt. Doch dabei zeigt sich eine erhebliche semantische Unschärfe: Das arabische Wort »sa'ala« bedeutet auch »bitten«; wie nicht anders zu erwarten ist, wird es in diesem Sinn mehrfach für die Hinwendung der Menschen zu Gott benutzt. So steht neben der negativen Aussage: Gott »wird nicht befragt / nicht zur Verantwortung gezogen« (21,23: lā yus'alu) mit demselben arabischen Verb etwa der positive Befehl »Bittet Gott!« (4,32: wa-s'alū llāha). Prinzipiell könnte man erwarten, daß sich aus dieser Doppeldeutigkeit gelegentlich Unsicherheiten der Übersetzung ergäben; doch dies ist nirgends der Fall. Während im Koran häufig von den Menschen zu lesen ist, daß sie von Gott »gefragt« werden[11], wird zweifellos das Umgekehrte – daß die Menschen Gott fragen – nie ausdrücklich gesagt. Der Kontext schafft immer die erforderliche Eindeutigkeit (vgl. 2,61; 4,32; 11,46f; 14,34).[12]

[9] Nach ar-Rāzi (1890/91), Bd. 6, 138–141, sind die Aussagen von Sure 21,23 besonders für die Schöpfungstheologie erheblich; er befaßt sich mit dieser Stelle vier Seiten lang.

[10] M. F. 'Abd al-Bāqi (1987).

[11] Vgl. aber im Gegensatz zu 21,23 auch 55,39: »An jenem Tag werden die Menschen und Dschinn nicht nach ihrer Schuld gefragt« (da Gott schon alles weiß); 28,78: »Die Übeltäter werden nicht nach ihren Sünden gefragt.«

[12] Bemerkenswert ist in diesem Zusammenhang allerdings auch Sure 25,16, wo von Gottes »Versprechen« (wa'd) gesagt wird, daß seine Erfüllung Gott obliegt und es dementsprechend »eingefordert« werden kann; es ist »mas'ūl« (Partizip passiv): »erfragbar«. Auch wenn sich hier die mögliche »Nachfrage« grammatisch auf das Versprechen bezieht, so richtet sie sich doch in der Sache letztlich auf Gott. Dies wird um so deutlicher, wenn man die Stellen mithinzuzieht, an denen mit dem gleichen Wort die Verantwortlichkeit des Menschen für seine Verpflichtung bezeichnet wird (besonders deutlich ist die Parallele von 33,15). Hier gibt es also eine vereinzelte Symmetrie im Verhältnis von Gott und Mensch. –

Über die Prüfung des bloßen Wortgebrauchs hinaus führt die Prüfung der Texte. In einem vorausgehenden Kapitel[13] wurden all die Stellen wahrgenommen, in denen Gott – trotz der primär entgegengesetzten sprachlichen Ausrichtung des Koran auf die Menschen hin – von seinen Geschöpfen angeredet wird. Dies geschieht auffallend häufig (in 45 der 114 Suren); aber dabei kommt es nur zehnmal vor, daß sie ihn fragen – und bezeichnenderweise geschieht dies immer in einem gewissen *Widerstand* gegen sein Tun oder seine Absicht.

Am bescheidensten äußern sich *Zacharias* und *Maria,* denen die Ankündigung der Geburt eines Sohnes zunächst unglaubwürdig erscheint. Sie wenden sich zwar auch in gewissem Maß gegen das, was ihnen gesagt worden ist; aber ihre Fragen (3,40.47; 19,8) sind kaum mehr als Bitten um Auskunft: »Herr, wie soll ich einen Jungen (bzw. ein Kind) bekommen [. . .] ?« Alle drei Mal werden die Einwände mit so schroffen Worten zurückgewiesen, daß sie ihre Berechtigung verlieren: »So ist Gott« oder: »So ist es« (3,40.47; 19,9).

Die Fragen sind hier von vornherein nur aus verlegener Unwissenheit, nicht aus notvoller Bedrängnis gestellt. An den anderen Stellen jedoch wollen sie Gottes Vorhaben ausdrücklich abwehren oder wenigstens als unberechtigt erscheinen lassen. Die jeweiligen Szenen lassen keinen Zweifel daran, daß dies im Urteil des Koran eine verwerfliche Sache ist. In Sure 2,30 wenden sich *Engel* gegen Gottes Ankündigung, daß er auf der Erde einen »Nachfolger«[14] erschaffen werde: »Willst du auf ihr einen einsetzen, der auf ihr Unheil anrichtet und Blut vergießt, wo wir dir lobsingen und deine Heiligkeit rühmen?« Als Gott sie gar noch auffordert, Adam zu huldigen (17,61), ist es *Iblīs,* der Aufrührer unter den Engeln, der den Widerstand weitertreibt: »Soll ich mich vor einem niederwerfen, den du aus Lehm erschaffen hast?« und »Was hältst du von dem, den du mehr geehrt hast als mich?« (17,61 f). Die Fragen sind hier Ausdruck der verwerflichen Weigerung, Gottes Willen anzuerkennen; dementsprechend werden sie von Gott beschieden: »Ich weiß, was ihr nicht wißt« (2,30) und »Geh weg! Wer von ihnen dir folgt – die Hölle sei eure Vergeltung in reichlicher Vergeltung!« (17,63). Diejenigen, die meinen, sie könnten gegen Gottes

---

Vgl. auch *H. Stieglecker* (1983), 134–140, über die unterschiedliche Beantwortung der Frage »Gibt es für Gott Pflichten?«; während es die Mu'taziliten bejahten verneinten es die Asch'ariten. Dennoch hielten es – nach dem Kommentar von *ar-Rāzī* (1890/91), Bd. 6, 139 f – auch die Anhänger der Mu'tazila für unzulässig, Gott nach den Gründen seines Handelns zu fragen.

[13] Vgl. S. 162–185: Die Rede zu Gott im Koran.
[14] Vgl. S. 80 f.

Handeln Einspruch erheben, werden abgewiesen – bis zur Konsequenz der endgültigen Verdammnis.

In Sure 4,77 ist von denen die Rede, die sich in den kriegerischen Auseinandersetzungen gegen den geforderten Einsatz sperren, da ihre Furcht vor den Menschen so groß ist, wie nur ihre Furcht vor Gott sein sollte. Ihre Gesinnung faßt der Koran in die Fragen: »Herr, warum hast du uns vorgeschrieben zu kämpfen? Warum[15] hast du uns nicht für eine kurze Frist zurückgestellt?« Doch damit suchen sie nicht etwa Gottes Willen zu ergründen, sondern ihm ihren eigenen vorwurfsvoll entgegenzusetzen. Sie unterscheiden sich in ihrer Rede also im Grunde nicht von Iblīs.

Schließlich finden wir im Koran noch die Fragen, die die *Verurteilten des Jüngsten Tages* an Gott richten werden. Erschrocken will derjenige, der schon mit dem Stigma der Verdammnis zum Gericht auferisteht, wissen: »Herr, warum hast du mich blind zur Versammlung gebracht, wo ich doch sehen konnte?« (20,125). Verzweifelt sucht ein anderer eine letzte Ausflucht: »Herr, [. . .] gibt es einen Weg, um herauszukommen?« (40,11). Aber in beiden Fällen bestätigt Gott nur die unausweichliche Lage, ohne sich auf die Intention der Fragen einzulassen (20,126 f: »So ist es [. . .], und so vergelten wir [. . .]«; 40,12: »Dies ist so, weil ihr [. . .] nicht geglaubt habt«).

Die Fragen der Verworfenen werden demnach schon als abwegig erwiesen, bevor für sie überhaupt die Zeit gekommen ist. Erst recht gilt dies für die in zwei Suren zitierten *fiktiven Einwände,* mit denen zu rechnen wäre, wenn Gott vor dem Gerichtstag nicht hinreichend oft und deutlich gewarnt hätte; dann nämlich würden die Verurteilten meinen, daß sie sich beschweren könnten: »Herr, warum hast du uns keinen Gesandten geschickt, so daß wir deinen Zeichen gefolgt wären, bevor wir erniedrigt und verworfen wurden?« (20,134; ähnlich 28,47). Indem der Koran diese Fragen, obwohl er sie für irreal erklärt, dennoch zur Sprache bringt, bekräftigt er um so deutlicher, wie abwegig es ist, von Gott Rechenschaft zu verlangen.

Insgesamt finden wir hier also nirgends die Stimme von Gläubigen, die in Bestürzung über die Unordnung der Welt, in der Klage über das Leiden der Gerechten Gott um Auskunft ersuchen, wie er derartiges zulassen oder gar selbst bewirken könne. Jeder Ansatz dafür scheint von vornherein verwehrt. Die Fragen an Gott werden

---

[15] Die Grammatik rechtfertigt es, auch diesen zweiten Satz – im Unterschied zu *A. Th. Khoury* (1992) und *R. Paret* (1979) – als Fragesatz zu nehmen; vgl. *W. Fischer* (1987), 206, § 457, Anm. 1, zu »law-lā«.

nicht nur abgewiesen, sondern noch nicht einmal als ernst zu nehmende Äußerungen gewürdigt.

Wie weit die Konsequenzen davon reichen können, wird erkennbar, wenn eine Abhandlung über »das politische System im Islam« in ihrem einleitenden Kapitel über »die erste Grundlage« beiläufig, ohne besondere Kennzeichnung und weitere Erläuterung, die Aussage von Sure 21,23 in den eigenen Text einfügt: »Gott ist der Schöpfer, der Ernährer, der Herrscher. Und der Herrscher verfügt über sein Herrschaftsgebiet, wie er will. *Er wird nicht befragt über das, was er tut; aber sie werden befragt«.*[16] Im Zusammenhang politischer Erörterungen gewinnt dieses Wort einen besonders ambivalenten Charakter: Es kann angesichts der bestehenden Verhältnisse unserer Welt um der religiösen Beruhigung und Fügsamkeit willen zitiert werden, aber auch als Appell an die eigene Verantwortung der Menschen: Im Unterschied zu Gott werden sie über das, was sie getan haben, Rechenschaft ablegen müssen.

(2) Die Abwehr des Ungeduldigen, der nicht Bescheid weiß
Eine für unser Thema aufschlußreiche Erzählung finden wir in Sure 18,65–82. Bezeichnenderweise wurde dieses Stück des Koran gelegentlich eine »*Theodizee-Legende*« genannt.[17] In ihr trifft Mose einen »Diener« Gottes[18] und bittet ihn, daß er mit ihm gehen und von ihm lernen dürfe. Zögernd gewährt dieser es ihm – allerdings unter einer Bedingung: »Wenn du mir nun folgst, dann frage mich nicht über irgend etwas, bevor ich dir nichts dazu sage!« (18,70). Darauf läßt sich Mose ein. Wie es einem verbreiteten Schema volkstümlicher Erzählungen entspricht, gerät er nacheinander in drei Szenen, in denen er sich bewähren könnte; doch er versagt ein um das andere Mal. Zuerst bohrt sein Gefährte ohne ersichtlichen Anlaß ein Loch in den Boden eines Schiffes; dann erschlägt er scheinbar grundlos einen Menschen; und schließlich setzt er in einer Stadt, deren Bewohner ihnen zuvor das erbetene Essen verweigert haben, eine Mauer instand, die umzufallen droht. Jedesmal kann sich Mose nicht beherrschen und

---

[16] M. *'Abd al-Qādir Abū Fāris* (1986), 19 (Hervorhebung von mir).

[17] C. *Colpe* (1990b), 201–203: Der Theodizee-Typ der Elia-Legende, 212–216: Die Verbindung von Lebensquell-Sage und Theodizee-Legende im Koran, in seinen Kommentierungen und in der islamischen Folklore; *H. Schwarzbaum* (1959/60); *H.-W. Haase* (1966).

[18] Nach muslimischen Überlieferungen handelt es sich dabei um den berühmten Propheten *Ḫaḍir* (oder *Ḫiḍr*), »the Moslem counterpart of the Prophet Elijah« (*H. Schwarzbaum* [1959/60], 149); gelegentlich wird dabei bestritten, daß sein Begleiter der biblische *Mose* sei (vgl. ebd. 149 f).

211

erhebt Einwände. Da er damit die Prüfung – trotz mehrfacher Warnungen – nicht bestanden hat, darf er den Diener Gottes nicht mehr länger begleiten. Doch gibt ihm dieser zum Abschluß wenigstens die Deutung dessen, woran er zuvor Anstoß nahm: Das Schiff wurde beschädigt, damit es nicht in die Hände eines räuberischen Königs falle; der Junge wurde getötet, bevor er seinen frommen Eltern durch Widersetzlichkeit und Unglauben Sorgen bereiten konnte – Gott wollte ihnen »zum Tausch« einen frömmeren und anhänglicheren Sohn geben –; die Mauer sollte stehen bleiben, damit ein darunter verborgener Schatz so lange nicht entdeckt werde, bis zwei arme Waisenjungen ihn für sich bergen könnten. So wird am Ende dieser Geschichte alles, was Mose zuvor rätselhaft, ja empörend erscheinen mußte, nach der Sicht des Koran zufriedenstellend gelöst.

Zwar ist diese Erzählung nie darauf angelegt, daß unmittelbar Gottes Absichten selbst als fragwürdig erscheinen (obwohl die Tötung des jungen Mannes und seine Auswechslung gegen einen besseren Sohn aus der Sicht der betroffenen Eltern vielleicht doch nicht als das beste Verfahren gelten kann); aber nicht begreifen kann Mose den mit Gottes Weisheit ausgestatteten Diener: »dem wir Barmherzigkeit von uns zukommen ließen und den wir Wissen von uns lehrten« (V. 65). So steht für Mose hier also doch Gottes Überlegenheit auf dem Spiel. Wenn er seinen Begleiter irritiert fragt: »Wie konntest du [. . .]?« (V. 71.74), dann verrät dies, daß sein gläubiges Vertrauen auf den »rechten Weg« (V. 66) erschüttert ist.

Aber der eigentliche Grund für diese Störung – so lehrt die Erzählung – liegt bei Mose selbst: Ihm fehlt die nötige Geduld; deshalb trifft ihn die vorwurfsvolle Frage – als *Gegen*frage auch für alle, die nicht abwarten können, bis ihnen die rechte Deutung zukommt: »Wie willst du etwas durchhalten, von dem du keine Kenntnis hast?« (V. 68). Wenn wir etwas in unserer Welt nicht verstehen, wenn es uns als ungerecht oder schlicht sinnlos erscheinen mag, dann sind wir nach dieser Erzählung völlig unzuständig, uns auch nur Gedanken darüber zu machen. Selbst die Nachfrage ist schon vermessen; denn der Gläubige muß sich immer das Wort des Koran vergegenwärtigen: »Gott weiß, ihr aber wißt nicht« (2,216 u. ö.).[19] Wer dies nicht ständig beachtet, wer das Gute und Schlechte nach seinem vordergründigen Denken verteilt wissen will, der muß sich sagen lassen: »Er ist gar zu eilig.« (17,11).

---

[19] Vgl. das entsprechende Urteil Gottes in der Bibel, daß die Klagen Ijobs letztlich »Worte ohne Wissen« sind (Ijob 38,2).

Aber schließlich werden die von Mose eingewandten Bedenken und Fragen nicht nur als Ausdruck der Ungeduld abgewehrt, sondern zugleich so beantwortet, daß von ihnen keine weiteren Beunruhigungen mehr ausgehen sollten.

(3) Deutungen von Übel und Bösem

Innerhalb der islamischen Tradition gibt es – wie in der christlichen – verschiedene Weisen, den Erfahrungen von Übel und Bösem mit entlastenden Interpretationen zu begegnen. Ähnlich dem in Sure 18 erzählten Lernweg des Mose zeigt die von *al-Ghazālī* überlieferte Erzählung des Masrūq[20], wie Erfahrungen, die zunächst bedrückend unverständlich sind, durch Erklärung einen guten Sinn gewinnen: Einem Mann werden nacheinander der Hahn, der ihn und seine Angehörigen zum Gebet weckt, der Esel, der ihnen die Lasten trägt, und der Hund, der sie bewacht, von wilden Tieren getötet. Dreimal nimmt er dies (anders als Mose) mit frommen Worten hin: »Vielleicht ist es zum Guten.« Eines Tages werden alle übrigen Dorfbewohner als Sklaven weggeschleppt; er aber bleibt mit den Seinen unentdeckt, da sie nicht mehr durch die Stimmen ihrer Tiere verraten werden können. Die Antwort heißt also in dieser wie in jener Geschichte: Hinter dem, was zunächst als Ärgernis erscheint, steht *die verborgene oder gar verkannte Weisheit Gottes*.

Solchen Bescheid gibt der Koran auch im Blick auf den alltäglichen, meist undramatischen, aber nicht selten doch erregenden Tatbestand, daß Gott seine Gaben nicht immer in gleichem Maß freigebig austeilt; daß die Menschen Mangel erfahren – bis hin zur Angst um ihre Existenz. Die Gläubigen sollen dies als eine *vorbeugende Maßnahme* verstehen: »Gäbe Gott seinen Dienern den Unterhalt mit großzügiger Hand, so würden sie im Land Gewalttaten verüben.« (42,27). Auch wenn der Regen manchmal so lange ausbleibt, daß die Menschen ihre Hoffnung verlieren (vgl. V. 28), soll dies nicht als Ungerechtigkeit und Willkür erscheinen. Gott entspricht damit vielmehr in *heilsamer Pädagogik* der menschlichen Anfälligkeit zum Bösen.

In eine ähnliche Richtung weisen die Stellen, die von der *Erprobung der Menschen* sprechen. »Wir prüfen euch mit Schlechtem und Gutem als einer Versuchung.« (21,35). Auch hier soll nicht einfach nur das Böse aufgedeckt, sondern nach Möglichkeit eine Besserung erreicht werden – entsprechend dem Wort über die Israeliten, die

[20] Vgl. *A.-Ḥ. M. al-Ġazālī* (1981), 218.

nicht rechtschaffen waren: »Wir prüften sie mit Gutem und Schlechtem, damit sie vielleicht umkehrten.« (7,168). Mit solchen schmerzlichen Maßnahmen müssen immer auch die Gläubigen rechnen, da sie sich gar zu schnell in gefährlicher Selbstsicherheit wiegen: »Meinen die Menschen, sie würden in Ruhe gelassen und nicht Versuchungen ausgesetzt, weil sie sagen: ›Wir glauben‹? Wir haben diejenigen, die vor ihnen lebten, der Versuchung ausgesetzt. So wird Gott gewiß die erkennen, die die Wahrheit sagen, und die, die lügen.« (29,2f; vgl. auch 2,155–157). Daß es in der Welt Schlechtes gibt, hat in dieser Sicht also die *stimulierende Funktion,* alle in eine Unruhe zu versetzen, in der sie sich entweder in Standhaftigkeit bewähren oder als unzuverlässig herausstellen.

Darüber hinaus erscheint das Böse aber vor allem als Konsequenz aus dem Handeln der Menschen. Wenn sie angesichts des Unheils, das sie trifft, fragen: »Woher kommt das?« (3,165), müssen sie sich sagen lassen: »Es kommt von euch selbst.«[21] Der Tat-Folge-Zusammenhang verweist auf die menschliche Eigenverantwortung. Wo es um das Schlechte der Welt geht, sollten in solcher Sicht die Menschen in erster Linie an sich selbst denken. In diesem Sinn erhält die zweite Hälfte von 21,23 ihren vollen Ernst: »Nicht er wird befragt über das, was er tut; *aber sie werden befragt.«*

Mit scharfer Markierung der Zuständigkeiten stellt Sure 4,79 fest: »Was dich an Gutem trifft, ist von Gott; und was dich an Schlechtem trifft, ist von dir selbst.« Bei derart polarisierender Zuschreibung der Verhältnisse und so eindeutiger Belastung des Menschen sind die Verursachungs- und Haftungsprobleme restlos erledigt. Die uneingeschränkte Überlegenheit Gottes soll nicht die Gerechtigkeit seines Handelns in Zweifel rücken und ihn mit dem Charakter eines willkürlichen Herrn belasten. Freilich zeigt der unmittelbar vorausgehende Vers 78 mit seiner entgegengesetzten Aussage, daß in unterschiedlichen Auseinandersetzungen auch die Zuschreibungen wechseln können: »Wenn sie [die Widersacher Mohammeds] etwas Gutes trifft, sagen sie: ›Das ist von Gott.‹ Und wenn sie etwas Schlechtes trifft, sagen sie [zu Mohammed]: ›Das ist von dir.‹ Sag: *Alles* ist von Gott.«

Daß mit Sure 21,23 auch für das populäre religiöse Bewußtsein die *Gefahr der ethischen Indifferenz des Gottesbildes* gegeben ist, belegt

---

[21] Unmittelbar nach dieser Stelle wird aber auch wieder auf die Prüfung der Menschen verwiesen: »[...] das geschah mit der Erlaubnis Gottes, damit er die Gläubigen erkenne und die, die heucheln.« (3,166f). Die verschiedenen Deutungen schließen einander nicht aus.

eine in unseren Tagen verbreitete Schrift des zeitgenössischen ägyptischen Theologen *Muḥammad al-Ġazālī,* wenn sie in Anspielung auf
diese Koranstelle warnend betont: »Sobald wir nach unserem Verständnis meinen, daß Gott diejenigen, die ihm folgen, zurückweist
und die Sünder annimmt, *weil ›er nicht befragt wird über das, was er
tut‹,* so spotten wir der ganzen Religion und sprechen dem Barmherzigen und Erbarmenden zu, was ihm nicht gemäß ist.«[22] Das gläubige
Bekenntnis, daß Gottes Handeln unergründbar ist, darf nicht das
Vertrauen in die von ihm gewährte sittliche Ordnung beeinträchtigen.

(4) Die Makellosigkeit der Schöpfung
In der Konsequenz des Vorhergehenden wird die Welt, wie sie dem
menschlichen Handeln vorgegeben ist, als schlechthin vollkommen
angesehen: »Du kannst an der Schöpfung des Barmherzigen kein Mißverhältnis sehen. Sieh dich um! Siehst du einen Mangel? Dann sieh
dich noch zweimal um! Der Blick kehrt zu dir beschämt und ermüdet
zurück.« (67,3 f.) Zweierlei ist an diesem Text besonders bemerkenswert: Erstens erklärt er die Welt nicht – wie etwa die biblische Schöp-
fungserzählung – nur in ihrem Ursprung für »gut« und letztlich »sehr
gut« (Gen 1,4.10.12.18.21.25.31), sondern bezieht sich ausdrücklich
auf die Welt, wie sie jederzeit und von allen, die überhaupt sehen können, erfahrbar ist. Für die biblische Differenz einer ursprünglich hei-
len, dann aber gestörten Welt gibt es in islamischer Theologie keinen
Ansatz, da sie die Möglichkeit einer derart ruinösen Wirkungsgeschichte menschlicher Schuld – den Gedanken einer »Erbsünde« –
nicht kennt.[23] Zweitens rühmt der Koran hier nicht nur positiv die
Schönheit und planvolle Ordnung der Schöpfung (dies tut etwa auch
der biblische Hymnus Ps 104), sondern er wehrt ausdrücklich den Gedanken ab, es könnte die Welt doch irgendwo als unstimmig oder ge-
stört erscheinen. Ihre absolute Harmonie ist ihm eine nachprüfbare
und deshalb auch nicht ernsthaft bestreitbare Realität. Die Welt zeigt
an keiner Stelle die Spur eines Makels; also sollte auch schon jeder
Verdacht, sie könnte (noch) nicht vollkommen sein, fernliegen. Es
wäre infolgedessen auch abwegig, angesichts der Erfahrungen von
Übel, Leid und Bösem die Schöpfung als ein »Mysterium«, als ein
»abgründiges Geheimnis« hinzunehmen. Eine solche Haltung ließe
zwar gläubiges Vertrauen auf Gott erkennen, aber keine Einsicht in
unsere Welt.

[22] *M. al-Ġazālī* (1984), 113 (Hervorhebung und Kennzeichnung als Zitat von mir).
[23] Vgl. oben S. 92–94.

(5) Die Abschirmung der Gläubigen vom Geheul der Verdammten

Zu den Widerständen gegen die Überzeugung, daß die Welt rundum in Ordnung sei, könnte auch der eschatologische Ausblick auf Gottes Gericht seinen Teil beitragen: Stören nicht die schmerzvollen Strafen, die am Ende verhängt werden, die Seligkeit derer, die Gott belohnt? Bringen nicht die Leiden der Verdammten – trotz ihrer Schuld – einen ewigen Mißklang in die Harmonie der Schöpfung? Muß nicht die Hölle das Paradies beeinträchtigen? Um dies zu vermeiden, schafft Gott zwischen beiden eine unüberbrückbare Distanz: »Diejenigen, für die von uns das Beste vorgesehen ist, werden von ihr [der Hölle] ferngehalten; sie hören von ihr kein Raunen. [...] Der große Schrekken macht sie nicht traurig [...].« (21,101–103). So soll die Harmonie am Ende nicht getrübt werden; es soll keine dunklen Erfahrungen mehr geben, von denen noch Unruhe und letztlich auch Fragen an Gott ausgehen könnten; Gottes planvolle Schöpfung soll bis ins Letzte gelungen sein – entsprechend dem Wort des Mystikers *Abū Sulaymān ad-Dārānī:* »Es schadet dem, der erlöst ist, nichts, daß der Verlorene dem Verderben anheimfällt.«[24]

Daß die eschatologischen Oppositionen, das dualistische Ende der Menschheit, in christlicher Tradition wenigstens ebenso gelassen hingenommen werden können, belegt besonders markant *Augustinus,* wenn er über die Verdammten triumphal feststellt: »Denn alle sind nach den höchst gerechten Gesetzen Gottes verurteilt worden: Gott steht da im Glanz der Ehre durch die Gerechtigkeit seiner Bestrafung, jene in Schande durch die Schmach ihrer Strafe.«[25] Hier wird das ewige Unheil der Bestraften noch nicht einmal abgeschirmt, sondern zum Ruhm Gottes genußvoll wahrgenommen.

c. Die beharrliche Unruhe

Alle Abwehr der Fragen, die Gott oder seine Welt angesichts von Übel, Bösem und Leiden als rechtfertigungsbedürftig erscheinen lassen könnten, beseitigt nicht einfach die Bedenken, aus denen sie hervorgehen, sondern rückt sie zugleich in den Blick. Je kräftiger man ihnen ihr Recht abspricht, sie gar für verwerflich erklärt, um so deutlicher erkennt man doch an, daß es sie gibt. Wo man mit Nachdruck

---

[24] Zit. nach T. Andrae (1980), 73 (zit. aus: Ḥiljat al-awliyā'. Hss. Berlin Kod. Landberg 984; 265 a).

[25] De cat. rud. II, 30; dt.: Vom ersten katechetischen Unterricht. Neu übers. von Werner Steinmann, bearb. von Otto Wermelinger, München 1985, 62.

bestreitet, daß man Gott zur Verantwortung ziehen könne oder dürfe, räumt man – wenn auch unausdrücklich – ein, daß die Impulse dazu wirksam sind und ernst genommen werden müssen. Wie die Untersuchung des Koran zeigte, kann die Behauptung, es sei abwegig, von Gott Rechenschaft zu verlangen, schließlich selbst in eine Rechtfertigung Gottes übergehen.

Es ist deshalb nicht verwunderlich, daß Erörterungen, wie sie neuzeitlich unter dem Begriff »Theodizee«[26] zusammengefaßt werden, in der Geistesgeschichte der monotheistischen Religionen, auch des Islam, immer wieder aufbrechen – etwa unter den Fragen, »ob Gott das tut, was für die Menschen am besten ist, oder nicht«; ob Gott überhaupt frei sei, »irgend etwas Besseres (aṣlaḥ) zu tun als das, was er getan habe«; wie es um »die Leiden von Kindern und wilden Tieren« bestellt sei, welchen Grund es dafür gäbe und ob es für die Kinder schon gut sei, »zur Entschädigung für ihre Leiden einen Schadenersatz zu erhalten«[27].

So gehören die Stimmen, die den Glauben an einen allmächtigen und gleichzeitig guten Schöpfer immer wieder anfechten – bis hin zur radikalen Religionskritik –, zu seiner unvermeidlichen Umgebung. Schon mit der Verabschiedung des antiken Polytheismus sah sich der religiöse Glaube vor das Dilemma gestellt: »Entweder will Gott die Übel beseitigen und kann es nicht, oder er kann es und will es nicht, oder er kann es nicht und will es nicht, oder er kann es und will es. Wenn er nun will und nicht kann, so ist er schwach, was auf Gott nicht zutrifft. Wenn er kann und nicht will, dann ist er mißgünstig, was ebenfalls Gott fremd ist. Wenn er nicht will und nicht kann, dann ist er sowohl mißgünstig wie auch schwach und dann auch nicht Gott. Wenn er aber will und kann, was allein sich für Gott ziemt, woher kommen dann die Übel und warum nimmt er sie nicht weg?«[28] Ähnlich hält eine kritische Stimme des 9. Jahrhunderts aus dem islamischen Raum den Gläubigen entgegen: »Gott sitzt auf seinem Thron [...]; er empfindet Kummer, Trauer und Zorn. Zugleich aber ist die-

---

[26] Der Begriff geht zurück auf *Leibniz'* Schrift »Essais de théodicée sur la bonté de dieu, la liberté de l'homme et l'origine du mal« (1710); dt.: Die Theodizee, übers. von Artur Buchenau, Hamburg ²1968.

[27] *W. M. Watt / M. Marmura* (1985), 245 f – mit Verweis auch auf entsprechende Stimmen der christlichen Tradition. Vgl. auch *E. L. Ormsby* (1984); *H. Stieglecker* (1983), 35–37: Die Theodizee des Al Gahiz.

[28] *Epikur,* Incertae sedis fragmenta opinionumque testimonia, Nr. 374, in: H. Usener (1966), 253; Übers. nach Olof Gigon (Hg.), Epikur. Von der Überwindung der Furcht, Zürich ²1968, 136.

ser Gott ohnmächtig; er vermag nichts gegen das Böse. Schlimmer noch: er vermag nichts gegen seine eigenen Geschöpfe [...]. Er muß sich gegen sie zur Wehr setzen, und er tut dies auf durchsichtig ungeschickte Weise [...].«[29] Solche Einwände heften sich jedem Monotheismus an die Fersen. Die Einsicht, daß eine Theodizee als Rechtfertigung Gottes durch den Menschen theologisch verwehrt und philosophisch undurchführbar[30] ist, schafft ihr Problem nicht aus der Welt.

(1) Die Ambivalenz von Frage und Antwort

Wo immer man danach Ausschau hält, ob und wie man den monotheistischen Glauben an die Schöpfung mit den widerständigen Erfahrungen unserer leidvollen Welt zusammenhalten könne, muß man die Zwiespältigkeit dieses Vorhabens sehen: Es kann einerseits von der Unfähigkeit und Unwilligkeit geleitet sein, das für uns Dunkle und Unstimmige einfach auszuhalten, aber andererseits auch von der Dringlichkeit, unsere Realität so weit wie möglich nüchtern wahrzunehmen, sie zu verstehen und dabei in den persönlichen Optionen konsequent zu bleiben. Dementsprechend kann auch der Frageverzicht einerseits achtbar sein als Hinnahme einer den Menschen unergründbaren und unverfügbaren Wirklichkeit und andererseits bedenklich als Ausdruck übermäßiger Angst, daß man mit »Wenn« und »Aber« seine innere Stabilität gefährde. Wo jeweils die eine Möglichkeit, die unreife, und wo die andere, die respektable, vorherrscht, ist nicht allgemeingültig zu sagen. So können prinzipiell beide sowohl auf Seiten des religiösen Glaubens als auch auf Seiten der gegen ihn gerichteten Bedenken zu finden sein.

Ob die Religion das Theodizeeproblem dadurch zu lösen meint, daß sie für seine Fragen scheinbar schlüssige Antworten bereitstellt, oder ob sie es schlechthin für anmaßend erklärt, solchen Fragen überhaupt Raum zu geben, da dies die Überlegenheit Gottes tangiere – im einen wie im andern Fall weicht sie aus, nicht nur einer theoretischen Sache, sondern Menschen in ihrer schmerzlichen Betroffenheit, ihren hartnäckigen Erfahrungen und ihren beharrlichen Fragen. Dies kann aber auch umgekehrt der Religionskritik als Verdacht entgegengehalten werden: Auch sie läßt sich vielleicht gerade dann, wenn sie von

[29] So referiert von *J. van Ess* (1992a), 30f
[30] Vgl. *Immanuel Kant,* Über das Mißlingen aller philosophischen Versuche in der Theodizee, in: Ders.: Werke in zehn Bänden, hg. von Wilhelm Weischedel, Bd. 9., Darmstadt 1975, 103–124.

der möglichen Existenz Gottes absieht und behauptet, sie hätte auf diese Weise das Problem beseitigt, nur von einem voreiligen Bedürfnis nach stimmigen Verhältnissen leiten und hält Erfahrungen und Fragen von sich ab, die sie in ihrer Selbstsicherheit anfechten müßten.

Solchem Verdacht können beide nur entgegentreten, wenn sie den Verlegenheiten, denen sie jeweils ausgesetzt sind, nicht aus dem Weg gehen; wenn sie nicht mit dem System ihrer Antworten diejenigen Erfahrungen verdrängen wollen, die sich ihnen nicht fügen und für die sie keine beruhigenden Deutungen zur Hand haben. Eine solche Offenheit kann dem religiösen Glauben aufgrund der ihm eigenen Bindungen besonders schwerfallen; aber nur wenn er prinzipiell zu ihr bereit ist, kann er erwarten, daß er auch dort noch ernst genommen wird, wo man ihm nicht schon von vornherein zustimmt.

(2) Die unvermeidbare Aufklärung

Wenn der Koran bestreitet, daß man Gott im Blick auf sein Handeln befragen dürfe, setzt er dabei Gottes Existenz gerade unangefochten voraus. Im Laufe der Neuzeit wurde das Theodizeeproblem jedoch so weit verschärft, daß auch diese strittig wurde.[31] »Warum heute Atheismus?«, fragt *Nietzsche* und fährt fort: »›Der Vater‹ in Gott ist gründlich widerlegt; ebenso ›der Richter‹, ›der Belohner‹. Insgleichen sein ›freier Wille‹: er hört nicht – und wenn er hörte, wüßte er trotzdem nicht zu helfen. Das Schlimmste ist: er scheint unfähig, sich deutlich mitzuteilen: ist er unklar?«[32]

Eine derart entschiedene und radikale Bestreitung Gottes könnte mit Berufung auf Koran wie Bibel als offensichtlicher Unglaube so rundum abgetan werden, daß sie unter Gläubigen eigentlich nicht mehr weiter Beachtung finden dürfte. Doch ist eine solche Bereinigung des geistigen Lebensraumes heute weder ohne weiteres möglich noch uneingeschränkt verantwortbar. Solange eine Kultur religiös fast einheitlich und geschlossen ist, haben gelegentliche Herausforderun-

[31] Zur Theodizee als spezifisch moderner Fragestellung vgl. etwa *Hans Blumenberg,* Säkularisierung und Selbstbehauptung, Frankfurt 1974, 64–74: Geschichte machen zur Entlastung Gottes?; *Ernst Cassirer,* Philosophie der Aufklärung, Tübingen (1932) 1973, 182–214; *Hans-Gerd Janßen,* Gott – Freiheit – Leid. Das Theodizeeproblem in der Philosophie der Theodizee der Neuzeit, Darmstadt 1993; *Willi Oelmüller* (Hg.), Worüber man nicht schweigen kann. Neue Diskussionen zur Theodizeefrage, München 1992.
[32] Jenseits von Gut und Böse (1886), in: *Friedrich Nietzsche,* Werke in drei Bänden, hg. von Karl Schlechta. München 1960, Bd. 2, 615. Vgl. *Gerd-Günter Grau,* Christlicher Glaube und intellektuelle Redlichkeit. Eine religionsphilosophische Studie zu Nietzsche, Frankfurt 1958, 240–289: Die Hiob-Frage nach der Redlichkeit Gottes.

gen des Glaubens einen anderen Charakter als in einer Gesellschaft, die nicht mehr gleichermaßen von einem gemeinsamen Bestand an Überzeugungen zusammengehalten wird. Hier kann der Einzelne täglich erfahren, daß der Glaube, zu dem er sich bekennt, nicht auch schon alle andern um ihn her zur Zustimmung bewegt; zugleich ist es ihm aber auch nicht möglich, alle, die seinen Glauben nicht teilen, einfach als unwillig oder uneinsichtig abzutun. Bedenken ziehen in ihn ein, die er weder gewaltsam von sich fernhalten noch einfach im Rückgriff auf die überkommenen Glaubenslehren erledigen kann. Was diese noch als unbestreitbare Gewißheit und Verpflichtung ausgeben, kann ihm zur Frage werden – ohne daß es damit seinen Ernst verlieren muß.

Diese Situation läßt sich nicht weltweit verallgemeinern; sie ist zunächst die der westlichen Gesellschaft aufgrund der geistesgeschichtlichen Veränderungen, die in grober Benennung »Aufklärung« heißen. Doch haben sich gleichzeitig die kommunikativen Beziehungen zwischen den verschiedenen Teilen der Welt derart vermehrt und verdichtet, daß es keiner Religion mehr ohne gewaltsame Verdrängungen auf Dauer möglich ist, sich den Herausforderungen und dem Einfluß dieses kulturellen Wandels zu entziehen. Die den Fragen einmal gesetzten Grenzen werden unter solcher Voraussetzung durchlässiger.

4. Allah – ein kriegerischer Gott?

Jede Religion hat ihre Klischees – im Bild, das sie von sich selbst entwirft, wie in den Urteilen, die andere über sie fällen. Dagegen scheint kein Kraut gewachsen; denn wer über griffige Vorstellungen verfügt, findet sich in der meistens weit komplizierteren Realität zunächst einmal leichter zurecht. Auf Dauer jedoch blockieren gar zu grobe Denkmuster nicht nur die Verständigung mit denen, die die Sache anders sehen – vielleicht sogar aus unmittelbarer lebensgeschichtlicher Nähe –, sondern sie beeinträchtigen schon die Fähigkeit, überhaupt einigermaßen angemessen wahrzunehmen, worüber man urteilt.

Freilich ist die Verarbeitung und eventuelle Korrektur von Vorurteilen bereits deswegen recht schwierig, weil Überzeugungen, die von vielen geteilt werden, kaum jemals völlig irrig und abwegig sind; immer gibt es in ihnen auch ein Stück Richtiges. Das gänzlich Falsche und Dumme hat im allgemeinen nur wenig Chancen, sich in den Köpfen festzusetzen. Doch die zutreffenden Momente lassen ein verkehrtes Bild noch nicht besser werden, sondern machen es in seinem scheinbar realistischen Charakter um so gefährlicher.

Für die Einschätzung des Islam besonders brisant ist die weit verbreitete Annahme, daß diese Religion einen prinzipiell aggressiven Charakter trage. Man kann sie ebenso alltäglichen Äußerungen entnehmen wie etwa Schulbüchern.[1] Die gegenwärtige weltpolitische Situation des Islam, deren Auswirkungen bis in die innenpolitischen Verhältnisse nichtmuslimischer Länder hineinreichen, scheint für viele diese Einschätzung zu bestätigen. Zugleich belebt sie die weit zurückreichende und tief verwurzelte Vorstellung von der muslimischen Ausbreitung des Glaubens »mit Feuer und Schwert«.

In solchem Zusammenhang erhält der Gottesname seinen eigenen Signalwert. Bei Überschriften wie *»Allahs neue Krieger«, »Allah ist mit den Standhaften«, »Kein Frieden für Allahs Völker«, »Allahs Schwert«, »Im Namen Allahs«* usw. sind die düsteren Assoziationen

---

[1] Vgl. die Untersuchungen von *G. Fischer* (1987), 42–51; *M. Tworuschka* (1986), bes. 113–124; *U. Tworuschka* (1986), 187–190; *H. Vöcking* (1988), 284f; 314–317.

der Bedrohung und Furcht in das Kalkül der Medienwirksamkeit eingeplant. Der Ruf »*Allahu akbar*« (»Gott ist überaus groß«) wird dann weithin als ein Alarmzeichen von Aufstand und Gewalt gehört.

Die Auseinandersetzung damit ist zunächst kein eigentlich theologisches Thema, sondern eine Aufgabe der allgemeinen politischen Bildung; doch lassen sich die Verzeichnungen bis in theologische Äußerungen hinein verfolgen und bestimmen auch das interreligiöse Verhältnis. Darüber hinaus aber geht es in dieser Sache schließlich nicht nur um die Beseitigung von Unkenntnis und Mißverständnissen, sondern auch um die Wahrnehmung der ernsthaften Momente in der politischen Berufung auf Gott – selbst dort noch, wo sie meint, sie könne kriegerische Aktionen rechtfertigen.

a. Die Zuschreibung des Namens: ein falscher Gegensatz

Wer bei uns als Nichtmuslim von »*Allah*« spricht, setzt sich damit gewöhnlich von diesem Gott und denen, die sich zu ihm bekennen, ab; er betont Fremdheit und Distanz. Wie selbstverständlich uns das geworden ist, zeigt sich auch in theologischen Berührungsängsten gegenüber diesem Wort. In einem Gespräch über den interreligiösen Dialog äußerte einer der gelehrten Teilnehmer ein dafür symptomatisches Bedenken: »Freilich wird der Name *Allāh* vielfach gebraucht wie ein Eigenname für den Gott der Muslime, und insofern könnte es Verwirrung unter den Christen in arabischen Ländern stiften, wenn man plötzlich diesen Namen als christliche Gottesbezeichnung verwendet.«[2] Doch so »plötzlich«, wie hier angenommen, könnte diese Redeweise nicht benutzt werden und eine Verwirrung nicht entstehen; denn wenn man arabische Bibeln aufschlägt, so findet man, daß sie in ihrer Sprache beginnen: »Am Anfang schuf *Allāh* Himmel und Erde« (Gen 1,1), und mit Paulus bekennen, daß »das Ende« sein wird »*Allāh* alles in allem« (1 Kor 15,24.28).

Das Mißverständnis, der Name »*Allāh*« sei im Spektrum der heutigen Religionen spezifisch islamisch, wird auch durch islamwissenschaftliche Publikationen unterstützt: Dort liest man in erster Linie von der religionsgeschichtlichen Verwurzelung dieses Wortes in den altarabischen Kulten, wo Allāh ein »*Hochgott*« war, der neben oder

---

[2] Referiert bei *Andreas Bsteh,* Dialog aus der Mitte christlicher Theologie. Die Gesprächsbeiträge zur 5. Religionstheologischen Studientagung St. Gabriel. Versuch einer Zusammenfassung, in: Ders. (1992), 65–140, hier 110. Vgl. dagegen *W. M. Watt* (1983), 45f.

unter sich auch die *weibliche Al-Lāt* und andere Götter und Göttinnen hatte; doch in benachbarten Kapiteln über jüdische und christliche Gemeinden Arabiens fehlt oft ein Hinweis darauf, wie man dort von Gott sprach.[3] So werden aber die kulturellen Verwandtschaften verzeichnet. Die Aussage des Koran gegenüber den »Leuten der Schrift«: »Unser und euer Gott ist einer« (29,46) hat auch eine lexikalische Grundlage. »Alāhā« sagten im übrigen schon die syrischen Christen. Dies ist auch dann bedeutsam, wenn man in dieser Namensform wohl kaum die unmittelbare etymologische Wurzel des arabischen Wortes Allāh sehen kann[4]; die sprachliche Identifikation lag dennoch jederzeit auf der Hand.

Deshalb ist es in den meisten Fällen sachlich nicht gerechtfertigt, gerade im Blick auf den Islam am arabischen Namen festzuhalten, im Blick auf den christlichen Glauben aber den in der eigenen Sprache gewohnten zu verwenden. Wer *»Mohammeds Allah«* dem *»Gott der Bibel«* gegenüberstellt[5], schafft emotionale Konfrontationen, aber keine theologische Einsicht. Gewiß haben wir heute durchweg das harte Urteil *Luthers* über »des Turcken Alla, das ist seinen Gott, den Teuffel,«[6] weit hinter uns gelassen und sagen nicht mehr so leicht, daß »das meiste und furnemest werck ynn seinem Alkoran das schwerd« sei[7]. Doch die besondere Zuschreibung dieses Gottesnamens an die Muslime ist geblieben – und sie ist schon verständnislos.

Anders ist es zu beurteilen, wenn Muslime selbst nach ihrer religiösen und vielleicht (als Ausländer) auch muttersprachlichen Gewohnheit lieber *»Allah«* sagen als *»Gott«*. So wollen sie die Vieldeutigkeit und Leichtfertigkeit, die sie in unserem Sprachgebrauch oft zu spüren meinen, vermeiden. Dies aber bedeutet noch nicht – jedenfalls nicht von vornherein – eine prinzipielle Distanzierung gegenüber den Gläubigen anderer Religionen und ihrem Gott.

---

[3] Vgl. etwa *R. Paret* (1991), 16–20: Altarabische Götter, neben 12–14: Jüdische Kolonien, 14–16: Christliche Missionierung; dagegen *W. M. Watt /A. T. Welch* (1980), 43–46: Die mekkanische Religion und der »Hochgott«, hier 46.

[4] Vgl. *L. Gardet* (1960a): die Ableitung von *al-ilāh* ist »the most likely etymology«, die von *alāhā* »another suggestion«.

[5] Vgl. *M. Basilea Schlink,* Wo liegt die Wahrheit? Ist Mohammeds Allah der Gott der Bibel?, Darmstadt-Eberstadt 1984.

[6] *M. Luther* (1529), 129. Vgl. 128: »Darumb gleub ich auch das der Turcken Alla mehr ym kriege thut denn sie selbs: er gibt yhn mut und list, fuhret yhr schwerd und faust, Ros und man.«

[7] Ebd. 123.

b. Gängige Urteile

In *Ernst Blochs* »Prinzip Hoffnung« lesen wir über das Wesen des Islam: »Religion ist Ergebung in Allahs Willen, doch eben als kriegerischer Fanatismus der Ergebung«[8] und: »Islam, Ergebung wurde die Religion Mohammeds genannt, jedoch das Bekenntnis dieser Ergebung war hier wie nirgends scharfer Dschihad, heiliger Krieg.«[9] Daß sich solche Urteile über tausend Jahre hinweg in unsere von Aufklärung geprägte Kultur hinein durchgehalten haben, läßt sie um so bewährter erscheinen. Ihr Gleichklang mit christlich von langer Zeit her gewohnten, theologisch bis in unser Jahrhundert tradierten Einschätzungen des Islam ist bemerkenswert. *Herman Schell* sieht im Islam die »Weltreligion des absoluten Herrscherwillens und der reinen Gesetzesmacht«[10]: Mit der »Vergöttlichung des Gesetzes und des Willens« findet diese Religion angeblich das höchste Ziel ihres Denkens und Handelns »bei der grundlosen Willkür«; »die Gewaltherrschaft der Gläubigen über die Ungläubigen« ist nur die »folgerichtige Auslegung dieses Grundgedankens«.[11] Totalitär aggressive Gewalt wird damit in der Konsequenz des islamischen Gottesbildes zu einem fundamentalen Charakterzug der muslimischen Gemeinschaft und ihrer Politik erklärt. Dies entspricht auch der kirchengeschichtlich gängigen Sicht und Sprechweise, nach der das Christentum in den Regionen Kleinasiens, Syriens, Palästinas und Nordafrikas vom »Vernichtungssturm« des Islam heimgesucht und ausgerottet wurde.[12] Dieses Urteil scheint unabhängig zu sein von spezifisch theologischen und kirchlichen Interessen, wenn ihm etwa die Feststellung *Schopenhauers* zur Seite steht, daß »der abscheuliche Islam mit Feuer und Schwerdt die alten tiefsinnigen Religionen der Menschheit verdrängt hat«[13].

[8] *Ernst Bloch,* Prinzip Hoffnung, Frankfurt 1959, 1507.

[9] Ebd. 1506.

[10] *H. Schell* (1901), 338; vgl. auch *ders.* (1905 b), 568 – jetzt aber mit deutlichen Einschränkungen: »Diese Ausbildung [Gottes] zur unberechenbaren Willkürmacht hat besonders im späteren Islam stattgefunden, besonders in einzelnen mohammedanischen Orden.«

[11] *Ders.* (1901), 339. Erstaunlicherweise ist der Islam dabei für Schell zugleich die »Weltreligion der semitischen Rasse, der Heimat des Despotentums« (ebd.)! Allerdings bleibt er nicht bei solchen Urteilen stehen; vgl. oben S. 52–54.

[12] *Joseph Lortz,* Geschichte der Kirche in ideengeschichtlicher Betrachtung, Bd. 1, Münster ²²/²³1965, 166.

[13] *Arthur Schopenhauer,* Über den Willen in der Natur [1836], in: Ders., Sämtliche Werke, Bd. IV/I, Wiesbaden 1972, 144 (freilich denkt Sch. dabei an eine Verdrängung der östlichen Religionen; zu seiner Einstufung des Christentums auf der Ebene des Islam vgl. Parerga und Paralipomena II [1851], Kap. 15: Über Religion, in: Ders., Sämtliche Werke, Bd. VI, Wiesbaden 1972, 343–419, hier 377, über »die Gräuel, welche die Religionen, namentlich die Christliche und Mohammedanische hervorgerufen und den Jammer, welchen sie über die Welt gebracht haben«).

224

Weiter als diese Aussagen geht noch der heimtückische Verdacht, daß im Islam – von Anfang an oder in geschichtlicher Perversion – Religion überhaupt zur Funktion der Herrschaft verkehrt worden sei, instrumentalisiert für die Durchsetzung politischer Interessen. Schon innerhalb der Islamwissenschaft des 19. Jahrhunderts wurde die These vertreten, der Islam sei »keineswegs als ein Religionssystem ins Leben getreten, sondern als ein Versuch sozialistischer Art, gewissen überhandnehmenden irdischen Mißständen entgegenzutreten«; Mohammed habe in taktisch geschickter Strategie seine Offenbarungslehre als ein »geistiges Zwangsmittel« benutzt, da er absehen konnte, »daß zur Realisierung seiner Idee sein Wort und Einfluß nicht ausreichen werde«.[14] Gewiß ließ sich diese Behauptung wissenschaftlich nicht halten; aber damit sind noch nicht ihre Motive ausgeräumt.

Wie keiner anderen der Weltreligionen gegenüber wurde das Verhältnis zum Islam als ein politisches, gar militärisches bestimmt – auch innerhalb der Theologie. So erklärte etwa *Ernst Troeltsch* in seiner Abhandlung über »Die Mission in der modernen Welt« (1906) zum Islam: »Die große Auseinandersetzung mit ihm, die eine der Zukunftsfragen der Menschheit ist, wird nicht durch Mission, sondern, wenn sie überhaupt gelingt, durch die Waffen und die Kolonisatoren erfolgen und dann mag vielleicht auch dort die Stunde der Mission schlagen.«[15] Zwar steht unmittelbar daneben unausgeglichen noch eine ganz andere Möglichkeit: »Auch wäre denkbar, daß der Islam in seinen Kulturzentren eine ähnliche Entwicklung erlebt, wie das christliche Europa, eine wissenschaftliche und philosophische Befreiung, die ihm bei der Gemeinsamkeit der theistischen Grundlage mit uns in innerliche Berührung bringen könnte.« Doch aus dieser nur »denkbaren«, ganz entlegenen Zukunft ergibt sich im Unterschied zu der vorher genannten für uns keine Handlungskonsequenz.

Das Urteil Troeltschs griff Jahrzehnte später *Helmut Thielicke* ohne irgendwelche Einschränkung auf und bestärkte es noch, indem er darauf verwies, daß »prominente Versuche, einen Verständigungsdialog mit Muslimen zu führen, [. . .] von fanatisierten Muslimen blutig beendet worden« seien und daß der Islam durch seine »theoretische Identifizierung von Religion und Politik« keinen ernsthaften

---

[14] *Hubert Grimme,* Mohammed I, Münster 1892, 14, zit. bei R. Paret (1991), 40.
[15] In: *Ernst Troeltsch,* Gesammelte Schriften II: Zur religiösen Lage, Religionsphilosophie und Ethik, Tübingen 1913, 779–804, hier 801. Zur geistigen Umgebung vgl. *C. H. Becker* (1907b; 1910) mit den Problemen »Ist der Islam eine Gefahr für unsere Kolonien?« und »Staat und Mission in der Islamfrage«.

Spielraum für Dialog kenne, sondern »nur die Alternative Konformismus und Unterwerfung«.[16] Trotzdem fordert Thielicke von dem »Vertreter christlicher Wahrheit«, daß er auf den muslimischen Dialogabbruch nicht im gleichen Sinne reagiere, sondern seinerseits nach wie vor verständnisbereit bleibe. Aber bei der gegebenen Einschätzung der realen Situation muß diese hochherzige Mahnung folgenlos bleiben und kann zu nicht mehr taugen als zur moralischen Selbstgefälligkeit.

Diese grobe Sicht soll hier nicht weiter erörtert werden; sie verdient es nicht. Doch belegt sie noch auf ihre extreme Weise, daß der Islam im Spektrum der Religionen besondere Beziehungsprobleme auslösen kann – mit erheblichen praktischen Konsequenzen bis hin zur religionsunterrichtlichen Urteilsbildung. Bis in die fünfziger Jahre unseres Jahrhunderts war in religionspädagogischen Veröffentlichungen die Warnung vor zwei gefährlich auf Welteroberung ausgerichteten Mächten zu lesen: vor *Bolschewismus* und *Islam*.[17] Die prophetische Religion schien – wenn es um Macht, Gewalt und rücksichtslose Unterwerfung ging – auf einer Ebene zu stehen mit der atheistischen Ideologie und deren Politik. Weiter zurückliegende katechetische Äußerungen sehen im Islam einen »wahrhaft diabolischen Fanatismus« am Werk; in dieser Sicht ist die christliche Mission einer »Propaganda« konfrontiert, die die »Netze dieser teuflischen Religion« auswirft.[18]

In der Gegenüberstellung von Christentum und Islam, gar dem Wirken Jesu und dem Mohammeds, sind unter solchen Voraussetzungen die Werturteile von vornherein fixiert, ohne daß dies überhaupt noch weiter erörtert werden müßte. Ein treffendes Beispiel dafür finden wir in einem (ansonsten recht empfehlenswerten) didaktischen Werk zu den Weltreligionen; es schreibt bei einem entsprechenden Vergleich über Mohammed: Er »hat eine Schlacht gegen [die Mekkaner] gewonnen, die eine dreifache Übermacht hatten. Er erreichte, daß alle Menschen (in seinem Land) an Allah glaubten. / Er wurde Herrscher über Arabien«; und unmittelbar daneben heißt es zum Kontrast: »Die Leute wollten Jesus hören, mit seinen Predigten. Er hatte

---

[16] *Helmut Thielicke,* Theologie des Geistes (Der evangelische Glaube. Grundzüge der Dogmatik III), Tübingen 1978, 502.

[17] Vgl. z. B. *Klemens Tilmann,* Die Weltmission und unsere Jugendpädagogik, in: KatBl 78, 1953, 417–424; 473–481, hier 417; *ders.,* Missionskunde im Entlaßunterricht, in: KatBl 80, 1955, 488–490, hier 490.

[18] *Heinrich Stieglitz,* Missionswesen und Katechet, in: KatBl 34, 1911, 29–36, hier 32. Zum weiterreichenden religionspädagogischen Klima vgl. in dieser Hinsicht *H. Zirker* (1987).

viele Anhänger *im Volk,* aber nicht die Soldaten (Römer) und Priester. / Er opferte sich für sein Volk.«[19] – Hier brauchen weder Lehrer noch Schüler weitere Erläuterungen; das Ergebnis des Vergleichs liegt auf der Hand: Verkündigung steht gegen Kampf, Überzeugung gegen Überwältigung, Volk gegen Krieger, hingebungsvolles Opfer gegen Herrschaft – schließlich auch der Gott Jesu gegen »Allah«.

In solchem Zusammenhang wird deutlich, wie leichthin christliche Theologie die Zeugnisse Israels ausblenden kann. Offensichtlich gelingt es ihr mühelos, die Gewaltsamkeiten, die Gott dort fordert, nicht mehr als ein Problem zu sehen, das sie selbst noch verarbeiten müßte. Daß »Allah in sexuellen Dingen den Muhammedanern Freiheiten erlaubt und ihnen den heiligen Krieg zur Pflicht macht«[20] (eine bemerkenswerte Kombination aus christlicher Sicht), kann abschätzig festgestellt werden, ohne mitzulesen, wie »Gott« etwa Josua bei der Landnahme gebietet: »Du sollst es mit Ai und seinem König ebenso machen, wie du es mit Jericho und seinem König gemacht hast« (Jos 8,2) – und dort hatte Josua geboten: »Die Stadt mit allem, was in ihr ist, soll zu Ehren des Herrn dem Untergang geweiht sein.« (Jos 6,17). Ein derartiges Bann-Ritual, in dem alle eroberten Lebewesen, Menschen und Tiere, Gott geweiht – und dies hieß getötet – wurden, ist der profanen Kriegsführung des Islam völlig fremd. Wenn der christliche Theologe im Blick auf dessen kriegerische Aktionen meint: »Solche Dinge vertragen sich nicht mit dem Begriff eines heiligen und gütigen Gottes«[21], dann müßte sich erst recht die Frage aufdrängen, wie es um die Heiligkeit und Güte JHWHs nach den biblischen Glaubenszeugnissen bestellt sein mag. Aber das eine wird mit dem anderen nicht zusammengesehen.

Erst recht werden dann die entsprechenden Zeugnisse der Kirchengeschichte ausgeblendet. »In der Schwertformel bei der Kaiserkrönung hieß es: ›Nimm hin das Schwert aus den Händen der Apostel ...! Rotte die Feinde des christlichen Namens aus und vernichte sie!‹«[22] – »Der gerechte Krieg trägt als ein Gottesgericht über das Unrecht religiöse Züge. ›Legt alle Furcht und allen Schrecken ab‹,

---

19 J. *Lähnemann* (1986a), 232 (in den eckigen Klammern wurde ein Formulierungsfehler korrigiert).
20 *Th. Ohm* (1962), 176.
21 Ebd.
22 J. *Höffner* (1972), 63 (unter Verweis auf Eduard Eichmann, Die Kaiserkrönung im Abendland. Ein Beitrag zur Geistesgeschichte des Mittelalters. Mit besonderer Berücksichtigung des kirchlichen Rechts, der Liturgie und der Kirchenpolitik, Würzburg 1942, Bd. 2, 106ff).

ermutigte Papst Leo IV. (847–855) das Heer der Franken zum Kampf gegen die Sarazenen; ›kämpft mannhaft gegen diese Feinde des heiligen Glaubens, gegen diese Gegner aller Religionen! Wenn einer von euch fällt, so weiß der Allmächtige, daß er für die Wahrheit des Glaubens, für die Rettung des Vaterlandes und für die Verteidigung der Christen gestorben ist. Er wird deshalb von ihm den himmlischen Lohn empfangen.‹«[23] Wo diese geschichtlichen Zeugnisse einfach beiseite gelassen werden, scheint der »*Heilige Krieg*« schlechthin die unveräußerliche Sache des Islam zu sein.

Während die Theologische Realenzyklopädie zu den alttestamentlichen Überlieferungen vermerkt, daß die Redeweise vom »heiligen Krieg« einen Ausdruck verwende, »der in der Bibel so nicht vorkommt«[24], bezeichnet sie unmittelbar zuvor den islamischen »ğihād« ohne eine entsprechend einschränkende Bemerkung schlicht als »den Heiligen Krieg (besser: Heiliger Kampf)« – selbstverständlich wieder »auf dem Wege *Allahs*« (statt »Gottes«)[25]. Doch im Unterschied zur Bibel, wo der Prophet fordern kann: »Ruft gegen Zion den Heiligen Krieg aus!« (Jer 6,4)[26], ist es dem Koran unmöglich, die Kämpfe der Menschen in irgendeiner Sprechweise als »heilig« zu bezeichnen, selbst wenn sie nach der Formulierung des Koran »auf dem Wege Gottes« erfolgen.[27] Dies ist weit mehr als nur ein lexikalischer Sachverhalt, nämlich die theologische Weigerung, den Kriegen einen Nimbus göttlicher Würde zu verleihen. Es ist eigenartig, daß selbst die Fachliteratur durchweg unbefangen vom »ğihād« als »*heiligem Krieg*« spricht, dabei ihren spezifischen Sprachgebrauch aber nicht reflektiert. Dies wird gerade auch dort deutlich, wo ansatzweise eine semantische Klärung aufscheint, etwa mit der Feststellung: er »dient zur Verherrlichung Allahs [bezeichnend wieder so!] und ist deshalb ein heiliges Werk«[28]. Auch der Vorbehalt gegen »die gängige Übersetzung«, daß

[23] Ebd. 65 (mit dem Zitat aus Gratian, C. 9. »Omni timore«, Causa XXIII. qu. 8).

[24] *J. A. Soggin* (1990), 19.

[25] *P. Gerlitz* (1990), 14 f.

[26] So die Einheitsübersetzung von »qadᵉšū ‘alēhā milḥāmāh«; die Zürcher Bibel übersetzt: »Weiht euch zum Kampfe wider die Stadt!« Auf jeden Fall ist der Krieg hier ein sakraler Vorgang. Vgl. den Ausdruck »qiddēš (milḥāmāh) ‘al« auch in Jer 22,7; 51,27; Joel 4,9; Mi 3,5; in Jes 13,3 sind die Krieger mᵉquddāšim = Geheiligte. Vgl. *H.-P. Müller*, qdš heilig, in: Theol. Handwörterb. z. AT 2 (1976), 589–609, 595: »heiligt den Krieg gegen«.

[27] Vgl. *B. Lewis* (1991), 121–151; *H.-W. Gensichen* (1985), 83–98; *A. Th. Khoury* (1984); *A. Noth* (1966), bes. 22–25. 47–61; *R. Peters* (1977; 1979), 3–5; *E. Tyan* (1965).

[28] *C. Erdmann* (1955), 2; s. hier auch die gesamte Einleitung 1–29.

»ǧihād nicht immer gleich einen Heiligenschein« trage[29], bleibt oberflächlich. »*Heiliger* Krieg« (»*hieròs pólemos*«) konnte man unter bestimmten Umständen in der Antike sagen[30], auch im christlichen Mittelalter im Blick auf die Kreuzzüge »bellum sacrum«[31], aber derartiges eben nicht im Raum des Islam[32]. Daß hier bestimmte Aufrufe zum
kriegerischen Kampf »rein religiöse Züge« tragen[33], ist eine andere
Sache.

Wenn die Theologische Realenzyklopädie darüber hinaus zu den
»Kennzeichen« des »Heiligen Krieges« zählt, daß in ihm »das angrei-
fende Heer« immer zugleich unter einem »missionarischen Anspruch«
steht, »den es im Auftrag der Gottheit aggressiv durchzusetzen hat«[34],
dann scheint der Vergleich mit der Kriegsführung Israels endgültig
unterbunden zu sein. Für einen solchen »Heiligen Krieg« unter missionarischen Interessen ist in den alttestamentlichen Zeugnissen selbstverständlich kein Platz. Doch auch für den Islam, auf dessen Kriegs-
ideologie diese Kennzeichnung zutreffen soll, legt man damit falsche
Vorstellungen nahe.

c. Die scheinbar eindeutigen Belege des Koran

Wer seine Überzeugung, daß der Islam eine von Grund auf aggressive
Religion sei, bestätigt sehen will, hat es nicht schwer, sich auf eine
ganze Reihe von Koranversen zu berufen. Im Blick auf diejenigen,
die sich nicht Mohammeds Verkündigung in der geforderten Weise
anschließen wollen, heißt es an einer Stelle – anscheinend unnachgiebig: »Vorgeschrieben ist euch der Kampf, obwohl er euch zuwider ist.
Aber vielleicht ist euch etwas zuwider, während es gut für euch ist.«
(2,216). Aufforderungen zum kriegerischen Einsatz wiederholen sich
im Koran in zahlreichen Suren mit fast monotoner Formelhaftigkeit
und lassen sich zu einem massiven Gesamteindruck zusammenstel-

---

[29] *A. Noth* (1966), 22 (das Buch selbst führt diese »gängige Übersetzung« im Titel). Als zweiter Einwand gegen den Begriff »heiliger Krieg« für ǧihād ist hier vermerkt, daß dieser kein
»bestimmtes, räumlich und zeitlich begrenztes kriegerisches Unternehmen bezeichnen« und
von ihm kein Plural gebildet werden kann.

[30] Vgl. *Diodor* 16, 23, 1 und *Pausanias* 10, 3, 1 mit Bezug auf den Krieg Philipps II. von
Makedonien gegen die Phoker 356/46 wegen deren Angriff auf Delphi.

[31] Vgl. die Benennung der »Chronik« des *Wilhelm von Tyros* (gest. 1186) »Historia rerum
in partibus transmarinis gestarum« als *»Belli sacri historia«* (so PL 201, 892 f); außerdem:
Johannes Herold, De bello sacro continuatae historiae libri VI [. . .], Basel 1549.

[32] Zum Gebrauch von »*heilig*« im Koran vgl. S. 247-249.

[33] *A. Noth* (1966), 25 (aber wieso »rein«?); vgl. ebd. 87 f mit Anm. 442.

[34] *P. Gerlitz* (1990), 14.

len: »Tötet sie, wo ihr sie zu fassen bekommt, und vertreibt sie, von wo sie euch vertrieben haben! [...] Kämpft gegen sie, bis es keine Aufwiegelung mehr gibt und alle an Gott glauben!« (2,191.193; vgl. 8,39) – »Wenn die heiligen Monate abgelaufen sind, dann tötet diejenigen, die [Gott noch andere] beigesellen, wo ihr sie findet, greift sie, umzingelt sie, und lauert ihnen überall auf!« (9,5) – »Kämpft gegen diejenigen, die nicht an Gott und den Jüngsten Tag glauben und nicht verbieten, was Gott und sein Gesandter verboten haben, und nicht der wahren Religion angehören – von denen, die die Schrift erhalten haben, bis sie aus der Hand Tribut entrichten und ganz klein sind.« (9,29) – »Kämpft insgesamt gegen diejenigen, die neben Gott noch andere stellen, so wie sie insgesamt gegen euch kämpfen!« (9,36) – »Kämpft gegen diejenigen von den Ungläubigen, die euch nahe sind! Sie sollen merken, daß ihr hart sein könnt.« (9,123) – usw. Die ganze Existenz der Gläubigen kann von dieser wechselseitigen Lebensbedrohung umgriffen sein: »Sie kämpfen auf Gottes Weg. *Sie töten und werden getötet.*« (9,111 – im arabischen Originalton durch die Assonanz der grammatischen Formen ein griffiges Schlagwort: yaqtulūna wa-yuqtalūna).

Wie sehr dies auch Gott selbst in die menschliche Politik und ihre Konflikte hineinzieht, verdeutlicht in aller Schärfe eine Aussage des Koran, die einerseits die Menschen im Anblick der vernichteten Gegner entlasten und sie andererseits daran hindern soll, daß sie den Sieg ihrer eigenen Stärke und Überlegenheit zurechnen: »Nicht ihr habt sie getötet, sondern Gott hat sie getötet.« (8,17). Indem hier Gott selbst zum Kriegsherr wird, ist durch ihn auch der Krieg unbezweifelbar gerechtfertigt. Zugleich sollen diejenigen, die mit ihm zusammen streiten, seiner innigen Zuneigung sicher sein: »Gott liebt diejenigen, die um seinetwillen in einer Reihe kämpfen, wie ein fester Bau.« (61,4).

Allerdings ist bei den ausgewählten Versen des Koran vereinzelt auch schon angeklungen, daß es hier nicht einfach um eine Bekämpfung friedlicher Menschen geht, denen man nichts anderes vorzuwerfen gehabt hätte, als daß sie aus muslimischer Sicht ungläubig gewesen wären. Die vertrieben werden sollen, haben zuvor selbst vertrieben; gegen die zum Kampf aufgerufen wird, von denen droht nach wie vor »*Aufwiegelung*«, die »schlimmer ist als Töten« (2,191.217). Wo man das entsprechende arabische Wort *fitna* durchweg mit »Versuchung« übersetzt[35], bleibt man ganz im religiös-moralischen Bedeu-

---

[35] So *R. Paret* (1979).

tungsbereich und läßt die politische Dimension außer acht. Das Wort kann auch »Aufstand«, »Bürgerkrieg« u.ä. meinen.

Die Aufforderungen des Koran zum Kampf sind keine Äußerungen einer kriegslüsternen Gesinnung, sondern sie gehen aus Situationen der Gefährdung hervor, auch wenn der spätere Leser oft deren Umstände im einzelnen nicht mehr genau erkennen kann. Deutlich wird in Sure 60 die Grenze gesetzt, die den Umgang mit den Nichtmuslimen bestimmt: »Gott verbietet euch nur, daß ihr euch denen anschließt, die euch in der Religion bekämpft, euch aus euren Häusern vertrieben und bei eurer Vertreibung geholfen haben. Die sich denen anschließen, das sind die Frevler.« (60,9) – »Gott verbietet euch nicht, daß ihr denen gegenüber, die euch nicht in der Religion bekämpft und euch nicht aus eueren Wohnungen vertrieben haben, gütig seid und sie gerecht behandelt. Gott liebt die gerecht Handelnden.« (60,8).

Daß die Aufrufe zur kriegerischen Aktion in ihrer Gültigkeit begrenzt und von unterschiedlichen Verhaltensweisen der Gegner abhängig sind, wird auch durch zahlreiche Konditionalsätze ausdrücklich gesagt:

Wenn sie gegen euch kämpfen [...]. *Wenn* sie aber aufhören [...]. *Wenn* sie aufhören [...]. (2,191–193)
Wenn sie sich von euch fernhalten, nicht gegen euch kämpfen und euch Frieden bieten [...]. *Wenn* sie sich nicht von euch fernhalten, euch nicht Frieden bieten und ihre Hände nicht zurückhalten [...]! (4,90f)
Wenn sie aufhören [...]. *Wenn* sie rückfällig werden [...]. *Wenn* sie aufhören [...]. (8,38f)
Wenn du von Leuten Verrat fürchtest [...]. *Wenn* sie sich dem Frieden zuneigen [...]. *Wenn* sie dich betrügen wollen [...]. *Wenn* sie dich verraten wollen [...]. (8,58.61f.71)
Wenn sie umkehren, das Gebet verrichten und die Abgabe leisten [...]. *Wenn* einer von denen, die beigesellen, dich um Schutz bittet [...] *Wenn* sie die Oberhand über euch bekommen, euch gegenüber weder Pakt noch Schutzbund einhalten [...]. *Wenn* sie umkehren, das Gebet verrichten und die Abgabe leisten [...]. *Wenn* sie aber nach Vertragsabschluß ihre Eide brechen und eure Religion schmähen [...]. (9,5f.8.11f)
Wenn die Heuchler und die, deren Herz krank ist, und die, die in der Stadt mit Gerüchten Unruhe stiften, nicht aufhören [...]. (33,60).

Hier wird deutlich mit entgegengesetzten Möglichkeiten gerechnet: neben der aggressiven steht die friedfertige.

Damit ist die Gewalt der scharfen Konfrontationen noch nicht gemildert; aber der Gedanke wenigstens geht über sie hinaus auf Verhältnisse, in denen kriegerische Konfrontationen ihre Berechtigung verlieren. Und dabei richtet sich der Blick nicht etwa auf die Utopie einer ganz anderen Welt des Friedens, sondern auf die schlichte Bedingung, daß die bisher erfahrenen Bedrohungen und Angriffe eingestellt werden.

Es ist hier nicht möglich, im einzelnen die geschichtliche Lage nachzuzeichnen, die die Verkündigung Mohammeds schuf und in die er sich seinerseits versetzt sah; erst recht sollen nicht die theologisch-politischen Kriegstheorien und -rechtfertigungen der späteren Zeiten aufgewiesen werden. (Dabei wären auch die erheblich unterschiedlichen Konsequenzen für die »Leute der Schrift« und die Angehörigen polytheistischer Kulte zu berücksichtigen; den letzten wurde keinerlei Rechtssicherheit gewährt.[36]) Doch allen einzelnen Differenzierungen der politischen Theorie und Praxis voraus läßt der Koran die inneren Spannungen erkennen, die sich ihm aus seiner eigentlichen Absicht und der widerständigen Realität ergeben. Er verwehrt ein undifferenziert düsteres Bild vom Islam als einer aggressiv fanatischen Religion, wie es noch die zweite Auflage des »Lexikons für Theologie und Kirche« nahelegt, wenn sie – ohne irgendwelche Voraussetzungen und Bedingungen anzumerken – zur muslimischen »Glaubens- und Pflichtenlehre« – feststellt, daß diese den »Heiligen Krieg (ǧihād) zur Unterwerfung der Welt unter den Islam als Gottes Ordnung« fordere.[37] Totalitär aggressive Gewalt wird so zu einem fundamentalen Charakterzug der islamischen Gemeinschaft und ihrer Politik erklärt.

d. Gottes Ziel: eine versöhnte Gemeinschaft

Auf den Anfang der Geschichte rückblickend, bekundet der Koran: »Die Menschen waren eine schlechthin einzige Gemeinschaft; dann wurden sie uneins.« (10,19; ähnlich auch 2,213). Die Zwietracht, in der sie gegeneinander stehen, ist für ihn so tief, daß es nicht mehr in menschlichem Vermögen liegt, die Zerklüftungen zu beseitigen.

Während es vor Mohammed die Aufgabe aller Propheten war, ihr jeweiliges Volk wieder auf den gemeinsamen Weg Gottes zurückzuführen, soll mit der Verkündigung des Koran dem Schöpfungswillen Gottes entsprechend die Menschheit insgesamt wieder geeint werden,

---

[36] *A. Th. Khoury* (1980), 31; 33–43.
[37] *R. Köbert / W. Schatz* (1960), 794. Als Einschränkung wird hier nur genannt, daß der eigentlich jährlich zu führende Krieg »notfalls« auch durch bloße Rüstung ersetzt werden könne und daß nicht der einzelne Muslim, sondern nur die islamische Gemeinschaft als ganze an diese Verpflichtung gebunden sei.

damit ihn alle als den erkennen können, der »die gläubigen Männer und Frauen untereinander Freunde werden« ließ (9,71). In dieser Zuversicht des neuen Anfangs (der keine neue Religion bringen soll), ruft der Koran die Gläubigen auf: »Haltet euch zusammen fest am Seil Gottes, und zerteilt euch nicht! Gedenkt der Gnade, die Gott euch erwiesen hat, als ihr Feinde wart und er eure Herzen in Freundschaft miteinander verbunden hat, so daß ihr in seiner Gnade Brüder wurdet!« (3,103).

Daß die Menschheit nicht nur faktisch in Gruppen zerfällt, sondern daß jede von ihnen diesen Zustand auch noch religiös legitimiert, indem sie sich ihrer Besonderheit rühmt und sich in ihrer Rivalität gegenüber den übrigen sogar noch auf Gott beruft, macht die Situation besonders verfahren: Der Zustand widerspricht der Einheit und Einzigkeit Gottes. Selbst wenn jede Gruppe für sich einen entschieden monotheistischen Glauben hätte, wäre die Menschheit insgesamt dennoch polytheistisch, da sie ihre zahlreichen religiösen Richtungen nicht als ein und dieselbe identifizieren könnte.

Solange diese Welt nicht in all ihren Dimensionen, auch der politischen, geeint ist, entspricht sie nach muslimischer Sicht nicht dem Willen Gottes. Sie in Ordnung zu bringen, ist Aufgabe der Gläubigen – obwohl sie zugleich wissen, daß diese Welt nur vorläufig und befristet, nicht die endgültige Heimat des Menschen ist. So bleibt auch für den Islam immer ein *eschatologischer Vorbehalt:* Einerseits sieht er sich aufgerufen, seinen Machtbereich universal auszudehnen, damit die gesellschaftlichen Verhältnisse zunehmend der Weisung Gottes, der Scharia, unterstellt werden; andererseits sieht er, daß dies nicht schon mit politischem, gar militärischem Druck zu erreichen ist, sondern die freie Zustimmung der Menschen voraussetzt. Die Gemeinschaft derer, die sich nach Gottes Willen richten, kann kein bloßes Herrschaftsgebilde sein, sondern setzt wechselseitige Anerkennung und Zuneigung voraus: Wie sich die Gläubigen – nach den vorangehenden Koranversen – untereinander als »Freunde« begreifen sollen, so will Gott all die zusammenbringen, »die er liebt und die ihn lieben« (5,54). Durch seine Zuwendung sollen schließlich die Verhältnisse, in denen die Überlegenen über die Schwächeren dominieren, aufgehoben werden: »Denen, die glauben und tun, was recht ist, wird der Barmherzige Liebe schaffen.« (19,96). Deshalb gehört zu seinen 99 »schönsten Namen« nicht nur »der Gewaltige« (59,23) und »der Bezwingende« (13,16), sondern auch »der Liebevolle« (11,90; 85,14).

Gewiß ist Gott nach muslimischem Glauben unumgänglich auch einer, der strafend eingreift und die verwirft, die sich seinem Willen widersetzen. Darin trifft sich der Koran schließlich mit der biblischen Gottesvorstellung. Im Blick auf diese haben wir gelernt, wie falsch es ist, zwischen einem alttestamentlichen »*Gott der Rache*« und einem neutestamentlichen »*Gott der Liebe*« zu unterscheiden und beide gegeneinander auszuspielen. Wenn wir gerecht sein wollen, müssen wir auch gegenüber dem Islam auf solche Vereinfachungen verzichten. Wer die Vorstellung eines strafenden Gottes wegen ihres gar zu anthropomorphen Charakters als eine Belastung empfindet, wird mit jeder dieser religiösen Traditionen seine Schwierigkeiten haben. Doch ist das gewaltsame Einschreiten Gottes – in den biblischen Zeugnissen wie im Koran – um der Hoffnung willen angesagt, daß die übermächtig Bösen letztlich nicht triumphieren werden: »Die Unrecht tun, werden keinen Erfolg haben« (6,21.135; 12,23; 28,37; ähnlich 10,17).

Für die politische Praxis bleibt freilich die schwerwiegende Frage, wieweit der Verweis auf Gottes Vergeltung Menschen davon abhält, selbst mit Gewalt gegen diejenigen vorzugehen, deren Weg sie als verwerflich beurteilen, oder wieweit sie sich umgekehrt mit der Berufung auf Gottes Willen geradezu ermächtigt fühlen, in seinem Namen gegen das Böse zu streiten – nicht nur im sittlichen Kampf, sondern auch mit äußerer Gewalt. Eine reine Alternative kann es hier für Christen wie Muslime nicht geben, wenn sie sich für ihre sozialen Verhältnisse – im persönlichen Umfeld wie in den weiterreichenden politischen Dimensionen – überhaupt verantwortlich sehen wollen. Für die konkreten Entscheidungen finden sie freilich in ihren Traditionen unterschiedliche Vorgaben.

e. Der »Weg Gottes« in zwiespältiger Welt

Anders als für das Christentum sind für den Islam von vornherein zwei Dimensionen der weltweiten Ausbreitung der Religion streng zu unterscheiden: zum einen die *Vermittlung des Glaubens,* die in der Zustimmung der einzelnen Menschen ihr Ziel erreicht, und zum andern die *Ausdehnung der islamischen Machtsphäre,* die die Verkündigung des Glaubens und die Möglichkeit, ihm gemäß zu leben, sichern soll. Das erste steht nicht in der Verfügung menschlicher Maßnahmen; das zweite dagegen ist den Gläubigen als ihre geschichtliche und politische Aufgabe aufgetragen. Wo diese Unterscheidung nicht getroffen wird, ist es ebenso oberflächlich und verkehrt, die tief verwurzelte Vorstellung von der *Ausbreitung des Islam »mit Feuer und Schwert«* zu behaupten wie sie zu bestreiten. Die Christen, die nicht dem Bekenntnis anhingen, das der byzantinische Kaiser guthieß, begrüßten die muslimischen Eroberer vielfach zugleich als ihre Befreier von einer belastenden und gefährdenden Herrschaft. Der Islam konnte sich seinem Gesetz nach mit einer religiös-pluralen Bevölkerung (soweit es sich um »Leute der Schrift« handelte) prinzipiell besser abfinden als das oströmische Reich. Auch wenn er den Nichtmuslimen im Vergleich zu »den Gläubigen« nur mindere Rechte zugestand, so gewährte er ihnen doch als »Schutzbürgern« (d̲immī) eine kalkulierbar gesicherte Stellung. Außerdem gab er Raum für intellektuelle Auseinandersetzung über den rechten Glauben (im gelehrten Disput, im populäreren Religionsgespräch, in Briefwechseln usw.).[38] Schließlich muß man religionsgeographisch feststellen, daß sich auf unserer Erde heute die meisten Muslime in Regionen finden, die den Islam nicht über Eroberungskriege, sondern in erster Linie durch Handelsbeziehungen[39] kennenlernten und dabei auch ansprechend fanden.

Nachdrücklich widerspricht der Koran der Vorstellung, man könne die Menschen mit Gewalt zur rechten Einsicht und zum guten Handeln bringen: *»Es gibt keinen Zwang in der Religion«* (2,256). Gewiß bedeutet dieser Grundsatz keine sittliche Ächtung des Krieges; er ist auch kein Zeugnis der Toleranz im neuzeitlichen Verständnis: als Gewähr der Freiheit zur subjektiven Selbstbestimmung. Doch tritt der Koran unüberhörbar allen Erwartungen entgegen, man könnte mit den Maßnahmen menschlicher Herrschaft den Willen Gottes in der Welt durchsetzen. Die einzige Möglichkeit, den Glauben zu verbreiten, ist die Verkündigung durch das Wort und die beispielhafte Tat. Der Koran stellt mit diesem Prinzip also nicht in erster Linie die moralische Forderung auf, man solle dem Glauben nicht mit gewaltsamen Maßnahmen Anerkennung verschaffen; er findet sich dabei aber auch nicht – wie man gelegentlich annimmt – einfach resigniert mit den Grenzen ab, an die die prophetische Verkündigung gestoßen ist[40], sondern er gibt Einsicht in das Wesen des Glaubens: Der Versuch, ihn

---

[38] Vgl. *H. Bobzin* (1987), 339; *A. Noth* (1987), 58–73: Die arabisch-islamische Expansion, bes. 63-65.

[39] Zur Bedeutung der Kaufleute für die grenzüberschreitende Verbreitung des Glaubens schon in der frühen Geschichte des Islam vgl. *J. van Ess* (1991), 39–45; im Blick auf Indonesien vgl. *C. Geertz* (1991), 29–31; 25–69; für die Ausbreitung des Islam insgesamt ist immer noch aufschlußreich *T. W. Arnold* (1913).

[40] So *R. Paret* (1969); ähnlich *Th. Mooren* (1991d).

mit Zwang zu vermitteln, wäre von vornherein unrealistisch und zum Scheitern verurteilt. Nur Gott selbst kann die hartnäckige Verweigerung der Menschen überwinden: »Wenn dein Herr wollte, würden alle zusammen, die auf der Erde sind, glauben. Und du willst die Menschen zwingen, daß sie gläubig werden?« (10,99). In eindringlicher Wiederholung hält der Koran Mohammed vor – in mekkanischen wie in medinensischen Suren –, daß sein Auftrag begrenzt ist: »Wenn sie Muslime werden (aslamū: sich Gott anheimstellen), werden sie geleitet. Wenn sie sich aber abkehren, so obliegt dir nur die Botschaft« (3,20[41]) – »Du hast keine Gewalt über sie. So ermahne durch den Koran, die meine Drohung fürchten!« (50,45) – »So mahne! Du bist nur ein Mahner. Du beherrschst sie nicht. Wer sich aber abwendet und nicht glaubt, den bestraft Gott mit der größten Strafe« (88,21–24[42]). Der Prophet kann also nur die Situation der Entscheidung schaffen; das Weitere ist ihm entzogen: »Wer nun will, möge glauben, und wer will, möge ungläubig sein.« (18,29).

Wie in biblischer Sicht, so wird auch im Koran die Erfahrung, daß viele sich hartnäckig verweigern, der menschlichen Einsicht und Verfügung entzogen: »Die meisten Menschen glauben nicht, auch wenn du darauf aus bist« (12,103) – »Du magst darauf aus sein, sie zu leiten; Gott leitet nicht, die er irreführt« (16,37). Unter solchem Vorbehalt ist die Absicht der gewaltsamen Bekehrung derer, die nicht freiwillig kommen, prinzipiell verwehrt. »Streitet nicht mit den Leuten der Schrift, es sei denn auf die beste Art, mit Ausnahme derer von ihnen, die Unrecht tun!« (29,46) – »Ruf zum Weg deines Herrn mit Weisheit und schöner Ermahnung, und streite mit ihnen auf die beste Art!« (16,125; man könnte jeweils auch übersetzen »auf eine bessere Art«, dann wäre entweder gemeint »besser als bisher« oder »besser, als die anderen dies tun«). Dabei ist aufschlußreich, wie gerade an dieser letzten Stelle die möglicherweise schwer vermeidbare gewaltsame Reaktion mitgedacht wird, doch zugleich wieder ein Gegengewicht erhält: »Wenn ihr straft, dann tut dies nach dem Maß dessen, was euch angetan worden ist. Aber wenn ihr Geduld aufbringt – das ist für die Geduldigen besser!« (16,126).

---

[41] Vgl. 5,92.99; 13,40; 16,35.82; 24,54; 29,18; 36,17; 42,48; 64,12.

[42] Hier könnte man freilich auch übersetzen: »... Du beherrschst sie nicht, außer diejenigen, die sich abwenden und nicht glauben. Sie bestraft Gott ...«; aber damit würde die Aussage ihrer theologischen Pointe beraubt – vgl. 13,40: »Dir obliegt nur die Botschaft; uns obliegt die Abrechnung.«

Anstatt eine eindeutige Forderung zu erheben, verweist der Koran also auf einen sittlichen Entscheidungsspielraum mit unterschiedlich wertvollen Möglichkeiten. »Eine üble Tat wird mit einer gleich üblen vergolten; aber wer verzeiht und Frieden stiftet, dessen Lohn ist bei Gott« (42,40). Ausdrücklich im Rückblick auf die in der Tora den Israeliten angewiesene Schadensregelung sagt Sure 5: »Wir haben ihnen darin vorgeschrieben: Leben um Leben, Auge um Auge, Nase um Nase, Ohr um Ohr, Zahn um Zahn; und auch für Wunden Vergeltung. Wer aber dies als Almosen erläßt, dem ist es eine Sühne.« (V. 45; vgl. Ex 21,23–25; Lev 24,19f; Dtn 19,21). Beide entgegengesetzten Handlungsweisen werden für verantwortbar gehalten, aber sie ergeben keine Alternative zur beliebigen Entscheidung; denn: »Nicht gleich sind das Gute und das Üble. Wehre mit dem, was besser ist, dann wird der, der mit dir in Feindschaft lebt wie du mit ihm, als wäre er ein warmherziger Freund.« (41,34). So ist für den Koran die bloße Heimzahlung nicht das wirksamste Mittel, um dem Schlechten entgegenzutreten, und Gott kann Mohammed angesichts seiner Widersacher schließlich auch uneingeschränkt und bedingungslos auffordern: »Wehre die üble Tat mit Besserem ab!« (23,96).

Besonders auffällig ist, daß der Koran an einer Stelle sogar zu einem rücksichtsvollen Verhalten auffordert gegenüber den Göttern oder Heiligen, denen sich die Ungläubigen in ihrer irrigen Frömmigkeit zuwenden; selbst diese sollen noch vor Angriffen geschützt werden, falls dadurch die Konfrontationen entschärft werden: »Schmäht nicht diejenigen, die sie außer Gott anrufen, damit sie nicht in Feindschaft und Unwissenheit Gott schmähen!« (6,108). Dies belegt – neben den zahlreichen Androhungen von Gewalt gegen die Anhänger polytheistischer Kulte –, wie situationsabhängig der Koran seine Weisungen wählt.

In der Komplexität und Widersprüchlichkeit ihrer Welt kann der Blick der Menschen den Fortgang der Dinge im einzelnen nicht sicher absehen; die Gläubigen müssen sich mit dem abfinden, was ihnen als ihr Planungs- und Handlungsspielraum vorgegeben ist. »Vielleicht wird Gott zwischen euch und denen, mit denen ihr verfeindet seid, Liebe stiften; denn Gott ist mächtig, und Gott ist voller Vergebung und barmherzig.« (60,7). Es bleibt die Spannung zwischen der grundlegenden Hoffnung auf Frieden einerseits und den konkreten geschichtlichen Erfahrungen, die einer solchen Zukunft entgegenzustehen scheinen. Die bedrückende Realität soll ebensowenig illusionär verschönt, wie die gläubige Zuversicht erstickt werden.

Dabei kann der Koran bei seiner Einschätzung der Welt von den Gläubigen auf dem »Wege Gottes« auch den Einsatz ihres Lebens im Kampf für die muslimische Gemeinschaft verlangen. Deshalb schließt der »ǧihād«, d. h. der von Gott gegenüber den Widerständen des Bösen geforderte »Einsatz«, das besondere »Bemühen«[43], den Krieg als eine extreme Möglichkeit der Bewährung ein. Es wäre aber verkehrt, »ǧihād« allein darauf zu reduzieren. Vor allem muslimische Reformtheologen der Neuzeit betonen, daß dieses Wort das gesamte sittliche Bemühen umschließt, dem Willen Gottes gerecht zu werden – in erster Linie den täglichen Kampf jedes Einzelnen gegen das Böse in ihm selbst und in seinem persönlichen Umfeld. So bezieht auch der Koran dieses Wort (an den vier Stellen, an denen er es gebraucht) nicht immer auf die kriegerische Aktivität. In 25,52 und dem Kontext dieses Verses wird der Prophet allgemein an seine Aufgabe erinnert, unnachgiebig die Botschaft Gottes zu verkünden: »Gehorche den Ungläubigen nicht, sondern setze ihnen mit ihm [dem Koran!] gewaltig zu (ǧāhiduhum bihi ǧihādan kabīran)!« In 22,78 meint dieser »Einsatz«, daß von den Gläubigen das Gebet, die Sozialsteuer, das Zeugnis ihres Glaubens und insgesamt ein Leben in der »Religion eures Vaters Abraham« gefordert wird. Doch ist dem Islam fraglos selbstverständlich, daß in diesen ethischen Zusammenhang auch die Abwehr der Feinde gehören kann (vgl. den entsprechenden Kontext von ǧihād in 9,24 und 60,1; und von muǧāhidūn – das sind »diejenigen, die sich anstrengen, sich einsetzen« – in 4,95 und 47,31). Das Gemeinwesen ist vor denen zu schützen, die es zerstören wollen. Deshalb ist ǧihād in der Sprache der islamischen Tradition schließlich doch in erster Linie der spezifische Begriff für den religiös motivierten Krieg.

Auf diesem Hintergrund ist auch die spätere Systematik des muslimischen Rechts zu sehen, nach der die Welt aufgeteilt ist in »das Haus des Islam« (dār al-islām) und »das Haus des Krieges« (dār al-ḥarb).[44] Sie meint nicht, daß überall dort, wo sich der Islam noch nicht durchgesetzt hat, Krieg *gestiftet* werden müßte, sondern stellt allen einzelnen Forderungen voraus fest, daß dort die Verhältnisse *noch* kriegerischer Natur *sind* – wie die arabischen Stämme vor ihrer Einigung durch Mohammed in wechselseitiger Aggressivität uneins

---

[43] »ǧihād« ist nach der arabischen Grammatik ein Verbalnomen des 3. Stammes; dieser »bedeutet ›eine Handlung zum Ziel haben‹ oder ›jemanden mit einer Handlung zum Ziel haben‹« (*W. Fischer* [1987], 88).

[44] Vgl. *A. Th. Khoury* (1980), 103–107.

waren und nicht absehen konnten, wie sie aus dieser Lage je herauskommen sollten. Demgegenüber bezeugt der Koran im Rückblick auf Mohammeds Wirken zugleich das hoffnungsvolle Ziel künftiger Geschichte: »Er [Gott] ist es, der dich [Mohammed] mit seiner Unterstützung und mit den Gläubigen gestärkt und zwischen ihren Herzen Vertrauen gestiftet hat. Wenn du alles, was auf Erden ist, ausgegeben hättest, hättest du nicht zwischen ihren Herzen Vertrauen gestiftet. Aber Gott hat zwischen ihnen Vertrauen gestiftet. Er ist mächtig und weise« (8,62f).

Das eigentliche Problem dieser Sache liegt jedoch weniger in der grundsätzlichen Position des Koran als in seiner politischen Verwendbarkeit: Die geschichtlich bedingten Weisungen sind unumgänglich für künftige Applikationen offen. Der Koran kann nicht selbst schon die Grenze ziehen zwischen einer rechtmäßigen und einer mißbräuchlichen Aktualisierung seiner Sätze. Die hermeneutischen Spielräume, die er eröffnet, sind politisch höchst brisant. Einerseits kann man in islamischer Ethik eine Theorie des gerechtfertigten Krieges finden, die weitgehend der entspricht, die in christlicher Tradition ausgearbeitet wurde: mit den einschränkenden Bedingungen, »daß der Krieg nur der Aufhebung von Verderbnis dient, bei der die Weisheit und die gute Mahnung nichts nützen«; daß er »nur aufgrund von Notlagen stattfindet«; daß »sein Ausmaß, so weit man abschätzen kann, Ungerechtigkeit und Aggression vermeidet« usw.[45] Andererseits können aber bestimmte Gruppen, wenn sie sich im Interesse ihrer gewaltsamen Selbstbehauptung auf den Koran berufen wollen, in ihm ein vielfältiges Legitimationsrepertoire finden. Gewiß müßten sie sich dabei vor die Frage gestellt sehen, wie sie ihre Aktionen realistisch auf das Ziel beziehen können, das der Koran allem politischen Handeln vorgibt: die friedfertige Gemeinschaft der Menschen. Wie das eine mit dem anderen vermittelt werden soll, ist oft nicht absehbar. Der Grund dafür liegt jedoch nicht einfach darin, daß der Islam eine besonders zwiespältige oder taktisch raffinierte Religion wäre, sondern vor allem in der Kompliziertheit unserer Welt, die sich nicht auf einen Nenner bringen läßt und jede Gemeinschaft, die sich in ihr politisch behaupten will, auf die eine oder andere Weise in Widersprüche versetzt – nicht erst bei Versagen und Schuld, sondern schon bei der Formulie-

---

[45] M. *Šaltūt* (1964), 474, innerhalb einer knappen Skizze einer Theorie des gerechten Krieges (473–475). Vgl. auch die pragmatische und prinzipiell friedensorientierte Kriegstheorie in: *Ders.* (1948). Der Autor war von 1958 bis zu seinem Tod 1963 Rektor der al-Azhar-Universität von Kairo.

rung ihrer Normen. Dies ist sicher kein Freibrief, alle eingeschlagenen Wege für gleichermaßen gut zu halten; aber es verbietet die eilfertige und grobe Bewertung.

Mit dem einzelnen besonders prekären Thema des Krieges verweist der Islam also zugleich auf das prinzipiellere Problem, wie sich die Religionen aus ihrem Glauben heraus politisch verantwortlich und wirksam erweisen können. Die Antworten darauf werden sicher nicht einheitlich ausfallen; doch führen die Fragen einer »*politischen Theologie*«, einer »*Theologie der Befreiung*« offensichtlich auch innerhalb des Christentums immer wieder zu dringlichen Kontroversen.

IV. Religion und Gesellschaft

1. Islam als Religion

a. Das zunächst eigenartige Thema

Daß der Islam eine Religion ist, wird nach dem alltäglichen wie dem theologischen Sprachgebrauch niemand bezweifeln. Von daher scheint sich in dieser Sache kein Problem aufzudrängen. Außerdem ist der Begriff »Religion« im allgemeinen Sprachgebrauch so unabsehbar weit, daß er schlechthin die gesamte Realität des Islam in den Blick rückt. Was soll es dann hier Besonderes zu erörtern geben?

Aber gerade daraus, daß sich das Wort »Religion« der Definition entzieht und auf eine sprachliche Konvention zurückgeht, die reichlich unscharf ist[1], ergeben sich aufschlußreiche Fragen: Wo zeigt sich jeweils zwischen den verschiedenen kulturellen Phänomenen, die man »Religion« nennt, das *Gemeinsame*? Wieweit entspricht man dabei auch dem Selbstverständnis einzelner Religionen, wenn man sie mit anderen unter dem einen Oberbegriff *zusammenbündelt*? Und falls sie dies zulassen oder gar selbst nahelegen, mit welchen Differenzierungen heben sie sich dann von den übrigen Religionen ab? Zwingt dieser Begriff also von sich aus nicht sofort auch zu *internen Oppositionen* wie »*wahrer*« und »*falscher*« Religion? Und was macht jeweils die *äußere Grenze* zu dem hin aus, was *nicht als »Religion«* gelten soll? – Oder sind vielleicht all derartige Fragen dem Bewußtsein einer bestimmten Religion durchweg fremd, nur von außen an sie herangetragen? Dann wäre aber auch dies aufschlußreich.

Auf jeden Fall reicht es nicht hin, einfach von einem normativ vorgefaßten Begriff auszugehen, um an ihm die eine wie die andere der Religionen zu messen. Jede zwingt neu dazu, daß man sich mit dieser Sache befaßt. Dies gilt für den Islam mit seinem besonderen Geltungsanspruch gegenüber allen übrigen Religionen, seiner eigenen Nähe zu Juden- und Christentum und seinem Ziel, die ganze Welt der islamischen Ordnung zuzuführen, in gesteigertem Maß. In anderem Zusammenhang war schon die Rede von den Unsicherheiten aus christlicher

---

[1] Vgl. *Ernst Feil,* Religio. Die Geschichte eines neuzeitlichen Grundbegriffs vom Frühchristentum bis zur Reformation, Göttingen ²1991, mit »Islam« im Sachregister.

Perspektive, ob es sich beim Islam überhaupt um eine eigene Religion handle oder um eine christliche Häresie, aber auch von dem weit radikaleren Verdacht, daß der Islam eher eine politische Bewegung als eine Religion sei.[2] Im folgenden soll der Blick in erster Linie auf das Selbstverständnis des Islam gerichtet sein.

b. *Persönliche Gläubigkeit und Religionsgemeinschaft*

Im Koran lesen wir als grundlegende Aussage: »Die Religion bei Gott ist der Islam« (3,19). Doch dieses entschiedene Wort ist nicht so eindeutig, wie seine deutsche Fassung – gar in der erläuternden Übersetzung von *Rudi Paret* – dies nahelegt: »Als (einzig wahre) Religion gilt bei Gott der Islam.«[3] Hier wird von vornherein angenommen, daß der Satz das Spektrum der zahlreichen Religionen vor Augen habe, eine von ihnen anerkenne und die anderen verwerfe. »Islam« wäre dann der *Eigenname* einer sozial und geschichtlich begrenzten Bekenntnisgemeinschaft, in Opposition zu allen übrigen. Doch dieses Verständnis grenzt die Bedeutung des Urtextes zu schnell auf die Perspektive einer interreligiösen Konkurrenz ein.

Zu Recht betonen Muslime häufig und gerne, daß im Unterschied zu den Namen anderer Religionen das Wort »Islam« nicht auf einen einzelnen Menschen (wie »Christentum« auf Christus, »Buddhismus« auf Buddha) oder auf eine bestimmte ethnische Gruppe (wie »Hinduismus« auf die Hindus, »Judentum« auf den Stamm Juda) verweist[4], sondern allein die Beziehung der Menschen zu Gott anspricht. Gerade deshalb müssen sie die Bezeichnung »Mohammedaner« als besonders verständnislos oder gar diskriminierend zurückweisen; denn sie nimmt ihnen den Vorzug ihres Namens.

»*Islām*« ist zunächst das Verbalnomen (in der uns gewohnteren grammatischen Terminologie könnten wir etwa sagen: der Infinitiv) eines Verbs und bezeichnet eine Aktivität: »*aslama*« heißt im religiösen Zusammenhang »sich (Gott) anheimstellen, sich (ihm) ergeben«. Demnach bedeutet »Islām« in erster Linie einen existentiellen Vollzug und nicht eine institutionell begrenzte Gemeinschaft.[5] Dies wird auch an der zitierten Stelle der dritten Sure deutlich; denn im unmittelbar darauffolgenden Vers 20 wird Mohammed unter Verwendung dessel-

---

[2] Vgl. S. 49 bzw. 225 f.
[3] *R. Paret* (1979), 44.
[4] Vgl. beispielsweise *S. A.-l-A. Maudoodi* (1978), 15.
[5] Vgl. *H. Ringgren* (1949).

ben Verbs aufgefordert: »Wenn sie mit dir streiten, dann sag: Ich habe mich [wörtlich: mein Gesicht] Gott ergeben – und auch die, die mir folgen.« Diese Wortbedeutung verschwindet, wenn sich nach den Übersetzungen Juden, Christen und Heiden hier vor die Entscheidung gestellt sehen: »Werdet ihr *Muslime*? Wenn sie *Muslime* werden, so sind sie rechtgeleitet.« Der Gedanke an die vertrauensvolle Zuwendung des Einzelnen zu Gott dürfte im Sinne des Koran nicht hinter dem an die Mitgliedschaft in einer bestimmten Religion zurücktreten.

Bezeichnenderweise kommt das Wort »Islam« im Koran insgesamt weitaus seltener vor als das ihm inhaltlich und in der grammatischen Form nahestehende Wort »īmān«, d. h. »*Glaube(n)*«. Auch daran erkennt man, daß es zuerst um die Religiosität der Menschen, also ihre *geistige Haltung* und ihr *Handeln,* geht und nicht um eine Religion als *geschichtlich konkrete Gemeinschaft* oder als *ideal vorgegebenes Orientierungssystem.* Erst im Laufe der Jahrhunderte zeigt der Sprachgebrauch in dieser Hinsicht eine veränderte Tendenz.[6]

Freilich wäre es falsch, wollte man die Priorität der Bedeutungen zu einem Gegensatz verkehren. Religion (dīn) kann nach muslimischem Verständnis nie auf individuelles Denken und Verhalten, gar auf spirituelle Innerlichkeit beschränkt bleiben, sondern muß sich in der gesamten Lebenswelt der Menschen realisieren. Eine Eigengesetzlichkeit von Bereichen, die der Religion gegenüber indifferent bleiben könnten, ist nach muslimischer Sicht verwehrt. Damit wird »dīn« zum Begriff *umfassender Ordnung.* Diese betrifft nicht allein das Verhältnis, das der Gläubige zu seinem Schöpfer hat, sondern auch all seine zwischenmenschlichen Beziehungen und darüber hinaus die zu den übrigen Geschöpfen Gottes.

Von daher ist es verständlich, daß sich in geschichtlicher und politischer Konkretion der Islam anderen Lebensorientierungen und Gemeinschaftsordnungen gegenüber als Konkurrenz und Widerspruch erfahren kann – entsprechend dem Wort des Koran: »Begehren sie eine andere Religion (dīn) als die Religion Gottes [. . .]? [. . .] Wer eine andere Religion als den Islam begehrt, sie wird nicht von ihm angenommen werden, und im Jenseits gehört er zu den Verlierern.« (3,83.85) – »Er [Gott] ist es, der seinen Gesandten mit der Führung und der wahren Religion gesandt hat, um ihr über jegliche Religion zum Sieg zu verhelfen [. . .]« (9,33). Doch entstammen derartige Aussagen gerade nicht einem religionsgeschichtlichen Exklusivitätsan-

---

[6] Vgl. *W. C. Smith* (1981).

spruch, nach dem die übrigen Religionen nur diskriminiert und verdrängt werden könnten. Die konkrete, geschichtlich und sozial begrenzte Glaubensgemeinschaft, die aus der Verkündigung und dem politischen Wirken Mohammeds hervorgeht, sieht sich als »die richtige Religion«, »der rechte Glaube« (9,36; 30,30 u. ö.) den vielen anderen Religionen weit differenzierter zugeordnet und gegenübergestellt.

c. Der eine Islam – die vielen Religionen

Von der urzeitlichen Szene an, in der sich alle Menschen zu dem einen Gott als ihrem Herrn bekannten (7,172), sollten sie sich eigentlich auch alle als Muslime begreifen. Unter dieser Voraussetzung muß die Fülle und Widersprüchlichkeit der konkreten Religionen unserer Welt in einem zwiespältiges Licht erscheinen.[7] Für den Islam lassen einige noch deutlich erkennen, daß auch sie von diesem ursprünglichen Glauben an den einen Schöpfer der Welt herkommen; andere dagegen haben sich völlig in die Phantastereien der Götterwelt und deren moralische Verderbnis verirrt. In solch uneinheitlicher und widersprüchlicher Situation wird die Verkündigung des Koran zum Gericht über die gesamte Religionsgeschichte. Keinerlei Bestand mehr können dieser Botschaft gegenüber die polytheistischen Kulte beanspruchen. Zu ihnen steht der Islam in der äußersten Konfrontation. Doch selbst bei deren radikaler Verwerfung will der Koran nicht jegliche Gemeinsamkeit mit ihren Anhängern bestreiten, sondern er betont ausdrücklich:»Wenn du sie fragst, wer die Himmel und die Erde erschaffen hat, sagen sie bestimmt: ›Gott‹.« (39,38). Auch die religiöse Verirrung bezeugt in dieser Sicht auf ihre Weise noch die Wahrheit des Islam.

Schwerer zu bestimmen ist das muslimische Verhältnis zu den Glaubensgemeinschaften, die sich deutlich auf die Verkündigung ihrer Propheten berufen und sich mit ihnen zu dem einen Gott bekennen. In der kulturellen Umwelt Mohammeds sind es vor allem Juden und Christen, die derart als »Leute der Schrift« (ahl al-kitāb) gewürdigt werden. (Zu dieser Gruppe zählt Sure 22,17 noch die Sabier oder Sabäer, vielleicht mandäische Täufergruppen, und die Magier, d. h. die Anhänger des Zarathustra; sie werden im Koran nur hier genannt).

---

[7] Vgl. vor allem im Blick auf das Spektrum der islamischen Tradition J. Waardenburg (1979); hinsichtlich zeitgenössischer muslimischer Einschätzungen der nichtislamischen Religionen – auch in Wahrnehmung christlicher Theologie – vgl. F. Bedoui (1991).

Einerseits richtet sich an sie die Zusage: »Wer an Gott und den Jüngsten Tag glaubt und Gutes tut – sie erhalten ihren Lohn bei ihrem
Herrn, sie haben nichts zu befürchten, und sie werden nicht traurig
sein« (2,62); doch andererseits gilt ihnen der Vorwurf, daß sie die
Verkündigung ihrer Propheten nicht treu bewahrt haben. Vor allem
aber hintertreiben sie in ihrer wechselseitigen Rivalität die Gemeinschaft der Glaubenden. Da sie derart dem ursprünglichen Willen Gottes entgegenstehen, haben sie auch ihr Recht verwirkt, sich weiter auf
Jesus zu berufen.[8]

Erst mit Mohammeds Verkündigung des Koran ist in islamischer
Sicht eine *universale Religionsgeschichte* eröffnet; denn seine Botschaft soll »eine Ermahnung für alle Welt« (6,90; 68,52) sein, wie er
auch von sich sagen kann: »Menschen, ich bin der Gesandte Gottes
an euch alle« (7,158) – »den Menschen allesamt ein Freudenbote und
Warner« (34,28). Im Islam müßte sich demnach jede bisherige Religion im dreifachen Sinn des Wortes als »*aufgehoben*« begreifen:
erstens als *annulliert* – soweit sie sich nur weiterhin behaupten will;
zweitens als *bewahrt* – soweit sie ihrem ursprünglichen Wesen nach
dem Willen Gottes treu geblieben ist; drittens schließlich über ihre
frühere Geschichte hinaus *auf eine höhere Stufe gehoben* – da sie jetzt
erst zur Gemeinschaft der Gläubigen aller Welt finden kann.

Es gehört zur inneren Tragik des Islam, daß die mit Mohammed
eingeleitete Geschichte dem gesetzten Ziel bislang ebensowenig entspricht wie die der übrigen Religionen. Dennoch kann er sich in einer
gewissen Hinsicht durch die reale Religionsgeschichte bestätigt sehen:
»Die Behauptung der Endgültigkeit von Mohammeds Sendung erscheint durch die Tatsache bekräftigt, daß nach dem Islam keine weltweite religiöse Bewegung mehr aufgekommen ist; zwar gab es derartige Ansprüche, aber es gab keine *erfolgreichen*.«[9]

d. Ganz jenseitig – ganz diesseitig

Religionen sind umgreifende Orientierungssysteme. Wie weit die Perspektiven dabei voneinander abweichen können, zeigt sich schon dra-
stisch innerhalb der biblischen Glaubensgeschichte. Über viele Jahrhunderte hinweg waren die Hoffnungen Israels ganz auf eine innerweltlich erfüllte Zukunft ausgerichtet; erst die geschichtlich-politi-

---

[8] Vgl. S. 55–57.
[9] *F. Rahman* (1980), 81.

schen Enttäuschungen weckten den Gedanken an ein »jenseitiges« Heil. Demgegenüber waren die Christen nach Ostern so vom nahen Anbruch der Endzeit überzeugt, daß ihnen die Verhältnisse dieser Welt zunächst bedeutungslos erschienen im Blick auf »den neuen Himmel und die neue Erde« (Offb 21,1); nach und nach erst mußten sie sich darauf einstellen, daß ihnen auch die Verantwortung und Gestaltung der innerweltlichen Zustände aufgetragen ist. Der Koran dagegen schließt von vornherein beide Perspektiven unauflösbar zusammen; er verweist den Menschen ebenso auf das Diesseits wie auf das Jenseits – in spannungsvoller theologischer Beziehung.

Die Vorläufigkeit der irdischen Existenz ist ein dominierendes Element des muslimischen Glaubens. Ein oft zitiertes Hadith ruft ihm eindringlich ins Bewußtsein: »Der Islam ist in der Fremde geboren, und er wird als Fremder enden; selig sind die, die sich zu diesem Schicksal unter Fremden bekennen.«[10] Daß Gott die Menschen nach diesem Leben zur Rechenschaft ziehen wird, durchzieht als zentrale Mahnung den Koran von den frühen bis zu den späten Suren. Der Prophet tritt denen entgegen, die allein auf ihre wirtschaftliche Stärke bauen und ihre soziale Verantwortung verleugnen. In solcher Konfrontation erscheinen das diesseitige und das jenseitige Leben kräftig polarisiert: »Mein Volk, dieses diesseitige Leben ist nur Nutznießung. Das Jenseits aber ist die Wohnstätte zum Bleiben« (40,39).

Doch daß sich ein derartiger Gegensatz auftut, liegt nicht in der Intention des Islam, sondern folgt allein aus dem abwegigen Denken und Handeln der Ungläubigen, »die ihre Religion als Vergnügen und Spiel nehmen und die das irdische Leben betört hat« (6,70; 7,51). Sie müssen sich sagen lassen: »Ihr liebt den Besitz mit übergroßer Liebe« (89,20). Wer dagegen nach der Ordnung der Religion lebt, sollte nicht in diesen Zwiespalt geraten; denn »bei Gott steht der Lohn des Diesseits und des Jenseits« (4,134). Dementsprechend lautet ein Gebet der Gläubigen, das der Koran ausdrücklich rechtfertigt: »Herr, schenk uns im Diesseits Gutes und im Jenseits!« (2,201).

Diese integrative Sicht des Islam wird noch dadurch verstärkt, daß ihm im menschlichen Lebensraum eine Trennung von *sakraler* und *profaner Wirklichkeit* weitgehend fremd ist. Der Koran kennt nicht im biblischen Sinn ein »Heiligtum« (z. B. Ex 15,17: miqdāš), keinen Tempel mit einem »Allerheiligsten« (z. B. 1 Kön 6,16: qôdæš qodāšîm),

---

[10] Zit. bei *Y. Moubarac* (1969), 433, im Blick auf die Rückbindung des Islam an Abraham und Ismael.

in dem eine Bundeslade als symbolischer Thron Gottes steht. Es entspricht dem intensiv gesellschafts- und handlungsorientierten Charakter des Islam, daß es für ihn keinen ausschließlich gottesdienstlichen Raum mit eigenen liturgischen Vollzügen gibt, keine »Sakramente«, die Gottes heilschaffende Nähe zeichenhaft verkörpern, keine »Priester«, keinen Altarraum, der einem »Klerus« vorbehalten wäre und durch Chorschranke, Lettner oder Ikonostase vom Raum des »gewöhnlichen Volkes« abgetrennt werden könnte. Die *Moschee* ist ein Ort öffentlicher Versammlung, Stätte des Gebets ebenso wie der Politik, aber auch des schulischen Unterrichts und eventuell der universitären Lehre.[11] Zwar zieht man die Schuhe aus, wenn man sie betritt und setzt so eine Grenze zu den Straßen und Plätzen, die außerhalb liegen; aber dasselbe kann man jederzeit und überall auch dadurch tun, daß man einen Gebetsteppich ausbreitet – und es muß kein Teppich sein. »Moschee« ist arabisch »masğid«, d. h. »der Ort, wo man sich niederwirft«; und der Name für die Freitagsmoschee ist schlicht »ğāmi'«, d. h. etwa »Versammlungsplatz«. Die Grenzen, die so in den Alltag gezogen werden, sind nicht eigentlich die zwischen sakralen und profanen Räumen, sondern die zwischen der Hinwendung zu Gott in ausdrücklicher Absicht (niyya), ohne die jedes Gebet seinen Wert verliert, und der achtlosen Zerstreuung, der inneren Gleichgültigkeit. In der schärfsten Unterscheidung können sie auch die Gemeinschaft der Glaubenden von der feindseligen Welt der Ungläubigen abheben.

So ist selbst Mekka letztlich nur »ein Versammlungsort für die Menschen« (2,125), »das erste Haus, das für die Menschen errichtet wurde«, »die Stätte Abrahams« (3,96 f). Wohl heißt dieser Ort – nach verbreiteter und zugleich fragwürdiger Übersetzung – auch das »*heilige*« und »*geheiligte Haus*« oder das »*Heiligtum*« (z. B. 5,2.97), die »*heilige Moschee*« (z. B. 2,144) oder der »*heilige Bezirk*« (28,57); aber an all diesen Stellen wären die Wörter »*ḥarām*« und »*ḥaram*« sachlich treffender als »unverletzlich, geschützt« zu verstehen (wie auch dort, wo man in den Übersetzungen vom »*heiligen* Monat« liest, z. B. 2,194). Im eigentlichen Sinn »*geheiligt*« (muqaddas) werden im Koran bezeichnenderweise nur Stätten aus der biblischen Tradition genannt: der Ort der Erscheinung Gottes gegenüber Mose (20,12; 79,16), und das »heilige Land« der Israeliten (5,21).[12] Demgemäß

---

[11] Vgl. *H. Vöcking* (1984).

[12] Vgl. auch außerkoranisch – wiederum nach biblischer Tradition! – den arabischen Namen für Jerusalem: *al-Quds*.

248

kennt die Sprache des Koran und darüber hinaus die des Islam insgesamt auch keinen *»heiligen Krieg«;* dem Arabischen ist ein solcher Begriff völlig fremd.[13] Auf dem Hintergrund all dessen muß es schließlich auch sprachlich wie sachlich fragwürdig sein, die Tendenzen des islamischen Fundamentalismus als eine *»Re-Politisierung des Sakralen«*[14] zu beschreiben.

Insofern die Welt des Menschen für den Islam in all ihren Bereichen unter den von Gott gesetzten Pflichten steht, ist es berechtigt, von einem »Totalanspruch der islamischen Ordnung«[15] zu reden. Im Feld der Politik ist dafür ein bezeichnendes Symptom die programmatische Formel *»dīn wa-dawla«:* Islam als *»Religion und Staat«.* Auch wenn dieses Schlagwort nicht schon in den primären Quellen des Islam zu finden ist[16] und wenn ihm darüber hinaus die geschichtliche Realität nie voll entsprach, so ist diese Einheitsvorstellung doch als kritischer Impuls bis hin zu revolutionären Antrieben immer virulent. Das gesamte Feld politischen Handelns sollte in seinen Grundzügen von religiösen Normen bestimmt sein.

Als sich im 11. Jahrhundert ein Begriff von »Politik« entwickelte (siyāsa), der das herrscherliche Handeln von der Ordnung der Religion (dīn) abhob, wurde diese sprachliche Neuerung »zunächst als etwas Fremdes innerhalb der islamischen Geisteswelt erfahren; sie galt als Überrest einer vergangenen Stufe der Menschheitsgeschichte; der vorislamische Iran, seltener Griechenland, wurden als ihre Heimat angesehen.«[17] Zwar wurde dieses Wort zu einem selbstverständlichen Element der arabischen Sprache, dennoch »sind im Islam alle Versuche, die *sijāsa* als einen vom *dīn* unabhängigen Bereich menschlicher Erfahrungen und Handlungen zu rechtfertigen, gescheitert. Eine säkularisierte Ordnung kann es im Islam nicht geben, eben weil der Islam die gottgewollte Ordnung der Welt darstellt.«[18] So ist diese Religion insgesamt – im persönlich-privaten wie politisch-öffentlichen Bereich – ein *theokratisches Handlungssystem,* ganz auf Gott hin bezogen und ganz auf die Gestaltung des irdischen Lebens.

---

[13] Vgl. dazu S. 228 f.
[14] *B. Tibi* (1992), 45, statt »des sachlich falschen Begriffs der Re-Islamisierung«.
[15] *P. Antes* (1984), 49.
[16] Ein Werk mit dem Titel »ad-din wa-d-dawla« schrieb im 9. Jh. der vom Christentum konvertierte muslimische Theologe 'Alī aṭ-Ṭabari.
[17] *T. Nagel* (1981) I, 16.
[18] Ebd.; vgl. *M. Arkoun* (1984), 155–192: Autorité et pouvoirs en Islam.

Wenn man in diesem Zusammenhang von »*Theokratie*« spricht, muß man allerdings sofort mitberücksichtigen, daß sich nach muslimischem Glauben der Wille Gottes in der Institution eines *Buchs* und nicht in der irgendwelcher personaler Hierarchien vermittelt. Deshalb konnten sich die gelegentlichen Versuche, den Titel des »*Kalifen*« nicht nur als »*Nachfolger des Gesandten Gottes*« *(in der Leitung der Gemeinde: ḫalīfat rasūl allāh),* sondern als »Statthalter Gottes« *(ḫalīfat allāh)* zu verstehen[19], nicht allgemein durchsetzen. Gott repräsentiert sich selbst durch die unmittelbare Gegenwart seines Wortes im Koran. Jegliche irdische Machtinstanz hat sich diesem gegenüber zu verantworten. Aufgabe der *Rechtskundigen* ist es, Gottes Weisung, die *Scharia,* dem Koran zu entnehmen – mit der Unterstützung der prophetischen Tradition und in der Beachtung bestimmter Interpretationsregeln. Unter diesem Gesichtspunkt mag man schließlich den Begriff »Theokratie« in soziologischer Bewertung für den Islam überhaupt als ungeeignet ansehen: »Das städtische Ethos findet seinen Ausdruck in Gelehrsamkeit, in nüchterner unitarischer Frömmigkeit, und zielt nicht sowohl auf eine Theokratie als vielmehr auf eine göttliche Nomokratie«.[20] Dabei haben die Gelehrten ihre Kompetenz nicht schon kraft eines Amtes; ihre Lehren bleiben immer der öffentlichen Bewährung und Anerkennung ausgesetzt. Die absolute Verbindlichkeit der Scharia führt nicht auch zur Letztverbindlichkeit eines Lehramtes. (Dies gilt in erster Linie und uneingeschränkt für die sunnitische Theologie; innerhalb der Schia kommt den Gelehrten, insbesondere nach dem von Khomeini eingeführten System, eine besondere Stellung zu.[21])

Das Ziel ist bei all dem *das Wohl der Menschen in erfüllter Gemeinschaft* – soweit dies möglich ist, schon hier auf Erden und nach dem Tod in den »Gärten« des Paradieses. Selbst in dieser eschatologischen Sicht richtet der Koran (nach der vorherrschenden Lehre) die Hoffnung nicht auf eine Gemeinschaft mit Gott, sondern auf das von Gott gewährte glückliche Zusammenleben der Menschen.[22]

---

[19] Vgl. *B. Lewis* (1991), 80–84; *W. M. Watt* (1990), 57–63: God's Caliph: Qur'ānic Interpretations and Umayyad Claims.

[20] *E. Gellner* (1992), 127, im Anschluß an *W. M. Watt* (1961).

[21] Vgl. *E. Gellner* (1987); *T. Nagel* (1981) II, 310–320.

[22] Vgl. S. 111.

e. Die Mystik als Korrektiv

Je intensiver die Rechtsgelehrten die Lebensräume zu reglementieren trachteten, desto deutlicher und einflußreicher wurden freilich im Islam auch die religiösen Tendenzen, die sich von einer gar zu engen Ausrichtung der Religion am rechten Handeln befreien wollten. Die Mystiker und auch Mystikerinnen versuchten auf ihre eigene Weise dem Geltungsanspruch der Scharia gerecht zu werden und dabei der »Versteinerung der Jurisprudenz«[23] zu entgehen. Damit kam ihnen eine eminent gesellschaftliche, ja politische Bedeutung zu, die sie gelegentlich in streitbare Auseinandersetzungen und gefährliche Machtkämpfe hineinzog. Indem sie »ihre Stimmen gegen den geistlosen Legalismus erhoben, der die freie Entfaltung des persönlichen religiösen Lebens einschränkte«[24], gewannen sie großen Einfluß auf die Volksfrömmigkeit. Bis heute ist das religiöse Leben in weiten Teilen des Islam von solchen Bewegungen, Gruppen und Mentalitäten geprägt.[25]

In der ihnen eigenen Beachtung des *Gesetzes* (šarī'a) und ihrer Befolgung des *mystischen Pfades* (ṭarīqa) richtet sich das Streben der Mystiker schließlich auf die Erkenntnis (ma'rifa) von Gottes Wirklichkeit (ḥaqīqa) selbst.[26] Die Bilder des Koran vom paradiesischen Leben sind für sie nur vordergründige Symbole einer größeren Erfüllung des Menschen: das eigene Leben in Gott aufgehen zu lassen.[27] Damit stellt ihnen der Islam die äußerste Form von Einheit und liebender Gemeinschaft vor Augen.

Gelegentlich relativiert die Sprache der Mystik dabei aber auch die theologisch gesetzten Unterscheidungen in einem solchen Maß, daß die Grenzen der Rechtgläubigkeit zu verschwimmen scheinen. So wird von dem Mystiker *al-Hallādsch,* der 969 wegen seiner Lehren als politisch gefährliche Gestalt hingerichtet wurde, das Wort überliefert: »Wisse, daß Judentum und Christentum und andere Religionen nur verschiedene Beinamen und unterschiedliche Namen sind; aber das, was damit bezweckt wird, ändert sich nicht und ist nicht verschieden. Ich dachte ernsthaft nach: Was sind Religionen? Und fand: ein Wurzelgrund mit mannigfachen Zweigen.«[28] Al-Hallādsch spitzt sogar

---

[23] *A. Schimmel* (1985), 57.
[24] Ebd.
[25] Vgl. *Dies.* (1990a).
[26] Vgl. *Dies.* (1985), 148f.
[27] Zu »Liebe und Entwerden« – »fanā' fi llāh« – vgl. ebd. 191–214.
[28] *Al-Halladsch* (1985), 69.

diese Perspektive in höchst anstößiger Weise noch weiter zu: »Glaube und Unglaube unterscheiden sich im Hinblick auf den Namen; aber im Hinblick auf die Wirklichkeit gibt es keinen Unterschied zwischen ihnen.«[29] So weit sich auch al-Hallādsch mit diesen Aussagen von den Maßstäben der herrschenden theologischen und juristischen Schulen entfernte, blieb er doch über die tödlichen Anfeindungen hinaus eine viel geachtete und wirksame Stimme des Islam und bezeugt damit bis heute, daß dieser sich nicht als geschlossenes System und starre Tradition begreifen läßt.

---

[29] Ebd. 70.

2. Muslime und Christen in pluraler Gesellschaft

Indem der Islam nach seinem tradierten Selbstverständnis die gesamte Gesellschaft der religiösen Ordnung unterstellen will, scheint er schlechthin der Widerpart der neuzeitlichen Verhältnisse zu sein, wie sie im Westen aus der Aufklärung und den politischen Kämpfen für die Freiheit individueller Selbstbestimmung hervorgegangen sind. Dieser Eindruck wird von vielen muslimischen Stimmen unterstützt, die sich vehement gegen Tendenzen der Säkularisierung und religiösweltanschaulichen Pluralität wenden. Demgegenüber muß das Urteil überraschen, das aus nichtmuslimischer soziologischer Sicht feststellt: »Die muslimische Zivilisation hat die moderne Welt nicht geschaffen, aber sie scheint in ihr besser überleben zu können als der Glaube, dem die Moderne entsprungen ist«[1], nämlich der christliche. Während dieser »bis zur Unkenntlichkeit uminterpretiert und angepaßt worden« ist[2], überlebt der Islam »als ein ernsthafter Glauben, der sowohl eine Volksüberlieferung als auch eine Schrifttradition umfaßt«[3]. Unter den großen schriftkundigen Zivilisationen, die wir am Ende des Mittelalters vorfinden, »scheint nur der Islam in der Lage, sich seinen vorindustriellen Glauben in der modernen Welt zu bewahren«.[4] Wie immer es um die Begründbarkeit derart weitgreifender Urteile im einzelnen bestellt sein mag, sie fordern bei der Einschätzung des Verhältnisses von Islam und Moderne zur Vorsicht und zu Differenzierungen auf.

a. Geltungsansprüche von Christentum und Islam unter den Bedingungen ihres Anfangs

Alle Religionen wollen den Menschen eine zuverlässige Deutung ihrer Welt geben, sichere Weisung für ihr Leben. Sie können dies aber nur leisten, soweit das Vertrauen in sie gefestigt ist. Das ist kein Problem,

---

[1] *E. Gellner* (1992), 9 f.
[2] Ebd. 20.
[3] Ebd. 20 f.
[4] Ebd. 20.

solange eine Gesellschaft durch und durch von einem gemeinsamen Bewußtsein zusammengehalten wird, so daß jeder sich ständig in seinem Denken und Tun von den anderen bestärkt sieht. Hier sind alle Überzeugungen, die nicht mit den eigenen übereinstimmen, außerhalb der Grenzen, in denen sich das gewohnte Leben bewegt. Dann gilt das, was dem einen gut oder schlecht ist, erlaubt oder verwerflich, verpflichtend oder gleichgültig, wertvoll oder minderwertig, rechtmäßig oder illegitim, genauso auch den anderen um ihn her. Die herrschenden Maßstäbe scheinen mit der Wirklichkeit einfach deckungsgleich zu sein. Alle Überzeugungen haben wie naturwüchsig ihren Platz in der rechten Ordnung.

Freilich finden wir eine solche geistige Geschlossenheit selbst in archaischen Kulturen nur annäherungsweise; auch dort ist der Tatbestand, daß in benachbarten Regionen Menschen anders leben, nicht völlig zu verdrängen; auch dort gibt es im einzelnen Begegnungen, Herausforderungen, Konfrontationen und auch wechselseitigen Austausch. Doch sind die Spielräume eng, die Wahrnehmungs- und Verhaltensmuster weitgehend fixiert. Der Einzelne, die umgreifende Gemeinschaft und die Welt insgesamt scheinen im Lot.

Blicken wir in solcher Hinsicht auf Christentum und Islam, so sehen wir, daß sie schon von Anfang an gerade nicht in dieser Weise auf eine allgemeine soziale Zustimmung bauen konnten, nicht aus der Selbstverständlichkeit kultureller Geltungen lebten, sondern sich im Konflikt und Widerspruch zu ihrer Umwelt durchsetzen und behaupten mußten. Und dies taten sie sogar mit dem energischen Anspruch, für schlechthin alle verbindlich zu sein, die nur in der Lage sind, ihre Verkündigung zu vernehmen. Dabei zeigten sich in Christentum und Islam *Strukturen des religiösen Denkens,* die auf radikale Oppositionen und Ausgrenzungen hin tendieren.[5]

Gewiß lassen es die Unterschiede von Bibel und Koran nicht zu, daß man sie in ihren sozialen und politischen Tendenzen einfach einander gleichstellt. Es ist nicht zu übersehen, daß sich der Koran unmittelbar auf das politische Handeln mitsamt seinen aggressiven Auseinandersetzungen bezieht – anders als die neutestamentlichen Schriften, in denen die Gemeinden keine äußere Macht haben und sie auch nicht anstreben; in denen also die Verurteilungen der Gegner auch nicht von politischen Maßnahmen begleitet sind. (In der späteren Kirchengeschichte wird dies dann um so kräftiger nachgeholt.)

[5] Vgl. *H. Zirker* (1992 a), 167–177: Naheliegende Gefahren des religiösen Endgültigkeitsbewußtseins.

Dennoch ist der einen wie der anderen Religion eigen, daß sie von ihrem Ursprung her im sozialen Erfolg ein gutes Stück der eigenen Glaubwürdigkeit und Verpflichtungskraft erkennt. So schreibt Paulus den Christen in Korinth: »Als ich zu euch kam, Brüder, kam ich nicht, um euch in überlegener Rede und Weisheit das Zeugnis Gottes zu verkündigen [...]. Meine Rede und Verkündigung bestand nicht in überredenden Worten der Weisheit, sondern im Erweis von Geist und Kraft [...]« (1 Kor 2,1-5). Dieser »Erweis von Geist und Kraft« lag vor im Aufbau der Gemeinde, in der sichtbar zunehmenden Anerkennung des Evangeliums, in der wachsenden Zahl der Christen, in der geschichtlichen und gesellschaftlichen Dynamik ihres Glaubens. In diesem Sinn und nicht um einer bloßen Statistik willen vermerkt die *Apostelgeschichte,* wieviel Bewohner Jerusalems sich neu der Gemeinschaft der Christen anschlossen: Nachdem zunächst nur »etwa 120« notiert werden (1,15), heißt es bald darauf (2,41): »An diesem Tag wurden etwa dreitausend Menschen hinzugefügt«. In dieser Absicht, die Wirksamkeit des Evangeliums darzulegen, zeichnet die Apostelgeschichte auch den anfänglichen Weg des Christentums als einen, der ausgeht von der Gemeinde in Jerusalem und im weiten Bogen endet bei der von Rom, dem Zentrum des damaligen Reichs.

Da Christen und Muslime ihrem Glauben entsprechend behaupten, daß an einer bestimmten Stelle die Offenbarungsgeschichte Gottes für alle Menschen unüberbietbar realisiert sei, sehen sie sich der Widerlegung ausgesetzt, falls sie nicht wenigstens die *Dynamik zunehmender Zustimmung* auf ihrer Seite haben und so auch realistisch davon ausgehen können, daß ihre Verkündigung letztlich alle vernünftigen und gutwilligen Menschen zur rechten Einsicht führen wird. Ein universaler Geltungsanspruch für Offenbarung verlangt, daß die Sache auch faktisch in der gesamten Welt offenbar wird. Wenn Gott sich für alle bekundet (und sich nicht nur in innerer Gnade mitteilt), sollte man dessen allgemein kundig werden können.

Diesen Zusammenhang von sozialer Erfahrung und gläubigem Selbstbewußtsein finden wir wie in der Bibel so auch im *Koran:* Während die Gläubigen bei anderen sahen, daß sie »sich spalteten und uneins wurden«, erfuhren sie bei sich selbst, daß Gott »Vertrauen stiftete«; aus »Feinden« wurden »Brüder«: »So macht euch Gott seine Zeichen deutlich« (3,103-105).

Am Anfang des Christentums wie des Islam geht es also nicht um die bloße Anerkennung von Glaubensbekenntnissen oder Verbreitung von religiösen Mentalitäten, nicht um die Konkurrenz irgendwelcher theoretischer Wahrheitsansprüche, schon gar nicht um die wechselseitige Rivalität fest etablierter religiöser Gruppen, sondern um eine weit radikalere Opposition: Da setzt sich einerseits eine neue *tragfähige Gemeinschaft* durch, der sich andererseits – jedenfalls nach deren eigener Sicht und Bewertung – eine hartnäckige *Gemeinschaftsverweigerung und Gemeinschaftsgefährdung* entgegenstellt. Man mag diese Konfrontation für zu grob und in ihren Folgen für gefährlich halten; doch ist zunächst zu sehen, daß dieser Widerstreit es ist, der das Geltungsbewußtsein und den Durchsetzungswillen des Christentums wie des Islam von ihren Anfängen an tiefgreifend bestimmt.

Das Selbstverständnis des Christentums wie des Islam ist also – trotz der sonstigen erheblichen Unterschiede ihrer jeweiligen Anfänge – fundamental getragen von den Erfahrungen ihrer Durchsetzungskraft, von ihrer Fähigkeit, Menschen zum Aufbau ihrer Gemeinschaft zu gewinnen, von ihrer geschichtsmächtigen Wirksamkeit. Soweit sie darauf verweisen konnten, hatten sie es nicht schwer, ihren Geltungsanspruch zu rechtfertigen. Von denen, die sich verweigerten, grenzten sie sich durch eine doppelseitige Deutung ab: Diese anderen *wollten* in ihrer Verstocktheit *nicht* einsehen – und: Gott hat sie *in ihrem Unwillen verstockt gemacht*. Nach den Worten des Markusevangeliums heißt dies: »Sehen sollen sie, sehen, aber nicht erkennen; hören sollen sie, hören, aber nicht verstehen, damit sie sich nicht bekehren und ihnen nicht vergeben wird« (Mk 4,12; vgl. außer den synoptischen Parallelen noch Joh 12,40 und Apg 28,24–28 – jeweils mit Bezug auf Jes 6,9f –, sowie Röm 11,7f.25); und nach dem Koran gilt entsprechend: »Denen, die ungläubig sind, ist es gleich, ob du sie warnst oder nicht warnst: Sie glauben nicht. Versiegelt hat Gott ihre Herzen und ihr Gehör; über ihrem Augenlicht liegt eine Hülle. Sie bekommen eine gewaltige Strafe« (2,6f); »versiegelt wurden ihre Herzen, so daß sie nicht begreifen« (9,87).

Aber die spätere Geschichte brachte Erfahrungen hinzu, die denen des Anfangs in manchem entgegenstanden und die früheren Urteile in einem zwiespältigen Licht erscheinen ließen; die vor allem das Selbstbewußtsein, den einen zuverlässigen Weg und die rechte Weisung schlechthin zu eröffnen, demnach auch die einzig letztgültige Gemeinschaft zu sein, tiefgreifend anfochten.

b. *Die veränderten Konfrontationen der Neuzeit*

Der Abstand von den Anfängen des Christentums und des Islam zum 20. und bald 21. Jahrhundert ist nicht nur chronologisch zu bemessen. Dazwischen liegen gewaltige geistesgeschichtliche und politische Verschiebungen und Umbrüche, die auch die Stellung der Religion in der Gesellschaft und ihre Funktion im persönlichen Leben schwerwiegend veränderten. Zwar sind davon gewiß nicht alle kulturellen Regionen unserer Erde gleichermaßen betroffen; unübersehbar ist, daß das Christentum und der Islam in ihrer vorwiegenden geographischen Verteilung Räume von jeweils recht unterschiedlichem Charakter einnehmen; aber einige Erfahrungen der Neuzeit treffen die Religionen – insbesondere Christentum und Islam – so unausweichlich und folgenreich, daß sie sie nicht verdrängen können.

Vor allem liegt für jedermann als banale Selbstverständlichkeit offen zutage: Keine Religion, Ideologie oder Weltanschauung konnte sich bislang allgemeine Zustimmung verschaffen, und es ist auch äußerst unwahrscheinlich, daß dies einer von ihnen in absehbarer Zeit gelänge. Dies allein müßte noch kein irritierendes Problem sein, wenn nicht ein zweites – ebenso selbstverständliches – Moment mit hinzukäme: Es ist den Religionen nicht mehr möglich, falls sie es überhaupt noch wollen, glaubwürdig all diejenigen, die die eigene Position nicht teilen, moralisch oder intellektuell zu disqualifizieren. Mit anderen Worten, das in Bibel und Koran immer wieder anzutreffende Urteil: »Die sich unserer Botschaft verschließen, sind uneinsichtig, abgestumpft, verstockt, verworfen«, ist zur Deutung des religiösen Pluralismus, wie er sich uns heute in unserer Welt zeigt, weitgehend unbrauchbar. Im christlichen Mittelalter etwa hatte man die Juden räumlich und geistig in Gettos abgegrenzt, die Muslime in einem gefährlich bedrohenden Feindbild bis hin zur bösen Karikatur abgestempelt und alle übrigen nichtchristlichen Menschen als bloße »Heiden« beurteilt; damit war die eigene Überlegenheit gesichert. Dem setzte die Neuzeit unumgänglich und unumkehrbar ein Ende.

Die gesellschaftliche Einheit auf der Basis gemeinsamen Glaubens zerbrach mit der *Reformation;* die abendländische Christenheit löste sich nicht nur faktisch auf, sondern man erfuhr in leidvollen Kriegen, daß das Christentum nicht mehr in der Lage war, einen Zusammenhalt zu gewähren, ja daß es im Gegenteil selbst der Nährboden für gesellschaftliche Ächtungen und kriegerische Auseinandersetzungen wurde. So drängte sich die Frage auf, wie man eine andere Grundlage des Zusammenlebens gewinnen könne, die nicht durch die Rivalität der verschiedenen Konfessionen und Religionen belastet ist.

Diese Auseinandersetzungen, wie sie sich in der sogenannten *Aufklärung* bündeln, aber auch in der *Französischen Revolution* und ihrer Wirkungsgeschichte, haben dazu geführt, daß unsere westliche Gesellschaft ihre fundamentale Ordnung und ihren Zusammenhalt nicht mehr von einer Religion her gewinnt, sondern von *Grundrechten,* die sich darauf beschränken, einen Freiheitsraum zu sichern, in dem Menschen immer wieder gemeinsam ausmachen können, was für sie gelten und sie verpflichten soll. Als grundlegend Verbindliches hat man sich also das *Minimum* gesucht, das nötig ist, um ein für alle tragfähiges Gemeinwesen zu bekommen.

Damit sind Religionen und Konfessionen nicht wertlos geworden, nicht schlechthin entmachtet, aber in ihrer gesellschaftlichen Zuständigkeit gewaltig eingeschränkt, in einen Wettbewerb der verschiedenen weltanschaulichen Standorte versetzt und abhängig von der jeweiligen persönlichen Zustimmung der vielen einzelnen Menschen. Religion ist damit in erster Linie *Privatsache* geworden.[6]

Wir können einerseits alltäglich erfahren, daß uns achtenswerte Menschen, auf deren Urteil und Anerkennung wir ansonsten Wert legen, unsere jeweiligen religiösen Bekenntnisse nicht teilen. Und andererseits sehen wir jenseits unseres privaten Lebensraums religiöse Kulturen, die sich als eigenständige Lebenswelten von hohem Rang behaupten. Je deutlicher wir die religiös-kulturelle Vielgestaltigkeit unserer Welt kennenlernen, desto intensiver erfahren wir also auch unseren eigenen Standort und unsere eigene Lebensorientierung als relativiert – ob wir uns dies ausdrücklich eingestehen oder es mit innerer und äußerer Abwehr verdrängen möchten. Die Zugehörigkeit zu einer religiösen Gemeinschaft – wieder mag dies als gar zu selbstverständlich erscheinen – ist nicht einfach eine Sache von Verkündigung und Glaubensbereitschaft, sondern in erster Linie und auf weite Strecken eine der jeweiligen Lebensgeschichten mit all ihren Zufälligkeiten.

Über die persönlichen Einstellungen und Überzeugungen hinaus hat dies weitreichende soziale Folgen. Wo religiöse Bekenntnisse so plural und relativiert erfahren werden, wird ihr Einfluß auf das öffentliche Leben notwendigerweise gemindert. Sie können nicht mehr

---

[6] Vgl. *Heinz Robert Schlette,* Religion ist Privatsache. Ein Beitrag zur »politischen Theologie« in: Helmut Peukert (Hg.), Diskussion zur »politischen Theologie«, Mainz / München 1969, 72–81; darüber hinaus *K. Gabriel* (1991); (1992), bes. 141–168: Christliche Religion im Zerfallsprozeß der bürgerlich-modernen Industriegesellschaft; *F.-X. Kaufmann* (1979), bes. 147–187: Gesellschaftliche Bedingungen der Glaubensvermittlung; *ders.* (1989), bes. 14–31: Kirche und Religion in der modernen Gesellschaft; 32–69: Religion und Modernität: Zum Stand der Diskussion; 209–234: Die Schwierigkeit des Christen in der modernen Kultur.

den festen Rahmen abgeben, der die gesamte Gesellschaft zusammen-
hält. Kirchen und andere religiöse Gemeinschaften haben ihre Funktionen nur noch in bestimmten begrenzten Sparten. Gerade dies meint
das Schlagwort »*Säkularisierung*«: nicht etwa, daß unsere Gesellschaft
einfach irreligiös »verweltlicht« wäre; daß es in ihr für Kirche und
Religion keinen respektablen Platz mehr gäbe; daß sie über die Trennung von Staat und Kirche hinaus schlechthin die »Trennung von
Religion und Politik« verlange[7]; sondern, daß Religion keine umgreifende Zuständigkeit mehr haben kann; daß sie sich mit begrenzten
Wirkungsfeldern abfinden muß und dem freien Kräftespiel unterschiedlicher gesellschaftlicher Gruppen und Tendenzen ausgesetzt ist.

Dagegen gab es freilich von vornherein kräftigen Widerstand. Die
katholische Kirche fand sich schließlich erst 1965 auf dem Zweiten
Vatikanischen Konzil bereit, eine lehramtliche »*Erklärung über die
Religionsfreiheit*« zu verabschieden. Noch der Entwurf von 1962 ent-
hielt den Grundsatz: »Ist die Mehrheit der Menschen in einem Staat
katholisch, dann muß der Staat ebenfalls katholisch sein. [. . .] Ist die
Mehrheit der Menschen in einem Staat nichtkatholisch, dann hat sich
der Staat nach dem Naturrecht zu richten«[8] – und für die Bestimmung dessen, was Naturrecht sei, sah sich wiederum das kirchliche
Lehramt zuständig. Von eigentlicher Religionsfreiheit hätte unter dieser Voraussetzung noch nicht die Rede sein können. Dagegen stand
auch ein Prinzip, das in der traditionellen Theologie immer wieder
betont wurde, die auch auf dem Konzil von manchen noch »stereotyp
wiederholte ›philosophische‹ These«: »Nur die Wahrheit hat Recht,
der Irrtum hat keinerlei Recht.«[9] Wenn alle gutwilligen Menschen gemeinsam wüßten, was »*die* Wahrheit« ist, wäre dies kein Problem;
aber unter den uns gegebenen Umständen müßte eine solcher Grundsatz zu schlimmen Folgen führen.

Wie die Religionen auf Säkularisierung reagieren, ist ihnen nicht
als ein inneres Naturgesetz vorgeschrieben; sie stehen vielmehr vor
Entscheidungen, deren Ergebnisse nicht von vornherein ausgemacht
sein können, sondern neu zu verantworten sind. Dies wird vereinzelt
auch in der islamischen Welt gesehen.[10] Daß dabei die Voten schon
innerhalb einer bestimmten religiösen Gemeinschaft unterschiedlich

---

[7] So etwa *B. Tibi* (1992), z. B. 200, 219–223.

[8] So referiert in der Einleitung von *Karl Rahner / Herbert Vorgrimler,* Kleines Konzilskompen-
dium. Sämtliche Texte des Zweiten Vatikanums, Freiburg 1966, 655.

[9] Ebd. 656.

[10] Vgl. *M. Talbi* (1991) in seiner Stellungnahme zur Erklärung über die Religionsfreiheit des
Zweiten Vatikanums.

ausfallen, wird an den plakativen Etiketten wie »progressiv« und »konservativ« deutlich, mit denen sich die konträren Gruppen wechselseitig belegen – die Vielfalt der gegensätzlichen Tendenzen eher verdeckend als erhellend.

Im interreligiösen Vergleich erscheint die Komplexität der neuzeitlich gegebenen Lage und die Bandbreite der Versuche, sie zu verarbeiten, verständlicherweise noch größer. Zum einen bringen die nichtchristlichen Religionen aus ihrer jeweils anderen Herkunft unterschiedliche weltbildhafte Voraussetzungen, Wertvorstellungen, Handlungsnormen und Sozialverhältnisse ein und erfahren damit je eigene Konfrontationen und Affinitäten; zum anderen aber – und vor allem – ist Säkularisierung für sie zunächst (ganz anders als für das Christentum) die geschichtliche Phase einer fremden Welt, ihnen von außen oktroyiert oder importiert; vielfach sehen sie in der säkularisierten Gesellschaft gerade das Verfallsstadium des Christentums.[11] Wenn sie sich in solcher Lage verstärkt auf ihre eigenen Überlieferungen besinnen, schließt dies demnach oft zugleich eine – mehr oder minder ausdrückliche – Kritik an der christlichen Komplizenschaft mit Aufklärung, Transzendenzverlust und religiös indifferenter Öffentlichkeit mit ein. Damit ist das Verhältnis der anderen Religionen zu ihren Überlieferungen nicht mehr allein deren innere Angelegenheit, sondern betrifft auch das Christentum.

Dies wird besonders deutlich am Islam. Aus christlicher Sicht mag es zunächst naheliegen, ihn angesichts der Bewußtseinsumbrüche neuzeitlicher Aufklärung schlicht für noch etwas »rückständig« zu halten und sich seinem Entwicklungsdefizit gegenüber einfach überlegen zu wissen. Doch werden an ihm nur ungemildert die gesellschaftlichen Widersprüche sichtbar, die in der Christentumsgeschichte zwar zurückgenommen, aber keineswegs völlig aufgelöst sind. Sie sind vielmehr auch hier – mehr oder minder unterschwellig – virulent geblieben.[12] Auf jeden Fall fordert das islamische Offenbarungs- und Über-

[11] Vgl. *H. Bürkle* (1975).

[12] Vgl. aus einer Fülle von Veröffentlichungen etwa *C. Colpe / H. Papenthin* (1989); *K. Gabriel* (1992), 179–181. 196–198; *Peter Hebblethwaite,* Ist der Papst ein Fundamentalist, in: Concilium 28, 1992, 254–260; *Hans Küng,* Wider den römisch-katholischen Fundamentalismus der Zeit, ebd. 274–280; *K. Kienzler* (1990), 67–91: Fundamentalismus und Antimodernismus im Christentum; *H. Kochanek* (1991); *J. Niewiadomwski* (1988), 195–203: Katholizismus – Synkretismus – Fundamentalismus; *Rudolf Pacik,* Verrat am katholischen Glauben? Marcel Lefebvre und die Liturgiereform, ebd. 17–40; *Herrmann J. Pottmeyer,* Die Suche nach der verbindlichen Tradition und die traditionalistische Versuchung der Kirche, in: D. Wiederkehr (1991), 89–110; *Knut Walf,* Fundamentalistische Strömungen in der katholischen Kirche, in: Th. Meyer (1989), 248–262; *J. Werbick* (1991), 11–35: Der Streit um den »Be-

lieferungsverständnis samt seinen sozialen Konsequenzen auch das christliche Glaubensbewußtsein zur Selbstbesinnung heraus: Wie wollen wir – gelegentlich vielleicht gerade im Kontrast zu dem, was wir dort sehen – den Glauben einerseits an seine geschichtliche Herkunft und seine Verbindlichkeit in der Gemeinschaft verweisen und ihm andererseits den Freiraum persönlicher Verantwortung überlassen? In welches Verhältnis setzen wir unter unseren gesellschaftlichen Bedingungen Tradition und Subjektivität, gerade wenn es um die Vermittlung des Glaubens an die nächste Generation geht? Wie können sich die Kirchen einerseits mit den autonomen Bereichen einer säkularen Gesellschaft – insbesondere mit den Spielregeln politischer Handlungsräume – abfinden und sich dabei zugleich mitverantwortlich sehen? In welcher Weise sollte das Verhältnis der Religionen untereinander auch von politischen Fragen und Problemen bestimmt sein? Die Behauptungen, daß der interreligiöse Dialog nur gelinge, wenn er »frei von Politik ist und bleibt«, und daß »das wahrhaft Religiöse der Religion [...] nur nach ihrer Entpolitisierung zutage treten« könne[13], mögen einem bestimmten zeitgenössischen Denken plausibel sein, doch dem Selbstverständnis verantwortlicher Christen und Muslime müssen sie damit noch lange nicht entsprechen. Auch sind solche Annahmen nicht schon vom Charakter einer säkularen Gesellschaft her gerechtfertigt.

Hinter der vorherrschenden Abneigung des Islam, sich mit den Tendenzen der Säkularisierung und der religiösen Pluralität abzufinden, oder seiner Weigerung, sich auch nur auf sie einzulassen, steht seine Überzeugung, daß die Gemeinschaft der Gläubigen aufgerufen sei, die Welt zu gestalten und sie nicht einer glaubensfernen Eigengesetzlichkeit zu überlassen. Die ist gewiß – gerade angesichts der rigorosen Wege, die manche muslimische Gruppen dabei einschlagen – eine äußerst prekäre Sache. Das Christentum ist durch seine ganz andere Anfangsgeschichte und seine neuzeitlichen Erfahrungen weitgehend davon abgehalten, eine integralistische Politik zu betreiben. Doch zeigen die Diskussionen, die bei uns über die gesellschaftliche Bedeutung von Kirche, Glaube und Theologie geführt werden, daß auch uns grundsätzliche Probleme bleiben. Vor allem stellt sich die

griff« der Offenbarung und die fundamentalistische Versuchung; *H. Zirker* (1990a). Die unausgestandenen Probleme werden gerade auch durch eine Gegenstimme deutlich: *Hans Thomas,* »Katholischer Fundamentalismus«. Zur Mechanisierung einer akademischen Debatte, in: Forum Katholische Theologie 8, 1992, 261–277.

[13] *B. Tibi* (1992), 220.

Frage, welche der Inhalte und Vermittlungsformen christlicher Überlieferungen in unserer Situation noch tragfähig genug sein könnten, zu einem gemeinschaftlichen (auch politischen) Handeln zu führen – oder ob sich die Bedeutung der Tradition heutzutage vorwiegend auf die Bereiche der Glaubenslehre, des innerkirchlichen Kults und der privaten Religiosität reduziert. Welche Rolle spielt bei der überzeugungskräftigen Weitergabe des Glaubens – von Vergangenheit her auf Zukunft hin – das Verhältnis von theologischer Theorie und sozialer Praxis?

Nach dem traditionellen Selbstverständnis des Islam sollte für eine Trennung von Religion und Staat prinzipiell kein Raum sein; denn er ist von vornherein – nach seinem theoretischen Selbstverständnis, weit ab von der Realität – als »umma«, d. h. als staatliches Gemeinwesen und religiöse Gemeinschaft in einem, angelegt. Islam kann es deshalb im eigentlichen Sinn nicht als »Kirche« innerhalb einer Gesellschaft geben, sondern nur als Glaubens- und Lebensform der Gesellschaft selbst.[14] Dementsprechend ist »Säkularisierung« im muslimischen Raum überwiegend ein mit viel Abwehr und Abscheu besetztes Schmähwort für die westlich dekadenten Verhältnisse. »Die Samen des Zweifels wurden in Europa ausgesät zwischen der Religion und der Wissenschaft, zwischen der Religion und dem Leben«; seit der Renaissance ist der Westen »auf die Distanzierung von der Religion – nein auf die Feindschaft gegen die Religion« bedacht.[15] So mußte das Christentum die Gesellschaft einer religiösen und kulturellen Verwahrlosung überlassen, die »die Grundlage unserer Zivilisation zu erschüttern droht«.[16]

1834 schreibt ein junger ägyptischer Gelehrter im Rückblick auf eine mehrjährige Studienreise nach Paris, die er im Auftrag seines Vizekönigs unternommen hatte, »über die Religion der Pariser«[17]. Dabei stellt er fest, daß »die Franzosen im allgemeinen mit dem Christentum nur den Namen gemein« haben: »Sie laufen unter den Namen der Anhänger der Buchreligionen, doch scheren sie sich nicht um das,

---

[14] Vgl. dazu ausführlicher S. 292–302.

[15] M. Quṭb (1992), 271. Der Autor ist der Bruder des bekannteren Sayyid Quṭb (s. S. 264 f), der 1966 in Ägypten nach einem politischen Prozeß öffentlich gehängt. – Die in diesem Kapitel zitierten muslimischen Äußerungen unseres Jahrhunderts sind nur repräsentative Beispiele aus einem unabsehbaren Chor gleichartiger Stimmen. Zum kontroversen Spektrum vgl. R. Caspar (1987), 332–337: Etat et religion: religion d'Etat, laïcité, sécularisation; R. Wielandt (1982).

[16] H. Algar (1975), 135. Vgl. P. Antes (1982), 15–17: »Verwestlichung« als Dekadenz; B. Tibi (1992), 173–176.

[17] R. al-Ṭahṭāwi (1834), 142–145.

was ihnen ihre Religion verbietet oder als Pflicht auferlegt oder dergleichen.«[18] Und als weithin verbreitete Überzeugung teilt er seinen Lesern darüber hinaus generalisierend mit: »Man sagt, die meisten Länder der Franken [d. h. der Europäer] glichen Paris im Hinblick auf die Religion.«[19]

Der Einfluß dieses Erfahrungszeugnisses im Orient war groß: »Das Büchlein fand gleich nach seinem Erscheinen eine eifrige Leserschaft und blieb für die nächsten dreißig Jahre die einzige Quelle, aus der sich ein gebildeter Araber aus erster Hand über ein europäisches Land informieren konnte.«[20] Die entsprechenden Urteile bestimmen nach wie vor das Bewußtsein vieler Muslime – heute freilich weltweit bestärkt durch die Allgegenwart von Massenmedien und Tourismus. Die öffentlich vorherrschenden Charakterzüge des Westens scheinen ihnen alltäglich die besten Belege dafür zu liefern, daß das Christentum keine sozial gestaltende Kraft mehr hat: Es konnte nicht verhindern, daß man öffentlich statt des Gehorsams gegenüber Gottes Gesetz die menschliche Autonomie, gar die Eigenmächtigkeit des Individuums verkündete, daß die Staaten sich von der Bindung an die Religion lösten und schließlich die Moral – besonders die von Ehe und Familie – zerfiel. Als letzte Konsequenz von all dem erscheint die Auslöschung der Religion insgesamt.

Diese Einschätzung westlicher Gesellschaft ist in muslimischen Publikationen bis hin zu den Tageszeitungen immer wieder zu lesen – oft noch kräftig vergröbert. Säkularisierung bedeutet dann praktisch »den Verzicht auf die Ehe als Institution. Stattdessen gibt es vorehelichen Geschlechtsverkehr, Partnertausch, Ehebruch, zahllose Scheidungen, Freundschaften neben der Ehe, kurzum: die ›große Freiheit‹ (im Sinne des Hamburger Vergnügungsviertels). Empfängnisverhütungsmittel und Abtreibungen helfen, die Folgen dieses zügellosen Sexualverhaltens in für die Gesellschaft erträglichen Grenzen zu halten. Auf eine einfache Formel gebracht, heißt dies: ›Die Männer haben aufgehört, ihre Sünden zu zählen. Die Frauen treten für die Gleichberechtigung mit den Männern ein und fallen ihrer Leidenschaft zum Opfer. Zahllose Liebesgeschichten und voreheliches Zusammenleben sind eher die Regel als die Ausnahme. Die Straßen mögen frei sein von Prostituierten – dies aber nicht aus Furcht vor der Polizei!,

---

[18] Ebd. 142.
[19] Ebd. 143.
[20] Ebd. 301 der Herausgeber *Karl Stowasser*.

sondern weil die Frauen die Prostituierten dadurch in den Bankrott getrieben haben, daß sie selbst deren Geschäft umsonst betreiben.‹«[21]

Im Hintergrund dieser »Verwestlichung« steht für viele nach wie vor die Kolonisierungspolitik einer »Übermacht Europas [...], die nicht nur große Teile unserer Führungsschicht beeinflußt, ja beinahe betäubt hat, sondern auch sogenannte Reformmaßnahmen mit Waffengewalt erzwungen hat«.[22] Nicht selten sieht man bei all dem in angstvoller Phantasie sogar eine gemeinsame Verschwörung »der Zionisten und kolonialistischen Kreuzzügler«.[23]

In solcher Sicht kann Säkularisierung nur als eine Zerstörung der eigenen Tradition und »eine bloße Nachahmung des Fremden«[24] verstanden werden. Dem aber sollten alle Muslime mit der festen Überzeugung entgegentreten: »Der Islam bleibt – von menschlicher Willkür unangetastet – erhaben, und eine Rückkehr zu ihm als allumfassender Lebensweise und einzigem Weg zur Erfüllung des Daseinszwecks ist jederzeit möglich.«[25] Diese Denkweise, die eine »Herrschaft der Vergangenheit über die Gegenwart« durchsetzen will, wobei sie »die Logik des klassischen islamischen Rechts für sich und die der Geschichte gegen sich hat«[26], verbindet die vielfältigen Gruppen, Bewegungen und Tendenzen, die unter dem unscharfen Begriff »fundamentalistisch« zusammengefaßt werden. Bei allen wechselseitigen Unterschieden treffen sie sich darin, daß sie mit ihren entschiedenen *Gewißheitsansprüchen,* ihrer *Abwehr von Pluralität* und ihrer *Ächtung politischer Kompromisse* die *Moderne diskriminieren.*[27] In radikaler Polarisierung stellen sie die ideale »islamische Gesellschaft« der realen »Ǧāhiliyya«, d. h. dem »Zustand der Unwissenheit« gegenüber, wie er vor der Offenbarung des Koran bei den ungläubigen Arabern bestand und von Gott verworfen wurde. Aber dabei ist für sie die heutige Situation »noch verruchter als die erste Ǧāhiliyya [zur

---

[21] *P. Antes* (1982), 16 f mit Zitat von *Sayid Mujtabi Rukni Musawi Lari,* Western Civilisation through Muslim Eyes, Guilford 1977, 26. Vgl. auch *B. Tibi* (1991), 175 f, zur »Assoziation der Säkularisierung mit verbotenen sexuellen Phantasien«.

[22] *H. Algar* (1975), 138.

[23] *S. Quṭb* (1989), 186. Vgl. dazu auch *B. Tibi* (1991), 173.

[24] *H. Algar* (1975), 140.

[25] Ebd. 152.

[26] *B. Johansen* (1986), 28, im Rückblick auf eine Entwicklung vom 11. Jh an.

[27] Vgl. mit je unterschiedlichen Ansätzen und Perspektiven *C. Geertz* (1991), 88–131: Das skripturalistische Zwischenspiel; *L. Hagemann* (1990); *A. Th. Khoury* (1989); *T. Nagel* (1981) II, 7–140: Der islamische Fundamentalismus (historischer Rückblick); *R. Peters* (1987); *B. Tibi* (1991), 202–279: Islamischer Fundamentalismus als Antwort auf die doppelte Krise; *ders.* (1992); *J. Waardenburg* (1989); *W. M. Watt* (1988); *R. Wielandt* (1990); *H. Zirker* (1991 b).

264

Zeit Mohammeds]«; »die ganze Welt lebt in der ›Ǧāhiliyya‹«, »alles um uns herum«.[28] Ihr gegenüber leuchtet das islamische Gesellschafts-ideal, »zu dem sich die ganze Menschheit wenden kann in der Ein-sicht, daß es als das einzige System in der Lage ist, den Bedürfnissen dieser Menschheit zu entsprechen, in größerem Maß und auf längere Zeiten hin als jedes andere, das die Menschheit bis zu diesem Augen-blick kennengelernt hat.«[29]

Weit mehr als außerislamische Fundamentalismen bewegt den mus-limischen also die Zuversicht, daß mit der Durchsetzung der »wahren Religion« (Sure 9,29: dīn al-ḥaqq) auch die gesellschaftlichen Miß-stände beseitigt werden können. Das programmatische Wort »*Der Islam ist die Lösung* (al-islām huwa l-ḥall)«, in den Straßen arabi-scher Städte als Wahlparole angeschlagen[30], gibt dafür das bezeich-nende Signal: Es ruft auf zum Widerstand gegen alle »unislamisch« verzagte und kompromißgeneigte Regierungspolitik und will das Volk zusammenführen zu »dem Weg der einzigen Rettung für die von Untergang und Vernichtung bedrohte Menschheit«.[31]

Für den Gedanken, daß Säkularisierung als Freisetzung der Gesell-schaft und des Staates von Religion auch ein wertvoller Vorgang sein kann, fehlt unter solchen Voraussetzungen notwendigerweise jedes Verständnis. Die Angst vor der Überwältigung durch den mächtigen Einfluß westlicher Gesellschaft ist damit freilich nicht aus der Welt; denn deren Expansionskraft geht offensichtlich weit über das hinaus, was Muslime bislang aus ihren geschichtlichen Erinnerungen an äuße-ren Bedrohungen kannten: »Nachdem er die alten Gesellschaften des Mittleren Ostens besiegt und durchdrungen hatte, war der Islam drei Hauptzivilisationen – in Indien, China und Europa – gegenübergetre-ten. Nur einer von ihnen, der dritten, gestand man zu, daß sie eine Religion besitze, die den Namen verdiente, und daß sie eine ernst-hafte politische und militärische Alternative zur islamischen Macht darstelle. Aber die christliche Religion hatte sich stets vor dem Islam zurückgezogen, und die christliche Macht war bestenfalls in der Lage gewesen, sich gegen den Vormarsch der moslemischen Heere zu be-haupten. [. . .] Die neue Herausforderung, die der europäische Säku-larismus dem Islam stellte, war etwas ganz anderes. Sie war weit um-fassender, mächtiger und ausgedehnter und ging zudem nicht von

[28] *M. ʿImāra* (1991), 154.
[29] *S. Quṭb* (1988), 17.
[30] Vgl. auch *Y. al-Qarḍāwi* (1974) schon im Titel des Buchs.
[31] *S. Quṭb* (1989), 186.

einer besiegten, sondern von einer siegenden Welt aus. Eine Philosophie, die frei von erkennbaren christlichen Beiklängen war und in einer reichen, starken Gesellschaft zum Ausdruck kam, die sich rasch ausweitete, schien manchen Moslems das Geheimnis des europäischen Erfolges zu verkörpern [...]. Im Laufe des 19. und 20. Jahrhunderts waren der europäische Säkularismus und eine Reihe von ihm inspirierter politischer, sozialer und wirtschaftlicher Lehren von bleibender Faszination für aufeinanderfolgende Generationen von Moslems.«[32]

Aus diesem Grund gibt es im Islam neben den warnenden und angsterfüllten Stimmen auch andere, die in der neuzeitlichen Gesellschaftsentwicklung des Westens einen Gewinn anerkennen; aber sie sind weit in der Minderzahl – wenigstens in den öffentlichen Äußerungen. Im »Lexikon religiöser Grundbegriffe« von 1987 beendet der muslimische Autor seinen Artikel über »Säkularisation« nach einer kritischen Skizze traditioneller Positionen mit der Feststellung, daß es naheliege, »in der Säkularisation eine Chance für die Zukunft zu sehen. Die Säkularisation bedeutet nicht die Areligiosität. Die mit ihr verbundene Entkrampfung und Befreiung [...] können für den Islam, ebensosehr wie für andere Religionen, nur eine genesende Wirkung haben.«[33] Dieses Urteil tendiert zu einer Revision der traditionellen Sicht von Staat und Religion, letztlich zu deren Trennung. Doch ist dies nach dem muslimischen Gesetz in seinem herkömmlichen und bislang vorherrschenden Verständnis nicht möglich.

Die Auseinandersetzungen darüber sind freilich schon längere Zeit im Gang. Als 1925 der ägyptische Richter ʿAlī ʿAbd ar-Rāziq, ausgebildet an der al-Azhar-Universität in Kairo, in einer Erörterung des Kalifats unter dem Titel »Der Islam und die Prinzipien der Herrschaft«[34] die Ansicht vertrat, daß Mohammed in Medina keinen Staat gegründet, seiner Glaubensgemeinschaft zwar als Prophet vorgestanden, sie aber nicht als politischer Herrscher regiert habe, löste dies einen Sturm der Entrüstung aus, der sich bis heute nicht gelegt hat.[35] Andererseits gab es aber auch ein positives Echo: Noch »1975 sendete das Zweite Programm von Radio Kairo [...] ein Podiumsgespräch über al-Islām wa-uṣūl al-ḥukm [die genannte umstrittene Schrift], bei dem sich sämtliche Teilnehmer im Kern für die Richtigkeit der Ansich-

[32] B. Lewis (1983), 189.
[33] S. Balić (1987), 944. Vgl. etwa auch M. Talbi (1981).
[34] Al-islām wa-uṣūl al-ḥukm; dazu vgl. etwa T. Nagel (1981) II, 207–223, und R. Wielandt (1971), 95–99.
[35] Eine bezeichnende Abwehr finden wir z. B. noch bei M. ʿImāra (1989) und M. ʿAbd al-Qādir Abū Fāris (1986), 275–296.

ten 'Alī 'Abdarrāziqs entschieden«.[36] Das Problem ist nicht mit markig entschlossenen Worten zu erledigen.[37]

Sich auf die Bedingungen einer Gesellschaft einzustellen, die nicht von den Normen einer Religion zusammengehalten wird, ist für den Islam offensichtlich weit schwieriger als für das Christentum, da es brisant seine Fundamente berührt. In der »*Allgemeinen Erklärung der Menschenrechte*« des Islamrats für Europa von 1981 heißt es: Menschenrechte wurden Gesetz durch den Islam, »der nicht hinnimmt, daß ein Muslim ihn ignoriert (yatağāhalahu) oder sich gegen ihn auflehnt (yaḫruğa 'alayhi)«.[38] Der Abstand zu den neuzeitlichen Menschenrechten ist hier gewaltig. Nach Geist und Buchstaben unseres Grundgesetzes ist es selbstverständlich, daß man seinen Glauben nicht nur frei ausüben, sondern ihm auch abtrünnig werden und dies, wenn man will, öffentlich mit lauter Stimme kundtun darf – ob dies einer Glaubensgemeinschaft schließlich abträglich ist oder nicht. Wo dagegen unter den Voraussetzungen der Scharia von der »Freiheit des Denkens, des Glaubens und der Meinungsäußerung« die Rede ist[39], schließt dies kein individuelles Selbstbestimmungsrecht im Sinn neuzeitlicher Religionsfreiheit ein.[40]

Dies ist mitzusehen, wenn gelegentlich darauf verwiesen wird, welch große Bedeutung nach islamischer Wertschätzung der *Toleranz* zukomme. Eine solche Behauptung trifft nur zu, wenn *vorneuzeitliche* Maßstäbe angelegt werden: Gewiß ist der Islam gegenüber Christen und Juden grundsätzlich duldsamer, als es das mittelalterliche

---

[36] *R. Wielandt* (1982), 124.

[37] Zu den theoretischen Voraussetzungen der islamischen Gesellschaft, der geschichtlichen Konstitution ihrer Normen, dem Einbruch der Moderne und den Spielräumen der Verarbeitung vgl. die kritische Sichtung von *M. Arkoun* (1984), 155–192: Autorité et pouvoirs en Islam; 193–247: Religion et société d'après l'exemple de l'Islam.

[38] *Al-bayān al-'ālami* (1981), 2. Diese Menschenrechtserklärung hat keinen offiziellen Charakter; außerdem gibt es neben ihr auf islamischer Seite noch weitere Entwürfe; dennoch ist sie am meisten bedenkenswert. Vgl. *A. E. Mayer* (1991), 24–30. – Zum gesamten Problemspektrum der Menschenrechte im Islam vgl. darüber hinaus als kleine Auswahl *S. S. A. Abu-Sahlieh* (1991); *M. Borrmans* (1990); *R. Caspar* (1983); *M. Charfi* (1983); *M. Forstner* (1982; 1991 a); *L. Gardet* (1983); *A. E. Mayer* (1991); *R. Garaudy* (1990); *O. El Hajjé* (1991); *G. Höver* (1988); *A. A. An-Na'im* (1990a); *ders.* (1990 b), 161–181; *L. Pruvost* (1983); *A. A. Roest Crollius* (1991); *O. Schumann* (1986); *J. Schwartländer / H. Bielefeldt* (1992).

[39] Ebd. 14: Art. 12.

[40] Vgl. *M. Forstner* (1991b); *A. E. Mayer* (1991), 163–187: Freedom of Religion in Islamic Human Rights Schemes. Bezeichnend sind die von *J. Waardenburg* (1992), 161, beschriebenen Differenzen von Christen und Muslimen über die Verfassung Indonesiens: »Die beiden Gruppen differierten in ihren Vorstellungen von Religionsfreiheit; die Muslime wollten nicht von christlicher missionarischer Tätigkeit belästigt werden, den Christen ging es gerade darum, die Möglichkeit solcher Tätigkeit garantiert zu sehen.«

Christentum aufgrund seiner Prinzipien gegenüber Juden und Muslimen sein konnte.[41] Doch alle, die nicht zu den Schriftbesitzern zählen, können nach der Scharia auch nicht den Status als geschützte Bürger (dimmī) erlangen, sondern stehen vor der Alternative: entweder Annahme des Islam oder Verlust jeglicher Rechte, auch des Rechts auf Leben. Für sie gilt das Wort des Koran (das unter den politischen Umständen Mohammeds gegen die unzuverlässigen Beduinen gesagt wurde): »Ihr werdet gegen sie kämpfen, es sei denn, sie werden Muslime« (48,16; in bezeichnender Mehrdeutigkeit kann man hier statt »sie werden Muslime« auch übersetzen »sie ergeben sich«). Positiv gewendet heißt dieser Grundsatz in der Biographie des Propheten nach Ibn Isḥāq: »Aslimū taslamū, nehmt den Islam an, und ihr werdet sicher sein!«[42] Außerdem sind Konversionen nach muslimischem Recht nur zum Islam hin möglich; eine Abkehr von ihm ist ausgeschlossen. Unter solchen Voraussetzungen entsprechen die islamischen Gesellschafts- und Staatsvorstellungen keineswegs dem Toleranzgedanken, wie er von der europäischen Aufklärung her in die Formulierung von Menschenrechten einging.

Die Präambel der islamischen Menschenrechtserklärung nennt in der arabischen Fassung als Ziel den »Aufbau einer wahren islamischen Gesellschaft«[43]; in der deutschen ist an dieser Stelle nur noch von einer »menschlichen Ordnung« die Rede[44]. Hier besagt Artikel 3 a: »Alle Menschen sind gleich vor dem Gesetz«[45]; in der arabischen dagegen heißt es: »Alle Menschen sind gleich vor der Scharia«[46], und die Fortsetzung zeigt (anders als im deutschen Text), daß es um Araber und Nichtaraber, um Schwarze und Weiße, um Starke und Schwache geht, nicht aber auch um Muslime und Nichtmuslime oder um Mann und Frau. In Artikel 12 a wird die Freiheit des Denkens, des Glaubens und der Meinungsäußerung zugesichert; doch dabei läßt der arabische Text eine Bedingung erkennen, die wir im deutschen nicht finden: »Jeder darf denken, glauben und zum Ausdruck bringen, was er denkt und glaubt, ohne daß irgend jemand eingreift oder konfisziert, solange er innerhalb der allgemeinen Grenzen bleibt, die die Scharia festlegt. Nicht erlaubt ist die Verbreitung der Unwahrheit (al-bāṭil, auch: das Nichtige, Wertlose) und die Veröffentlichung des-

[41] Vgl. *A. Th. Khoury* (1980); *L. Poliakov* (1979).
[42] *Ibn Isḥāq* (1976), 240.
[43] *Al-bayān al-ʿālami* (1981), 6: »iqāmat muǧtamaʿ islāmi ḥaqiqi«.
[44] *Die islamische Deklaration der Menschenrechte* (1984), 9.
[45] Ebd. 11.
[46] *Al-bayān al-ʿālami* (1981), 9.

sen, wodurch die Schamlosigkeit verbreitet oder die Umma geschwächt wird. ›Wenn die Heuchler und die, deren Herz krank ist, und die, die in der Stadt mit Gerüchten Unruhe stiften, nicht aufhören, werden wir dich bestimmt gegen sie anstiften. Dann werden sie nur noch kurz in ihr deine Nachbarn sein, verflucht; wo immer man sie zu fassen bekommt, wird man sie packen und umbringen.‹ [Sure 33,60 f]«.[47] Die Bindung an die Scharia ist in der deutschen offiziellen Fassung an dieser Stelle nicht mehr zu erkennen, da hier nur noch davon die Rede ist, daß man an den »Rahmen der Gesetze« gebunden sei. Nur die »Einleitung« der deutschen, nicht der arabischen Fassung sagt: »Das Wort ›Gesetz‹ im folgenden Text bezieht sich auf das jeweils in einem Land gültige Gesetz unter der Bedingung, daß dieses den Interessen des Volkes entspricht, nicht gegen die hierin spezifizierten Menschenrechte verstößt und durch die jeweilige Volksvertretung ratifiziert wurde; für die islamische Welt wird vorausgesetzt, daß ein solches Gesetz allein die SCHARIAH sein kann.«[48] – Aber in »islamischer Welt« leben auch Nichtmuslime!– Schließlich heißt es selbst in den »Erläuterungen« der deutschen Fassung undifferenziert, daß es sich »bei dem Ausdruck ›Recht‹ bzw. ›Gesetz‹ um die Scharia«[49] handle. Am Ende fehlt demnach doch jeder Hinweis auf andere gesetzliche Geltungsgründe. Dementsprechend lautet Artikel 4a auf deutsch: »Jede Person hat das Recht auf eine dem Gesetz absolut entsprechende Behandlung«, während man auf arabisch liest: »Jeder hat das Recht, sich in einer Rechtssache an die Scharia zu wenden und allein nach ihr beurteilt zu werden: ›Wenn ihr über etwas streitet, dann bringt es vor Gott und den Gesandten‹ [Sure 4,59] – ›Entscheide zwischen ihnen nach dem, was Gott, herabgesandt hat, und folge nicht ihren Neigungen‹ [Sure 5,49].«[50]

Bezeichnend sind auch die unterschiedlichen Fassungen von Artikel 10b, in dem es um das Nebeneinander der Rechtsordnungen von Muslimen und nichtmuslimischen Minderheiten geht. Auf *deutsch* heißt es: »In einem muslimischen Land sollen religiöse Minoritäten das Recht haben zu wählen, ob sie in ihren bürgerlichen und persönlichen (zivilrechtlichen) Angelegenheiten nach islamischem Recht oder nach ihren eigenen Gesetzen verwaltet werden wollen«; im *arabischen*

---

[47] Ebd. 14.
[48] *Die islamische Deklaration der Menschenrechte* (1984), 5.
[49] Ebd. 19.
[50] *Die islamische Deklaration der Menschenrechte* (1984), 11, bzw. *Al-bayān al-ʿālamī* (1981), 10.

Text dagegen steht als entscheidende Bedingung, daß die religiösen Minderheiten nur solange ihre eigenen Rechtsnormen wählen können, als »diese bei ihnen göttlichen Ursprungs sind«. Hier ist für ›menschliche‹ Satzungen – wie etwa im Kirchenrecht, gar in säkularen Rechtsordnungen – kein Platz gelassen. Ausdrücklich werden für die Juden »die Tora« und für die Christen »das Evangelium« genannt. Wie weit diese aber in ihrem heutigen Bestand noch als »göttlichen Ursprungs« gelten dürfen oder als geschichtlich verfälscht anzusehen sind, kann wieder vom muslimischen Urteil abhängig gemacht werden.

Hinter diesen einzelnen Problemen steht ein grundsätzliches Moment des islamischen Rechtsverständnisses: Der Maßstab dafür, was in der Gemeinschaft der Glaubenden verantwortbar sein sollte, ist als grundlegende Interpretation des Koran die »*Sunna*«, d. h. »Gewohnheit, Handel und Wandel, Satzung«[51] und meint (aber noch nicht im Koran selbst) die vom Propheten her normierte Handlungsweise und maßgebliche Tradition. Hinter dieser stehen die Weisungen des Koran und mit ihm die »Sunna« Gottes, von der in einprägsamen Wiederholungen gesagt ist: »Du wirst in der Handlungsweise Gottes keine Veränderung finden und keinen Wechsel« (35,43; vgl. 17,77; 33,62; 48,23). Wo die Maßstäbe von Sittlichkeit und Recht auf einer Gewißheitsgrundlage aufruhen, sollten die Unsicherheiten und Unwägbarkeiten menschlicher Normenfindung ausgeschlossen sein – nach dem Grundsatz des Koran: »Die Vermutung taugt nichts gegenüber der Wahrheit« (10,36; 53,28).

In dieser Hinsicht entspricht der Islam im theoretischen Konzept der Orthodoxie letztlich als ganzer dem, was heutzutage in christlicher Umgebung »*Fundamentalismus*« genannt wird (auch wenn darüber hinaus noch erhebliche Differenzierungen anzubringen sind): Er sieht seine Geltungen und Forderungen der sozialen und geschichtlichen Bedingtheit entzogen.

Mit nachdrücklicher Wiederholung betont der Koran, worin die Gläubigen sich vor allem auszeichnen: »Sie gebieten das Rechte und untersagen das Verwerfliche« (3,104 u. ö.). Da dies grundsätzlich für alle Lebensräume gelten soll, auch für den politischen, liegen die Konflikte nahe, sobald einerseits islamische Gruppen sich die politische Durchsetzung ihrer Maßstäbe zutrauen, andererseits aber die Gesellschaft religiös nicht homogen ist und sich einen bescheideneren Rahmen des Zusammenhalts geben muß. Die Spannungen zum Religions-

---

[51] *A. J. Wensinck* (1976 c), 704.

und Gesellschaftsverständnis, wie es im Islam von Anfang an grundgelegt ist, liegen dann auf der Hand: »Es ist höchst fraglich, ob im
Rahmen dieser allgemeinen islamischen Tradition der Staat in schlicht
instrumentalistischer Weise als eine Institution betrachtet werden
kann, die zum kleinstmöglichen Preis eine Aufgabe erfüllt, statt als
eine mit gesamtgesellschaftlicher Verantwortung betraute Einrichtung
zu erscheinen, deren Verpflichtung es ist, das Gute zu befördern und
dem Übel zu wehren«[52]. Offensichtlich besteht »ein großer Unterschied [...] zwischen einer Volkssouveränität, die einen allgemeinen
Skeptizismus zum Hintergrund hat, und einer, deren Hintergrund die
Überzeugung bildet, daß die Wahrheit geoffenbart und zugänglich
ist.«[53]

Indem der Koran zum einen als unmittelbares Wort Gottes und
zum anderen als umfassende und endgültige Mitteilung der Normen
von Sittlichkeit und Recht gilt, bezieht er sich auf eine von Vergangenheit her tradierte Gewißheitsgrundlage, durch die die Unsicherheiten
menschlicher Erwägungen auf Dauer ausgeschlossen sein sollten: In
einer Welt des geschichtlichen Wandels, der sozialen Bedingtheiten
und der rationalen Kontroversen steht »die wahre Religion« (9,29)
unanfechtbar wie eine »Festung des Glaubens«[54]. Dann mag es in der
Realität noch so viele Schwierigkeiten geben, man kann ihnen gegenüber immer behaupten, daß »die Probleme der gegenwärtigen Gesellschaft gegenüber der bestehenden Kultur nicht die Probleme einer
›islamischen Gesellschaft‹ sind - denn diese islamische Gesellschaft
existiert noch nicht«.[55]

c. Die Spannungen von grundsätzlicher Geltung und situativer Erfordernis

Mit der Rückbindung aller normativen Entscheidungen an die ein für
allemal geoffenbarte Lebensordnung dürfte es trotz allem Wandel der
Geschichte keine grundlegend neuen Handlungskonstellationen geben, die nicht schon mit den bisher verpflichtenden Maßstäben sicher
beurteilt werden könnten. Jede »Neuerung« steht unter dem Verdacht,
zugleich eine »Ketzerei« (bid'a)[56] zu sein. Doch kann die Theorie den

[52] E. Gellner (1992), 159.
[53] Ebd.
[54] Vgl. T. Nagel (1988) schon im Haupttitel.
[55] S. Qutb (1989), 189.
[56] Vgl. J. Robson (1960).

geschichtlichen Wandel nicht verhindern, sondern ihn nur nachträglich soweit wie möglich zu verarbeiten und zu zähmen versuchen. Dies kann ihr deshalb prinzipiell gelingen, weil eine völlige Gleichheit der Situationen, Ereignisse und Erfordernisse ohnehin nie zu erwarten ist. Es gibt in der Geschichte nie die mathematische Identität A = A; immer müssen Gegebenheiten, die sich in einem gewissen Maß auch voneinander unterscheiden, denselben Begriffen und Kategorien zugeordnet und demnach miteinander gleichgesetzt werden. Die Frage ist nur, wieweit dies als befriedigend empfunden wird.

Wem nachdrücklich an der Wahrung der Tradition liegt, der will aus Furcht vor endlosen Neuerungen das Verhältnis zu ihr möglichst eng, d. h. auf einen geringen Spielraum von Variationen eingeschränkt und methodisch reguliert haben. Dies hat erstens eine kräftige Schematisierung der Tradition zur Folge, denn es sollen für die andrängenden Fragen aller Lebensbereiche die rechten Antworten in detaillierter Systematik zur Verfügung stehen; zweitens bedeutet dies, daß die Tradition unter die Verwaltung der dafür Fachkundigen und amtlich Zuständigen gerät, d. h. im islamischen System: der Rechtsgelehrten. Es ist die Aufgabe der Muftis, im Rechtsentscheid (fatwā) neu aufkommende Situationen und Fragen des gebotenen Verhaltens den überlieferten gesetzlichen Ordnungen zu subsumieren und somit dafür zu sorgen, daß es möglichst keine ungeregelten Fälle gebe.

Für die neuzeitlichen Bemühungen innerhalb des Islam, gerade unter Berufung auf die Offenbarung Gottes durch Mohammed von einer zu starren Traditionsbindung freizukommen, ist das Werk des muslimischen Reformtheologen *Muḥammad ʿAbduh* (1849–1905) »Risālat at-tawḥīd«[57] besonders aufschlußreich. Die große Beachtung und die verbreitete Anerkennung, die es in der muslimischen Welt fand, machen es repräsentativ für entsprechende geistige Strömungen.[58] Beim Gegensatz zwischen einem bloßen Autoritätsglauben, der sich an das Überkommene bindet (taqlīd), und einer religiös begründeten Vernunft (ʿaql) steht für ʿAbduh selbstverständlich fest, welcher Seite allein das Recht zukommt: »Der Islam hat sich gegen den Traditionalismus gewandt und ist unwiderstehlich gegen ihn ins Feld ge-

---

[57] *M. ʿAbduh* (1897).

[58] Zum Verhältnis von Tradition und moderner Welt in islamischer Theologie vgl. darüber hinaus *ʿA. M. Ahmad* (1963); *F. Rahman* (1982); *R. Wielandt* (1971). Einen knappen Überblick geben *H. Busse* (1975); *T. Nagel* (1977). Zum politischen Umfeld vgl. *R. Peters* (1989); zur soziologischen Einschätzung des Umbruchs der Normen und seiner Verarbeitung im Islam vgl. *B. Tibi* (1985; 1992).

zogen; er hat seine Legionen, die das Bewußtsein der Menschen überwältigt hatten, vertrieben, seine Wurzeln, die tief ins Bewußtsein ein-
gedrungen waren, ausgerissen, seine Pfeiler und Stützen in den Überzeugungen der Völker zerstört.«[59] Es gehört in dieser Sicht zur Aufgabe der Religion, allen klar zu machen, »daß der Mensch nicht dazu
geschaffen ist, am Zügel geführt zu werden«.[60] Wohl setzt auch »die
Menge der Spezialisten«, die in der Religion das Sagen haben, die
Vernunft ein und gebraucht Argumente, aber in verkehrter und be-
schränkter Weise, weil »ihr Herz von der Krankheit des Traditionalismus verwirrt« ist: »Sie glauben die Sache, und dann suchen sie dafür
den Beweis, aber nur unter der Bedingung, daß er mit dem übereinstimmt, was sie schon glauben. Wenn sie mit etwas zu tun bekommen,
was ihrem Glauben widerspricht, verwerfen sie es und versteifen sich
auf den Widerstand, selbst wenn der ganze Verstand dabei beschränkt
wird.«[61]

Es gibt nach 'Abduh »zwei große Angelegenheiten« der Menschheit, die in Religion gründen, »nämlich die Willensfreiheit und die
Freiheit des Denkens und der Meinungsäußerung«.[62] Wenn man in
Europa wahrnehme, daß die neuzeitliche Zivilisation auf diesen beiden Prinzipien beruhe, dann könne man zugleich aber auch feststellen, daß dahinter »die Moralität des Islam und die Gelehrsamkeit seiner Wissenschaftler« stehe, die im 16. Jahrhundert einen kräftigen
Einfluß auf den Westen ausgeübt hätten.[63]

Zwei Weisen traditionsbehafteten Denkens werden von 'Abduh
mit theologischen Argumentationen bestritten: erstens die Bindung
an die »Väter«, »die Dummheit und Torheit, die sich immer an das
hält, was die Vorfahren sagen«[64]; zweitens die Ausrichtung an den
»Führern der Religion«, die »dem Verstand der Frommen ein vernünf-
tiges Verständnis der himmlischen Bücher absprechen« und »für sich
das Monopol der rechtmäßigen Interpretation reklamieren«[65]. Demgegenüber gehe es darum, »das gewöhnliche Volk«[66] zu eigenem Urteil
zu ermächtigen; denn der Islam »verpflichtet jeden religiösen Menschen dazu, daß er seinen Anteil an dem Wissen nehme, das Gott in

[59] M. 'Abduh (1897), 82 f (126).
[60] Ebd. 83 (126).
[61] Ebd. 35 (66).
[62] Ebd. 84 (127).
[63] Ebd. 84 (128).
[64] Ebd. 83 (127).
[65] Ebd. 84 (128).
[66] Ebd.

seinen Büchern niedergelegt und in seinem Gesetz bestimmt hat; jeder ist gleichermaßen dazu erschaffen, falls er sich nur hinreichend vorbereitet«[67].

Die Begründung dafür findet 'Abduh im Koran selbst, z. B. an all den Stellen, an denen diejenigen Menschen verurteilt werden, die sich im Widerstand gegen Mohammed und seine Verkündigung auf ihre Vorfahren berufen: »Nein, wir folgen dem, worin wir unsere Väter fanden« (2,170; 31,21) – »Uns genügt das, worin wir unsere Väter fanden« (5,104) – »Wir fanden unsere Väter in einer Richtung, und wir lassen uns in ihren Spuren den rechten Weg führen« (43,22). Hier tritt also die Berufung auf das, was von der Vergangenheit her gilt, in Konkurrenz zur Offenbarung, und diese stellt sich ihrerseits gegen die vorherrschende Überlieferung. Der Koran hat in der Verkündigungssituation Mohammeds eine deutlich *antitraditionale Tendenz.* Von denen, die Mohammeds Botschaft nicht folgen, sondern an ihren bisherigen Orientierungen festhalten wollen, heißt es: »Sie glauben nicht an das, was danach kam.« (2,91). Gewiß wird die Offenbarung, die Mohammed bringt, selbst auch wieder ganz zurückgebunden an das, was früher schon verkündet worden ist: »Es wird dir nur das gesagt, was schon den Gesandten vor dir gesagt wurde« (41,43) – »Sag: ›Ich bin keine Neuheit (bid'an) unter den Gesandten. [...] Ich folge nur dem, was mir offenbart wird. Ich bin nur ein deutlicher Warner.« (46,9); aber damit schließt sich der Koran gerade nicht unmittelbar an eine der Traditionen an, die bei seiner Verkündigung durch Mohammed noch in Kraft sind, sondern steht ihnen allen in kritischer Distanz gegenüber.

Im Blick auf diese antitraditionalen Momente des Koran betont 'Abduh (im Interesse an seiner Zeit und nicht nur im geschichtlichen Rückblick): »Der Islam lehnte sich gegen die Führer auf und holte sie von ihren hohen Sitzen herunter, von denen aus sie Befehle erteilten und ihre Verbote aussprachen.«[68] Damit sieht 'Abduh zugleich diejenigen, die zuvor beherrscht worden sind, ermächtigt und verpflichtet, die vorgegebenen »Ansprüche nach ihrem eigenen Urteil und Ermessen zu prüfen«, so daß sie von nun an selbst die Konsequenzen des Glaubens aus dem ziehen können, »was sie wissen und wovon sie überzeugt sind, nicht aus dem, was sie vermuten und sich einbilden«.[69] Für 'Abduh hat mit der Herabkunft des Koran in der Mensch-

---

[67] Ebd. 85 (129).
[68] Ebd. 83 (126).
[69] Ebd. 83 (126 f.).

heitsgeschichte »eine Entwicklung hin zur Rationalität des Glaubens ihren Höhepunkt und Abschluß erreicht«.[70] Daraus ergibt sich für ihn aber auch die Notwendigkeit, gegen den dumpfen Traditionalismus der Macht die Würde und Geltung der wahren Tradition zu stellen, wie sie von den »rechtschaffenen Vorfahren« gelebt worden ist.[71]

So hält 'Abduh »trotz aller seiner Hinweise auf die überragende Rolle der Rationalität in der islamischen Religion an der Anschauung fest, daß die Richtigkeit keiner einzigen koranischen Aussage in Frage gestellt werden darf, wenn einmal die Sendung des Propheten als echt erkannt ist. Sein Aufruf zur kritischen Sichtung des bisher in blindem Autoritätsglauben (taqlīd) Übernommenen verstummt also vor der Autorität des Koran.«[72] 'Abduh spielt demnach die überlieferte Offenbarung gegen eine sekundäre Traditionskultur aus. »Er beharrt darauf, daß ›der Islam‹ faktisch immer die von ihm geschilderten Idealzustände herbeigeführt habe, und erklärt, wo das nicht der Fall gewesen sei, habe es sich eben nicht um ›den‹ wahren Islam, sondern bloß um einen angeblichen, falschen gehandelt.«[73]

Mit anderen Worten heißt dies: Die anfänglich grundgelegte religiöse Ordnung wird nicht für ihre eigene Wirkungsgeschichte haftbar gemacht; es kann nur eine Aufklärung gegenüber späteren Erscheinungsformen der Religion geben, nicht gegenüber ihrer ursprünglichen Gestalt. Eine religiöse Reform ist dementsprechend nur legitim, wo im Rückgriff auf den idealen Anfang die Perversionen der Geschichte revidiert werden. Dies bedeutet, daß einem traditionsorientierten Denken eine Theorie zur Verfügung gestellt wird, damit es sich von gar zu beengenden Überlieferungen befreien kann; damit bleibt es aber nach wie vor dem dogmatischen Traditionsschema verhaftet: »Ein erneuter Aufstieg der islamischen Völker kann nun, wie 'Abduh meint, nur durch strikte Rückwendung zur *ursprünglichen* Vollkommenheit des muslimischen Lebens eingeleitet werden, also durch eine Entwicklung, die im Grunde *Rück*entwicklung ist.«[74] Bezeichnenderweise sind heute selbst viele der dem islamischen Fundamentalismus zugezählten Gruppen »eher einer reformistischen Strömung als dem traditionellen Islam zuzurechnen«.[75]

[70] *R. Wielandt* (1971), 60.
[71] Vgl. ebd. 71 zu »salaf ṣāliḥ«.
[72] Ebd. 51f.
[73] Ebd. 65.
[74] Ebd. 68.
[75] *S. H. Nasr* (1986), 10.

Auch wenn das Stichwort »Fortschritt« in 'Abduhs Verständnis von Geschichte und Religion eine herausragende Stellung einnimmt – so daß der Islam als den wahren Werten der Neuzeit innerlich konform erscheinen kann –, so ist das Verhältnis zur Tradition in dieser Theorie offensichtlich nicht spannungsfrei verarbeitet. »Im Gegenteil hat es in ihr eher den Anschein, daß 'Abduh mit seinem widersprüchlichen Gebrauch der Fortschrittsidee dem Geist der Neuzeit nur in recht äußerlicher Weise Tribut zollte, während er sich letztlich doch noch nicht von der nach rückwärts gewandten, pessimistischen Geschichtssicht freimachen konnte, die bereits im islamischen Mittelalter vielfach zum Ausdruck gebracht worden war.«[76]

Sicher dokumentiert sich darin nicht etwa eine persönliche Theorieschwäche dieses Reformtheologen, sondern das grundsätzliche Dilemma, göttliche Offenbarung und menschliches Erfahrungslernen, die uneingeschränkte Verbindlichkeit einer vorgegebenen religiösen Ordnung und den Fortgang der Geschichte, die religiös gelehrten Weisungen und die öffentlich nahegelegten Handlungsbedingungen zusammenzunehmen. Hier zeigen sich typische Aporien der Identität einer Religion, die sich in ihrem Wesen als unwandelbar begreift und sich dennoch in einer von kräftigen geschichtlichen Veränderungen betroffenen Öffentlichkeit bewähren muß. Das Verhältnis zur Tradition und deren Vermittlung auf Zukunft hin müssen solange als prekär erfahren werden, als nicht entweder die Religion ihre eigene gesellschaftliche Destabilisierung akzeptiert oder ein religiös weitgehend homogenes soziales System hergestellt wird. Wie das erste unter den theoretischen Voraussetzungen des Islam möglich sein soll, ist nicht absehbar; für das zweite gibt es kräftige politische Aktivitäten, doch muß offen bleiben, wieweit diese in moderner Welt auf Dauer erfolgreich sein können und sich gar ethisch verantworten lassen.

Im Blick auf die jeweilige soziale Wirksamkeit und geschichtsbildende Macht der unterschiedlichen Tendenzen wird auch aus nichtmuslimischer Sicht festgestellt, daß »die ›modernistische‹ Position des Islam im Vergleich mit der klassischen Tradition schwerwiegende Schwächen entwickelt hat« und daß »traditionalistische Zugänge zum Islam, deren Führer fähig sind, mächtige Gruppen unter einer kraftvollen Devise zu organisieren, mehr Menschen anziehen können als ein wohlmeinender, aber unorganisierter Liberalismus, dem die

[76] R. Wielandt (1971), 69.

Kraft des Zusammenhalts fehlt«.[77] Wenn *Hans Küng* »für ein *neues ökumenisches Paradigma der Säkularität vor religiösem Horizont*« plädiert und diesem auch im Islam große Chancen einräumt[78], so dürfte dies überwiegend auf einer Fehleinschätzung der Lage beruhen, die sich z. B. in dem Erstaunen darüber ausdrückt, »in wie vielen Grundprinzipien und Einzelfragen« sich heutige muslimische Literatur über den Islam angeblich »westlicher Betrachtung stillschweigend angenähert« habe[79], oder in der Feststellung, daß die Entwicklung »faktisch weithin in die Richtung der Reformer gegangen« ist[80]. Diese Urteile gründen nicht auf der Erhebung gesellschaftlicher Tatbestände.

d. Unterschiedliche Eignungen zur Säkularität

Nach dem bisher Gesagten scheint der Islam den sozialen Verhältnissen der Neuzeit gegenüber prinzipiell in Opposition zu stehen. Dies legen sowohl sein theoretisches Selbstverständnis als auch seine dominierenden Erscheinungsformen nahe. Das zu Eingang dieses Kapitels zitierte soziologische Urteil, nach dem gerade der Islam – im Vergleich mit dem Christentum – besser geeignet sei, sich in der modernen Welt zu behaupten[81], kann in solcher Sicht zunächst als abwegig anmuten. Offensichtlich hatte doch das Christentum die günstigeren Voraussetzungen, sich mit den Bedingungen der Säkularisierung abzufinden:

In seinen geschichtlichen Anfängen schon hatte es sich als Minorität in einer abweisenden oder wenigstens gleichgültigen Umwelt begreifen müssen; es hatte gelernt, »Kirche« zu sein in einer Gesellschaft mit anderen Orientierungen, in eigenen »Gemeinden« zu leben, denen keine politische Macht zukam. So hat es von seiner Ursprungsgeschichte und seiner biblischen Tradition her prinzipiell keinen dogmatischen Anlaß, seine jeweiligen Handlungsnormen auch als staatliches Gesetz zu fordern, selbst wenn dies auf weite Strecken der Kirchengeschichte die selbstverständliche Praxis war und grundsätzlich die Mitgestaltung der politischen Realität ein Stück sozialethischer Verantwortung ist.

Außerdem hat die Kirche schließlich schon in den mittelalterlichen Konflikten zwischen Kaiser und Papst die Rivalität politischer Mächte

---

[77] *A. Schimmel* (1984), 138 f, mit Zitat von *W. C. Smith* (1957), 156.
[78] *H. Küng* (1984), 99.
[79] Ebd. 105.
[80] Ebd. 113.
[81] Vgl. oben S. 253, Anm. 1–4: *E. Gellner* (1992).

nicht nur als eine unheilvolle Geschichte erfahren, sondern sich selbst in Kompromissen an der Ausdifferenzierung unterschiedlicher Funktionen und Kompetenzen beteiligt.

Darüber hinaus findet die Kirche in den neutestamentlichen Zeugnissen eine äußerst zwiespältige Bewertung des »Gesetzes«: Auch wenn Paulus einerseits davor warnt, »die Freiheit zum Anlaß für die Selbstsucht« zu nehmen, so sieht er andererseits doch »das ganze Gesetz in einem Wort vollendet, nämlich: Liebe deinen Nächsten wie dich selbst!« (Gal 5,14); ja er kann sogar in radikaler Zuspitzung sagen, daß »wir jetzt freigesetzt sind von dem Gesetz« (Röm 7,6); und dementsprechend lehrt eine spätere neutestamentliche Schrift über Jesus: »Er hob das Gesetz samt seinen Geboten und Forderungen auf« (Eph 2,15).

Unter solcher Vorgabe konnten sich die Kirchen in der Neuzeit etwas leichter mit dem Gedanken vertraut machen, daß moralische Normen von vielfältigen geschichtlichen Bedingungen geprägt sind und wandelbar sein können; daß infolgedessen auch ihre eigenen sittlich-religiösen Verpflichtungen nicht schlechthin als eine absolute, durch Gottes Offenbarung für alle Zeiten fixierte Größe verstanden werden müssen. (Eine deutliche Ausnahme ist etwa nach dem in der römisch-katholischen Kirche vorherrschenden Verständnis die eherechtliche unverbrüchliche Geltung der Monogamie. Aber auch für sie mußte die Beschränkung auf den innerkirchlichen Raum hingenommen werden.)

Auf solchem geschichtlich komplexen Hintergrund gelang es dem Christentum in der Neuzeit (wenn auch mit vielen inneren und äußeren Schwierigkeiten und erst unter dem unausweichlichen Druck der Verhältnisse), eine Gesellschaft als legitim anzuerkennen, die ihr nur noch einen begrenzten Sektor religiöser und sozial-caritativer Aufgaben zuspricht und sie darüber hinaus dem freien Kräftespiel der Öffentlichkeit und der privaten Lebensräume überläßt. So hat das Christentum offensichtlich Affinitäten zu einer säkularen Welt, die dem Islam von seiner Geschichte und seinem Charakter her nicht gleichermaßen gegeben sind.[82]

---

[82] Zum Vergleich aufschlußreich sind einerseits im Blick auf das Christentum *E.-W. Böckenförde* (1982), andererseits im Blick auf den Islam *W. Loschelder* (1986). Auf dem Hintergrund dieses Kontrastes ist beachtlich, mit welcher Deutlichkeit und Entschiedenheit der Muslim *M. Talbi* – in ausdrücklicher Wahrnehmung der Schwierigkeiten, die sich aus der Scharia ergeben – die Anerkennung der säkularen und pluralen Gesellschaft fordert und damit auch die Religionsfreiheit als individuelles Selbstbestimmungsrecht; vgl. seine Definition von Religionsfreiheit in: Ders. (1985), 101f.

Doch ohne Zweifel sind auch in den Ländern mit überwiegend muslimischer Bevölkerung die verschiedenen Funktionsbereiche des öffentlichen Lebens (Politik, Wirtschaft, Bildungsysteme, Rechtswesen, Krankenversorgung, öffentliche Information usw.) schon so weit ausdifferenziert, daß keineswegs noch alle gleichermaßen unter der Verfügung religiöser Instanzen und Normen stehen.[83] Säkularisierung ist auch hier eine unbestreitbare Wirklichkeit. Dabei beschränkt sie sich nicht auf die Ebene gesellschaftlicher Institutionen, sondern bestimmt in vielem das Bewußtsein der Bevölkerung bis hin auch zu atheistischer Mentalität. »Die Entislamisierung ist – dies wird nicht immer gesehen – eine ebenso greifbare Realität wie die Entchristlichung; und weil sie sich weniger laut vollzieht, ist sie in der Tat gefährlicher.«[84]

Auch wenn die Gesellschaft als ganze bei weitem nicht daran denkt, die Religion zu verabschieden, erfährt man in ihr doch, daß die »selbstverständliche Religiosität«, wie sie vordem gegeben war, »durch die Veränderungen der vergangenen eineinhalb Jahrhunderte zunehmend abgebaut« wurde[85]: »Das Zusammenspiel von innerem Bedürfnis, Gemeinschaftsdruck und Sinnproblemen, das die einzelnen Menschen zu einem ritualisierten Kontakt mit heiligen Symbolen veranlaßte, ist weniger wirksam als früher. Die Symbole sind selbstverständlich geblieben, ebenso die meisten Rituale, die im allgemeinen noch immer als Ausdruck unvergänglicher spiritueller Wahrheiten gelten. Doch wird es für die Menschen immer schwerer, sie sozusagen wirksam werden zu lassen, immer schwieriger, aus ihnen das sichere Gefühl einer grundlegenden Übereinstimmung mit der Wirklichkeit zu beziehen, das das religiöse Denken auszeichnet.«[86]

Deshalb kann man wie beim Christentum so auch beim Islam fragen, welches Geschick unter den gegebenen Bedingungen die Religion zu gewärtigen haben wird. Gewiß wäre eine Prognose abwegig; deutlich sind jedoch auf der einen und auf der anderen Seite unterschiedliche Faktoren im Spiel, deren Konsequenzen sich ermessen lassen:

Da der Islam nicht als eine Organisation existiert, die sich innerhalb der übrigen Gesellschaft ausgrenzen ließe, ist er auch nicht dem Christentum vergleichbar der Gefahr einer »Verkirchlichung«[87] aus-

---

[83] Vgl. *W. M. Watt* (1988), 24–43: The religious institution and its decline.
[84] *M. Talbi* (1981), 63. Vgl. *R. Caspar* (1987), 360–365: La foi et la raison critique.
[85] *C. Geertz* (1991), 147.
[86] Ebd. 147 f.
[87] Vgl. *F.-X. Kaufmann* (1979), bes. 100–103: Verkirchlichung des Christentums.

gesetzt. Sein Fundament liegt in der Lebenswelt der Gläubigen, ihrer alltagsnahen religiösen Praxis, ihren sozialen Beziehungen. Hier aber finden wir eine Pluralität und Flexibilität, die sich konfessionellen Zuschreibungen und institutionellen Zugehörigkeitsbedingungen entziehen. Es gibt kein verbindliches Lehramt und keine kirchenrechtliche Jurisdiktion, deren Anerkennung bestritten, eingeschränkt und geschwächt werden könnte. Schon immer standen die Einzelnen und Gruppen, die das Sagen beanspruchten oder zugestanden bekamen, im gesellschaftlichen Wettbewerb und Kräftespiel. Wenn sie sich darin nicht behaupteten, konnten sie ›abgeschrieben‹ werden, ohne daß dies den Nerv des Islam berührte. (Dies gilt selbst für den kleinen schiitischen Teil des Islam, der gewisse hierarchische und lehramtliche Strukturen besitzt.)

Darüber hinaus gibt die muslimische Forderung der Einheit von Religion und Gesellschaft oder gar Staat zwar das religiöse Ideal vor, aber nicht die realen Lebensbedingungen des Glaubens. Die viel beschworene muslimische »Umma« wurde im Gang der Geschichte nie verwirklicht. An ihrer Stelle finden wir heute in der islamischen Welt den Widerstreit nationalistischer Staaten. Die gegebenen Verhältnisse können einerseits theologisch verworfen und andererseits doch als unvermeidliche Gegebenheiten hingenommen werden. Dies trifft prinzipiell auch dann zu, wenn sich Säkularisierung und religiöser Pluralismus durchsetzen. Ob die Diskrepanz von Ideal und Realität gelassen ausgehalten wird oder zu aggressiven Auseinandersetzungen führt, ergibt sich nicht schon aus dem Wesen des Islam, sondern weit mehr aus sozialen Spannungen, die nicht religionsspezifisch sind.

Aufgrund seiner alltagsnah pragmatischen Religiosität ist der Islam auch nicht gleichermaßen weltanschaulich-kulturellen Anfechtungen ausgesetzt wie das Christentum, das seinen Glauben stark mit kirchlich-sakramentaler Praxis, dem Bekenntnis intellektualisiert ausformulierter Dogmen und der Anerkennung besonderer institutioneller Ämter verbunden hat. Volksfrömmigkeit und Gelehrtendisput, schlicht gelebter Alltag und theoretische Reflexionen, traditionelle Lebenspraxis und theologische Selbstbehauptungs- oder Anpassungsstrategien können im Islam relativ gelassen nebeneinanderhergehen. Das Verhältnis ist kaum belastet durch die Erklärungsbedürftigkeit überlieferter Glaubensnormen, Probleme der Rechtgläubigkeit, die kulturelle Entfremdung religiöser Riten und Organisationsstrukturen.[88]

[88] Positiv nennt E. *Gellner* (1992), 27, folgende Gründe, aus denen »der Islam unter den drei großen monotheistischen Glaubensrichtungen des Westens die größte Nähe zur Moderne«

So erfährt der Islam die Spannungen, die sich zwischen der Moderne und den religiösen Traditionen ergeben, vornehmlich im Bereich des politischen Ethos, hier freilich oft massiv und brisant. Nachdrücklich betont ein muslimischer Rechtswissenschaftler (der freilich seit 1988 nicht mehr im Sudan, sondern in Kanada lehrt) in seiner kritischen Sichtung der islamischen Traditionen: »Wenn Muslime die historische Scharia realisieren, können sie nicht ihr Recht auf Selbstbestimmung ausüben, ohne die Rechte anderer zu verletzen.«[89] Doch sind dem Islam auch in dieser Hinsicht die Interpretations- und Lebensspielräume nicht von vornherein absolut fixiert und ein für allemal reglementierbar. Dies gilt besonders im Blick darauf, daß Muslime die Konsequenzen der Säkularisierung jeweils anders erfahren, ob sie von ihnen als den Infiltraten aus westlicher Welt in ihren eigenen kulturellen Regionen betroffen werden oder ob sie ihnen unmittelbar in der nichtmuslimischen Diaspora begegnen und sie dort verarbeiten müssen. Wie sich letztlich der Islam insgesamt in solch spannungsvoller Situation, unter so gegensätzlichen Einflüssen entwickeln wird, kann weder für ihn noch gar für Außenstehende endgültig absehbar sein.

hat: »Universalismus, Schriftgläubigkeit, spiritueller Egalitarismus, Ausdehnung der vollen Teilhabe an der Heilsgemeinschaft nicht auf einen oder einige, sondern auf alle, sowie rationale Systematisierung des sozialen Lebens«.
[89] *A. A. An-Na'im* (1990 b), 161.

3. Interkulturelles Lernen

Als im Athen des 4. vorchristlichen Jahrhunderts Platon überlegte, wie die ideale Stadt – der ideale Staat – angelegt sein sollte, da empfahl er, dieses Gemeinwesen nicht am Meer zu gründen, damit seine Bewohner nicht gar zu vielen fremden Einflüssen ausgesetzt würden: »Denn das eine Gegend bespülende Meer ist zwar für das tägliche Bedürfnis eine angenehme, in der Tat aber gewiß herbe und bittere Nachbarschaft«, da es nicht nur »den Gelderwerb gedeihen läßt«, sondern auch (wegen der vielfältigen Einflüsse) »in den Seelen eine veränderliche und unzuverlässige Gesinnung erzeugt«[1]. Wo man dennoch eine »Seestadt« gegründet habe oder noch gründe, da »täte ihr ein gewaltiger Retter not und Gesetzgeber göttlicher Art«.[2]

Gewiß konnte Platon nicht unsere gesellschaftlichen Verhältnisse mit ihren Erfordernissen im Blick haben; und wir unsererseits können uns nicht einfach von ihm die Maßstäbe unseres politischen Bewußtseins und Handelns vorgeben lassen; aber sein bildkräftiger Rat gibt zu denken: Liegen unsere Städte heute nicht alle am Meer? Eingenommen vom geschäftigen Betrieb des Gelderwerbs, ausgesetzt dem Kommen und Gehen, dem Hin und Her, bewegt von widersprüchlichen Interessen und Absichten, befremdlich in vielem nicht nur den zahlreichen Fremden, beherrscht von den Gegensätzen, die sich uns täglich aufdrängen und uns manchmal bis in unsere geheimen Gedanken beschäftigen und auch beunruhigen? Leben wir also heutzutage nicht unausweichlich dort, wo schon der antike Philosoph die menschliche Gemeinschaft nicht angesiedelt haben wollte? – Daß dies so ist, legen die Verhältnisse von Politik, Wirtschaft, Bildung, Kunst, nicht zuletzt aber auch die spannungsvolle Vielfalt der religiösen Bekenntnisse und weltanschaulichen Positionen deutlich nahe. Zwar basiert unser Staat auf einem alle gemeinsam verpflichtenden *Grundgesetz,* spricht uns allen gemeinsame *Grundrechte* zu; aber diese sind gerade darauf ausgerichtet, nur die notwendigen Rahmenbedingungen allgemeiner

---

[1] *Platon,* Nomoi, 705 a; nach: Ders., Sämtliche Werke, Bd. 6. Übers. von Hieronymus Müller, hg. von Walter F. Otto [u. a.], Hamburg 1959, 85 f.

[2] Nomoi, 704 d, ebd. 85.

Selbstbestimmung zu setzen. Daß freilich ein solches Ziel auch auf eine sozialverträgliche Weise erreicht wird, ist nicht schon naturwüchsig gewährt, sondern verlangt entsprechende Erziehung und Bildung.

a. Anstöße

Nirgends sonst treffen für uns verschiedene Kulturen so alltäglich und unübersehbar fremd aufeinander wie durch die Gegenwart des Islam in unserer Gesellschaft.[3] In keiner anderen Konfrontation können ebenso Erwachsene wie Jugendliche und auch schon Kinder erfahren, welche Erschwernisse die kulturellen Differenzen für den unmittelbaren Umgang mit sich bringen. Dabei liegt nicht immer gleichermaßen offen zutage, wieweit der Abstand religiös bedingt ist und wieweit er sich einfach aus dem Status der meisten Muslime als Ausländer ergibt. Verhaltensunsicherheiten, Sprachbarrieren, unterschiedliche Gewohnheiten der Kleidung und des Essens, Rückzug in den Binnenraum der eigenen Gruppe, Empfindlichkeiten gegenüber den Äußerungen der Umgebung und ähnliches mehr kann Fremden verschiedenster Herkunft gemeinsam sein.

Daher ist es verständlich, daß man vor einigen Jahrzehnten bei den kräftigen Strömen der Gastarbeiter die Besonderheit der muslimischen Immigranten in ihrer auch religiös fremden Verwurzelung zunächst vielfach übersah. In Berlin wurde damals ein »Ratgeber für türkische Arbeitnehmer« verteilt, »der auf stolzen 134 Seiten Anschriften und Hinweise gibt – unter ›Kultur‹ zum Beispiel auch den Zoo und die Sternwarte anbietet«, aber »keine Informationen für die Moslems darüber, wo man eine moslemische Gemeinde findet, einen Gebetsraum, oder wo man Fleischwaren bekommt, die ohne Schweinefleisch hergestellt sind«.[4] In unserer säkularisierten Gesellschaft ist Religion so weit zur intimen Angelegenheit jedes Einzelnen geworden, daß man wohl mit dem Zuzug von Ausländern, aber nicht von Muslimen rechnete.

Dementsprechend fügten sich diese ihrerseits – und das hieß hier in erster Linie: die muslimischen *Männer* – zumeist in eine Öffentlichkeit, die für Religion wenig Gespür und keine besondere Wertschätzung aufbrachte. Weit größere Spannungen kamen auf die *Frauen* zu;

---

[3] Zu den sozialen, politischen, kulturellen und religiösen Bedingungen der Muslime in den westeuropäischen Ländern vgl. *J. S. Nielsen* (1992). Aufschlußreiche gesellschaftswissenschaftliche und kulturgeschichtliche Essays zum »Islam im Westen« bietet *C. Leggewie* (1993).
[4] *W. Fietkau* (1972), 122.

aber dies wurde kaum nach außen hin sichtbar. Entscheidend anders nahm sich die Lage erst durch die Anwesenheit von *Kindern und Jugendlichen* aus. Deren Konflikte lassen sich nicht gleichermaßen in den Raum der Familie und die je persönliche Innerlichkeit einschließen. Sie müssen die Schulen besuchen und werden dort (vielleicht auch schon in Kindergärten) Erziehungsmaßstäben ausgesetzt, denen vielfach ihre Eltern mit tiefem Argwohn gegenüberstehen; sie sehen sich mit den Lebensgewohnheiten ihrer Altersgenossen konfrontiert und erfahren mit großer Unsicherheit die Diskrepanzen; sie bekommen oft die Ängste ihrer Familie zu spüren und werden unter deren Kontrollen und Repressionen gestellt (die Mädchen nicht selten unter die ihrer älteren oder auch jüngeren Brüder); sie werden gehindert, sich unbefangen in ein gemeinsames Leben einzufügen, und behindern dabei manchmal ihrerseits ihre Umgebung – beispielsweise, wenn sie nicht an der geplanten Klassenfahrt teilnehmen dürfen und damit diese blockieren; sie müssen bei all dem die verständnislosen Urteile ihrer Mitschüler und -schülerinnen hinnehmen usw.

Hier kommt für alle Beteiligten massiv und brisant Religion mit ins Spiel, selbst wenn zunächst noch reichlich unklar sein mag, wieweit es dabei wirklich um Verbindlichkeiten des Islam geht, wo dagegen vielleicht nur um Normen einer regionalen Kultur oder gar um Selbstbehauptungen im Konflikt der Generationen, der auch unter anderen Verhältnissen ausgestanden werden müßte. Jedenfalls erhalten die Forderungen, indem sie faktisch auf »Islam« zurückgeführt werden, den anspruchvollsten Charakter und den kräftigsten Nachdruck.[5]

Mit Erziehung und Schule steht zwar nur ein Segment der gesellschaftlichen Realität im Blick – Kinder und Jugendliche scheinen gar nur zum Rand des öffentlichen Lebens zu gehören–; doch ist die Erwachsenenwelt von dem, was hier geschieht, offensichtlich schwerwiegend mitbetroffen. Hier werden fundamentale Wertorientierungen durchgespielt, Traditionen weitergereicht, verändert oder auch verabschiedet und kulturelle wie persönliche Identitäten ausgemacht. Solange eine Gesellschaft einigermaßen homogen ist, bleibt dies undramatisch; wo dagegen unterschiedliche Herkünfte zusammentreffen, wird die Lage destabilisiert. Damit wachsen die Verunsicherungen, Verlegenheiten und Ängste, und zwar um so mehr, als man dies nicht eigens bedenkt und ausdrücklich verarbeitet. Realistisch ist

[5] Zu den spannungsvollen Beziehungen von staatlicher Schule, muslimischer Erziehung und interkulturellem Lernen vgl. in kleiner Auswahl *S. Balić* (1990); *F. Kandil* (1990); *J. Lähnemann* (1982; 1983; 1986b; 1990); *A. Siegele* (1990); *M. Winter* (1976).

sicher, was der Rat der Europäischen Bischofskonferenzen gemeinsam mit der Konferenz Europäischer Kirchen schrieb: »In der Schule läßt sich das Zusammenleben am besten einüben, sie ist aber auch der Ort für potentielle Konflikte.«[6]

Für die Stellung des Islam in unserer Gesellschaft kommt erschwerend hinzu, daß er noch aus ganz anderer, nämlich grenzüberschreitend globaler Sicht als ein beunruhigender Faktor wahrgenommen wird: Wie keine der sonstigen Religionen erhebt diese den Anspruch, nach ihren Maßstäben die Gemeinschaft der Menschen zu gestalten – bis hin zu den Dimensionen staatlicher Ordnung und internationaler Beziehungen. Schon vor dem Golfkrieg von 1991 war von jedermann über die Massenmedien alltäglich wahrnehmbar, daß in verschiedenen Regionen unserer Welt unter Berufung auf die Prinzipien des Islam auch vehement *aggressiv politische Ziele* verfolgt werden.

Das schafft grob stereotype Urteile, die wenig Raum lassen für differenzierende Überlegungen, wieweit die entsprechenden Verhältnisse und Ereignisse überhaupt als repräsentativ für den Islam schlechthin genommen werden können. Er scheint von seinem Wesen her eine Bedrohung des friedlichen Zusammenlebens der weltanschaulich und politisch unterschiedlichen Gruppen und Völker zu sein, so daß man ihm selbst dann immer noch mit Mißtrauen begegnen müßte, wenn er sich akut anders gibt. Auch dort, wo die Bereitschaft gegeben ist, den konkreten Muslimen der eigenen Umwelt aufgeschlossen zu begegnen und ihnen nicht das anzulasten, was ansonsten als Auswirkungen des Islam wahrgenommen wird, liegt ihnen gegenüber doch immer der doppelte Vorbehalt nahe: Entweder durchschauen sie selbst nicht die Unverträglichkeit ihrer Religion – dann erscheinen sie wenigstens als reichlich naiv –, oder ihnen ist trotz ihres anderen Verhaltens ein immer virulentes, leicht aktivierbares Aggressionspotential zu eigen – dann bleiben sie dem prinzipiellen Argwohn ausgesetzt.

Die Aufgabe »interkulturellen Lernens« hat demnach gegenüber dem Islam – angesichts seiner alltagsnahen Probleme im Bereich der Erziehung wie der ihm darüber hinaus zugeschriebenen Wirkungen im Raum der Politik – mit Distanzen zu rechnen, die so an den Grenzen zu anderen Gruppen und Lebensräumen hin nicht gegeben sind. Wer etwa an unser Verhältnis zu lateinamerikanischer Kultur denkt, kann trotz des räumlich großen Abstandes, der sozialen Gefälle und der politischen Kontraste von vornherein eine weiterreichende Teilhabe

---

[6] *Konferenz Europäischer Kirchen / Rat der Europäischen Bischofskonferenzen* (1991), 16.

und intensivere Teilnahme voraussetzen. Dort geht es um Menschen und Gemeinschaften, die von christlicher Religion mitgeprägt und von europäischer Politik mitbetroffen wurden; dort gibt es gemeinsame Geschichte und Kultur; dort wirkt eine Kirche, die wir – trotz aller Gegensätze der Standorte und Tendenzen – noch einigermaßen als »unsere« bezeichnen können. Dies erleichtert auch im Widerspruch noch das Verständnis, hält eher das Bewußtsein gemeinsamer Verantwortung wach, legt auch in reichlich unübersichtlicher Lage noch einige Handlungs- und Einflußmöglichkeiten nahe.

Mit dem Islam dagegen haben wir einen einzigartigen Probefall: nämlich wahrzunehmen, wie weit bei uns, wenn solche vielschichtige Verbundenheit nicht mehr gegeben ist, Bereitschaft und Fähigkeit reichen, den komplizierten Beziehungen hartnäckig nachzugehen und sie beharrlich zu verarbeiten, immer wieder in unseren Einstellungen und Kenntnissen zu Korrekturen genötigt, aber auch immer wieder von der anderen Seite mit kräftigen Barrieren konfrontiert.

Es kann einen bedenklich stimmen, wenn man sieht, wie häufig selbst sonst zu Toleranz und Verständnis geneigte Menschen, dabei gelegentlich auch Theologen, alle Hemmungen vor eilfertigen Urteilen fallen lassen, wenn es um den Islam geht. Hier ist *Hermeneutik* weniger als je eine bloße Bildungsangelegenheit; letztlich geht es dabei um Haltungen, deren soziale Folgen auf der Hand liegen.

Die Schlagworte von »*multikultureller Gesellschaft*« und »*gesellschaftlicher Integration*« sind bei uns im politischen und pädagogischen Raum gängig; aber gerade gegenüber dem Islam wird deutlich, wie wenig sie taugen. Sie sind nicht nur zueinander widersprüchlich, sondern verharmlosen die anstehenden Schwierigkeiten und Chancen weit mehr, als daß sie sie auch nur andeuten. Sie genügen weder deskriptiv zur Erfassung der Lage noch normativ zur Formulierung der Ziele.

So gibt es auch nicht »*die*« interkulturelle Erziehung als eine didaktisch einheitliche Größe, deren konstante Prinzipien nur auf ethnisch und religiös wechselnde Gruppen bezogen werden müßten und von ihnen her unterschiedliche Inhalte bekämen. Die schwerwiegenden Besonderheiten des Verhältnisses zu Muslimen und zum Islam lassen eine Pauschalierung nicht zu.

b. Die didaktische Asymmetrie

Wenn der Islam unter spezifisch religionspädagogischer Sicht wahrgenommen wird, muß sofort *zweierlei möglichen Mißverständnissen* vorgebeugt werden. Das *erste* ist noch einigermaßen trivial: Zur Erörterung steht nicht einfach die unterrichtliche ›Behandlung‹ dieser Religion, nicht die entsprechende Auswahl von Inhalten, nicht die Einordnung in den Lehrplan oder der Aufbau eines Kapitels im Lehrbuch. Eine solche ›Einführung‹ in nichtchristliche Religionen macht die fremden Kulturen zum gegenständlichen ›Thema‹, gibt einen informativen ›Überblick‹. Die sachliche Kenntnisnahme hat, wo es um Erziehung geht, zwar einen berechtigten, gar notwendigen Platz, aber auch einen bescheidenen. Von hier aus wird noch nicht die Wechselseitigkeit sichtbar, wie sie das anspruchsvolle Wort »*inter*kulturell« nahelegt.

Erheblicher ist jedoch das *zweite* mögliche Mißverständnis; es betrifft bereits grundlegend die didaktische Einschätzung der Beziehung beider Religionen in unserer Gesellschaft: Die Annahme, Muslimen müßte prinzipiell gleichermaßen daran gelegen sein, sich mit dem Christentum zu befassen, wie sich Christen ihrerseits mit dem Islam auseinandersetzen, ist falsch. Davon mag man ausgehen, solange man nur allgemeine religiöse Bildungsinteressen im Blick hat. Die Lage zeigt sich jedoch schon anders, wenn man mitberücksichtigt, auf welchen Glaubensvoraussetzungen die Beurteilung der anderen Religion jeweils aufruht. Aber auch dies ist schließlich noch von nachgeordneter Bedeutung gegenüber der Tatsache, daß für den Islam in der Gegenwart sich die entscheidenden Provokationen aus der *Säkularisierung* und dem *religiös-weltanschaulichen Pluralismus,* gar *Indifferentismus* des Westens ergeben.

(1) Die muslimische Wahrnehmung der anderen

Der Islam erhebt nicht nur einen universalen Geltungsanspruch, der dem des Christentums nahesteht, sondern kann – im Unterschied zu diesem – von seiner fundamentalen Offenbarung, der Verkündigung des Koran, her auf sämtliche große Religionen zurückschauen: Mohammed ist nicht nur im Urteil des muslimischen Glaubens »das Siegel der Propheten« (Sure 33,40), mit dem die Reihe der vorhergehenden Offenbarungen sowohl bestätigt als auch abgeschlossen wird, sondern der Islam kann sich zugleich durch den religionsgeschichtlichen Tatbestand bekräftigt sehen, daß in seiner Folge bislang keine ebenbürtige Rivalität mehr aufkam. Sein *Endgültigkeitsanspruch* scheint damit – ganz anders als der des Christentums – durch die reale Geschichte bezeugt.[7]

[7] Vgl. S. 245 f.

Darüber hinaus ist das besondere Verhältnis des Islam zum Christentum entscheidend dadurch bestimmt, daß Muslime die Christen (wie auch die Juden) im Koran häufig angesprochen finden – nicht nur im Urteil über sie, sondern auch in der unmittelbaren Rede zu ihnen als Adressaten dieser prophetischen Offenbarung. Selbstverständlich können sich Christen ihrerseits nicht gleichermaßen auf die biblischen Schriften zurückbeziehen, um ihnen zu entnehmen, wie sie den Islam sehen sollen. Sie sind erst nachträglich genötigt, sich dieser Religion zu stellen, und müssen sich dabei auf ihre eigenen Wahrnehmungen und ihr eigenes Urteilsvermögen verlassen.

Diese Bestärkung des muslimischen Selbstbewußtseins gegenüber dem Christentum hat freilich auch zur Folge, daß sich Muslime im allgemeinen nur wenig veranlaßt sehen, sich mit diesen Religionen, ihren fundamentalen Traditionen und den darüber hinausgehenden geschichtlichen Zeugnissen ihres Selbstverständnisses unmittelbar zu befassen. Die entscheidenden Einsichten und Wertungen stehen ihnen bereits vom Koran her, also durch die Offenbarung Gottes, fest. In diesem Bewußtsein, über die anderen Religionen aus unüberbietbar authentischer Quelle »Bescheid zu wissen« – besser als diese selbst es je vermögen –, verbindet sich für Muslime das dogmatische Überlegenheitsgefühl häufig mit konkretem Desinteresse an weiterer und sorgfältigerer Kenntnisnahme der fremden Glaubensüberzeugungen. Dies läßt sich nur teilweise auf eine mangelnde Vertrautheit mit historisch-kritischem Denken zurückführen; denn zum einen bleiben die sekundären geschichtlichen Informationen ohnehin auf kleinere Kreise von Intellektuellen begrenzt, und zum anderen können sie prinzipiell nicht die gleiche Relevanz beanspruchen und dieselbe Zuverlässigkeit gewähren wie das vorgängige Glaubensfundament des Koran und der Sunna des Propheten.

(2) Die Koalition von Christentum, Säkularisierung und Aufklärung
Die in der islamischen Welt verbreiteten abschätzigen Bewertungen der westlichen Zivilisation prägen selbstverständlich auch das Denken derer, die die gesellschaftlichen Verhältnisse nicht differenziert wahrnehmen können, schon gar nicht im geschichtlichen Überblick, und die kaum in der Lage sind, ihre Abneigungen ausdrücklich zu artikulieren – die aber den Schutz der heimatlich vertrauten Umgebung verlassen haben und sich unmittelbar den Verlockungen des Fortschritts wie den sittlich-ruinösen Gefahren ausgesetzt sehen. Wenn sich in solcher Situation der Argwohn auch gegen das Christentum richtet,

dann kaum als ernsthafte Konkurrenz der religiös-moralischen Lebensgestaltung, sondern viel eher im Gegenteil als Komplizen und Nutznießer bei der befürchteten Auflösung der religiösen Bindungen. Weit mehr als dies üblicherweise geschieht, muß demnach bei der theologischen wie didaktischen Erörterung des Verhältnisses von Christentum und Islam als *drittes Bezugselement* die »*Säkularisierung*« mithinzugenommen werden. Dies schafft freilich neue Belastungen. Sobald die neuzeitliche Gesellschaft als eigene Größe in die Relation von Christentum und Islam einbezogen wird, wird die übliche theologische Perspektive überschritten. Geistesgeschichtliche Umbrüche und soziale Spannungen erhalten ein Gewicht, wie dies bei der Erörterung »religiöser« Gemeinsamkeiten und Differenzen gewöhnlich nicht naheliegt.

Damit aber kann sich der Islam noch mehr als sonst Bewertungen ausgesetzt sehen, die nicht die seinigen sind; denn Christentum und säkularisierte Gesellschaft scheinen ihm wie eine fremde Koalition mit raffinierter Rollenverteilung gegenüberzustehen: Die eine Partei – das Christentum – ist zwar gesellschaftlich nur noch sehr begrenzt wirksam, verfügt aber über das Instrumentarium religiöser Interpretationen; die andere – das säkularisierte Denken – zeigt sich zwar in der ideologischen Selbstdarstellung einigermaßen unbeholfen, ist aber pragmatisch um so effektiver in der Gestaltung des gesellschaftlichen Alltags und hat den umfangreichen Apparat der neuzeitlichen Wissenschaften, besonders den gewaltigen Aufwand historischer und soziologischer Forschungen, zur Hand.

Das Christentum seinerseits kann sich unter diesen Voraussetzungen leichthin als die geschichtliche Größe verstehen, die die Aufklärung hinter sich hat, und steht somit, auf neue Weise bestärkt, dem Islam gar zu schnell im selbstgefälligen Gefühl der Überlegenheit gegenüber.[8] Dabei spielen vor allem drei Gesichtspunkte eine herausragende Rolle:

– Zum einen hat das Christentum ganz anders als bislang der Islam die Fähigkeit ausgebildet, die eigenen religiösen Traditionen in ihrer geschichtlichen Bedingtheit kritisch zu beurteilen.

– Zum anderen identifiziert es sich heute mit den neuzeitlich formulierten und politisch erkämpften Freiheitsrechten in einem Maß und einer Ausdrücklichkeit, wie es dem Islam wenigstens noch schwerfällt, wenn nicht gar prinzipiell verwehrt erscheint.

– Im Zusammenhang damit wurden schließlich auch christliche Ethik und Pädagogik genötigt, sich ernsthaft mit dem philosophi-

[8] Vgl. S. 38–43.

schen Gedanken menschlicher Autonomie auseinanderzusetzen, dessen Berechtigung abzuwägen, ihn jedenfalls nicht nur im Widerspruch zur Theonomie des Glaubens zu sehen. Islamische Moral und Erziehung dagegen sind derart radikal auf den unergründlichen Willen Gottes ausgerichtet, auf die gehorsame Erfüllung seiner Weisungen, auf das Selbstverständnis des Menschen als »Diener«, »Knecht« oder gar »Sklave« Gottes ('abd), daß dabei für das Ziel eines »mündigen« Menschen kein Raum zu sein scheint.

Doch muß man all dem gegenüber immer wieder in Erinnerung rufen, mit welch heftigen Widerständen sich auch die christlichen Kirchen den neuzeitlichen Impulsen der Aufklärung, der politischen Umgestaltung der Gesellschaft und dem Wandel des eigenen Selbstverständnisses widersetzten. Dabei geschah dies nicht einfach aufgrund einer allgemeinen geschichtlichen Beharrungstendenz, sondern mit vielfacher Berufung auf unverzichtbare Momente des christlichen Glaubens, auf die Verpflichtungskraft religiöser Tradition, letztlich auf die Gewähr der Offenbarung Gottes.[9]

(3) Spezifische Vorurteilsbelastungen und Verständnisbarrieren auf christlicher Seite

Bis heute sieht sich die christliche Theologie weithin nicht in der Lage, auf den Islam anders zu reagieren als einerseits mit einer vagen Hochschätzung wegen der gemeinsamen Berufung auf den Glauben Abrahams und andererseits mit einer Abwertung wegen seines mangelnden Verständnisses für die christliche Glaubenstradition. Daß der Islam zur Wirkungsgeschichte des Christentums gehört wie dieses zu der des Judentums, ist ein theologisch irritierender Tatbestand, dem man zwar nicht mehr mit der Ketzerpolemik des Mittelalters begegnet, aber dennoch nach wie vor mit spürbarer Diskreditierung und verlegenem Schweigen.[10]

Über diese grundsätzliche Barriere hinaus erschweren traditionell eine Reihe von Vorurteilen die christliche Wahrnehmung des Islam. Auch wenn sie heute nicht mehr mit der unbefangenen Grobheit wie früher vorgetragen werden, so sind sie in verfeinerter Form immer noch wirksam. Nur langsam zeigt sich etwa in Schulbüchern das Gespür dafür, daß Korrekturen nötig sind.[11] Auch diese Bewußtseinsänderung gehört selbstverständlich zum »interkulturellen Lernen«.

---

[9] Vgl. *H. Zirker* (1990a).
[10] Vgl. S. 33–59.
[11] Vgl. die verschiedenen Bände von *A. Falaturi* (1986ff).

Stereotype Verzeichnungen und undifferenzierte Klischees finden sich populär vor allem bei drei thematischen Komplexen:

- dem biographischen Bild Mohammeds,
- der angeblichen Ausbreitung des Islam »mit Feuer und Schwert«,
- der Stellung der Frau im Islam.

Die Auseinandersetzung darüber kann hier im einzelnen auch nicht annähernd geleistet werden; dennoch sei zu den drei Punkten jeweils einiges wenige angemerkt (und dabei auch auf das verwiesen, was bereits in anderem Zusammenhang ausgeführt wurde):

- Ohne Zweifel erfuhr sich *Mohammed* in einem für ihn erschütternden Erlebnis als zum *Gesandten Gottes* berufen und verkündete den Koran in subjektiv aufrichtiger Überzeugung als Gottes Wort. Religionsphänomenologisch gehört er eindeutig in die Reihe der Propheten. Stattdessen dominiert in vielen nichtmuslimischen Darstellungen das Bild dessen, der sich seine Verkündigung in selbstherrlichem Zugriff aufbaut.[12] Erst recht wird das Bild des Propheten in christlicher Sicht verdunkelt durch (ausdrückliche oder unausgesprochen nahegelegte) *Vergleiche mit Jesus:* hier derjenige, der die Feindesliebe lehrt und am Kreuz stirbt, dort dagegen der gewaltsame Machtpolitiker; hier derjenige, der um seiner Aufgabe willen auf Heim und Familie verzichtet, dort derjenige, der sich zahlreiche Frauen nimmt usw. Doch solche Gegenüberstellungen verbauen von vornherein das Verständnis für die besonderen kulturellen, politischen und religiösen Momente der Biographie Mohammeds; insbesondere lassen sie nicht mehr begreifen, mit welch inniger Hochschätzung Muslime ihren Propheten sehen und verehren.[13] Dem christlichen Verständnis Mohammeds mehr dienen würden demgegenüber typologische Vergleiche mit Mose, auf die auch der Koran selbst immer wieder verweist.

- Die Behauptung, daß sich der Islam »*mit Feuer und Schwert*« ausgebreitet habe, ist eine grobe Entstellung der geschichtlichen Realität. Die »blühenden« christlichen Kirchen in Nordafrika und Kleinasien wurden nicht »ausgerottet«, sondern die Christen wurden Muslime, soweit sie sich nicht in ihren Gemeinden über die Jahrhunderte bis heute behaupteten wie etwa die Kopten Ägyptens. Gewiß ist diese Geschichte auch immer wieder von gewaltsamen Maßnahmen betroffen; dennoch muß das weithin verbreitete Bild korrigiert werden. Die

---

[12] Vgl. dazu S. 38–43.156–158.
[13] Vgl. *A. Schimmel* (1981).

kriegerische Ausbreitung der *Machtsphäre des Islam* kann nicht gleichgesetzt werden der Ausbreitung des *muslimischen Glaubens;* beides ist sowohl nach der Theorie des islamischen Rechts als auch im Blick auf die geschichtlichen Tatbestände voneinander zu unterscheiden.[14]
– Die Vorstellung, daß die *Frau* im Islam ein weitgehend rechtloses Objekt sei und ihr keine Würde zukomme, ist prinzipiell falsch. Im Gegenteil erlangte sie durch die Verkündigung des Koran im Vergleich zur vorhergehenden Lage eine größere Rechtssicherheit und eine bessere soziale Stellung. Freilich trägt das muslimische Gesetz deutlich die Züge einer patriarchalischen Gesellschaft. Demgegenüber ist die entscheidende Frage, wieweit diese Bestimmungen als Weisungen Gottes jeglichem geschichtlichen Wandel entzogen bleiben sollen oder ob sie nach den sich wechselnden gesellschaftlichen Voraussetzungen modifiziert werden können.[15] Die Auseinandersetzungen darüber werden auch unter Muslimen geführt, allerdings bislang in öffentlichen Publikationen nur vereinzelt und durch die dogmatisch vorherrschende Tradition erschwert. – Populär verbreitet ist gar die völlig abwegige Ansicht, daß die Frau nach muslimischem Verständnis »keine Seele« hätte und »nicht ins Paradies« käme. Die Belege reichen etwa von *Heinrich Heine*[16] bis *Karl May*[17].

c. Islam als Lebensform

Daß der Gegenstand interkulturellen Lernens primär kein theologisches System sein kann – auch nicht in der Verkleinerung auf ein religionsunterrichtliches Format –, gilt gegenüber dem Islam in besonderem Maß. Er ist in erster Linie *Lebensform* und *Handlungssystem,* nicht dogmatisches Gebäude.

(1) Die pragmatische Grundhaltung
In islamischer Gemeinschaft spielen Theologie und Theologen von jeher eine untergeordnete und beiläufige Rolle. Eine herausragende Funktion haben demgegenüber die Rechtsgelehrten, deren Aufgabe es ist, dem Koran und der prophetischen Tradition Handlungsanweisungen zu entnehmen. Da der Islam aber insgesamt kein verbindliches

---

[14] Vgl. S. 221–240.
[15] Zur Spannung von Tradition und Gegenwart in dieser Sache vgl. *W. Walther* (1990) – mit weiterer Literatur.
[16] Aufzeichnungen, in: Sämtliche Schriften, hg. von Klaus Briegleb (Ullstein Werkausgaben), Bd. 11: Schriften 1851–1855, Frankfurt a. M. 1981, 659.
[17] Von Bagdad nach Stambul, Bamberg 1962 [1892], 128.

Lehramt kennt, kommt auch in dieser Hinsicht dem faktischen Leben der muslimischen Gemeinschaft, der *Rezeption* bestimmter Lehrmeinungen in verbreiteter Übereinstimmung, die entscheidende Bedeutung zu. Der *Konsens* derer, die die Anerkennung als kompetente Gelehrte gefunden haben, gilt als eine der wichtigsten »Rechtsquellen«.

Die vorrangige Handlungsorientierung des Islam zeigt sich auch an den islamischen *Katechismen* zur Unterweisung von Kindern und Jugendlichen, die in ihrem Charakter erheblich von den christlichen abweichen.[18] Nach einigen kurzen Abschnitten über die zentralen Elemente des islamischen Glaubens (1. den einen Gott, 2. die Engel, 3. die Bücher der Offenbarung – besonders Tora, Psalter, Evangelium und Koran –, 4. die Propheten – besonders Mohammed –, 5. die Auferstehung zum Gericht und 6. die Vorsehung Gottes) wird der übrige Teil – weitaus der größte – eingenommen von Ausführungen darüber, was der Muslim in seinem Handeln zu beachten hat: von den rituellen Bedingungen des alltäglich fünfmaligen Gebets bis zu den besonderen Erfordernissen der Wallfahrt nach Mekka; von dem, was als Pflicht auferlegt oder was wenigstens als gottgefällig empfohlen ist, über das, was man als sittlich neutral ansehen kann, bis zu dem, was abgeraten und was gar ausdrücklich verboten ist; von dem, was das persönliche Leben des einzelnen angeht bis zu dem, was schließlich die ganze Menschheit betrifft.

Demgemäß kann sich der Islam seinem Selbstverständnis nach auch nicht wie das Christentum mit dem Status einer gesonderten »Kirche« innerhalb und gegenüber der übrigen Gesellschaft abfinden. Die *Trennung von Religion und Staat,* wie sie die Verfassung der modernen Türkei vorsieht, muß eine Quelle des ständigen Konflikts sein (so daß dieses Verhältnis dort auch von vornherein nicht als gelassenes Nebeneinander zweier selbständiger Bereiche angelegt werden konnte, sondern faktisch zur Reglementierung und Kontrolle der Religion durch den Staat führen mußte). Die islamische Gemeinschaft – die *»umma«* – kann sich nicht damit begnügen, durch ein Glaubensbekenntnis, einige religiöse Riten und Feste und die persönliche Gläubigkeit der Einzelnen zusammengehalten zu sein, sondern bezieht prinzipiell alle Dimensionen der Kultur mit ein.

---

[18] Vgl. zum folgenden: *Kleiner Islamischer Katechismus* (1990). Die Grundstruktur dieses Büchleins ist ebenso in arabischsprachigen Katechismen zu finden. Vgl. auch die Bereiche muslimischer Lehrpläne nach *M. Winter* (1976), 145: 1. Glaubensgrundsätze, 2. Kultuserfordernisse, 3. Regeln der Wirtschaftsbeziehungen, 4. allgemeine moralische Erziehung.

Wie weit in dieser Hinsicht die Intention des Koran von der des Neuen Testaments entfernt sein kann, läßt sich deutlich am Kontrast zweier Texte ablesen. *Nach Lk 12,13 f* entzieht sich Jesus einem weltlichen Rechtsstreit: »Einer aus der Menge sagte zu ihm: ›Lehrer, sag meinem Bruder, er soll das Erbe mit mir teilen.‹ Er erwiderte ihm: ›Mensch, wer hat mich zum Richter oder Erbteiler bei euch gemacht?‹« – Dem ganz entgegengesetzt heißt die Aufforderung von *Sure 4,59:* »Ihr, die ihr glaubt, gehorcht Gott und gehorcht dem Gesandten und denen, die bei euch die Entscheidungsgewalt haben! Wenn ihr über etwas streitet, so bringt es vor Gott und den Gesandten, falls ihr an Gott und den Jüngsten Tag glaubt. Das ist besser und führt zu einem besseren Ende«. Dementsprechend gehören auch Erbschaftsregelungen zum selbstverständlichen Inhalt des Koran (vgl. 4,7–12.176).

Dennoch wird das »islamische System« dadurch, daß es prinzipiell das gesamte Leben umfaßt, keineswegs schon derart totalitär, daß es uns in den Menschen verschiedener Herkunft als eine uniforme Größe begegnete. Es gibt nicht den einen Islam, wie es für uns, abgesehen von der allseits bekannten Trennung in Sunniten und Schiiten, oft den Anschein haben mag; wir finden im Islam vielmehr eine erhebliche *Variationsbreite und Flexibilität*[19] – vor allem in dreierlei Hinsicht:

– *Erstens* zeigt er eine beträchtliche *kulturelle Vielgestaltigkeit in regionalen Ausdifferenzierungen:* Er trägt etwa in Marokko andere Gesichtszüge als in Indonesien, in Saudi-Arabien andere als im Inneren Afrikas. Bei seiner weltweiten Ausbreitung erwies sich der Islam als so assimilationsfähig, daß er sich ebenso auf recht verschiedene soziale Strukturen einlassen konnte (etwa in den Familien- und Herrschaftsverhältnissen), wie er autochthone religiöse Gegebenheiten integrierte – bis hin zum Synkretismus[20].

Aber auch schon in den ersten Jahrhunderten seiner Geschichte differenzierten sich innerhalb des sunnitischen Islam regional unterschiedlich vorherrschende »*Rechtsschulen*« aus (maḏhab, pl. maḏāhib, d. h. eigentlich »Wege«); sie sind mit ihren Unterschieden bis heute ebenso in einzelnen konkreten Verhaltensnormen faßbar (vom Familienrecht bis zu Gebetsvorschriften) wie in der prinzipiellen Geneigtheit, mehr oder weniger Spielräume freier Entscheidung zuzugestehen und Refor-

---

[19] Vgl. die entsprechenden Beiträge in *M. D. Ahmed* (1990). In der ausführlichen, differenzierten Gegenüberstellung zweier Kulturräume (Marokko und Indonesien) ist aufschlußreich *C. Geertz* (1991).

[20] Vgl. *O. Schumann* (1989).

men zuzulassen. Daneben gibt es aber auch – vor allem in der Diaspora[21] – muslimische Gruppen, die sich nicht bestimmten solcher Rechtsschulen zuordnen lassen.

– *Zweitens* stellten sich im Islam der zunehmenden Vorherrschaft der Rechtsgelehrten bald *mystische Strömungen* entgegen und gewannen großen Einfluß auf die Volksfrömmigkeit.[22]

– *Drittens* hat der Islam entgegen den öffentlich auffallenden und politisch brisanten rigoristischen Tendenzen einen weitreichenden und kräftigen *Pragmatismus* ausgebildet. Bereits der Koran warnt vor der Erwartung, es müsse möglichst viel durch ein verbindliches Wort geklärt werden: »Ihr Gläubigen, fragt nicht nach Dingen, die euch zum Schaden wären, wenn sie euch offengelegt würden.« (5,101). Die großzügige Einstellung, die etwas unentschieden dahingestellt sein lassen kann, ist religiös verantwortbar.

Wenn wir das Wort »Scharia« hören, kommen uns sofort Strafbestimmungen in den Sinn, die in ihrer Strenge nicht mit unseren Vorstellungen von Humanität zu versöhnen sind (etwa Verstümmelungen bei Diebstahl, Todesstrafe bei bestimmten Formen des Ehebruchs und des Glaubensabfalls).[23] Weit weniger bekannt ist uns demgegenüber, mit welch vielfältigen Einschränkungen die entsprechenden Gesetze ausgelegt werden, damit die Strafmaßnahmen auch dort, wo sich die staatliche Rechtsprechung nach der Scharia richtet, faktisch kaum angewandt zu werden brauchen. Darüber hinaus gehen aber die meisten muslimischen Staaten ohnehin einen Weg des Kompromisses, indem sie sich eigene gesetzliche Normen schaffen, die sich leichter verwirklichen lassen. Die Scharia ist dann nur ein Leitbild in der Bestimmung des Guten und der Verwerfung des Bösen – entsprechend der im Koran der muslimischen Gemeinschaft immer wieder vorgehaltenen Weisung: »Sie gebieten das Rechte, verbieten das Verwerfliche und eilen zu den guten Dingen um die Wette.« (3,114).

Wenn demgegenüber aggressiv auftretende Gruppen auf eine unmittelbare und wörtliche Umsetzung der Scharia in die Rechtspraxis drängen, so ist trotz deren politischer Gefährlichkeit nicht zu übersehen, daß sie quantitativ eine Minderheit darstellen und in ihren Ländern oft einfach als »Extremisten« (mutaṭarrifūn) bezeichnet werden (damit sprachlich pointierter als mit unserer westlichen Benen-

---

[21] Vgl. *D. Khālid* (1989).
[22] Vgl. S. 251f.
[23] Zu den »Ḥudūd«-Strafen und -Verbrechen vgl. *A. El Baradie* (1983), 99–129; *A. A. An-Na'im* (1990 b), 107–115.

nung »Fundamentalisten«, die vom biblizistischen Protestantismus der USA herkommt und zunächst nicht auf einen Status und ein Verhalten im politischen Spektrum abzielt). Dem Islam als ganzem liegt bei der Gestaltung der Gesellschaft krasser Rigorismus fern. Vom Anfang seiner Geschichte an erwies er sich weithin wirkungsvoll in seiner »Bereitschaft (und Fähigkeit) zu Kompromiß und Arrangement«.[24] Dem widerspricht nicht, daß unter dem Druck von Krisen und Ängsten aggressive Optionen leicht auch von größeren Massen aufgegriffen werden können. Dies ist jedoch nicht für Muslime spezifisch.

Die Neigung zu pragmatischen Lösungen – die Wahrnehmung dessen, was sich unter den vielfältig wechselnden Situationen nahelegt und realisieren läßt, die Bereitschaft, sich trotz der Bindung an ein universal verstandenes Gesetz auf die jeweiligen Besonderheiten einzulassen – fördert notwendigerweise weiterhin die Pluralität von »Islam«. Theoretisch ergibt sich daraus eine erhebliche Spannung zwischen dem Bekenntnis zu dem einen Gott, der seine Willenskundgabe der ganzen Menschheit ein für allemal im Koran geoffenbart hat, einerseits und dem realen Spektrum der Erscheinungsformen und Lebensweisen andererseits; doch ist dieser Gegensatz so lange unerheblich und kann – wenn er überhaupt erfahren wird – wiederum pragmatisch vernachlässigt werden, als er nicht störend in die für sich jeweils relativ geschlossenen Kulturräume eindringt. Anders wird dies jedoch gerade dann, wenn Muslime verschiedener Regionen und religiöser Lebensstile außerhalb ihres angestammten Gebiets aufeinandertreffen wie gegenwärtig in den westlichen Ländern. Dann gerät die gelassene Pluralität leicht *unter dem Druck uniformierender Einheitsbedürfnisse zur streitbaren Polarisierung.* Für die türkischen Muslime kommt verschärfend noch hinzu, daß ihrer kontroversen Beurteilung des türkischen Staates auch ein gegensätzliches Verständnis der gesellschaftlichen Rolle ihrer Religion und darüber hinaus der geforderten politischen Kultur zugrunde liegt.

So sind Muslime in der Diaspora häufig schon untereinander zu einem »interkulturellen Lernen« genötigt, nämlich die eigene Pluralität zu verarbeiten. Dies muß nicht deshalb schon leichter fallen als die Auseinandersetzung mit der nichtmuslimischen Umgebung, weil trotz aller Spannungen das Maß des Gemeinsamen weit größer ist; im Gegenteil kann die Zugehörigkeit zur selben Religion den Grad der

---

[24] *A. Noth* (1987), 63, im Blick auf die frühe muslimische Expansion.

wechselseitigen Animositäten, gar Aggressivitäten auch steigern. Dann treten diejenigen, die den »wahren« Islam zu vertreten behaupten, gegen die an, die sie für abtrünnig oder wenigstens dekadent halten.

Dies unterstützt wiederum die klischeehaften Fremd- oder gar Feindbilder auf nichtmuslimischer Seite. Auch hier kann man sich in seinem Urteil sicherer und überlegener fühlen, wenn man weiß, welches die »wahren« Muslime sind, und man seine Urteile nicht mit Differenzierungen zu komplizieren braucht. Doch solche vorgefaßten Normierungen engen den Blick auf die wirklichen Verhältnisse ein.

(2) Überlieferung als Fundament der Gemeinschaft
Tradition hat grundsätzlich zwei Dimensionen, erstens die geschichtliche: sie schafft Kontinuität von Vergangenheit her auf Zukunft hin; zweitens die gegenwärtig-soziale: sie stiftet die Gemeinschaft derer, die sich in den überkommenen Lebensformen und Orientierungen einander verbunden erfahren. So hat es seinen guten Grund, daß der Sprachgebrauch des Wortes »Tradition« von der theologisch-fachlichen Bedeutung einer Vermittlung des verbindlichen Ursprungs bis zu der umgangssprachlichen Verwendung reicht, die an gesellschaftliche Gewohnheit und überliefertes Brauchtum denken läßt. Nur solange man isoliert die Geltung fundamentaler Glaubenslehren und sonstiger institutionaler Grundstrukturen der Religion in den Blick faßt, scheint das eine Bedeutungsfeld von »Tradition« (das theologische) wenig mit dem anderen (dem umgangssprachlich-kulturellen) zu tun zu haben. Dies wird jedoch sofort anders, wenn man berücksichtigt, daß die religiösen Geltungen entscheidend von der Einbettung des Glaubens in alltägliche Lebensvollzüge und mit seiner Nähe zu sozial vertrauten Ausdrucksformen abhängen.

Dieses Bewußtsein, daß alle Glaubensüberlieferungen ihre Funktion in erster Linie darin haben, die Gemeinschaft auf ihrem Weg zusammenzuhalten, ist im Islam besonders intensiv ausgeprägt. Da die Realität notwendigerweise hinter dem Ideal zurückbleibt, ist die ständig gegenwärtige, lebendige und nachdrückliche Erfahrung, von gemeinsamer Tradition her zu leben, für das muslimische Bewußtsein unverzichtbar: Nur so kann die Zuversicht, der von Gott gewollten »umma« anzugehören, wachgehalten werden.

Diese Einheit einer fundamentalen Bindung an die Vergangenheit einerseits und an die das ganze Leben umgreifende Glaubensgemeinschaft andererseits macht es verständlich, daß die Tradition im Islam nicht nur dort ein großes Gewicht hat, wo es um die Geltung des von

Gott geoffenbarten Gesetzes geht, sondern auch schon bei der Anerkennung kultureller Gewohnheiten, z. B. bei Fragen der Kleidung und ähnlicher Äußerungen des Lebensstils.[25] Auch wenn es in dieser Hinsicht unter verschiedenen islamischen Ländern und Regionen mannigfache Variationen gibt, so bekundet doch derjenige, der an den jeweiligen Bräuchen festhält, daß ihm prinzipiell daran liegt, die überlieferten Ordnungen zu wahren; und umgekehrt: Wer solche Gewohnheiten aufgibt, setzt ein Zeichen, daß er bereit ist, sich in einem gewissen Umfang (der auf Zukunft hin nicht abgesehen werden kann) einer anders gearteten Welt anzupassen, vielleicht gar die Rückbindung an das überkommene Gesetz Gottes überhaupt zu lösen. An einem bestimmten Brauchtum festzuhalten bedeutet also unter diesen Voraussetzungen weit mehr als die Pflege irgendwelcher volkstümlicher Traditionen.

Ein Rückbezug allein auf die von Mohammed verkündete Offenbarung kann für das muslimische Leben schon deshalb nicht ausreichen, weil sich ihr zwar die Grundzüge der zu erstellenden Gemeinschaftsordnung und ansatzweise auch Konkretisierungen dazu entnehmen lassen; »von einer allumfassenden Sammlung von Verhaltensnormen aber kann beim Koran wirklich nicht die Rede sein«[26]. Deshalb beruft sich der Muslim, der seine Handlungsnormen von seinem Glauben her rechtfertigen will, »dafür gewöhnlich auf die Verhaltens- und Auslegungspraxis des frühen Islam, die in systematischer Weise in den Handbüchern des Mittelalters, d. h. des 3. oder 4. islamischen Jahrhunderts (oder noch später) zusammengefaßt vorliegt, wobei diese Handbücher ihrerseits oft in Form von Einzelbelegen aus früherer Zeit das richtige Verhalten des Muslim als Ideal abstützen«.[27]

Eine fundamentale Rolle spielt in dieser Tradition als »ein schönes Vorbild« (33,21) Mohammed selbst. In ihm erkennt die islamische Devotion die ideale Lebensform der Gläubigen aller Zeiten. Auch wenn sich Muslime strikt dagegen wehren, als »Mohammedaner« bezeichnet zu werden, so treibt sie doch die Liebe zum Propheten immer wieder an, in ihm die Normen ihres Handelns zu finden. Ihm nachzufolgen kann deshalb auch heißen, sich auf den »mohammedanischen Pfad« zu begeben.[28]

---

[25] Zu Erörterungen über muslimische Kleidung und »bundesrepublikanische ›Kafir-Kultur‹ vgl. *Th. Mooren* (1991b), 168f – innerhalb 160–171: Muslimische Existenz unter dem Anspruch des göttlichen Gesetzes.

[26] *P. Antes* (1984), 49.

[27] Ebd.

[28] Vgl. dazu vor allem *A. Schimmel* (1981), z. B. 21–50: Muhammad, das »schöne Vorbild«; 192–213: Der muhammadanische Pfad.

Wie verschieden von den gegenwärtigen Verhältnissen in früheren Zeiten die kulturellen Bedingungen im einzelnen auch gewesen sein mögen, dies ändert nichts an der Überzeugung, daß die Normen für jegliches Verhalten grundsätzlich schon alle vorgegeben sind. Dies gilt prinzipiell gleichermaßen bei religiösen, ethischen und juristischen Fragen. War ursprünglich die Berufung auf den Konsens der Rechtsgelehrten ein Weg, der es zuließ, schöpferisch zu neuen Antworten zu finden, so führte dieses Prinzip später oft zu einem starren Legalismus. Kommentare und Meta-Kommentare bestimmen dann die Überlieferung (im Inhalt und Vollzug) von Generation zu Generation.

Trotzdem ist zu berücksichtigen, daß Begriffe wie »Konservativismus« oder »Traditionalismus« dem dabei gegebenen Bewußtsein nicht voll gerecht werden; denn der Blick in die Vergangenheit stellt nach islamischem Verständnis nur die Methode dar, um das zu erkennen, was gerechtfertigt und verbindlich ist; der eigentliche Geltungsgrund wird dabei jedoch nicht in der Vergangenheit gesehen, sondern in der zeitüberlegenen Weisung Gottes, deren Grundprinzipien bereits durch die Schöpfung der menschlichen Natur eingestiftet sind.

(3) Die Führung durch Gott im einfachen Wort

Für das muslimische Glaubensbewußtsein – und dementsprechend auch für die Weitergabe des Glaubens in muslimischer Kultur – erheblich ist die Erfahrung, daß die Weisungen Gottes in einfacher Gestalt vergegenwärtigt und vermittelt werden können. Was auch immer die Theologie im Laufe der Geschichte an spekulativen Fragen erörtern mag (z. B. ob der Koran erschaffenes oder unerschaffenes Wort Gottes sei), bleibt weitgehend ihre intellektualisierte Sache. Die eigentliche Vernunft des Glaubens hat sich in dem zu zeigen und zu bewähren, was die Gläubigen tun: im Verhältnis zu Gott und zu ihren Mitmenschen. Es geht im Glauben nicht darum, irgendwelche »Mysterien« vertrauensvoll zu bejahen und nachdenkend zu verehren, sondern das in rechter Weise zu tun, was Gott verlangt. Um dies zu verstehen, bedarf es keiner besonderen Gelehrtheit. Deshalb prägt der Koran selbst mehrfach ein, daß Gott ihn »leicht gemacht« habe (54,17.22.32.40), »in deiner Sprache leicht gemacht« (19,97; 44,58), daß er »für euch das Leichte will, nicht das Schwere« (2,185), »euch in der Religion nichts Bedrückendes auferlegt hat« (22,78; vgl. 5,6). Er bringt selbst schon »die Erklärung der Schrift« (10,37), an der es eigentlich nichts weiter herumkrittelnd zu interpretieren geben sollte, denn über das gegebene Wort hinaus »weiß niemand zu deuten außer

Gott« (3,7). Daß es dennoch eine differenzierte und sich in vielen Lehrmeinungen ergehende Koranauslegung gibt, steht dazu in Spannung, berührt aber nicht die fundamentalen Glaubensgewißheiten und Handlungsverpflichtungen.

Der Islam sieht sich an keiner Stelle so wie das Christentum (etwa im Zusammenhang seiner Lehre vom dreifaltigen Gott oder von der eucharistischen Gegenwart Jesu in Brot und Wein) genötigt, theologische Probleme samt deren schwieriger Terminologie in die Glaubensvermittlung selbst hineinzunehmen. Den Gläubigen muß kein »Geheimnis« nahegebracht werden. Dies läßt sich gut an einem Beispiel verdeutlichen, das zunächst scheinbar im Widerspruch zu dem Gesagten steht, dieses bei genauerem Hinsehen jedoch bestätigt: Im Blick auf die Speiseverordnungen schreibt ein muslimischer Autor, es sei für das Verbot, Schweinefleisch zu essen, »ausschlaggebend«, daß es »uns von Gott im Qur'an gegeben wurde [. . .]. Wir wissen den eigentlichen Grund nicht und halten das Verbot trotzdem. Ähnlich ist das Verhältnis des Christen zu den Mysterien seiner Religion.«[29] Wenn hier etwas als »Geheimnis« ausgegeben wird, dann gerade in dem Sinn, daß diese Sache ganz Gottes Wissen und Willen anheimgestellt und alles menschliche Nachsinnen darüber als unergiebig begriffen werden soll. Daß der Autor dabei eine Parallele zu den christlichen »Mysterien« sieht, ist ein (für den Muslim naheliegendes) Mißverständnis.

Im Islam konnten dementsprechend auch theologische Lehrstreitigkeiten keine ausschlaggebende Bedeutung für den Zusammenhalt der Gemeinschaft bekommen. Er kennt weder Dogmen noch ein Lehramt nach christlichem Muster. Die Zugehörigkeit zur Glaubensgemeinschaft ist in dem schlichten zweiteiligen Glaubensbekenntnis, der šahāda, grundgelegt, daß Gott ein einziger Gott ist und Mohammed sein Gesandter. Die weiteren »Säulen des Islam« (das tägliche Gebet zu den rituell festgelegten Zeiten, das Fasten im Monat Ramadan, die Sozialsteuer und die Wallfahrt nach Mekka) haben einen äußerst »undogmatischen« Charakter. Da sie in ihrer konkreten Gestalt Setzungen Gottes sind, die sich offensichtlich nicht aus Argumenten der Vernunft ableiten lassen – man könnte sich (abgesehen allein vom Bekenntnis zum einen Gott) auch andere Regelungen denken –, sind sie auch nicht auf irgendein begründendes Raisonnement angewiesen. Gottes Entscheidung hat den Menschen in diesen Punkten die Beliebigkeit durch deutliche Verpflichtungen beseitigt.

[29] *S. I. Rüschoff* (1983), 9.

Es ist aufschlußreich, diese »Säulen des Islam« mit den *christlichen Sakramenten* zu vergleichen[30]; denn sie kommen mit ihnen zunächst darin überein, daß sie einerseits die herausragenden institutionellen Ausdrucksformen der Glaubensgemeinschaft als ganzer sind und andererseits die fundamentalen Lebensvollzüge der Gläubigen als einzelner. Aber gerade bei solchem Vergleich drängen sich Unterschiede auf: Erstens ist der Gemeinschaftsbezug bei diesen muslimischen Glaubensäußerungen weit deutlicher und konsequenter ausgeprägt als bei den christlichen Sakramenten, bei denen teilweise die individuell-lebensgeschichtlichen Momente (wenigstens dem Erscheinungsbild nach) im Vordergrund stehen; zweitens gehören die islamischen Vollzüge weit stärker der alltäglichen und öffentlichen Lebenswelt an als die Sakramente, die – vor allem unter den Bedingungen unserer Gesellschaft – als besondere Zeichen im Raum der Kirche erfahren werden, in ihrer Symbolgestalt weit mehr von den übrigen Handlungen abgehoben, im Glauben als »äußere Zeichen« auf ihre nicht mehr sichtbare »innere Gnade« bezogen.

Die Grundformen der muslimischen Gemeinschaft lassen demnach jeden ständig und nachdrücklich erfahren – den Außenstehenden wie vor allem denjenigen, der in ihr lebt –, »daß es sich bei dieser Religion nicht nur um eine Anzahl von Glaubenssätzen handelt, die es für wahr zu halten gilt, sondern daß der Islam den *ganzen* Menschen angeht«; daß der »Anspruch der Religion tatsächlich alle Bereiche des menschlichen Lebens bis in die Einzelheiten hinein erfaßt und prägt«.[31] Dies hat erhebliche Folgen für die innere Stabilität des Glaubens. Solange sich seine Lebensformen überhaupt vermitteln lassen, drängt sich die Frage nach seiner Glaubwürdigkeit nicht auf; oder anders gesagt: Das Problem der Glaubwürdigkeit stellt sich dort, wo es überhaupt aufkommt, als eine Verunsicherung der sozialen Lebensform. Soweit etwa im Zug der Kolonisierung den islamischen Völkern ein kulturelles Minderwertigkeitsgefühl aufgedrängt wurde, ließen sie sich auch im Blick auf ihren Glauben zu einer kräftig apologetischen Grundeinstellung nach außen hin verleiten, die bis heute massiv spürbar ist und eher ein Symptom der Unsicherheit als der Festigkeit darstellt. Abschirmungsstrategien gewinnen dann die Oberhand. Mit den in unserer Zeit politisch, wirtschaftlich und kulturell wesentlich ver-

---

[30] Vgl. den entsprechenden metaphorischen Sprachgebrauch bei *J. van Ess* (1974), 73, im Blick auf die Wallfahrt nach Mekka; aber auch bei *A. Schimmel* (1990b), 44, mit Bezug auf die Koranlektüre.
[31] *P. Antes* (1984), 48.

änderten Außenbeziehungen werden jedoch auch die Voraussetzungen für das Glaubensbewußtsein grundlegend andere. Es muß sich nicht mehr in gleichem Maß aus unterlegener Stellung behaupten. Vor allem aber steht durch die prinzipielle Ausrichtung des Islam an gemeinsamen, einfachen, das alltägliche Leben prägenden Handlungsformen der Weg zur Bestärkung des Glaubens und zur Bewährung seiner Überzeugungskraft jeder Zeit auch unter äußerlich erschwerten Verhältnissen offen.

(4) Die Universalisierung einer heteronomen Ethik

Innerhalb christlicher Theologie wie insbesondere auch ihrer Religionspädagogik hat die Frage nach einer allen kulturellen und geschichtlichen Bedingungen und Variationen vorausliegenden Religiosität ein erhebliches Gewicht. Wo diese als eine transzendentale, dem empirischen Nachweis entzogene Größe angesehen wird, mag man das Problem der spekulativen Schlüssigkeit überlassen. Wo aber erfahr- und prüfbare Sachverhalte berührt werden, müssen sich die Theorien an ihnen bewähren. Wer etwa den Menschen »von Natur aus« auf eine bestimmte religiöse Entwicklung hin angelegt sieht, an deren Beginn die (noch unmündige) Unterordnung unter eine überlegene göttliche Macht steht und die hierarchisch aufsteigt bis zu einer religiös qualifizierten Autonomie[32], der kann dem Islam nach dessen eigenem Selbstverständnis kaum gerecht werden. Denn für diesen ist das Verhältnis des Menschen zu Gott grundsätzlich und unaufhebbar heteronom (auch wenn diese Heteronomie theologisch selbst wieder als vernunftgemäß ausgegeben werden kann): »Ich habe die Dschinn und die Menschen nur dazu geschaffen, daß sie mir dienen.« (Sure 51,56). Der Mensch hat zu gehorchen, sich auf Gottes Wegleitung zu verlassen, auch dort, wo ihm die Einsicht in Grund und Berechtigung der göttlichen Forderungen verwehrt ist. Er steht vor der Wahl, sich Gottes Weisheit und Macht unterzuordnen oder sich ihm in Widerspenstigkeit zu verweigern; und auch diese Wahl ist ebenfalls noch der Verfügung Gottes unterstellt, so daß dem Menschen auch im Bösen keine Selbstherrlichkeit zukommen kann. Die Vorstellung, daß Gott mit dem Menschen heilsgeschichtlich eine Gemeinschaft eingehe, um so das Verhältnis von Schöpfer und Geschöpf,

---

[32] Vgl. *Fritz Oser,* Wieviel Religion braucht der Mensch? Erziehung und Entwicklung zur religiösen Autonomie, Gütersloh 1988; *ders. / Paul Gmünder,* Der Mensch. Stufen seiner religiösen Entwicklung. Ein strukturgenetischer Ansatz, Zürich 1984.

von Herr und Knecht durch das andere von Vater und Kind zu überbieten, ist den theologischen Lehren des Islam fremd.

Diese fundamentale Verpflichtung auf den Gehorsam gegenüber Gott prägt im Islam die gesamte Lebensordnung und ist institutionell gerade in der Geltung und den Funktionen der Überlieferung greifbar. Dies hat auch entsprechende Folgen für das Verständnis und die Ziele der religiösen Erziehung. Sie fügen sich nicht einem für universal gültig, kulturell invariant erachteten Schema der religiösen Entwicklung auf menschliche Autonomie hin. Wer daran festhalten will, muß entweder den Islam insgesamt auf einer niedrigen Entwicklungsstufe fixieren und ihn damit grundsätzlich zu einer kulturellen Behinderung menschlicher Reife erklären oder in ihm die vereinzelten Symptome dafür ausmachen, daß die theologisch entfaltete und herrschende Lehre hinter der faktisch gelebten und auch geäußerten Religiosität zurückbleibt; daß sich also die für universal gehaltene religiöse Entwicklung selbst dort durchsetzt, wo sie von einer entgegenstehenden ethischen Theorie überlagert wird. So stellt sich gerade angesichts des Islam verschärft die grundsätzliche Frage nach der Bedeutung kulturspezifischer und traditionsbedingter Faktoren für die menschliche Religiosität, in ihren fundamentalen Strukturen, ihren lebensgeschichtlichen Entfaltungen und ihrer glaubwürdigen Mitteilbarkeit.

Menschliche Natur und Vernunft einerseits und Offenbarung Gottes andererseits bilden für islamische Anthropologie eine unauflösbare Einheit in vollkommener Entsprechung. Zum einen gilt, daß der Gläubige sich vorbehaltlos auf Gottes Wort einlassen muß und den Koran nicht seinem eigenen Urteil und Ermessen unterstellen darf; zum anderen aber weiß der Gläubige dabei, daß er so zu der ihm ursprünglich eigenen und schon immer angemessenen Ordnung geführt wird, die er nie nur als eine von außen kommende Auflage, als bloße Anordnung zum Gehorsam begreifen dürfte. Der Mensch kann demnach sein Wesen nur realisieren, wenn er sich auf Gott als seinen Herrn bezieht – und umgekehrt: nur wo er sich als »Diener« oder »Sklave« ('abd) Gottes begreift, findet er zu sich selbst. Es gehört in dieser Sicht also zur »natürlichen« Religiosität des Menschen, sich von Gottes Dekreten leiten zu lassen – auch im alltäglichen Handeln. Für eine Abwertung der Heteronomie zugunsten der Autonomie ist bei solchem Selbstverständnis kein Ansatz. Personale Identität kann nur gelingen unter der Fremdbestimmung durch Gott, die freilich zugleich alle übrige, nämlich innerweltliche Fremdbestimmung verwehrt.

Die Führung der Menschen durch Gott ist demnach in erster Linie Verordnung, beruht nicht auf der Einsicht des persönlichen Gewissens und wird doch in eigener Verantwortung übernommen. Ihr gegenüber besteht keine Möglichkeit, Legalismus und Moralität gegeneinander auszuspielen. In dreifacher Hinsicht ist sie auf die Gesamtheit menschlichen Lebens ausgerichtet: Erstens umgreift sie als »Gesetz« die intime Privatsphäre ebenso wie das öffentliche Leben; zweitens beansprucht sie grundsätzlich universale Geltung (auch wenn Nichtmuslimen die rechtlichen Konsequenzen nur begrenzt auferlegt werden können); drittens ist sie in ihren wesentlichen Stücken mit der Schöpfungsordnung identisch und damit jeglicher geschichtlichen Bedingtheit und Wandelbarkeit enthoben. In diesem letzten Punkt liegt offensichtlich die kräftigste Brisanz für das Verhältnis des Islam zur modernen Welt.

So wird an dieser Religion besonders deutlich, was sich grundsätzlich auch an anderen zeigen läßt: Die Normen des Glaubens – d. h. auch des Handelns aus Glauben – sind nicht nur faktisch von je spezifischen Überlieferungen her mitbedingt, sondern werden auch in unterschiedliche normative Theorien einbezogen, sei es, daß im einen Fall stärker die verantwortliche Verarbeitung überkommener Orientierungen und gegenwärtiger kultureller Bedingungen betont wird, sei es, daß im anderen Fall die besorgte Treue zur Vergangenheit dominiert. Hier wie dort ist Religion fundamental durch geschichtliche Erfahrungen und Entscheidungen geprägt. Von einer allen Menschen gemeinsamen, von ihrer Natur her identischen religiösen Genese und Verfassung läßt sich nur unter drei fragwürdigen Voraussetzungen sprechen: 1. wenn dogmatisch die je eigenen religiösen Strukturen in »Tiefendimensionen« auch allen anderen Menschen unterstellt werden – ohne Rücksicht auf die differierende kulturelle »Oberfläche« ihrer Standorte; 2. wenn Religiosität so abstrakt gefaßt wird, daß die vielfältigen geschichtlich und sozial bedingten Momente ausfallen, oder wenn 3. das »wesentliche« religiöse Verhalten der Menschen an Krisenpunkten und Dilemmasituationen aufgesucht wird, an denen die traditionell plausiblen, alltagsnahen Handlungs- und Deutungsschemata ohnehin weitgehend versagen. Unter allen drei Voraussetzungen wird »Religion« jedoch zu einem von der sozialen Realität gar zu weit entfernten Konstrukt. Der Islam käme so jedenfalls nicht in den Blick.

d. Das didaktische Dilemma und die möglichen Ziele

Wenn eine fremde Religion in ihrem pragmatischen und pluralen Charakter erfaßt werden soll, schafft dies eine besondere Verlegenheit:

Einerseits kann dann die Aufgabe interkulturellen Lernens in unserem Fall nicht eigentlich heißen, »den Islam« zu verstehen – als eine Summe religiöser »Vorstellungen« und »Lehren«, gar in systematischer Homogenität –, sondern *die Menschen, die sich zu ihm bekennen oder wenigstens in ihrer Herkunft von ihm geprägt sind,* in ihren jeweiligen Lebensorientierungen und Zielsetzungen, Gemeinschaftsformen und Abgrenzungen, Glaubensäußerungen und Zurückhaltungen, Empfindsamkeiten und Befürchtungen. Jede vorwiegend intellektuelle Annäherung an den Islam bleibt weit hinter seiner Realität zurück. Dies gilt zwar prinzipiell für alle Religionen, doch hat es gegenüber Muslimen, wie gesehen, seine eigenen triftigen Gründe. In der Konsequenz müßte *interkulturelles Lernen* notwendigerweise so weit wie möglich als *teilnehmendes Lernen* gesehen werden.

Andererseits sind dem jedoch gleichzeitig sehr deutlich Grenzen gesetzt. Zwar kann man im einzelnen leicht zahlreiche Gelegenheiten möglicher Begegnung oder wenigstens Kenntnisnahme nennen – von der Schule bis zur Hochschule, von Arbeitsplätzen bis zu Nachbarschaften, von der alltäglichen Öffentlichkeit, dem Nebeneinander von Kirchen und Moscheen bis zu besonderen Reisen in muslimisch geprägte Länder –; aber die äußere Nähe schafft noch nicht wirklich Gemeinsamkeit. Selbst bei aller Aufgeschlossenheit bleiben die religiös-kulturellen und biographischen Abstände beträchtlich; sie zu mindern entzieht sich weitgehend der didaktischen Planung.

Daß sich auf Dauer mit einer differenzierteren wechselseitigen Kenntnisnahme faktisch auch Einstellungen ändern, die das prinzipielle Selbstverständnis der einzelnen Religionen und ihr Verhältnis zueinander berühren, ist zu erwarten, muß aber der Zukunft anheimgestellt bleiben. Wenn man derartiges schon als theologische Voraussetzung postulieren und als didaktisches Ziel setzen wollte, würde dies die Möglichkeiten, voneinander und miteinander zu lernen, mit ideologischen Erwartungen belasten.

Mit aller nötigen Vorsicht lassen sich im Verhältnis zum Islam *drei Ziele* des interkulturellen Lernens formulieren, wobei die ersten beiden von Christen und Muslimen gemeinsam angegangen werden können, bei dem letzten dagegen jede Seite ganz auf sich selbst zurückverwiesen ist:

– *Erstens* ergibt sich zunächst als scheinbar dürftige, aber dennoch erhebliche Aufgabe, *dem faktischen Verhältnis von Nähe und Distanz immer wieder nachzuspüren, seine Bedingungen zu erkennen und die Grenzen mit Gelassenheit auszuhalten* – denn es sind nicht nur die Grenzen der anderen, sondern auch die eigenen. (Dabei ist immer wieder mitzubeachten, daß es nicht nur um Glaubensfragen geht, sondern um das Selbstverständnis und Verhalten innerhalb einer Gesellschaft, die von Säkularisierung und religiös-weltanschaulichem Pluralismus geprägt ist.)

– *Zweitens* kommt das gleicherweise bescheidene Ziel hinzu, *bei pragmatisch begrenzten Gelegenheiten gut miteinander zurechtzukommen.* So müssen oft schon bei relativ anspruchslosen Begegnungen von Mitgliedern christlicher und muslimischer Gemeinden Hemmungen überwunden und Unbeholfenheiten abgebaut, manchmal aber auch erheblichere Ärgernisse ausgeräumt werden.[33]

Einige zufällig gewählte, aber reale *Beispiele* mögen teilweise banal wirken, doch sie sind symptomatisch: Das Programm einer »Christlich-islamischen Woche« sieht zur feierlichen Umrahmung einer Veranstaltung einen symbolhaltigen Tanz vor, beachtet aber nicht, daß zahlreiche Teilnehmer die Ballettkleidung der Tänzerin als anstößig empfinden könnten. Oder: Es wird ein gemeinsamer Gottesdienst geplant; trotz allseits guten Willens, die Gebete, Lesungen und Lieder aufeinander abzustimmen, zeigt sich während der Feier, daß die Sprache einiger christlicher Texte zu wenig auf die Andersgläubigen Rücksicht nimmt und eine Reihe von Teilnehmern – nicht nur Muslime – veranlaßt, aus dem Raum zu gehen. Oder: Bei einer gemeinsamen geselligen Feier einer christlichen und einer muslimischen Gemeinde wird unmittelbar neben dem Tisch, an dem Muslime Getränke und Speisen anbieten, ein Bratwurststand aufgestellt, der für viele wie eine symbolische Konfrontation mit den muslimischen Speisegesetzen wirkt. Oder: Ein Schulleiter sucht eine türkische Familie zu Hause auf, um mit den Eltern über das Verhalten ihrer Tochter zu sprechen, ohne zu wissen, daß er damit als Mann respektlos ungebeten in einen fremden familiären Lebensraum und den besonderen Bereich der Hausfrau eindringt. (Eine Lehrerin hätte zunächst nicht mit denselben Schranken rechnen müssen; freilich wäre auch sie vielleicht bei den Erziehungsproblemen, die in die Zuständigkeit des Vaters fallen, nicht als Gesprächspartnerin angenommen worden.) – Solche Fälle

[33] Zum Spektrum der Aufgaben vgl. *M. Mildenberger* (1990).

des unmittelbaren Umgangs miteinander, scheinbar einfacher und dennoch offensichtlich komplizierter Beziehungen, ließen sich leicht vermehren.

– *Drittens* schließlich bleibt eine Aufgabe, die trotz ihres prinzipiellen theologischen Charakters für das allgemeine religiöse Bewußtseinsklima erheblich ist: *die Konsequenzen daraus zu bedenken, daß sich die gegensätzlichen dogmatischen Positionen der beiden Religionen nicht argumentativ überwinden lassen.* Die Religionen gehen in ihren Bekenntnissen von Annahmen aus und machen Aussagen, die sie nicht, wie es sonst bei sicherem Wissen der Fall sein sollte, rational begründen können. Selbst wenn Gläubige in der Lage sind, einigermaßen vernünftig darzulegen, warum sie es persönlich für verantwortbar halten, sich auf ein derartiges Bekenntnis einzulassen, so können sie doch aus der ihnen selbst gegebenen Glaubwürdigkeit ihres Glaubens nicht ableiten, daß ihnen auch andere dabei zustimmen müßten. Ein argumentatives Gespräch zwischen den Angehörigen verschiedener Religionen über »*die Wahrheitsfrage*« käme sehr schnell an Grenzen, bei denen der Weg nicht weiterführte. Doch ist damit diese Auseinandersetzung nicht einfach erledigt.

Daß uns andere bei Überzeugungen, die uns wichtig sind, die Zustimmung verweigern, könnte uns nur dann belanglos sein, wenn wir das Denken dieser Mitmenschen selbst von vornherein in irgendeiner Weise mit Geringschätzung abwehrten. Dies geschieht gerade gegenüber Muslimen sicher in großem Maß – und um so leichter, als man den Islam nur klischeehaft kennt. Sobald wir aber diese innere Strategie nicht übernehmen wollen, zieht Unruhe in uns ein; denn wir sind gefordert, wenigstens uns selbst gegenüber Rede und Antwort zu stehen. Wo wir die äußere Auseinandersetzung für wenig ergiebig halten, bleibt uns immer noch der brisante »*innere Dialog*«, bei dem wir den Gegensätzen von »Ja« und »Aber« und ausdrücklichem »Nein« nicht so leicht ausweichen können. Die Verlegenheiten liegen auf der Hand; denn das Christentum wie der Islam erheben in ihrem traditionellen dogmatischen Selbstverständnis einen universalen Wahrheitsanspruch wie keine der übrigen Religionen; doch ist nicht absehbar, wie sich dieser Anspruch in einer ebenso universalen Zustimmung bewähren könnte. So drängen sich Fragen auf:

– Sollte man angesichts der Begrenztheit der eigenen Überzeugungsgemeinschaft nach wie vor auf die noch ausstehende Übereinstimmung aller gutwilligen Menschen setzen? Aber wie lange? Gibt es auch nur geringe Anzeichen dafür, daß dies realistisch ist?

– Oder könnte man etwa die bestehenden Differenzen zwischen beiden Religionen in ihrer Bedeutung so weit herunterspielen, daß man sich »im Wesentlichen« jetzt schon einig wüßte?

– Sollte man den universalen Geltungs- und Wahrheitsanspruch überhaupt zurücknehmen und sich mit dem partikularen Nebeneinander der Religionen in ihrer jeweils begrenzten Leistungsfähigkeit zufrieden geben?

– Oder sollte man in solch prekärer Lage den traditionellen Gewißheitsstandard des religiösen Glaubens gemindert sehen? Ihn vielleicht eher als ein existentielles Postulat verstehen? Seine Annahmen und Aussagen gewissermaßen als ›Hypothesen‹ der eigenen Lebensform?

– Oder müßte man doch auch mit einer kollektiven Unaufgeschlossenheit der einen oder anderen Seite rechnen? Mit einem gemeinschaftlich mangelnden Gespür dafür, wo die größere Wahrheit ist? Mit einem geschichtlichen Erfahrungsdefizit der einen oder anderen Religion? (Aber welcher? Warum gerade der fremden?)

Die Antworten darauf lassen sich nicht einfach als theologische Auskunft oder im lehramtlichen Entscheid geben. Hier sind persönliche Wertungen im Spiel, die allgemeingültige Festlegungen verhindern und zu einem uneinheitlichen Spektrum von Optionen führen. Zwar wird nicht jede von ihnen gleichermaßen für das Selbstverständnis der vorgegebenen Religion repräsentativ sein können – manche Position wird über den Charakter einer subjektiven Einschätzung nicht hinauskommen–; aber in einer religiös-weltanschaulich pluralen Welt kann auch dies eine respektable Möglichkeit sein.

Andererseits ist freilich ebenso damit zu rechnen, daß sich unter dem Einfluß kultureller Verschiebungen auf Dauer auch das Selbstverständnis der Religionen ändert, ohne daß man dies von vornherein in seinem Ausmaß festlegen und auf einen normativ zulässigen Spielraum einschränken könnte. Zwar wird dies in der muslimischen Theologie theoretisch schon im Ansatz abgewehrt[34] – in der christlichen Theologiegeschichte finden wir ähnliche Tendenzen[35] –; doch fügt sich weder hier noch dort die historische Realität in allem den ihr auferlegten Normen.

Jede Religion steht unter unseren Bedingungen unausweichlich vor der spannungsvollen Aufgabe, sich einerseits im Wandel der Verhält-

---

[34] Zu »hermeneutischen Strategien im gegenwärtigen Islam« vgl. *Th. Mooren* (1991c).
[35] Vgl. S. 260 mit Anm. 12.

nisse treu zu bleiben und sich andererseits doch zugleich auch als lernfähig und korrekturbereit zu erweisen. Dabei läßt sich nicht von vornherein eindeutig fixieren, was ein für allemal bleiben muß und was sich unter neuen Erfahrungen ändern darf. Ob man diese notwendige Offenheit der Geschichte als einen Grund zur Verunsicherung und Abwehr oder eher zur Zuversicht sehen soll, ist selbst auch wieder eine Sache persönlicher Einstellung.

Wollte die Religionspädagogik im »interkulturellen Lernen« nur einen harmonischen Zuwachs an Einsicht und einen versöhnlichen Abbau von Vorurteilen anstreben, nicht aber auch mögliche Anstöße zu weiterreichenden, manchmal vielleicht beunruhigenden Revisionen des eigenen religiösen Selbstverständnisses, bliebe die Wahrnehmung fremder Religionen – in einer von Aufklärung und Säkularisierung geprägten Welt – zu harmlos.

Wenn sich die Religionen den neuzeitlichen Herausforderungen stellen, werden sie freilich nicht immer gleich die Situation und das Selbstbewußtsein ihres Glaubens als ganzen in den Blick nehmen müssen; zumeist werden sie sich vor undramatischere Entscheidungen gestellt sehen und sich um bescheidenere Antworten bemühen können.

4. Gotteslästerung oder Freiheit der Kunst? – Religiöse Empörungen in säkularer Gesellschaft

In *Salman Rushdies* Roman »*Die satanischen Verse*« planen ein englischer und ein indischer Film-Produzent »ein Theological«, das »in einer imaginären, sagenumwobenen Stadt aus Sand spielen und die Geschichte der Begegnung zwischen einem Propheten und einem Erzengel erzählen« soll. »Aber«, wendet dabei jemand sofort gegen einen solchen Film ein, »würde er nicht als Blasphemie aufgefaßt werden, als Verbrechen gegen . . . › Aber keineswegs‹, entgegnete Billy Battuta [der englische Produzent]. ›Phantasie ist Phantasie, und Fakt ist Fakt. [. . .] Wir machen einen ästhetisch anspruchsvollen Qualitätsfilm. Eine moralische Erzählung: vergleichbar einer – wie sagt man – Fabel.‹ ›Einem Traum‹, sagte Mr.Sisordia [der indische Koproduzent].«[1]

Deutlich spricht Rushdie hier die Vorwürfe an, mit denen er selbst rechnet, und vielleicht hofft er, daß er sie auf diesem indirekten Weg abweisen könnte. Aber die »Affäre«, die er in der realen Öffentlichkeit auslöste, zeigt mit makaberer Überzeugungskraft, daß der Satz *»Phantasie ist Phantasie, und Fakt ist Fakt«* offenbar so nicht stimmt – nicht stimmt in dem spannungsvollen Kräftefeld der weltanschaulich pluralen, gar multikulturellen Gesellschaften, aber auch schon nicht in der schlichten Theorie: denn eine Phantasie, die sich ins Werk setzt, ist selbstverständlich auch ein Faktum, möglicherweise – wie dieser Fall belegt – sogar ein äußerst folgenreiches.

Unübersehbar hatte Rushdie die drohende Konfrontation von vornherein in aller Schärfe vor Augen; denn einige Äußerungen seines Romans nehmen die spätere aggressionsgeladene Realität in aufregend prognostischer Sicht vorweg. »Ein Buch ist das Produkt eines Paktes mit dem Teufel, das den Faustischen Vertrag verkehrt«, bemerkt eine seiner Figuren, »Dr. Faustus opferte die Ewigkeit für zwei Dutzend Jahre der Macht; der Schriftsteller akzeptiert die Zerstörung seines Lebens und gewinnt (aber nur, wenn er Glück hat) vielleicht nicht die Ewigkeit, so doch wenigstens die Nachwelt. Beide Male [. . .]

---

[1] *S. Rushdie* (1989), 275 f.

gewinnt der Teufel.«[2] Und an einer weiteren Stelle des Romans wird von einem indischen Autor erzählt, der mit einem Gedichtband die Empörung von Hindus hervorgerufen hat. Ein Professor verkündet daraufhin öffentlich, daß ein solcher Dichter »›das Recht verwirkt‹ habe, ›sich einen indischen Dichter zu nennen‹«; ihm gegenüber fordern aber andere, daß die Verführungskraft der Religion gebrochen werden müsse, daß man jedenfalls solche Auseinandersetzungen nicht vermeiden könne, ihnen nicht ausweichen dürfe: »Im Indien von heute werden Frontlinien gezogen [. . .]. Säkular gegen religiös, Licht gegen Finsternis. Überleg dir genau, auf welcher Seite du stehst.«[3]

Vielleicht brachte Rushdie sogar ein kräftiges Stück Selbstkritik in seinem Roman unter; denn als hier ein Dichter der Wüstenstadt Jahilia (die deutlich an Mekka erinnert und als Name den muslimisch-theologischen Begriff für die ungläubige »Unwissenheit« trägt) die Idee hat, die zwölf Huren im berühmtesten Bordell der Stadt nach den Frauen Mohammeds zu benennen, da erfährt er zwiespältigen Zuspruch: »Es ist sehr gefährlich [. . .], aber es dürfte sehr gut für's Geschäft sein. Wir müssen vorsichtig sein, aber wir werden es machen.«[4] Daß Rushdie selbst gerade derartige Vorgänge, die an Ereignisse und Gestalten zur Zeit des Propheten erinnern, in den »Satanischen Versen« durchspielt, provoziert den schärfsten Protest gegen das Buch und seinen Autor. Die Details der Aufregung können dahingestellt bleiben.[5] Das entscheidende Ärgernis reicht tiefer: »*Säkular gegen religiös*« heißt die scharfe Konfrontation.

Dies muß in westlicher Öffentlichkeit zunächst überraschen; denn eine solche Alternative scheint hier kaum ernsthaft zur Entscheidung anzustehen. Zu mächtig sind die Erfahrungen der Neuzeit, daß eine säkulare Ordnung von Gesellschaft und Staat, d. h. eine Ordnung, die nicht von religiösen Glaubensüberzeugungen her bestimmt und zusammengehalten ist, das friedfertige Zusammenleben eher fördert; und daß umgekehrt die Komplikationen, ja Aggressionen in dem Maße wachsen, als religiöse Gemeinschaften darauf aus sind, ihre besonderen Maßstäbe als allgemeine rechtliche Verpflichtung durchzusetzen.

Doch solange überhaupt derart einfache Oppositionen vorherrschen – »Licht gegen Finsternis«, wie es gerade hieß –, liegen die Ant-

[2] Ebd. 455.
[3] Ebd. 525 f.
[4] Ebd. 381.
[5] Vgl. dazu S. *Akhtar* (1989), 13–36 bzw. (1990).

worten gar zu schnell parat und geraten leicht zu grob. Es ist nicht von vornherein schon ausgemacht, daß unsere säkulare Gesellschaft für die Koexistenz verschiedener Kulturen und Bewußtseinslagen in jeder Hinsicht förderlich ist. Der »Fall Rushdie« läßt ahnen, daß unter der Oberfläche des spektakulären Ereignisses Auseinandersetzungen stattfinden, bei denen sich eindeutige Werturteile und Frontziehungen verbieten. Die einzelne Affäre steht jedenfalls in größerem Zusammenhang.

a. »Rushdie« und andere Fälle

Als die »Satanischen Verse« auf Englands Buchmarkt erschienen, war der Autor relativ wenig bekannt, obwohl er schon einige beachtete Romane und Erzählungen geschrieben hatte (und zwei auch ins Persische übersetzt waren[6]). Weithin nahm man nur die Empörungen wahr; aber auch an ihnen war nicht ablesbar, wer denn dieses Buch überhaupt kannte. Was Rushdie eigentlich geschrieben hatte, schien unerheblich gegenüber dem Todesurteil, das Ayatollah Khomeini vor aller Welt über den Autor verhängte – genauer gesagt: Er erklärte in einer Fatwa, einem Rechtsgutachten, daß Rushdie selbst sich die Todesstrafe zugezogen habe, die in der gegebenen Lage von jedermann vollstreckt werden dürfe.[7] Schon zuvor gab es allerdings Proteste und Unruhen in Indien, Pakistan und anderen Ländern.[8] Daß zugleich mit dem Urteilsspruch Khomeinis noch eine Tötungsprämie ausgesetzt wurde, verschärfte die Lage; durch eine stufenweise Erhöhung dieses ›Kopfgeldes‹ – zuletzt im November 1992 als Reaktion auf einen vorausgehenden Deutschland-Besuch Rushdies von einer auf zwei Millionen Dollar[9] – konnte die Todesdrohung der Weltöffentlichkeit immer wieder in Erinnerung gerufen werden.

Dies mußte für die kulturelle, rechtliche und politische Situation der westlichen Länder eine ungeheuerliche Sache sein.[10] Nach den

---

[6] *M. Ruthven* (1990), 108, nennt »Midnight's Children« und »Shame«.

[7] Vgl. den Wortlaut des Aufrufs über Radio Teheran vom 14. 2. 1989, ebd. 84. Zum religionsgeschichtlichen Hintergrund vgl. *C. W. Ernst* (1987).

[8] Vgl. *M. Ruthven* (1990), 85–92, 107–109.

[9] Vgl. FAZ vom 3. 11. 1992, 37, über die Erhöhung der Prämie durch die »private religiöse ›Stiftung des 15. Chordad‹«.

[10] Zu den weltweit gegensätzlichen Stimmen vgl. *J. S. Nielsen* (1989); *M. Ruthven* (1990), 81–130; *Z. Sardar / M. W. Davies* (1990), 184–237; zur englischen Presse *Bh. Parekh* (1990); im Blick auf Reaktionen in der Türkei *R. Freitag* (1989); zu den Äußerungen der Kirchen und anderer nichtmuslimischer Religionsgemeinschaften in Großbritannien *P. Weller* (1990).

Schlagworten der nichtmuslimischen Öffentlichkeit erhob sich hier »das finsterste Mittelalter« gegen die Moderne, Fanatismus gegen aufgeklärte Liberalität, Barbarei gegen die zivilisierte Welt. Nicht wenige meinten sogar, daß sich darin einfach das wahre Gesicht des Islam zu erkennen gebe; denn – dies verschärfte die Situation gewaltig – es blieb nicht bei der todesträchtigen Stimme aus dem Osten: sie fand in der übrigen Welt ein vielfältig einstimmendes Echo, bis hin zur Ermordung eines führenden Muslim in Brüssel, nachdem dieser mit differenzierteren Urteilen auf seine Glaubensbrüder mäßigend einzuwirken versucht hatte, des japanischen Übersetzers der »Satanischen Verse« in Tokio und des Anschlags auf den italienischen Übersetzer.

Es wurde schwer, sich über die Fronten hinweg zu verständigen: wollten die einen etwas zu »Gotteslästerung«, »Beleidigung« einer Religion, »Schmähung« des Propheten u.ä. sagen, sprachen die anderen von der tödlichen Bedrohung eines Dichters und dem massiven Angriff auf die fundamentalen Normen des Zusammenlebens, die als »Menschenrechte« gelten. Hier prallten unterschiedliche Welten aufeinander; und jede hatte ein anderes Thema.

So erregend der Fall für alle Seiten war, so exotisch konnte er dabei doch zugleich erscheinen, aus fernen geistigen Regionen importiert. Denn auch der Autor, der die Empörung auslöste, war zwar englischer Staatsbürger, aber indischer und muslimischer Herkunft. Sein Werk verarbeitete gerade diese besonderen biographischen Spannungen.[11] Vielen seiner Gegner andererseits galt Rushdie als ein Abtrünniger und ein willfähriges Instrument für die prinzipielle Feindschaft des Westens gegenüber dem Islam.[12] Für einen *Apostaten* aber sieht das islamische Recht die Todesstrafe vor.[13] Bei all dem schien das Thema »Gotteslästerung« keine Sache zu sein, die eigentlich die westliche Kultur von sich aus noch beschäftigen müßte.

Doch in zeitlicher Nähe zu dieser Affäre explodierte in einem Pariser Kino eine Bombe, weil ein Film des Amerikaners *Martin Scorsese,* »Die letzte Versuchung Christi«, die Gemüter erregte[14], vor allem eine

---

[11] Vgl. *C. Leggewie* (1993), 83–85: La Condition migratoire.

[12] So durchgängig *Abu Hussain* (1989); *R. S. Ahmad* (1989).

[13] Zu den traditionellen und einigen neueren strafrechtlichen Einschätzungen der Apostasie vgl. *A. El Baradie* (1983), 123–125; *M. Forstner* (1991b), 116–119; *A. E. Mayer* (1991), 163–187; *M. Talbi* (1985), 108–112.

[14] Vgl. *Steffen Wolf,* Martin Scorseses Film Die letzte Versuchung Christi. Dokumentation / Analyse von Zuschriften an FBW und FSK, Wiesbaden: Filmbewertungsstelle (FBW) Freiwillige Selbstkontrolle der Filmwirtschaft (FSK) 1989.

Szene, bei der Jesus am Kreuz visionär eine andere Möglichkeit seines Lebens erfährt: Er sieht Maria Magdalena auf sich zukommen und geht ihr entgegen; sie lieben einander – der Film wählt unverstellte Bilder erotischer und sexueller Sinnlichkeit–; Jesus entscheidet sich – anders als in der biblischen Überlieferung – für Ehe und familiäre Gemeinschaft. Die Auseinandersetzungen, die in Paris bis zur Explosion im wörtlichen Sinne führten, waren auch andernorts von Bombendrohungen begleitet; manche Kinos zogen ihre Ankündigung, den Film aufzuführen, wieder zurück; oder Protestgruppen versammelten sich in erregter Stimmung vor ihren Türen. Das Argument war prinzipiell dasselbe wie gegenüber den »Satanischen Versen«: Schmähung der Religion, Beleidigung der Gläubigen, Blasphemie. Bezeichnenderweise schlossen sich auch Muslime diesen Empörungen an[15]; denn auch sie sahen hier die Würde eines Propheten verletzt (zumal nach muslimischem Urteil ein Gesandter Gottes, also auch Jesus, grundsätzlich in keiner Weise filmisch dargestellt werden dürfte). So wurden schließlich auf muslimischer Seite beide Fälle in dem massiven Urteil zusammengeführt: »Der Film ›*Die letzte Versuchung Christi*‹ und ›*Die Satanischen Verse*‹ sind lediglich bisherige Höhepunkte einer Entwicklung, die zum Ziel hat, den Menschen vollends von seinem Schöpfer zu entfernen und ihn damit von seiner eigenen Natur zu entfremden.«[16]

Die Beispiele ließen sich vermehren. Am 19. 12. 1989 ist im Feuilleton der Frankfurter Allgemeinen Zeitung zu lesen: »Gotteslästerung? / Britischer Videofilm verboten. / Wegen ›Gotteslästerung‹ hat die britische Zensurbehörde den zwanzigminütigen Videofilm ›Ekstatische Visionen‹ für den Verkauf verboten. Der Film versucht die erotischen Gesichte der heiligen Therese von Avila zu zeigen. Die Zensoren vom British Board of Film Classification nahmen an mehreren Szenen Anstoß. Dazu gehört die Darstellung von zwei Nonnen, die sich zwischen zwei Bildern des Heilands lieben, oder auch die Passage, in der die Heilige rittlings auf dem lediglich mit einem Lendenschurz bekleideten Christus sitzt. Der Direktor der Behörde sprach von einem Angriff auf die Göttlichkeit Jesu Christi, der als Opfer sexueller Begierden gezeigt werde. / Der Filmproduzent John Stephenson beklagt einen ungeheuerlichen Fall von Zensur. Meinungsfreiheit

---

[15] So etwa bei den 8. Istanbuler Filmfestspielen im März 1989; vgl. *Abu Hussain* (1989), 136.

[16] Ebd. 10. – Demgegenüber betont *S. J. Al-'Azm* (1991), 27–30, in einem Vergleich, daß dieser Film keinesfalls gleicherweise wie Rushdies Roman als ein blasphemisches Werk angesehen werden dürfe.

in religiösen Dingen gehöre zu den Grundrechten. Das Gesetz über Gotteslästerung, so Stephenson, müsse gestrichen werden. Seit 77 Jahren berief sich die Zensurbehörde zum ersten Mal auf dieses Gesetz.«

Im Herbst 1990 reizt ein vom Wiener Burgtheater aufgeführtes Stück – »Tod und Teufel« von Peter Turrini – empfindliche Katholiken; ein konservativer Bundesrat stellt Strafanzeige; denn er sieht religiöse Gefühle verletzt: Auf der Bühne sucht ein Priester nach dem Bösen und findet es in einem städtischen Milieu von Obszönität und Gewalt; verzweifelt kreuzigt sich der Priester am Ende selbst.[17]

Immer wieder erscheint in diesen Fällen Religiöses verquickt mit Sexualität. Das Anstößige und die Empfindlichkeiten sind nicht auf ein muslimisches Klima beschränkt. Für die britische Situation besonders pikant ist, daß eine entsprechende juristische Anklage Rushdies vom Gericht mit dem Argument zurückgewiesen werden mußte, daß nach dem dort geltenden Gesetz nur die Würde der christlichen Religion geschützt ist; daß also die Schmähung eines anderen Bekenntnisses prinzipiell kein strafwürdiger Tatbestand sein kann, es sei denn, das Parlament ändere das Gesetz; aber dafür gibt es bislang keine ernsthaften Anzeichen.[18] Offensichtlich ist das Problem »Blasphemie« also doch nicht einfach exotisch importiert, sondern auch in westlichen gesellschaftlichen Bedingungen verwurzelt.

Aber – so mag man hier vielleicht schnell einwenden – die Empfindlichkeiten gehen heute faktisch kaum mehr in erster Linie von der breiten Bevölkerung aus, nicht von den Kirchen, nicht von repräsentativen konfessionellen Strömungen, sondern von kleinen Gruppen, die man gerne »*fundamentalistisch*« nennt, weil sie ihre eigenen überkommenen Maßstäbe durch alle Zeiten hindurch unverändert zur immer geltenden Grundlage von Religion und Moral machen möchten. So könnte man das Thema »Gotteslästerung« doch wieder in einer passenden Schublade ablegen: als eine Angelegenheit derer, die in ihrer Religiosität absonderlich traditionell sind, auf jeden Fall in der Minderheit, auch wenn sie sich lautstark bemerkbar machen.[19]

Ganz so einfach ist aber die Sache nicht: erstens wird bei manchen Fällen deutlich, daß die Empörungen doch von den Maßstäben und Empfindlichkeiten einer breiteren Öffentlichkeit getragen sind; zwei-

---

[17] Vgl. Publik-Forum, 19. Jg., Nr. 24, 30. 11. 1990, 20–22.
[18] Vgl. *P. Weller* (1990), 40–42. Zum Straftatbestand der Blasphemie in der englischen Rechtsgeschichte vgl. *G. D. Nokes* (1928)
[19] Vgl. auch *A. Skriver* (1962). Dieses Buch stellt im einzelnen 16 Prozesse vor, vom Ende des 19. Jahrhunderts bis in die 60er Jahre; zumeist wirken die hier verzeichneten Erregungen heute reichlich antiquiert.

tens gibt unser Rechtssystem nach wie vor entsprechenden gerichtlichen Verfahren Raum; drittens schließlich bleibt zu bedenken, wieweit sich in einigen dieser Vorgänge auch ein Stück Rücksichtslosigkeit der dominierenden Gesellschaft gegenüber dem Wertempfinden derer offenbaren könnte, die sich als Minorität nicht ihren Maßstäben fügen.[20]

Der wohl am meisten beachtete Rechtsstreit, der in unserem Jahrhundert um Gotteslästerung und Freiheit der Kunst vor deutschen Gerichten geführt wurde, ist der um drei Zeichnungen des Malers *George Grosz,* von denen das bekannteste vielfach unter dem Namen »*Der Jesus mit der Gasmaske*« zitiert wird.[21] Ein Kommentar zu unserem Strafgesetzbuch sieht in diesem Prozeß einen »Höhepunkt in dem Konflikt zwischen Kunstfreiheit und Strafrecht, der sich [...] an dem durch den Auszug der Schönheit aus dem Bereich der Ästhetik gekennzeichneten Wandel der Maßstäbe in der Kunstauffassung entzündet hatte«.[22] Zwar endete dieser Rechtsstreit schon 1931, so daß man auch hier von vornherein sagen könnte, er entspreche nicht mehr der heutigen Mentalität; aber noch im Rückblick zeigt er, daß solche Auseinandersetzungen um Kunst und Religion tiefer in den gesellschaftlichen Verhältnissen verankert sind und sich nicht einfach nur auf das besondere Bewußtsein einiger randständiger Gruppen zurückführen lassen.

Die Wortprotokolle der Verhandlungen geben darüber Aufschluß, was die Richter dem Künstler als anstößig vorhalten, etwa[23]: »[...] der Pfarrer balanciert ein Kreuz auf der Nase? [...] Im allgemeinen befaßt sich doch ein Pfarrer, insbesondere wenn er, wie hier, predi-

---

[20] In dieser Hinsicht beachtenswert ist die kleine Schrift der Muslimin *R. Kabbani* (1989), die sich deutlich von »dem unannehmbaren Todesurteil eines Ayatollah Khomeini« absetzt (9), zugleich aber die westliche Welt anprangert, die nach ihrer Erfahrung noch tief in der »Tradition der Verleumdung« (11–24) steckt.

[21] Es handelt sich um die Zeichnung Nr. 10 »Maul halten und weiter dienen« der Mappe »Hintergrund«, die 1928 vom Malik-Verlag veröffentlicht wurde. Die beiden anderen inkriminierten Blätter sind Nr. 2 »Seid untertan der Obrigkeit« und Nr. 9 »Die Ausschüttung des heiligen Geistes«. Vgl. *Uwe M. Schneede,* George Grosz. Der Künstler in seiner Gesellschaft, Köln ⁴1984, 176–182. Vgl. auch *Lothar Fischer,* Georg Grosz in Selbstzeugnissen und Bilddokumenten, Reinbek 1976, 97–102.

[22] *Strafgesetzbuch. Leipziger Kommentar.* Großkommentar, hg. von Hans-Heinrich Jescheck [u. a.], 4. Bd.: §§ 80–184c, Berlin / New York ¹⁰1988, Elfter Abschnitt: Straftaten, welche sich auf Religion und Weltanschauung beziehen (Bearbeiter: *Karlhans Dippel),* vor § 166, Nr. 7, Anm. 10 (mit Zitat von Henkel ZStW 51 [1931] 917). Wenn diese kunstgeschichtliche Entwicklung hier »in der zweiten Hälfte des 20. Jahrhunderts« lokalisiert wird (oben ausgelassen), so kann dies nur ein Druckfehler sein.

[23] Die folgenden Zitate sind *A. Skriver* (1962), 84–90, entnommen.

gen soll, nicht mit Jongleurkunststücken. [...] Aus seinem Munde kommen Granaten, Bajonette, ein ganzes Geschütz, ein Gewehr, ein Säbel heraus. Die Hände sind zu Fäusten geballt [...]. Nun steht darunter: ›Die Ausschüttung des heiligen Geistes‹ [...], heißt das doch: So stellt der Geistliche den heiligen Geist dar [...].« Dagegen betont Grosz: »Nein, es handelt sich hier hauptsächlich um einen Prediger, der für den Krieg predigt, [...] was er spricht, sind Granaten, Gewehre, Kanonen usw.« Diese Antwort reicht dem Vorsitzenden nicht hin: »Es ist sehr wohl denkbar und wahrscheinlich auch oft vorgekommen, daß ein Pfarrer im Kriege den Mut anfeuernde Reden auch von der Kanzel gehalten hat. Es mag auch sein, daß es Leute gegeben hat, die das für nicht vereinbar mit dem Amt eines Pfarrers angesehen haben. Aber das nun als Ausschüttung des heiligen Geistes zu bezeichnen, haben Sie das mit dem vereinbar gehalten, was durch den § 166 des Strafgesetzbuches geschützt ist, was also der großen Zahl des deutschen Volkes doch heilig ist? [...] Es ist Ihnen ganz einerlei, ob jemand anderes beleidigt wird oder ob eventuell Einrichtungen der Kirche herabgewürdigt werden?« Demgegenüber räumt Grosz ein: »Natürlich beleidige ich dadurch sicher eine Mehrheit, wie der Prozeß beweist.«

Am bedenklichsten erscheint dem Richter die Christusdarstellung: »[...] eine Gasmaske in Verbindung mit einer Brille, wie sie auch im Gaskampf zeitweise getragen wurde [...]. Das Kreuz steht etwas schräg, wie wenn es hinstürzt, und darunter stehen die Worte: ›Maul halten und weiter dienen!‹ Hier kann es doch keinem Menschen entgehen, daß gläubige Christen durch eine solche Darstellung schwer verletzt werden. [...] Soll ›Maul halten und weiter dienen‹ ein Wort sein, das an ihn [Jesus] gerichtet wird, oder eins, das er spricht?« Für Grosz ist die Lesart klar: »Das wird an ihn gerichtet.« »[...] ich habe mir so vorgestellt, daß Christus zwischen den Schützengräben herumgeht und verkündet: Liebet euch untereinander. Ich dachte mir: in demselben Moment würde man ihn packen, ihm eine Gasmaske geben und Militärstiefel anziehen, also kurz, man würde ihn überhaupt nicht verstehen. Also hier kommt Christus sogar sehr gut weg. Er wird von einer anderen Macht vergewaltigt.«

Das gerichtliche Verfahren ging über drei Instanzen; die erste verurteilte Grosz wegen Beschimpfung kirchlicher Einrichtungen, die zweite sprach ihn frei, das Reichsgericht hob den Freispruch wieder auf und verwies das Verfahren an das Landgericht mit der Begründung zurück: »Es kommt [...] überhaupt nicht darauf an, welche

Zwecke der Angeklagte verfolgte, sondern darauf, ob er die Angehörigen einer der christlichen Kirchen in ihren religiösen Empfindungen durch eine rohe Beschimpfung ihrer Einrichtungen und Gebräuche verletzt hat [. . .]«. Erneut wurde Grosz aber freigesprochen; wieder gab es Revision und noch einmal Verhandlung. Am Ende wurde die Vernichtung der Zeichnungen, der Druckplatten und der veröffentlichten Abbildungen angeordnet; doch dies gelang nur zum geringen Teil.

Bezeichnenderweise trat im ganzen Prozeß kein »Verletzter« oder »Beschimpfter« auf; wer die Anzeige beim Staatsanwalt erstattet hatte, blieb unbekannt. »Es genügt«, erklärte das Reichsgericht, »daß ein Bild geeignet ist, [. . .] als eine Beschimpfung der Kirche oder ihrer Einrichtungen und Gebräuche empfunden zu werden.«

Deutlich wird aus dieser kleinen Skizze bereits, wie hier nicht einfach irgendein Angriff auf die Religion zur Verurteilung anstand, sondern eine sarkastische Kombination religiöser Motive mit kriegerischen. Ein gewohntes Zusammenspiel von Christentum und Politik war mißachtet und geschmäht worden. Daß dabei nach Ansicht des Künstlers Jesus Christus selbst »sehr gut wegkam«, spielte dann keine Rolle.

Auch bei anderen derartigen Fällen läßt sich diese Kombination von politischen und religiösen Empfindlichkeiten zeigen. So wurde etwa 1959 eine »Paradiesesgeschichte«, die in der Heidelberger Studentenzeitschrift veröffentlicht worden war, mit dem Hinweis darauf angezeigt, daß sich das »journalistische Machwerk« von nationalsozialistischer Greuelpropaganda nur dadurch unterscheide, daß sie ihren politischen Standort »diesmal links von aufrichtigen Demokraten« suche[24]; und so warf 1989 das Bonner Innenministerium dem Regisseur *Peter Krieg* »Verunglimpfung staatlicher Symbole« vor in Tateinheit mit »schwerwiegender Verletzung des religiösen Gefühls gläubiger Christen«[25]. Die Empfindlichkeiten und Empörungen, die zu solchen Konfrontationen führen, richten sich also meistens nicht nur auf den Schutz bestimmter religiöser Elemente, sondern darüber hinaus auf die Behütung gewohnter und geschätzter gesellschaftlicher Werte überhaupt und dabei eben auch politischer Verhältnisse.

---

[24] Ebd. 99.
[25] Quelle: Südwestpresse, 5. 8. 1989, zit. von *H. Cancik* (1990), 34 (»Das Kölner Verwaltungsgericht vermochte dagegen in demselben Kunstwerk Verunglimpfungen, erhebliche Ehrenkränkung oder bösartige Beschimpfung eines religiösen Bekenntnisses nicht zu erblicken.«)

Freilich erscheinen im Rückblick die Vorwürfe oft als Symptome einer überreizten Irritierbarkeit. Beispielsweise sah ein entsprechender Bewertungsausschuß schon dadurch »das religiöse Empfinden vieler Menschen [...] verletzt, daß in dem Film ›Léon Morin, Prêtre‹ von *Jean-Pierre Melville* [1963/64; dt. unter dem Titel »Eva und der Priester«] ›eine Absolution erteilt wurde, ohne daß die Beichtende Reue empfunden habe‹ [...]. Außerdem ›verletzte der Film das religiöse und sittliche Empfinden‹, wenn ›Eva einen Blick aufs Bett wirft, während der Abbé sie in ihrer Wohnung besucht‹! [...] Ebenfalls wegen ›Verletzung des religiösen Empfindens‹ und wegen ›tendenziöser Verfälschung geschichtlicher Tatsachen‹ wurde der 15minütige Kurzfilm ›Die Wechsler im Tempel‹ verboten, weil der Film in dokumentarischer Form Christusworte mit historischen und zeitgeschichtlichen Ereignissen konfrontiert und den Machtmißbrauch der Kirche nachzuweisen sucht. Wobei die Tatsache, daß die katholische Kirche von einem ›Pamphlet‹ spricht, während die evangelische Kirche den Film für einen ›ernstgemeinten und ernstzunehmenden Versuch‹ hält, ›sich mit der christlichen Botschaft und ihrer Verbreitung durch die Kirchen auseinanderzusetzen‹, zeigt, daß es nicht nur ein einheitliches religiöses Gefühl in der bundesrepublikanischen Wirklichkeit gibt.«[26]

Deutlich gehören bei den Vorgängen, die hier neben den Fall Rushdie gestellt sind, beide Seiten – die Provozierenden und Provozierten – derselben Gesellschaft an. Die anstößige Distanzierung hebt die Zusammengehörigkeit nicht auf. Das Ärgernis kann sogar wie bei Georg Grosz ausdrücklich um einer sozialen Verantwortung willen gewollt sein, als Bloßstellung derer, die in ihrer Macht rücksichts- und empfindungslos geworden sind, als Angriff des Einzelnen gegen eine hohle Fassade, als Protest gegen den Mißbrauch religiöser Werte. Zunächst könnte man dies bei Rushdies »Satanischen Versen« ähnlich sehen, denn auch hier spielt ein Autor mit einer Tradition, der er selbst entstammt und sich offensichtlich auch noch widerspruchsvoll verhaftet sieht. Dennoch ist der Unterschied erheblich: Rushdie schreibt nicht in Indien oder Pakistan, er hat seinen Buchmarkt und seine eigentlichen Leser nicht in muslimischer Kultur, sondern im Westen, in dem Teil der Welt also, der ansonsten allen übrigen Regionen seine technische, wirtschaftliche und militärische Macht demonstriert. Es wäre zu harmlos, sähe man in einem solchen Fall nur den

---

[26] *Peter Bär,* Die verfassungsrechtliche Filmfreiheit und ihre Grenzen: Filmzensur und Filmförderung, Frankfurt 1984, 190 f.

einzelnen Literaten, der mit seinem privaten phantastischen Werk für irgendwelche Gruppen zum Ärgernis wird. Hier steht vielmehr auch die säkularisierte Gesellschaft, der dieses Buch zum literarischen Genuß publiziert wird, einer religiösen Kultur gegenüber, die sich ohnehin von langer Geschichte her den Angriffen des Westens ausgesetzt sieht, und Menschen, die – vielfach entwurzelt – im religiösen Glauben ihren Zusammenhalt und ihre Identität suchen.[27] Doch solche Hintergründe sind nicht justitiabel.

b. Gott und Religion im Schutz der Gesetze

Das heute geltende Strafgesetzbuch sagt in *§ 166:*

»(1) Wer öffentlich oder durch Verbreitung von Schriften [...] den Inhalt des religiösen oder weltanschaulichen Bekenntnisses anderer in einer Weise beschimpft, die geeignet ist, den öffentlichen Frieden zu stören, wird mit Freiheitsstrafe bis zu drei Jahren oder mit Geldstrafe bestraft.

(2) Ebenso wird bestraft, wer öffentlich oder durch Verbreiten von Schriften [...] eine im Inland bestehende Kirche oder andere Religionsgesellschaft oder Weltanschauungsvereinigung, ihre Einrichtungen oder Gebräuche in einer Weise beschimpft, die geeignet ist, den öffentlichen Frieden zu stören.«

Es fällt sofort auf: Hier ist von »Gotteslästerung« nicht die Rede. Mit dem 1. Gesetz zur Reform des Strafrechts vom 25. 6. 1969 »hat sich der Gedanke durchgesetzt, daß nicht Gott selbst, auch nicht das religiöse Gefühl des einzelnen, zu schützen sind, sondern das friedliche Zusammenleben der Menschen verschiedener Bekenntnisse oder Anschauungen untereinander.«[28] Der Strafgrund kann hier nicht mehr im Angriff auf irgendeine heilige Sphäre, sondern allein in »der Verletzung menschlicher Interessen«[29] gesehen werden. Damit wurde ein Argument berücksichtigt, das von der *Aufklärung* gegen die Bestrafung von Gotteslästerung angeführt wurde, sich aber gegen eine geschichtsträchtige Rechtstradition lange nicht durchsetzen konnte.

[27] Dies übersieht völlig *S. J. Al-'Azm* (1991), wenn er Rushdies Provokationen auf eine Ebene mit denen von Rabelais, Voltaire, Joyce, Genet u. a. stellt. Vgl. demgegenüber *Z. Sardar / M. W. Davies* (1990) in ihrer scharfen, aber auch plakativen Abrechnung mit dem verbreiteten Unverständnis gegenüber den muslimischen Empörungen. – Auf das im Islam verbreitete Mißtrauen gegenüber den Dichtern verweist *C. Leggewie* (1993), 78–83: Dichtung als Mutter aller Schmähungen.

[28] *Strafgesetzbuch. Leipziger Kommentar* (s. Anm. 22), Vor § 166, Nr. 2.

[29] *Y. Karow* (1990), 140.

Die Wurzeln des Gotteslästerungsparagraphen reichen zurück bis in die *alttestamentlichen Schriften* einerseits und das *spätrömische Recht* andererseits.[30] Zwar galt zur Zeit des römischen Geschichtsschreibers *Tacitus* (55–120 n. Chr.) in der antiken Rechtsprechung noch der Grundsatz: »*Deorum iniuriae dis curae*« (Das den Göttern zugefügte Unrecht ist Sache der Götter)[31]; doch fand diese Toleranz ihre Grenze, wo man die allgemeine Sicherheit tangiert sah. »Nicht die Verfehlung gegen eine Gottheit wurde bestraft, sondern die Bedrohung des Staates.«[32] In den biblischen Überlieferungen kann man dagegen das Gebot, Gottes Namen heilig zu halten, prinzipieller geschützt finden. In Ex 22,27 heißt es: »Du sollst Gott nicht verächtlich machen und einen Fürsten deines Volkes nicht verfluchen« – eine bezeichnende Kombination himmlischer und irdischer Herrschaft –, und dazu fügt sich als Sanktion Lev 24,16: »Wer den Namen des Herrn schmäht, wird mit dem Tod bestraft; die ganze Gemeinde soll ihn steinigen«. Nach der Gesetzgebung *Kaiser Justinians* gehört die Gotteslästerung vom 6. Jahrhundert n. Chr. an schließlich »zu den schwersten und strafwürdigsten Verbrechen (crimen laesae majestatis)«[33] – mit der Begründung: »wegen solcher Delikte gibt es nämlich Hungersnöte, Erdbeben und Seuchen«[34].

Aber schon 399 v. Chr. wurde *Sokrates* unter dem Vorwurf angeklagt und zum Tode verurteilt, daß »er die jungen Leute verdirbt und nicht dem Brauch gemäß jene Götter verehrt, welche die Stadt verehrt«.[35] Und bekanntlich lautete auch für Jesus der Hinrichtungsgrund nach dem Zeugnis der Evangelien: »Er hat Gott gelästert« (Mt 26,65; vgl. Mk 14,64). Das hatte freilich im Christentum nicht zur Folge, daß diese Beschuldigung selbst fragwürdig geworden wäre. Im Mittelalter wurde der Vorwurf der Gotteslästerung sogar kräftig ausgeweitet, so daß er beispielsweise auch bei der Anklage wegen Ketzerei herangezogen werden konnte.

Allerdings kam bei all dem bis zur Neuzeit der Kunst keine Bedeutung zu; denn einerseits war sie in den früheren Epochen kaum ein Medium, um das zu artikulieren, was man damals als Gotteslästerung begriff, und zum anderen hätte die Kunst sich damals auch noch nicht

---

[30] Zum Überblick vgl. *L. W. Levy* (1987), 238–242; *ders.* (1981); *H. Merkel* (1981).
[31] Annales I, 73.
[32] *Y. Karow* (1990), 139.
[33] *Strafgesetzbuch. Leipziger Kommentar* (s. Anm. 22), Vor § 166, Nr. 2.
[34] Aus *Justinians* Novelle 77, lat. zit. ebd. vor § 166, Nr. 2, Anm. 3.
[35] *Platon,* Apologie, 24 bc.

auf eine eigene »Freiheit« berufen können. Dies wurde erst im Rahmen eines gewandelten Verständnisses ihrer gesellschaftlichen Rolle und unter der Voraussetzung moderner Grundrechte denkbar.

c. Freiheit der Kunst – gesetzlich und pragmatisch

Artikel 5 des Grundgesetzes für die Bundesrepublik Deutschland garantiert in Absatz 3: »Kunst und Wissenschaft, Forschung und Lehre sind frei.« Dies besagt freilich nicht, daß das Freiheitsrecht schrankenlos gewährt ist; aber seine Grenzen können »allein von der Verfassung selbst« her gesetzt werden.[36] »Hierzu gehört das sich aus Artikel 4 GG ergebende und in § 166 geschützte Gebot, das religiöse und weltanschauliche Bekenntnis anderer zu achten. [...] Verletzt also ein Kunstwerk durch die ihm innewohnende Aussage dieses Gebot in so grober Weise, daß dies geeignet ist, den öffentlichen Frieden zu stören, so wird seine Verbreitung durch das Grundrecht der Freiheit der Kunst nicht mehr gedeckt.«[37] Aber umgekehrt werden auch die Bestimmungen des Strafgesetzbuchs durch das Grundrecht der Kunstfreiheit selbst wieder eingeschränkt. Hier besteht also eine Wechselbeziehung zwischen zwei Normen, deren Gleichgewicht nicht leicht zu ermitteln ist.

So erklärt etwa ein Kommentar, daß es bei der strafrechtlichen Beurteilung zeitgenössischer Kunst nicht »auf die Empfindungen ankommen kann, die das Werk bei Menschen auslöst, die an zeitgenössischer Kunst nicht interessiert sind«.[38] Dies bringt in die Sache sicher eine weitere erhebliche Komplikation. Bei aller Unschärfe dieser Voraussetzung ist deutlich erkennbar, daß nicht jeder, der sich in seinem religiösen Empfinden beleidigt fühlt, schon zuständig sein soll, einen Künstler zu verklagen. Entscheidend soll vielmehr »der Eindruck des Kunstwerks« sein, »wie er sich nach seinem objektiven Sinngehalt auf einen künstlerisch aufgeschlossenen, zumindest um Verständnis bemühten, wenn auch künstlerisch nicht notwendig vorgebildeten Menschen ergibt«.[39] Aber woran zeigt sich die hier geforderte Aufgeschlossenheit für Kunstwerke, gar für zeitgenössische? Was muß jemand

---

[36] *Strafgesetzbuch. Leipziger Kommentar* (s. Anm. 22), § 166, Nr. 23.
[37] Ebd. § 166, Nr. 24.
[38] Ebd. § 166, Nr. 25.
[39] Ebd. Vgl. auch *H.-J. Rudolphi* (1989), Nr. 11: »Entscheidend dafür, ob ein Kunstwerk eine Beschimpfung darstellt, ist dabei sein objektiver Sinn, und zwar so, wie er sich bei Würdigung aller Umstände für einen künstlerisch nicht vorgebildeten Menschen ergibt«.

wahrnehmen können, um dieser Voraussetzung entsprechend einigermaßen urteilsfähig zu sein? Wofür soll er ein Gespür haben?

Die Eigenart von Kunstwerken, von der hier vor allem gesprochen werden muß, weil sie erstens im Zusammenhang religiöser Empörungen eine erhebliche Rolle spielt und zweitens gerade für moderne Kunst besonders charakteristisch ist, besteht in ihrer *Offenheit für verschiedene Deutungen*.[40] Das Bild sagt seinem Betrachter nicht von vornherein eindeutig, als was er es sehen soll; der Text legt nicht von sich aus schon völlig offen, wie der Leser ihn zu verstehen hat; die Musik ist nicht derart ausformuliert, daß man sie einhellig aufzunehmen wüßte (ja oft kann ihr Verständnis schon in den Aufführungen erheblich divergieren). Jeweils bin ich als Rezipient selbst gefordert, der Sache eine Bedeutung, ihre und meine Bedeutung zu geben. Soll das, was mir da vorgesetzt wird, Ernst sein oder Spaß? Ist dies »nur« ein schönes Gebilde oder Ausdruck eines Lebensgefühls, einer Betroffenheit? Will es nur etwas ins Bild, ins Wort, in den Klang bringen, oder will es kritisieren, gar verändern? Soll ich nur hinschauen, hinhören, oder will es mich von etwas überzeugen? Kann ich das Werk einfach für sich allein nehmen, oder drängt es mir vieles andere in den Sinn? Richtet es sich nur an mein ästhetisches Empfinden, oder hat es auch politischen Charakter oder religiösen? Es gibt jedenfalls der Kunst gegenüber, insbesondere der modernen, eine weit größere Bandbreite der Reaktionen – der Aufnahme, der Ablehnung, der Verarbeitung – als gegenüber den Dingen und Verhältnissen der vertrauten Umwelt. Die »Freiheit der Kunst« ist also nicht nur ein *rechtlicher* Tatbestand, sondern auch einer *ihres eigenen Wesens*. Das künstlerische Werk ist nicht von vornherein auf *eine* Bedeutung und *eine* Rezeption fixiert; es schafft einen Raum, in dem es unterschiedlich genommen werden kann und oft auch soll.

Welche Mißverständnisse sich ergeben, wenn man dies nicht beachtet, läßt sich gerade an einer Reaktion zu *Salman Rushdies* »Satanischen Versen« deutlich zeigen. Ein muslimischer Mufti äußerte in einem Interview, das die FAZ wiedergab (und ähnliche Behauptungen waren auch sonst zu hören und zu lesen): »Das Buch sei blasphemisch und voller Irrtümer.«[41] Ein Irrtum kann aber nur dort vorliegen, wo jemand über bestimmte Sachverhalte Aussagen macht, also wenn etwa

---

[40] Vgl. *Umberto Eco*, Das offene Kunstwerk, Frankfurt 1977.
[41] *W. G. Lerch* (1990). Vgl. auch die Annahme von *P. Mullen* (1990), 29 f, daß Rushdies Erzählung moralisch unerlaubt sei, da sie über historische Personen Falsches verbreite.

in einem historischen Werk über Mohammed ein Tatbestand behauptet wird, der nicht zutrifft. Aber macht Rushdie an irgendeiner Stelle über geschichtliche Gegebenheiten Aussagen? Er schreibt ein Buch voller phantastischer Ereignisse: Da verwandeln sich Menschen in Engel und Teufel – gibt es da einen Irrtum? –; seine Gestalten haben gewaltige Träume, in denen Bizarres geschieht – kann da etwas falsch sein? –; da gibt es Erschreckendes und Amüsantes, Ernstes und Verrücktes in Hülle und Fülle, zusammengesetzt aus verschiedensten Stücken der Welt: einiges erinnert an Mohammed und seine Umgebung in Mekka[42], daneben stehen Gestalten der gegenwärtigen politischen Szenerie usw. In einer solchen fiktionalen Collage ist nichts von sich aus schon unsere Realität. Deshalb ist es bezeichnend naiv, wenn ein muslimischer Referent im »Fall Rushdie« bedauert, daß die Muslime nicht die Chance nutzten, die Briten darüber aufzuklären, wie sehr der Roman auch Frau Thatcher, ihre Königin und die »weißen Frauen« insgesamt schmähte: »Wenn die Muslime dies getan hätten, dann hätte die gesamte englische Gesellschaft den Autor verflucht und gefordert, die Verbreitung des Buches zu verhindern«; und wenn die Briten wider Erwarten doch »alle diese gewaltigen Schmähungen, die gegen sie selbst, ihre Premierministerin, ihre Königin und die Symbole ihres Staates gerichtet sind, ertragen hätten!? Wenn sie dies fertig gebracht hätten, wäre es ohne Zweifel ein Charakterfehler gewesen.«[43] Hier scheint alles eindeutig zu sein: das, was Rushdie geschrieben und gemeint hat, ebenso wie das, was man daraufhin tun müßte. Aber eine solche Eindeutigkeit liegt in moderner Kultur fern.

Es ist verständlich, daß sich die Unsicherheiten, Verlegenheiten und auch Aggressionen noch steigern, wenn zur Kunst und ihrer Offenheit die der religiös-weltanschaulichen Pluralität hinzukommt – wenn sich also herausstellt, daß auch Religion in westlicher Gesellschaft keine eindeutige Geltung beanspruchen kann. Wer mit dieser Situation nicht vertraut ist, wird sich mit ihr schwer tun und kann zu kräftigen Fehleinschätzungen der Lage kommen – in einem extremen Beispiel[44] gar zu der Annahme, das Todesurteil gegen Rushdie habe dem Frieden gedient, denn ohne Khomeinis deutliches Wort hätten sich möglicherweise Christen und Juden ihrerseits erregt, da auch sie sich von den lästerlichen Beleidigungen durch den abtrünnigen Muslim betroffen

---

[42] Vgl. die Zusammenstellung von Anspielungen bei *Abu Hussain* (1989), 13–16.

[43] Nach einem Bericht der ägyptischen Tageszeitung »*Al-Ahrām*« vom 8. 10. 1989 von einem öffentlichen Vortrag zum Fall Rushdie in London.

[44] *Abu Hussain* (1989), 77.

fühlen müßten; die Folge hätte leicht eine »unkontrollierbare Aufhet-
zung und empörte Gegenreaktionen der beiden Religionsgemeinschaften gegen den Islam« sein können; und am Ende wäre dann »ein welt-
weiter Religionskrieg unter den hunderten Millionen Gottgläubigen
(Muslimen, Christen und Juden) nicht mehr zu verhindern gewesen«;
Khomeini sei es zu danken, daß er »diesen geplanten weltweiten Religionskrieg im Keim ersticken ließ«. Dieser bizarren Vermutung fehlt
es an jeglichem Bezug zur gesellschaftlichen Wirklichkeit.

Andererseits stehen aber auch der Autor und sein Publikum trotz
der Fiktionalität ihrer Geschichte in der Verantwortung gegenüber
ihrer realen Umgebung. Wer nicht rücksichtslosem Zynismus die
Bahn bereiten will, darf nicht mit jedem Material jedwelche Fiktio-
nen bauen. Er muß einigermaßen abschätzen können, als was die
Erzählung letzten Endes genommen wird – als ein Ausdruck von Haß
und Aggression oder als ästhetisches Spiel, als ein Instrument im
Kampf von Weltanschauungen oder als Zeugnis kultureller Orientie-
rungslosigkeit. Rushdies rhetorische Frage: »Kann man sich noch
weiter von der historischen Realität entfernen?«[45] gibt sich gar zu
arglos. Er muß es hinnehmen, wenn andere nach der Lektüre erklären: »Das Buch handelt vom Islam.«[46] Es wäre naiv, wollte man die
»Satanischen Verse« nur als »offenes Kunstwerk« sehen; dagegen stehen sowohl die kulturellen Repertoires, aus denen das Arrangement
aufgebaut ist, als auch die literarischen Steuerungssignale, mit denen
der Autor die Lektüre lenkt.[47]

Der Titel des Buchs schon spielt auf eine prekäre Geschichte an, die
in der islamischen Tradition des 9. und 10. Jahrhunderts überliefert
wird: Mohammed soll in seiner Verkündigung für kurze Zeit geneigt
gewesen sein, den polytheistischen Kulten seiner mekkanischen Bürger
etwas entgegenzukommen und drei Göttinnen als himmlische Fürspre-
cherinnen gelten zu lassen. Wo heute in Sure 53,19f die Frage steht:
»Was meint ihr von al-Lāt, al-ʿUzzā und Manāh, der anderen, der dritten?«, soll ursprünglich die Fortsetzung gelautet haben: »Das sind
die erhabenen Kraniche [?]. Auf ihre Fürbitte darf man hoffen.«[48]

[45] In einem offenen Brief an Rajiv Gandhi, in: International Herald Tribune, 18./19. 2. 1989,
zit. bei *Z. Sardar / M. W. Davies* (1990), 197: »How much further from history can one get?«
[46] *Z. Sardar / M. W. Davies*, ebd.: »The book is about Islam.«
[47] Vgl. *M. Ruthven* (1990), 11–28: Satanic Fictions.
[48] *Abū Ǧaʿfar Muḥammad Ibn Ǧarīr aṭ-Ṭabarī* (gest. 923), Komm. XVII, 119–121 zu Sure
22,52; Ann. I, 1191–1195, und *Abū ʿAbd Allāh Muḥammad Ibn Saʿd* (gest. 845), Ṭabaqāt I,
1, 137f; zit. nach R. Paret (1981), 461, zu 53,19–25. Als Varianten sind hier noch genannt:
». . . Ihre Fürbitte ist (Gott) genehm«; und: ». . . Auf ihre Fürbitte darf man hoffen. Ihres-
gleichen wird nicht vergessen«. Vgl. auch *R. Paret* (1991), 65–68.

Mit diesem Satz aber habe Mohammed seine eigenen taktischen Interessen in den Koran eingespielt, so daß Gott selbst habe dagegen einschreiten und über diese Göttinnen zusätzlich offenbaren müssen: »Das sind nichts als Namen, die ihr genannt habt, ihr und eure Väter. Gott hat dazu keine Erlaubnis herabgesandt. Sie folgen nur der Vermutung und dem, wozu ihre Seele neigt.« (V. 23). Dieses Ereignis kann man noch in Sure 22,52 bezeugt sehen, wo Gott zu Mohammeds Entlastung sage: »Wir haben vor dir keinen Gesandten und keinen Propheten geschickt, ohne daß ihm, wenn er einen Wunsch hegte, der Satan in seinen Wunsch etwas hineingeworfen hätte. Aber Gott hebt auf, was der Satan hineinwirft. Dann legt Gott seine Zeichen fest. Gott weiß Bescheid und ist weise.«

Diese Überlieferung ist bis heute unter den muslimischen Theologen sehr umstritten, da sie einerseits den Propheten in ein fragwürdiges Licht rückt, andererseits gerade deshalb glaubwürdig sein könnte. Für Rushdie aber ist diese Sache mit den »Satanischen Versen« nicht mehr als ein willkommener Anlaß, vorzuführen, »daß hier krumme Geschäfte abgewickelt werden«.[49]

Offensichtlich spielt er als Erzähler so vehement auf, wie er eine seiner Figuren als Musikant agieren läßt, bis die Zuhörer zu bizarren Mitspielern werden und alle Pietät verlieren: »Und einer nach dem anderen erhob sich Pilger auf Pilger, reihte sich in den Tanz des kreisenden Trommlers ein und tanzte seine Desillusionierung und seinen Abscheu in den Hof der Moschee hinaus, bis der Imam angerannt kam und über die Gottlosigkeit ihres Treibens kreischte.«[50]

d. Vom Umgang mit Empfindlichkeiten – eigenen und fremden

Es liegt auf der Hand, daß der Staat einer säkularisierten und weltanschaulich pluralen Gesellschaft Blasphemie nicht mehr als einen Straftatbestand kennen kann. »Wo kein Glauben ist, da gibt es auch keine Gotteslästerung«, stellt Rushdie selbst in den »Satanischen Versen« fest.[51] Unter den neuzeitlichen Bedingungen kann es aber immer noch *Verletzungen von Menschen in ihrem religiösen Empfinden und Gefährdungen des friedlichen Miteinanders* geben. Daß dies möglicherweise eine wenigstens ebenso ernste Sache ist, zeigt der vorliegende

[49] *S. Rushdie* (1989), 369.
[50] Ebd. 490.
[51] Ebd. 381.

Fall. »Rushdie betritt die Moschee – und weigert sich taktlos, die Schuhe auszuziehen.«[52] Wieweit derartiges Strafe verdient und welche Strafen angemessen sein sollen, kann in unserer Gesellschaft jedoch nie durch ein religiöses Gesetz vorgeschrieben sein. Dies ist eigentlich eine Selbstverständlichkeit und brauchte nicht eigens gesagt zu werden, hätte es nicht die heftigen Auseinandersetzungen um Rushdie gegeben.

Doch anderes scheint in diesem Zusammenhang noch nicht gleichermaßen ausgestanden, die Frage nämlich, was für das Zusammenleben gefährlicher ist und worüber die Diskussion in erster Linie geführt werden sollte: ob einerseits (wie manche meinen) über das Buch, den Dichter, die ernst zu nehmende Beleidigung vieler Angehöriger einer Religion – oder andererseits über die aggressiven Reaktionen bis hin zu den Todesdrohungen. Freilich kommt man dabei an einer prinzipiellen Voraussetzung nicht vorbei: Über ein Buch (oder was für ein Werk sonst), über Beleidigungen gläubiger Menschen und Freiheit der Kunst kann man überhaupt erst ernsthaft sprechen, wenn der Raum der Freiheit und des Rechts – unseres menschlichen, nicht irgendeines göttlichen Rechts! – gewahrt ist. Demnach müßte das schärfste Ärgernis des »Falles Rushdie« unabdingbar in den Todesdrohungen gesehen werden, nicht in dem umstrittenen Roman. Gerade dies jedoch wird von manchen Muslimen empört als eine unannehmbare Zumutung zurückgewiesen: »Die Muslime sollten also Gottes Gesetz menschlichen Vorstellungen unterordnen.«[53] Das genau ist der brisante Punkt.

Aus dem islamischen Raum sind aber auch zahlreiche differenziertere und gelassenere Stimmen zu vernehmen – etwa wenn der Mufti Ägyptens, also der oberste Rechtsgutachter seines Landes, Rechtsgelehrter der einflußreichen al-Azhar-Universität von Kairo, sich in einer eigenen Fatwa gegen das Urteil Khomeinis wendet, betont, daß es nicht den Bedingungen der Scharia entspreche, da eine Verurteilung ein ordentliches Gerichtsverfahren verlange, und dabei auch Anklang findet[54]; wenn der Mufti Syriens sich dafür ausspricht, daß man mit Salman Rushdie diskutieren müsse[55]; wenn ein Gerichtsrat des ägyptischen Justizministeriums in einem Interview mit der Tages-

---

[52] *S. Akhtar* (1990), 18.
[53] *Abu Hussain* (1989), 41 im Blick auf Äußerungen bei der Debatte im Bundestag vom 23. 2. 1989.
[54] Vgl. *M. Ruthven* (1990), 115 f; Z. Sardar / M. W. Davies (1990), 201 f.
[55] Vgl. *W. G. Lerch* (1990).

zeitung seines Landes al-Ahrām vorschlägt, die »Satanischen Verse« ins Arabische zu übersetzen, damit man in aller Öffentlichkeit erkenne, daß die islamische Religion und Kultur von einem solchen Buch nie erschüttert werden könne und Muslime sich deshalb bei einigem Selbstbewußtsein nicht so zu erregen brauchten, wie dies vielfach geschah.[56] Obwohl kaum dies alles ernst gemeint sein konnte, so zeigte sie darin doch wenigstens eine taktisch vermittelnde Mentalität.

Offensichtlich bleibt bei diesen Reaktionen ein kräftiges Stück Verlegenheit. Einfache Lösungen kann es nicht geben, wo sich einerseits Menschen verletzt fühlen und andererseits ein Freiheitsraum unserer Kultur auf dem Spiel steht. Hier reicht weder der bloße Rückgriff auf eine Rechtslage noch gar das selbstsichere Überlegenheitsgefühl irgendeines Teils der Gesellschaft. Wenn erst einmal der brisante Fall die Emotionen angeheizt hat, scheint für nüchterne Überlegungen kaum noch Raum zu sein. Entscheidend ist, wieweit man alltäglich lernt, das angstfrei wahrzunehmen, was fremd ist und der eigenen Bewertung nicht entspricht, und zu bedenken, wo jeweils die Schwelle liegen mag, von der ab man die eigene Lebensordnung tiefgreifend gefährdet sehen muß. Eine solche Grenze gibt es für jede Kultur; eine Toleranz, die schlechthin alles dulden würde, wäre für jede Gesellschaft katastrophal. Doch zeigt die Geschichte, daß zumeist die Überempfindlichkeit vorherrscht – oft mit schlimmen Folgen; und daß eine größere Gelassenheit und Aufgeschlossenheit besonders dann schwerfällt, wenn Religiöses mit im Spiel ist. Deshalb liegt es nahe, daß gerade Religionen sich immer wieder daran messen lassen müssen, wieweit sie dazu beitragen, Gefährdungsängste abzubauen und Empfindlichkeiten zu verringern – auch wenn die eigene Tradition auf dem Prüfstand steht.[57]

Dabei sind aber sie selbst wieder davon abhängig, wie man ihnen in ihrer Umwelt begegnet. Daß dieses Wechselspiel gut gelingt, ist nie garantiert. Kulturelles Leben und in ihm die Religionen stehen unabdingbar im Experiment.

---

[56] *Al-Ahrām* vom 8. 5. 1989, 8.

[57] Beachtenswert sind in dieser Hinsicht beispielsweise die Stellungnahmen des muslimischen Gelehrten *M. Talbi* (1981; 1985; 1991) zur Religionsfreiheit. Längst vor den Auseinandersetzungen um Rushdies »Satanische Verse« und die Fatwā Khomeinis forderte er eine Revision der Scharia u. a. hinsichtlich der Strafandrohung für den Fall der Apostasie (1981, 71).

Literaturverzeichnis

Nicht aufgenommen sind im folgenden Titel, die nur einmal beiläufig erwähnt wurden und über den angesprochenen Zusammenhang hinaus für das Verständnis des Islam nicht relevant sind. Diese sind in den Anmerkungen bibliographisch vollständig notiert.

Der arabische Artikel al- (mit seinen assimilierten Formen ar-, as- usw. sowie in der Form El) ist als Namensbestandteil bei der alphabetischen Reihenfolge nicht berücksichtigt.

Im übrigen s. die bibliographischen Hinweise S. 10.

'Abd al-Bāqī, Muḥammad Fu'ād (1987): Al-mu'ǧam al-mufahras li-alfāẓ al-qur'ān al-karīm (Konkordanz aller Wörter des Koran), Kairo 1407/ 1987

'Abd al-Qādir Abū Fāris, Muḥammad (1986): An-niẓām as-siyāsī fī l-islām (Das politische System im Islam), Amman 1407/1986

'Abduh, Muḥammad (1897): Risālat at-tawḥīd, Kairo; benutzte Ausgabe: Beirut 1406/1986; bei Angabe von Seitenzahlen wird in Klammern auch auf die englische Übersetzung von Isḥāq Musa'ad und Kenneth Cragg verwiesen: The Theology of Unity, London 1966

Abu Hussain (1989): Meinungsfreiheit und Massenbeleidigung. »Die Satanischen Verse« Symbol der westlichen Literatur? Eine kritische Analyse aus der Perspektive der betroffenen Muslime, Innsbruck

Abū Rayya, Maḥmūd (1970): Dīn allāh wāḥid 'alā alsinat ǧamī' ar-rusul (Die Religion Gottes ist eine einzige in den Sprachen aller Gesandten), Kairo, 2. Aufl.

Abu-Sahlieh, Sami A. Aldeeb (1991): Dialogue conflictuel sur les Droits de l'Homme entre Occident et Islam, in: Islamochristiana 17, 53–82

al-'Aǧmāwī, Ṣalāḥ (1989): Ǧawhar al-īmān fī ṣaḥīḥ al-adyān. Ahl al-kitāb (Das Wesen des Glaubens im echten Bestand der Religionen. Die Leute der Schrift), Bd. 2: Naṣrāniyyat 'īsā fī t-tawrāh wa-l-inǧīl wa-l-qur'ān wa-masīḥiyyat būlus fī l-kitāb al-muqaddas (Das Christentum Jesu in der Tora, dem Evangelium und dem Koran und das Christentum des Paulus in der Bibel), Kairo 1409/1989

Ahmad, 'Abdelhamid Muhammad (1963): Die Auseinandersetzung zwischen al-Azhar und der modernistischen Bewegung in Ägypten von Muhammad 'Abduh bis zur Gegenwart, Diss. Hamburg

Aḥmad, Rif'at Sayyid (1989): Ayāt šayṭāniyya. Ǧadaliyyāt aṣ-ṣirā' bayn al-islām wa-l-ġarb (Satanische Verse. Die Kontroversen des Kampfes zwischen dem Islam und dem Westen), Kairo 1409/1989

Ahmed, Munir D. [u. a.] (1990): Der Islam. III Islamische Kultur – Zeitgenössische Strömungen – Volksfrömmigkeit, Stuttgart

Akhtar, Shabbir (1989): Be careful with Muhammad! – The Salman Rushdie Affair, London

– *(1990):* Art or Literary Terrorism?, in: D. Cohn Sherbok (1990), 1–23 (= ders., 1989, 13–36)

Algar, Hamid (1975): Zur Frage des Säkularismus in der islamischen Welt, in: A. Falaturi / W. Strolz (1975), 130–156

Allard, Michel (1965): Le problème des attributs divins dans la doctrine d'al-Aš'arī et de ses premiers grands disciples, Beirut

d'Alverny, André (1960): La prière selon le Coran (I), in: Proche-Orient chrétien 10, 212–226; 303–317

– *(1961):* La prière selon le Coran (II), in: Proche-Orient chrétien 11, 3–16

Anawati, Georges C. (1967): Exkurs zum Konzilstext über die Muslim, in: LThK 13, 485–487

– *(1978):* 'Īsā, in: EI² 4, 81–86

– *(1987):* Christentum und Islam. Ihr Verhältnis aus christlicher Sicht, in: A. Bsteh (1987), 197–216

– *(1991):* Islam et Christianisme: La rencontre de deux cultures en occident au moyen age, in: MIDEO 20, 233–299

Andrae, Tor (1932): Mohammed. Sein Leben und sein Glaube, Göttingen, Nachdr. Hildesheim 1977

– *(1980):* Islamische Mystik, Stuttgart, 2.Aufl. (orig.: Stockholm 1947)

Antes, Peter (1982): Ethik und Politik im Islam, Stuttgart

– *(1984):* Islamische Ethik, in: Ders. [u. a.], Ethik in nichtchristlichen Kulturen, Stuttgart, 48–81

– *(1990):* Theologie als Dialoghindernis, in: L. Hagemann / E. Pulsfort (1990), 29–39

Arkoun, Mohammed (1982): Lectures du Coran, Paris

– *(1984):* Pour une critique de la raison islamique, Paris

– */ Borrmans, Maurice (1982):* Islam, religion et société, Paris

Arnaldez, Roger (1980): Jésus, Fils de Marie, Prophète de l'Islam, Paris

Arnold, T[homas] W[alker] (1913): The Preaching of Islam. A History of the Propagation of the Muslim Faith, London, 2. Aufl., Nachdr. Dehli 1984

Ayoub, Mahmoud (1978): Redemptive Suffering in Islam. A Study of the Devotional Aspects of 'Āshūrā' in Twelver Shī'ism, Den Haag

– *Ayoub, Mahmoud M. (1980):* Towards an Islamic Christology, II: The Death of Jesus, Reality or Delusion (A Study of the Death of Jesus in Tafsīr Literature), in: The Muslim World 70, 91–121

Aziz-us-Samad, Ulfat (1984): Islam und Christentum, Beirut 1404/1984

al-'Aẓm, Ṣādiq Ġalāl *(1988):* Naqd al-fikr ad-dînî (Die Kritik des religiösen Denkens), Beirut, 6. Aufl. (¹1969)

- Al-Azm, Sadik J. *(1991):* The Importance of Being Earnest. About Salman Rushdie, in: Die Welt des Islams 31, 1–49

Balić, Smail (1975): Das Jesusbild in der heutigen islamischen Theologie, in: A. Falaturi / W. Strolz (1975), 11–21

- *(1987):* Säkularisation. 3. Islamisch, in: Lexikon rel. Grundbegr., 941–944
- *(1990):* Aufgabe des Religionsunterrichts an der staatlichen Schule. Vom Gegensatz staatlichen Curriculums und islamischer Glaubensunterweisung, in: L. Hagemann / E. Pulsfort (1990), 94–105

Baradie, Adel El (1983): Gottes-Recht und Menschen-Recht. Grundlagenprobleme der islamischen Strafrechtslehre, Baden-Baden

Al-bayān al-'ālamī (1981): Al-bayān al-'ālamī 'an ḥuqūq al-insān fī l-islām (Die weltweite Erklärung von Menschenrechten im Islam), [Paris]

Basetti-Sani, Giulio (1977): The Koran in the Light of Christ. A Christian Interpretation of the Sacred Book of Islam, Chicago

- *(1989):* Maria e Gesù figlio di Maria nel Corano, Palermo

Baumstark, Anton (1927): Jüdischer und christlicher Gebetstypus im Koran, in: Der Islam 16, 229–248

Becker, Carl Heinrich (1907 a): Christentum und Islam, in: Ders., Islamstudien. Vom Werden und Wesen der islamischen Welt, Bd. 1, Leipzig 1924, Nachdr. Hildesheim 1967, 386–431

- *(1907 b):* Ist der Islam eine Gefahr für unsere Kolonien?, in: Ders., Islamstudien. Vom Werden und Wesen der islamischen Welt, Bd. 2, Leipzig 1932, Nachdr. Hildesheim 1967, 156–186
- *(1910):* Staat und Mission in der Islamfrage, ebd. 211–230.

Bedoui (al-Badawī), Fawzī (1991): Mulāḥaẓāt ḥawl manzilat al-adyān ġayr al-islāmiyya fī l-fikr al-islāmī al-mu'āṣir (Anmerkungen zum Rang der nichtislamischen Religionen im zeitgenössischen islamischen Denken), in: Islamochristiana 17, 1–14 (arab. pag.)

Bell, Richard (1970): Introduction to the Qur'ān. Completely revised and enlarged by W. Montgomery Watt, Edinburgh (reprinted 1990)

Bernhardt, Reinhold (1990): Der Absolutheitsanspruch des Christentums. Von der Aufklärung bis zur Pluralistischen Religionstheologie, Gütersloh

- *(Hg.) (1991):* Horizontüberschreitung. Die Pluralistische Theologie der Religionen, Gütersloh
- Deabsolutierung der Christologie?, in: M. von Brück / J. Werbick (1993), 144–200

Beumer, Johannes (1968): Die Inspiration der Heiligen Schrift, Freiburg (Handb. d. Dogmengesch. I/3 b)

- *(1977):* Nikolaus von Kues und sein Interesse für die Religionen des Ostens (nach der Schrift »De pace fidei«), in: Theol. u. Glaube 67, 171–183

Bijlefeld, W. A. (1967): The Danger of ›Christianizing‹ our Partners in Dialogue, in: Muslim World 57, 171–177

Blachère, Régis (1957): Le Coran, traduit de l'arabe, Paris

Bobzin, Hartmut (1987): Islam II/1.: 7.–19. Jahrhundert, in: TRE 16, 336–349

Böckenförde, Ernst-Wolfgang (1982): Staat – Gesellschaft – Kirche, in: CGG 15, 5–120

Borrmans, Maurice (1990): Les Droits de l'Homme en milieu musulman, in: Studia Missionalia 39, 253–276

Bouman, Johan (1977): Gott und Mensch im Koran. Eine Strukturform religiöser Anthropologie anhand des Beispiels Allah und Muhammad, Darmstadt

– *(1980):* Das Wort vom Kreuz und das Bekenntnis zu Allah. Die Grundlehren des Korans als nachbiblische Religion, Frankfurt

– *(1983):* Der Glaube an den einen Gott im Christentum und im Islam, Gießen

– *(1990):* Der Koran und die Juden. Die Geschichte einer Tragödie, Darmstadt

Brakel, Lode Frank / Willms, Alfred / Schumann, Olaf (1989): Der Islam und lokale Traditionen – synkretistische Ideen und Praktiken, in: W. Ende / U. Steinbach (1989), 560–581

Brox, Norbert (1986): Häresie, in: RAC 13, 248–297

– *(1990):* Kirchengeschichte des Altertums, Düsseldorf, 3. Aufl.

Brück, Michael von / Werbick, Jürgen (Hg.) (1993): Der einzige Weg zum Heil? Die Herausforderung des christlichen Absolutheitsanspruchs durch pluralistische Religionstheologien, Freiburg

Bsteh, Andreas (Hg.) (1978): Der Gott des Christentums und des Islams, Mödling

– *(Hg.) (1987):* Dialog aus der Mitte christlicher Theologie, Mödling

– *(Hg.) (1992):* Glaube der Begegnung sucht. Ein theologisches Programm, Mödling

Buhl, Frants (1926): Faßte Muḥammed seine Verkündigung als eine universelle, auch für Nichtaraber bestimmte Religion auf?, in: Islamica 2, 135–149

– *(1960):* Allāhumma, in: EI² 1, 418

– *(1961):* Das Leben Muhammeds, Darmstadt, 3. Aufl. (orig.: Kopenhagen 1903)

– *(1976):* Taḥrīf, in: HIsl, 714f

Bülow, Gabriele von (1964): Ḥadīthe über Wunder des Propheten Muḥammad insbesondere in der Traditionssammlung des Buḫārī, Diss. Bonn

Bürkle, Horst (1975): Die Säkularisierung – Ein Thema des christlichen Dialogs mit anderen Religionen, in: A. Falaturi / W. Strolz (1975), 157–187

- *(1977):* Der christliche Anspruch angesichts der Weltreligionen heute, in: W. Kasper (1977), 83–103

Busse, Heribert (1975): Tradition und Akkulturation im islamischen Modernismus (19./20. Jahrhundert), in: Saeculum 29, 157–165

- *(1988):* Die theologischen Beziehungen des Islams zu Judentum und Christentum. Grundlagen des Dialogs im Koran und die gegenwärtige Situation, Darmstadt

Cancik, Hubert (1990): Apologetik/Polemik, in: Handb. rel.wiss. Grundbegr. 2, 29–37

Caspar, Robert (1966): Le Concil et l'Islam, in: Etudes 99, 114–126

- *(1980):* Parole de Dieu et langage humain en Christianisme et en Islam, in: Islamochristiana 6, 33–60

- *(1983):* Les déclarations des droits de l'homme en Islam depuis dix ans, in: Islamochristiana 9, 60–102

- *(1985):* Der Monotheismus des Islams und seine bleibende Bedeutung, in: Concilium 21, 46–54

- *(1987):* Traité de théologie musulmane, Tome I: Histoire de la pensée religieuse musulmane, Rom

- *(1990):* Pour un regard chrétien sur l'islam, Paris

Cassirer, Ernst (1932): Philosophie der Aufklärung, Tübingen 1973

Charfi, Mohamed *(1983):* Islam et droits de l'homme, in: Islamochristiana 9, 13–24

Cohn-Sherbok, Dan (Hg.) (1990): The Salman Rushdie Controversy in Interreligious Perspective, Lewiston

Colomer, Eusebio (1961): Nikolaus von Kues und Raimund Llull. Aus Handschriften der Kueser Bibliothek, Berlin

- *(1984):* Die Vorgeschichte des Motivs vom Frieden im Glauben bei Raimund Lull, in: R. Haubst (1984), 82–107

Colpe, Carsten (1990 a): Erlösungsreligion, in: Handb. rel.wiss. Grundbegr. 2, 323–329

- *(1990 b):* Das Siegel der Propheten. Historische Beziehungen zwischen Judentum, Judenchristentum, Heidentum und frühem Islam, Berlin

- / *Papenthin, Heike (Hg.) (1989):* Religiöser Fundamentalismus. Unverzichtbare Glaubensbasis oder religiöser Strukturfehler?, Berlin

Cragg, Kenneth (1970): Alive to God. Muslim and Christian Prayer compiled with an Introductory Essay, London

Crone, Patricia / Cook, Michael (1977): Hagarism. The Making of the Islamic World, Cambridge

Daniel, Norman (1960): Islam and the West. The Making of an Image, Edinburgh, Nachdr. 1989

- *(1976):* Westliches christliches Denken über den Islam. Von den Anfängen bis 1914, in: Concilium 12, 337–343

Decker, Bruno (1953): Nikolaus von Cues und der Friede unter den Religionen, in: Josef Koch (Hg.), Humanismus, Mystik und Kunst in der Welt des Mittelalters, Leiden / Köln, 94–121

De Jong, F. (1989): Die mystischen Bruderschaften und der Volksislam, in: W. Ende / U. Steinbach (1989), 487–504

Dermenghem, Émile (1960): Mohammed, Reinbek

Ende, Werner / Steinbach, Udo (Hg.) (1989): Der Islam in der Gegenwart, München, 2. Aufl.

Erdmann, Carl (1935): Die Entstehung des Kreuzzugsgedankens, Stuttgart, Nachdr. Darmstadt 1980

Ernst, Carl W. (1987): Blasphemy. Islamic Concept, in: EncRel(E) 2, 242–245

van Ess, Josef (1974): Islam, in: Emma Brunner-Traut (Hg.), Die fünf großen Weltreligionen, Freiburg, 67–84

– *(1975):* Der Name Gottes im Islam, in: Heinrich von Stietencron (Hg.), Der Name Gottes, Düsseldorf, 156–175

– *(1975–76):* Göttliche Allmacht im Zerrbild menschlicher Sprache, in: Mélanges de l'université St. Joseph 49, 651–688

– *(1991; 1992a; 1992b):* Theologie und Gesellschaft im 2. und 3. Jahrhundert Hidschra. Eine Geschichte des religiösen Denkens im frühen Islam, Bd. 1–3, Berlin

Euler, Walter Andreas (1990): Unitas et Pax. Religionsvergleich bei Raimundus Lullus und Nikolaus von Kues, Würzburg / Altenberge

Falaturi, Abdoldjavad (1975): Zeit- und Geschichtserfahrung im Islam, in: Ders. / W. Strolz *(1975),* 85–101

– *(Hg.) (1986ff):* Der Islam in den Schulbüchern der Bundesrepublik Deutschland (Studien zur internationalen Schulbuchforschung. Schriftenreihe des Georg-Eckert-Instituts, hg. von Ernst Hinrichs, Braunschweig)

– *(1987):* Der Islam – Religion der Raḥma, der Barmherzigkeit, in: Ders. [u. a.] (Hg.), Universale Vaterschaft Gottes. Begegnung der Religionen, Freiburg, 67–87

– *(1989):* Die islamischen Glaubensrichtungen aus religionsphilosophischer Sicht, in: Alois Halder [u. a.] (Hg.): Religionsphilosophie heute. Chancen und Bedeutung in Philosophie und Theologie, Düsseldorf, 195–224

– */ Petuchowski, Jakob J. / Strolz, Walter (1976):* Drei Wege zu dem einen Gott, Freiburg

– */ Strolz, Walter (Hg.) (1975):* Glauben an den einen Gott. Menschliche Gotteserfahrung im Christentum und Islam, Freiburg

Fietkau, Wolfgang (1972): Sogenannte Gastarbeiter. Report und Kritik, Wuppertal

Fischer, Gerhard (1987): Analyse der Geographiebücher zum Thema Islam (Der Islam in den Schulbüchern der Bundesrepublik Deutschland, hg. von Abdoldjavad Falaturi, Teil 4), Braunschweig

Fischer, Wolfdietrich (1987): Grammatik des klassischen Arabisch, Wiesbaden, 2. Aufl.

Forstner, Martin (1982): Allgemeine Islamische Menschenrechtserklärung, in: Cibedo-Dokumentation Nr. 15/16, Frankfurt

– *(1991 a):* Inhalt und Begründung der Allgemeinen Islamischen Menschenrechtserklärung, in: Johannes Hoffmann (Hg.), Begründung von Menschenrechten aus der Sicht unterschiedlicher Kulturen, Frankfurt, 249–273

– *(1991 b):* Das Menschenrecht der Religionsfreiheit und des Religionswechsels als Problem der islamischen Staaten, in: Kanon 10, 1991, 105–186

Freitag, Rainer (1989): Reaktionen in der Türkei auf die Salman-Rushdie-Affaire, in: Orient 30, 427–437

Fück, Johann (1936): Die Originalität des arabischen Propheten, in: Paret (1975), 167–182

Gaafar, M. K. I. (1978): Gott ist das Endziel, in: A. Bsteh (1978), 147–165

Gabriel, Karl: Tradition im Kontext enttradionalisierter Gesellschaft, in: D. Wiederkehr (1991), 69–88

– *(1992):* Christentum zwischen Tradition und Postmoderne, Freiburg

de Gandillac, Maurice (1971): Das Ziel der una religio in varietate rituum, in: R. Haubst (1971), 192–204

Garaudy, Roger (1990): Die Menschenrechte und der Islam. Begründung, Überlieferung, Verletzung, in: Concilium 26, 119–128

Gardet, Louis (1960 a): Allāh, in: EI² 1, 416 f

– *(1960 b):* Al-asmā' al-ḥusnā, in: EI² 1, 714–717

– *(1965 a):* Ḏẖikr, in: EI² 2, 223–227

– *(1965 b):* Du'ā', in: EI² 2, 617 f

– *(1968):* Islam, Köln 1968 (orig.: Paris 1967)

– *(1977):* Les Hommes de l'Islam. Approche des mentalités, Paris

– *(1983):* Un préalable aux questions soulevées par les droits de l'homme: L'actualisation de la loi religieuse musulmane dans le monde d'aujourd'hui, in: Islamochristiana 9, 1–12

– */ M.-M. [= Georges C.] Anawati (1981):* Introduction à la théologie musulmane. Essai de théologie comparée, Paris, 3. Aufl.

Gätje, Helmut (1971): Koran und Koranexegese, Zürich

Gaudeul, Jean-Marie / Caspar, Robert (1980): Textes de la Tradition musulmane concernant le taḥrīf (falsification) des Ecritures, in: Islamochristiana 6, 61–104

al-Ġazālī, Abū-Ḥāmid Muḥammad:

– *(1981):* Al Ghasāli: Das Elixier der Glückseligkeit. In Auswahl übertr. von Hellmut Ritter, Köln, 2. Aufl.

- *(1987):* Abū-Ḥāmid Muḥammad al-Ghazālī: Die Nische der Lichter Miškāt al-anwār, Hamburg
- *(1988 a)* Abou Hamed El Ghazali: Al rad al jamil li ilahiyat issa bi sarih al injil. Réfutation excellente de la Divinité de Jésus Christ. Contestation de la Trinité et Fondement théologique du dialogue islamo-chrétien, Paris
- *(1988 b)* Abū-Ḥāmid Muḥammad al-Ghazālī: Der Erretter aus dem Irrtum al-Munqid̲ min aḍ-ḍalāl, Hamburg
al-Ġazālī, Muḥammad (1984): Humūm dā'iya (Die Absichten eines Verkünders), Kairo 1405/1984
- *(1988):* 'Aqīdat al-muslim (Der Glaube des Muslim), o. O. [Kairo] 1408/1988, verbesserte Aufl.
- *(1990):* As-sunna an-nabawiyya bayn ahl al-fiqh wa-ahl al-ḥadīt̲ (Die prophetische Überlieferung zwischen den Anhängern der Rechtskunde und den Anhängern des Hadith), Kairo
Gebel, Doris (1977): Nikolaus von Kues und Enea Silvio Piccolomini. Bilder der europäischen Welt als Spiegelung europäischer Sozialverhältnisse im 15. Jahrhundert, Diss. Hamburg
Geertz, Clifford (1991): Religiöse Entwicklungen im Islam. Beobachtet in Marokko und Indonesien, Frankfurt (orig.: Chicago 1968)
Gellner, Ernest (1985): Leben im Islam, Stuttgart (orig.: Cambridge 1981)
- *(1987):* Warten auf den Imam, in: W. Schluchter (1987), 272–293
- *(1992):* Der Islam als Gesellschaftsordnung, München (= Gezeitenwechsel im menschlichen Glauben, in: Ders. [1985], 13–135)
Gensichen, Hans-Werner (1985): Weltreligionen und Weltfriede, Göttingen
Gerl, Hanna-Barbara (1990): »Der Friede im Glauben«. Zu einem Entwurf religiöser Toleranz des Nikolaus Cusanus, in: Una Sancta 45, 63–69
Gerlitz, Peter (1990): Krieg, I. Religionsgeschichtlich, in: TRE 20, 11–19
Goitein, Fritz (o. J. [1923]): Das Gebet im Qoran, Diss. Frankfurt
Goitein Salomon Dov (1966): Prayer in Islam, in: Ders., Studies in Islamic History and Institutions, Leiden, 73–89
Goldziher, Ignaz (1925): Vorlesungen über den Islam, Heidelberg, 2. Aufl., Nachdr. 1963
- *(1978):* Tagebuch, hg. von Alexander Scheiber, Leiden
Griener, George E. (1988): Ernst Troeltsch and Herman Schell: Christianity and the World Religions. An ecumenical contribution to the history of apologetics, Frankfurt
Haase, Heinz-Wilhelm (1966): Die Theodizeelegende vom Engel und dem Eremiten, Diss. Göttingen
Hagemann, Ludwig (1976): Der Ḳur'ān in Verständnis und Kritik bei Nikolaus von Kues. Ein Beitrag zur Erhellung christlich-islamischer Geschichte, Frankfurt
- *(1990):* Zwischen Religion und Politik. Islamischer Fundamentalismus auf dem Vormarsch, in: Ders. / E. Pulsfort (1990), 244–260

- / *Pulsfort, Ernst (Hg.) (1990):* »Ihr alle aber seid Brüder«, Würzburg / Altenberge
Hajjé, Osman El (1991): Die islamischen Länder und die internationalen Menschenrechtsdokumente, in: Gewissen und Freiheit 36, 74–79
al-Halladsch (1985): »O Leute, rettet mich vor Gott«, ausgew., übers. u. eingel. von Annemarie Schimmel, Freiburg
Halm, Heinz (1982): Die islamische Gnosis. Die extreme Schia und die 'Alawiten, Zürich / München
- *(1988):* Die Schia, Darmstadt
- *(1991):* Das Reich des Mahdi. Der Aufstieg der Fatimiden (875–973), München
Harpigny, Guy (1975): Muhammad est-il Prophète?, in: Revue théol. de Louvain 6, 311–323
Hasenfuß, Josef (1964): Islam und Christentum nach Hermann [so statt richtig: Herman] Schell, in: ZMR 48, 34–47
Haubst, Rudolf (Hg.) (1971): Nikolaus von Kues als Promotor der Ökumene. Akten des Symposions in Bernkastel-Kues vom 22.–24. 9. 1970, Mainz
- *(Hg.) (1984):* Der Friede unter den Religionen nach Nikolaus von Kues. Akten des Symposions in Trier vom 13.–15. 10. 1982, Mainz
- (1991) Streifzüge in die cusanische Theologie, Münster
Havemann, Axel / Johansen, Baber (Hg.) (1988): Gegenwart als Geschichte. Islamstudien, Leiden
Hayek, Michel (1959): Le Christ de l'Islam, Paris
Heinemann, Wolfgang (1987): Einheit in Verschiedenheit. Das Konzept eines intellektuellen Religionsfriedens in der Schrift »De pace fidei« des Nikolaus von Kues, Altenberg
Hennecke, Edgar (1959): Neutestamentliche Apokryphen in deutscher Übersetzung, Bd. 1: Evangelien, Tübingen, 3. Aufl.
Henninger, Josef (1951): Spuren christlicher Glaubenswahrheiten im Koran, Schöneck / Beckenried
- *Henninger, Joseph (1954):* Mariä Himmelfahrt im Koran, in: R. Paret (1975), 269–277
Hick, John (1963): Philosophie of Religion, London
- *(1973):* God and the Universe of Faiths, London
- *(1985 a)* Problems of Religious Pluralism, London
- *(1985 b):* Gott und seine vielen Namen, Altenberge (orig.: Philadelphia 1982)
- *(1987):* The Non-Absoluteness of Christianity, in: Ders. / P. F. Knitter (1987), 16–36
- *(1989):* An Interpretation of Religion. Human Responses to the Transcendent, New Haven
- *(1991):* Gotteserkenntnis in der Vielfalt der Religionen, in: R. Bernhardt (1991), 60–80

- / *Paul F. Knitter (Hg.) (1987):* The Myth of Christian Uniqueness. Toward a Pluralistic Theology of Religions, New York

Hock, Klaus (1986): Der Islam im Spiegel westlicher Theologie. Aspekte christlich-theologischer Beurteilung des Islams im 20. Jahrhundert, Köln

Höffner, Joseph (1972): Kolonialismus und Evangelium. Spanische Kolonialethik im Goldenen Zeitalter, Trier, 3. Aufl.

Höver, Gerhard (1988): Grundwerte und Menschenrechte im Islam, in: Bernhard Mensen (Hg.), Grundwerte und Menschenrechte in verschiedenen Kulturen, St. Augustin, 37–53

Ibn Ishāq (1976): Das Leben des Propheten. Aus dem Arabischen übertragen und bearbeitet von Gernot Rotter, Tübingen / Basel

Ibn Taymiyya (1984 a): Das ist die aufrechte Religion. Brief des Ibn Taymiya an den König von Zypern. Aus dem Arabischen von Sahib Mustaqim Bleher, Würselen

- *(1984 b):* A Muslim Theologian's Response to Christianity. Ibn Taymiyya's Al-Jawab al-sahih, hg. und übers. von Thomas F. Michel, New York

'Imāra, Muḥammad (1989): Ma'rakat al-islām wa-uṣūl al-ḥukm (Der Kampf des Islam und die Prinzipien der Regierung), Kairo

- *(1991):* Aṣ-ṣaḥwa al-islāmiyya wa-t-taḥaddi l-ḥaḍārī (Das islamische Erwachen und die kulturelle Herausforderung), Kairo

Die islamische Deklaration der Menschenrechte (1984), hg. vom Islamischen Zentrum München in Zusammenarbeit mit dem Islamic Council London, London / München (Schriftenreihe des Islamischen Zentrums München Nr. 12; orig. s. *Al-bayān* [. . .]; s. auch *M. Forstner*)

Jäschke, Gotthard (1957): Sucht auch ein Muslim Erlösung und wo findet er sie?, in: ZMR 41, 294–301

Jasper, Gerhard (1991): Zum Verständnis der Raḥma Gottes. Ein Versuch christologischen Mitdenkens bei der Lektüre des Koran, in: U. Tworuschka (1991), 454–485

Johannes Paul II. (1990): Enzyklika Redemptoris Missio Seiner Heiligkeit Johannes Pauls II. über die fortdauernde Gültigkeit des missionarischen Auftrages (Verlautbarungen des Apostolischen Stuhls 100, hg. vom Sekretariat der Deutschen Bischofskonferenz, Bonn, 7. 12. 1990)

Johansen, Baber (1986): Staat, Recht und Religion im sunnitischen Islam – Können Muslime einen religionsneutralen Staat akzeptieren?, in: H. Marré / J. Stüting (1986), 12–54

Kabbani, Rana (1991): Offener Brief an die Christenheit, Düsseldorf (orig.: London 1989)

Kandil, Fuad (1990): Inter-cultural Learning and Inter-religious Dialogue, in: Islam & Christian Muslim Relations 1, 244–251

Karow, Yvonne (1990): Blasphemie, in: Handb. rel.wiss. Grundbegr. 2, 139–141

Kasper, Walter (Hg.) (1977): Absolutheit des Christentum, Freiburg
- *(1982):* Der Gott Jesu Christi, Mainz
Kaufmann, Franz-Xaver (1979): Kirche begreifen. Analysen und Thesen zur gesellschaftlichen Verfassung des Christentums, Freiburg
- *(1989):* Religion und Modernität. Sozialwissenschaftliche Perspektiven, Tübingen
Kellerhals, Emanuel (1956): Der Islam. Seine Geschichte – Seine Lehre – Sein Wesen, Basel, 2. Aufl.
Khálid, Durán (1989): Der Islam in der Diaspora: Europa und Amerika, in: W. Ende / U. Steinbach (1989), 440–469
Kholeif, Fathalla (1978): Der Gott des Korans, in: A. Bsteh (1978), 69–82
Khoury, Adel Theodor (1968): Die Christologie des Korans. Stellungnahme des heiligen Buches des Islam über Jesus den Sohn der Maria, in: ZMR 52, 49–63
- *(1980):* Toleranz im Islam, München / Mainz
- *(1981):* Gebete des Islams, Mainz
- *(1984):* Islam: Frieden oder »heiliger Krieg«?, in: Ders. / Peter Hünermann (Hg.), Friede – was ist das? Die Antwort der Weltreligionen, Freiburg, 51–75
- *(1985):* Heilsvorstellungen im Islam, in: Ders. / Peter Hünermann (Hg.), Was ist Erlösung? Die Antwort der Weltreligionen, Freiburg, 91–109
- *(1989):* Fundamentalistische und totalitäre Tendenzen im heutigen Islam, in: Anton Grabner-Haider / Kurt Weinke (Hg.), Angst vor der Vernunft? Fundamentalismus in Gesellschaft, Politik und Religion, Graz, 86–95
- *(1990ff):* Der Koran. Übersetzung und wissenschaftlicher Kommentar, Bd. 1 ff, Stuttgart (abgek.: KhKomm)
- *(1991):* Kommen Muslime in den Himmel? Gelangen Christen ins Paradies? Einige Anmerkungen, in: U. Tworuschka (1991), 486–498
- *(1992):* Der Koran. Übersetzung unter Mitwirkung von Mohammad Salim Abdullah, Gütersloh, 2. Aufl.
- / *Hagemann, Ludwig (1986):* Christentum und Christen im Denken zeitgenössischer Muslime, Altenberge
Kienzler, Klaus (Hg.) (1990): Der neue Fundamentalismus. Rettung oder Gefahr für Gesellschaft und Religion?, Düsseldorf
Kleiner Islamischer Katechismus (1990). Zusammengestellt von Mehmet Soymen. Übers. von Hulusi Ahmed Schmiede, Ankara, (Veröffentlichungen der Behörde für Religiöse Angelegenheiten)
Knitter, Paul F. (1974): Towards a Protestant Theology of Religions. A Case Study of Paul Althaus and Contemporary Attitudes, Marburg
- *(1980):* Ist das Christentum eine echte und die absolute Religion? Eine römisch-katholische Antwort, in: Concilium 16, 397–405

- *(1985):* No other Name? A Critical Survey of Christian Attitudes toward the World Religions, New York 1985; dt. (gekürzt) s. (1988)
- *(1986):* Katholische Religionstheologie am Scheideweg, in: Concilium 22, 63–69
- *(1988):* Ein Gott – viele Religionen. Gegen den Absolutheitsanspruch des Christentums, München; orig. s. (1985)
- *(1989):* Nochmals die Absolutheitsfrage. Gründe für eine pluralistische Theologie der Religionen, in: Ev. Theol. 49, 505–516
- *(1991):* Religion und Befreiung. Soteriozentrismus als Antwort an die Kritiker, in: R. Bernhardt (1991), 203–219
Köbert, Raimund / Schatz, Wilhelm (1960): Islam, in: LThK 5, 790–799
Kochanek, Hermann (Hg.) (1991): Die verdrängte Freiheit. Fundamentalismus in den Kirchen, Freiburg
Köchler, Hans (Hg.) (1982): The Concept of Monotheism in Islam and Christianity, Wien
Konferenz Europäischer Kirchen / Rat der Europäischen Bischofskonferenzen (1991). Ausschuß »Islam in Europa«, Die Präsenz der Muslime in Europa und die theologische Ausbildung der kirchlichen Mitarbeiter, Birmingham, 9.–14. 1991. Schlußdokument
Kremer, Klaus (1984): Die Hinführung (manuductio) von Polytheisten zum Einen, von Juden und Mohammedanern zum Dreieinen Gott, in: R. Haubst (1984), 126–159
Küng, Hans [u. a.] (1984): Christentum und Weltreligionen. Hinführung zum Dialog mit Islam, Hinduismus und Buddhismus, München
- *(1987):* Gibt es die wahre Religion? in: Ders., Theologie im Aufbruch. Eine ökumenische Grundlegung, München, 274–306
Lähnemann, Johannes (1982): Religiöse Erziehung im Islam, in: Trutz Rendtorff (Hg.), Glaube und Toleranz. Das theologische Erbe der Aufklärung, Gütersloh, 171–178
- *(Hg.) (1983):* Kulturbegegnung in Schule und Studium. Türken – Deutsche. Muslime – Christen. Ein Symposion, Hamburg
- *(1986 a):* Weltreligionen im Unterricht. Eine theologische Didaktik für Schule, Hochschule und Gemeinde, Teil II: Islam, Göttingen
- *(Hg.) (1986 b):* Erziehung zur Kulturbegegnung. Modell für das Zusammenleben von Menschen verschiedenen Glaubens. Schwerpunkt Christentum und Islam, Hamburg
- *(1990):* Lernziele und Methoden religiöser Unterweisung muslimischer Kinder in Deutschland, in: L. Hagemann / E. Pulsfort (1990), 106–122
Lanczkowski, Günter (1985): Heil und Erlösung I: Religionsgeschichtlich, in: TRE 14 (1985), 605–609
Lazarus-Yaveh, Hava (1981): Some religious aspects of Islam, Leiden
Leggewie, Claus (1993): Alhambra – Der Islam im Westen, Reinbek
Lehmann, Karl (1977): Absolutheit des Christentums als philosophisches und theologisches Problem, in: W. Kasper (1977), 13–38

Lerch, Wolfgang Günter (1990): »Mit Salman Rushdie einen Dialog führen«. Ein Besuch beim Mufti der Republik Syrien, in: FAZ vom 18. 6. 1990, 7

Levy, Leonard W. (1981): Treason against God. A History of the Offense of Blasphemy, New York

– *(1987):* Blasphemy. Judeo-Christian Concept, in: EncRel(E) 2, 238–242

Lewis, Bernard (1983): Die Welt der Ungläubigen. Wie der Islam Europa entdeckte, Frankfurt (orig.: 1982)

– *(1991):* Die politische Sprache des Islam, Berlin (orig.: Chicago 1988)

Loschelder, Wolfgang (1986): Der Islam und die religionsrechtliche Ordnung des Grundgesetzes, in: H. Marré / J. Stüting (1986), 149–203

Lüling, Günter (1981): Die Wiederentdeckung des Propheten Muhammad. Eine Kritik am »christlichen« Abendland, Erlangen

Luther, Martin (1529): Vom kriege widder die Türcken, Weimarer Ausg. 30/II, 107–148

Maḥmūd, ʿAbd al-Ḥalīm (1986): Urubbā wa-l-islām (Europa und der Islam), Kairo, 3. Aufl.

Marré, Heiner / Stüting, Johannes (Hg.) (1986): Der Islam in der Bundesrepublik Deutschland, Münster

Maudoodi, Sayyid Abu-l-Aʿla (1978): Weltanschauung und Leben im Islam, Leicester

Mayer, Ann Elizabeth (1991): Islam and Human Rights. Tradition and Politics, San Francisco / London

McDonald, D. B. (1965): Fiṭra, in: EI² 2, 953 f

Merkel, Helmut (1981): Gotteslästerung, in: RAC 11, 1185–1201

Meuthen, Erich (1984): Der Fall von Konstantinopel und der lateinische Westen, in: R. Haubst (1984), 35–60

Meyer, Thomas (Hg.) (1989): Fundamentalismus in der modernen Welt. Die Internationale der Unvernunft, Frankfurt

Mildenberger, Michael (Hg.) (1990): Kirchengemeinden und ihre muslimischen Nachbarn, Frankfurt

Mohler, Ludwig (1943): s. unter Nikolaus von Kues (1453)

Möhler, Johann Adam (1830): Ueber das Verhältniß des Islams zum Christentum, in: Ders., Gesammelte Schriften und Aufsätze, hg. von Joh. Jos. Ignaz Döllinger, Bd. 1, Regensburg 1839, 348–402

Mooren, Thomas (1991a): Islam und Christentum im Horizont der anthropologischen Wirklichkeit, in: Ders., Macht und Einsamkeit Gottes. Dialog mit dem islamischen Radikal-Monotheismus, Würzburg / Altenberge, 62–86

– *(1991 b):* Muslimische und christliche Spiritualität: Zwei Weisen des Handelns und in-der-Welt-Seins, ebd. 148–174

– *(1991 c):* Hermeneutische Strategien im gegenwärtigen Islam, ebd. 176–208

- *(1991 d):* »Kein Zwang in der Religion!« Zum Verständnis von Sure 2,256. Mit einem Beispiel aus einem indonesischen Korankommentar, ebd. 209–233

Moubarac, Youakim (1958): Abraham dans le Coran, Paris
- *(1969):* Fragen des Katholizismus an den Islam, in: Herbert Vorgrimler / Robert Vander Gucht (Hg.), Bilanz der Theologie im 20. Jahrhundert, Bd. 1, Freiburg, 423–456
- *(1976):* Das christliche Denken und der Islam. Hauptkenntnisse und neue Problemstellung, in: Concilium 12, 349–358
- *(1977):* Recherches sur la pensée chrétienne et l'islam dans les temps modernes et à l'époque contemporaine, Beirut
- *(1982):* Chrétiens et musulmans devant le ghayb (mystère de Dieu), in: H. Köchler (1982), 119–122
- */ Harpigny, Guy (1976):* Der Islam in der theologischen Reflexion des zeitgenössischen Christentums, in: Concilium 12, 343–348

Mullen, Peter (1990): Satanic Asides, in: D. Cohn-Sherbok (1990), 25–35
Müller, Gottfried (1988): Die Barmherzigkeit Gottes. Zur Entstehungsgeschichte eines koranischen Symbols, in: A. Havemann / B. Johansen (1988), 334–362
Nagel, Tilman (1977): Tradition und Moderne im Islam, in: Udo Tworuschka (Hg.), Religionen heute, Frankfurt, 96–101
- *(1978):* Gedanken über die europäische Islamforschung und ihr Echo im Orient, in: ZMR 62, 21–39
- *(1981):* Staat und Glaubensgemeinschaft im Islam. Geschichte der politischen Ordnungsvorstellungen der Muslime, 2 Bde., Zürich
- *(1983):* Der Koran. Einführung – Texte – Erläuterungen, München
- *(1988):* Die Festung des Glaubens – Triumph und Scheitern des islamischen Rationalismus im 11. Jahrhundert, München
- *(1991):* Ibn al-'Arabī und das Asch'aritentum, in: U. Tworuschka (1991), 207–245

An-Na'im, Abdullahi Ahmed (1990 a): Koran, Schari'a und Menschenrechte: Grundlagen, Defizite und zukünftige Perspektiven, in: Concilium 26, 1990, 129–134
- *(1990 b):* Toward an Islamic Reformation. Civil Liberties, Human Rights, and International Law, New York

Nasr, Seyyed Hossein (1986): Die islamische Sicht des Christentums, in: Concilium 22, 5–11
Neuwirth, Angelika (1987): Koran, in: Helmut Gätje (Hg.), Grundriß der arabischen Philologie, Bd. 2: Literaturwissenschaft, Wiesbaden, 96–135
- *(1991):* Sūrat al-Fātiḥa – »Eröffnung« des Text-Corpus Koran oder »Introitus« der Gebetsliturgie?, in: Walter Gross [u. a.] (Hg.), Text, Methode und Grammatik, St. Ottilien

Nielsen, Jørgen S. (Hg.) (1989): The »Rushdie Affair« – A Documentation. Research Papers, Muslims in Europe, No 42 (June 1989), Centre for the Study of Islam and Christian-Muslim Relations, Birmingham: Selly Oak Colleges

– *(1992):* Muslims in Western Europe, Edinburgh

Niewiadomwski, Józef (Hg.) (1988): Eindeutige Antworten? Fundamentalistische Versuchung in Religion und Gesellschaft, Thaur

Nikolaus von Kues:

– *(1440):* De docta ignorantia Die belehrte Unwissenheit, Buch III, hg. von Raymond Klibansky, übers. u. mit Einl., Anm. u. Register hg. von Hans Gerhard Senger, Hamburg 1977 (Schriften des Nikolaus von Kues in deutscher Übersetzung 15 c)

– *(1453):* De pace fidei:
Ludwig Mohler, Über den Frieden im Glauben De pace fidei, Leipzig 1943 (Schriften des Nikolaus von Kues in deutscher Übersetzung 8)
Opera omnia, Bd. 7: De pace fidei cum epistula ad Ioannem de Segobia, hg. u. komm. von Raymond Klibansky u. Hildebrand Bascour, Hamburg 1959
Philosophisch-theologische Schriften, hg. von Leo Gabriel, übers. u. komm. von Dietlind u. Wilhelm Dupré, Wien 1967, Bd. 3, 706–797

– *(1460/61):* Cribratio Alkorani. Sichtung des Korans. Erstes Buch. Auf der Grundlage des Textes der kritischen Ausgabe neu übersetzt und mit Einleitung und Anmerkungen hg. von Ludwig Hagemann und Reinhold Glei. Lateinisch – deutsch, Hamburg 1989 (Schriften des Nikolaus von Kues in deutscher Übersetzung 20 a)

Nokes, G. D. (1928): History of the Crime of Blasphemy, London

Nöldeke, Theodor / Schwally, Friedrich (1909): Theodor Nöldeke, Geschichte des Qorans. Bearbeitet von Friedrich Schwally. Erster Teil: Über den Ursprung des Qorāns. Leipzig, Nachdr. Hildesheim 1970

Noth, Albrecht (1966): Heiliger Krieg und Heiliger Kampf in Islam und Christentum. Beiträge zur Vorgeschichte und Geschichte der Kreuzzüge, Bonn

– *(1987):* Früher Islam, in: Ulrich Haarmann (Hg.), Geschichte der arabischen Welt, München, 11–100

Ohm, Thomas (1962): Machet zu Jüngern alle Völker. Theorie der Mission, Freiburg

Ormsby, Eric L. (1984): Theodicy in Islamic Thought. The Dispute over al-Ghazālī's »Best of All Possible Worlds«, Princeton

Ott, Heinrich (1991): Ein neues Paradigma in der Religionstheologie, in: R. Bernhardt (1991), 31–46

Pannenberg, Wolfhart (1987): Religion und Religionen. Theologische Erwägungen zu den Prinzipien eines Dialoges mit den Weltreligionen, in: A. Bsteh (1987), 179–196

Päpstlicher Rat für den Interreligiösen Dialog / Kongregation für die Evangelisierung der Völker (1991): Dialog und Verkündigung. Überlegungen und Orientierungen zum Interreligiösen Dialog und zur Verkündigung des Evangeliums Jesu Christi, 19. 5. 1991 (Verlautbarungen des Apostolischen Stuhls 102, hg. vom Sekretariat der Deutschen Bischofskonferenz, Bonn)

Parekh, Bhikhu (1990): The Rushdie Affair and the British Press, in: D. Cohn Sherbok (1990), 71–95

Paret, Rudi (1950): Die Gottesvorstellung im Islam, in: ZMR 34, 81–92, 206–218

– *(1960):* Aṣḥāb al-kahf, in: EI² 1, 712 f

– *(1969):* Sure 2,256: lā ikrāha fī d-dīni. Toleranz oder Resignation? in: Ders. (1975), 306–308

– *(1971):* Ibrāhīm, in: EI² 3, 980 f

– *(Hg.) (1975):* Der Koran, Darmstadt

– *(1979):* Der Koran. Übersetzung, Stuttgart (überarbeitete Taschenbuchausgabe)

– *(1981):* Der Koran. Kommentar und Konkordanz, Stuttgart, 2. Aufl.

– *(1991):* Mohammed und der Koran. Geschichte und Verkündigung des arabischen Propheten, Stuttgart, 7. Aufl.

Parrinder, Geoffrey (1965): Jesus in the Qur'an, London

Pellat, Charles (1967): Arabische Geisteswelt. Ausgewählte und übersetzte Texte von al-Ǧāḥiẓ (777–869), Zürich

Peters, Rudolph (1977): Jihad in Mediaeval and Modern Islam. The Chapter on Jihad from Averroes‹ Legal Handbook ›Bidāyat al-mudjtahid‹ and The Treatise ›Koran and Fighting‹ by the late Shaykh al-Azhar, Mahmūd Shaltūt, Leiden

– *(1979):* Islam and Colonialism. The Doctrine of Jihad in Modern History, Den Haag

– *(1987):* Islamischer Fundamentalismus: Glaube, Handeln, Führung, in: W. Schluchter (1987), 217–241

– *(1989):* Erneuerungsbewegungen im Islam vom 18. bis zum 20. Jahrhundert und die Rolle des Islams in der neueren Geschichte: Antikolonialismus und Nationalismus, in: W. Ende / U. Steinbach (1989), 91–131

Poliakov, Léon (1979): Geschichte des Antisemitismus. III. Religiöse und soziale Toleranz unter dem Islam, Worms

Pruvost, Lucie (1983): Déclaration universelle des droits de l'homme en Islam et Charte internationale des droits de l'homme, in: Islamochristiana 9, 141–159

al-Qarḍāwī (Qaraḍāwī), Yūsuf (1974): Al-ḥall al-islāmī, Farīḍa wa-ḍarūra (Die islamische Lösung, Pflicht und Notwendigkeit), Beirut 1394/1974 (= Ḥatmiyyat al-ḥall al-islāmī [Die Notwendigkeit der islamischen Lösung], Bd. 2)

– *(1992):* Aṣ-ṣaḥwa al-islāmiyya bayn al-ǧuḥūd wa-t-taṭarruf (Das islamische Erwachen zwischen dem Unglauben und dem Extremismus), Kairo 1412/1992

Quṭb, Muḥammad *(1992):* Ǧāhiliyyat al-qarn al-'išrīn (Die ungläubige Unwissenheit des 20. Jahrhunderts), Kairo [12]1412/1992

Quṭb, Sayyid *(1988):* Naḥw muǧtama' islāmī (Auf dem Weg zu einer islamischen Gesellschaft), Kairo [8]1408/1988

– *(1989):* Al-islām wa-muškilāt al-ḥaḍāra (Der Islam und die Probleme der Kultur), Kairo [10]1409/1989

Rahman, Fazlur (1966): Islam, London

– *(1980):* Major Themes of the Qur'ān, Minneapolis / Chicago

– *(1982):* Islam & Modernity. Transformation of an Intellectual Tradition, Chicago / London

Rahner, Karl (1983): Der eine Gott und der dreieine Gott. Das Gottesverständnis bei Christen, Juden und Muslimen, München

Räisänen, Heikki (1971): Das koranische Jesusbild. Ein Beitrag zur Theologie des Korans, Helsinki

Rajewski, Christiane (1980): Der gerechte Krieg im Islam, in: Reiner Steinweg (Hg.), Der gerechte Krieg: Christentum, Islam, Marxismus, Frankfurt, 13–71

ar-Rāzī, Faḫr ad-dīn (1890/91): Mafātīḥ al-ġayb al-muštahir bi-t-tafsīr al-kabīr (Die Schlüssel des berühmten Geheimnisses im großen Kommentar), Kairo 1308 (= 1890/91)

Religionen, Religiosität und christlicher Glaube (1991), hg. im Auftrag der Arnoldshainer Konferenz (AKf) und der Kirchenleitung der Vereinigten Evangelisch-Lutherischen Kirche Deutschlands (VELKD) von der Geschäftsstelle der Arnoldshainer Konferenz und dem Lutherischen Kirchenamt Hannover, Gütersloh

Riedel, Eibe H. (1986): Theorie der Menschenrechtsstandards, Berlin

Riedel, Siegfried (1987): Sünde und Versöhnung in Koran und Bibel. Herausforderung zum Gespräch, Erlangen

Riessler, Paul (Hg.) (1966): Altjüdisches Schrifttum außerhalb der Bibel, Heidelberg, 2. Aufl.

Ringgren, Helmer (1949): Islam, 'aslama, and Muslim, Uppsala

Riße, Günter (1989): »Gott ist Christus, der Sohn der Maria«. Eine Studie zum Christusbild im Koran, Bonn

Robinson, Neal (1991): Representation of Jesus in the Qur'ān & the Classical Muslim Commentaries, London

Robson, James (1960): Bid'a, in: EI² 1, 1199

– *(1971):* Ḥadīth, in: EI² 3, 23–28

Rodinson, Maxime (1975), Mohammed, Luzern / Frankfurt (orig.: Paris 1961)

Roest Crollius, Ary A. (1991): Menschenrechte im Islam, in: Walter Kerber (Hg.), Wie tolerant ist der Islam?, München, 29–46

Rudolph, Ekkehard (1991): Westliche Islamwissenschaft im Spiegel muslimischer Kritik. Grundzüge und aktuelle Merkmale einer innerislamischen Diskussion, Berlin

Rudolph, Wilhelm (1922): Die Abhängigkeit des Qorans von Judentum und Christentum, Stuttgart

Rüschoff, S. Ibrahim (1983): Da'wa unter Nichtmuslimen. Schriftenreihe des Islamischen Zentrums München Nr. 11

Rushdie, Salman (1989): Die satanischen Verse, o. O.: Artikel 19 Verlag (orig.: London 1988)

Ruthven, Malise (1990): A Satanic Affair. Salman Rushdie and the Rage of Islam, London

Šaltūt, s. Shaltūt

Šalabī (Shalaby), Aḥmad (1960): Muqāranat al-adyān. 2. Al-masīḥiyya (Der Vergleich der Religionen. 2. Das Christentum), Kairo [⁶1978]

Sardar, Ziauddin / Davies, Merryl Wyn (1990): Distorted Imagination. Lessons from the Rushdie Affair, London / Kuala Lumpur

Schacht, Joseph (Hg.) (1931): Der Islām mit Ausschluß des Qor'āns (Rel.geschichtl. Lesebuch, Bd. 16, hg. von Alfred Bertholet), Tübingen, 2. Aufl.

– *(1960):* Aḥmad, in: EI² I, 267.

Schaeffler, Richard (1987): Wahrheit, Dialog und Entscheidung, in: A. Bsteh (1987), 13–42

Scharbert, Josef (1964): Heilsmittler im Alten Testament und im Alten Orient, Freiburg

Schedl, Claus (1978): Muhammad und Jesus. Die christologisch relevanten Texte des Korans, Wien

Schell, Herman (1889): Katholische Dogmatik in sechs Büchern, Bd. 1, Paderborn

– *(1901):* Die Kämpfe des Christentums, in: Schells kleinere Schriften, hg. von Karl Hennemann, Paderborn 1908, 334–343

– *(1902):* Apologie des Christentums, Bd. 1: Religion und Offenbarung, Paderborn, 2. Aufl.

– *(1905 a):* Apologie des Christentums, Bd. 2: Jahwe und Christus, Paderborn

– *(1905 b):* Gottesbegriff und Aberglaube, in: Schells kleinere Schriften, hg. von Karl Hennemann, Paderborn 1908, 557–577

Schenkheld, Elisabeth (1930): Die Religionsgespräche der deutschen erzählenden Dichtung bis zum Ausgang des 13. Jahrhunderts, Diss. Marburg, Borna-Leipzig

Schimmel, Annemarie (1981): Und Mohammed ist Sein Prophet. Die Verehrung des Propheten in der islamischen Frömmigkeit, Düsseldorf

– *(1984):* The Muslim Tradition, in: Frank Whaling (Hg.), The world's religious traditions, Edinburgh, 130–144

- *(1985):* Mystische Dimensionen des Islam. Die Geschichte des Sufismus, Köln
- *(1990 a):* Sufismus und Volksfrömmigkeit, in: M. D. Ahmed (1990), 157–242
- *(1990 b):* Der Islam. Eine Einführung, Stuttgart
- *(1992):* Dein Wille geschehe. Die schönsten islamischen Gebete, Bonndorf

Schluchter, Wolfgang (Hg.) (1987): Max Webers Sicht des Islams. Interpretation und Kritik, Frankfurt

Schultze, Herbert (1988): Analyse der Richtlinien und Lehrpläne der Bundesländer zum Thema Islam (Der Islam in den Schulbüchern der Bundesrepublik Deutschland, hg. von Abdoldjavad Falaturi, Teil 5), Braunschweig

Schumann, Olaf (1986): Einige Bemerkungen zur Frage der Allgemeinen Menschenrechte im Islam, in: ZEE 30, 155–174
- *Schumann, Olaf H. (1988):* Der Christus der Muslime. Christologische Aspekte in der arabisch-islamischen Literatur, Köln, 2. Aufl.
- *Schumann, Olaf (1989):* Der Islam und lokale Traditionen – synkretistische Ideen und Praktiken, in: W. Ende / U. Steinbach (1989), 560–581

Schwartländer, Johannes / Bielefeldt, Heiner (1992): Christen und Muslime vor der Herausforderung der Menschenrechte, hg. von der Wissenschaftlichen Arbeitsgruppe für weltkirchliche Aufgaben der Deutschen Bischofskonferenz, Bonn

Schwarzbaum, Haim (1959/60): The Jewish and Moslem Versions of some Theodicy Legends, in: Fabula 3, 119–169

Sekretariat für die Nichtchristen / Maurice Borrmans (1985): Wege zum christlich-islamischen Dialog, Frankfurt (orig.: Paris 1981)

Shaltūt, Mahmūd (1948): Koran and Fighting [orig.: Kairo 1948: al-Qur'ān wa-l-qitāl], in: R. Peters (1977), 26–79
- *Šaltūt, Mahmūd (o. J. [1964]):* Al-islām. 'Aqīda wa-šarī'a (Der Islam. Glaubenslehre und Gesetz), Kairo, 2. Aufl. (danach noch zahlreiche weitere)

Siegele, Anna (1990): Die Einführung eines islamischen Religionsunterrichts an deutschen Schulen. Probleme – Unterrichtsansätze – Perspektiven, Frankfurt

Skriver, Ansgar (1962): Gotteslästerung, Hamburg

Slomp, Jan (1982): Das »Barnabasevangelium«, in: Cibedo-Texte, Nr. 14, Frankfurt

Smith, Wilfred Cantwell (1957): Islam in Modern History, Princeton
- *(1981):* The Historical Development in Islām of the Concept of Islām as an Historical Development, in: Ders., On Understanding Islam, Den Haag, 41–77

Soggin, J. Alberto (1990): Krieg, II. Altes Testament, in: TRE 20, 19–25.

347

Söll, Georg (1971): Dogma und Dogmenentwicklung, Freiburg (Handb. d. Dogmengesch. I, 5)

Southern, Richard W. (1981): Das Islambild des Mittelalters, Stuttgart (orig.: Cambridge, Mass., 1962)

Speight, R. M. (1985): Einführung in die Ḥadīt-Literatur, Cibedo-Texte Nr. 32, Frankfurt

Speyer, Heinrich (1988): Die biblischen Erzählungen im Qoran, Hildesheim, 3. Aufl. (Nachdr. von 1931)

Stieglecker, Hermann (1983): Die Glaubenslehren des Islam, Paderborn, 2. Aufl.

Stöber, Georg [u. a.] (1990): Der Islam in den Schulbüchern der Bundesrepublik Deutschland. Nachträge 1986–1988 [...] (Der Islam in den Schulbüchern der Bundesrepublik Deutschland, hg. von Abdoldjavad Falaturi, Teil 7), Braunschweig

Strothmann, R. (1976): Tas̲h̲bīh, in: HIsl, 740–743

al-Ṭahṭāwī, Rifāʿa (1834): Ein Muslim entdeckt Europa. Die Reise eines Ägypters im 19. Jahrhundert nach Paris, München 1989

Talbi, Mohamed (1981): Islam et Occident au-delà des affrontements, des ambiguités et des complexes, in: Islamochristiana 7, 57–77

– *(1985):* Religious Liberty. A Muslim Perspective, in: Islamochristiana 11, 99–113

– *(1991):* Les réactions non catholiques à la Déclaration de Vatican II «Dignitatis humanae» – Point de vue musulman, in: Islamochristiana 17, 15–20

Tibi, Bassam (1979): Religionsstiftung, Islam und Psychoanalyse. Anmerkungen zu M. Rodinsons Mohammed-Biographie, in: Psyche 33, 773–783

– *(1985):* Der Islam und das Problem der kulturellen Bewältigung sozialen Wandels, Frankfurt

– *(1987):* Vom Gottesreich zum Nationalstaat. Islam und panarabischer Nationalismus, Frankfurt

– *(1991):* Die Krise des modernen Islams. Eine vorindustrielle Kultur im wissenschaftlich-technischen Zeitalter. Erweiterte Ausgabe, Frankfurt

– *(1992):* Die fundamentalistische Herausforderung. Der Islam und die Weltpolitik, München

Tworuschka, Monika (1986): Analyse der Geschichtsbücher zum Thema Islam (Der Islam in den Schulbüchern der Bundesrepublik Deutschland, hg. von Abdoldjavad Falaturi, Teil 1), Braunschweig

Tworuschka, Udo (1986): Analyse der evangelischen Religionsbücher zum Thema Islam (Der Islam in den Schulbüchern der Bundesrepublik Deutschland, hg. von Abdoldjavad Falaturi, Teil 2), Braunschweig

– *(Hg.) (1991):* Gottes ist der Orient, Gottes ist der Okzident, Köln / Wien

Tyan, E. (1965): Artikel »D̲j̲ihād«, in: EI² 2, 538–540

Verwaal, Ernst (1987): Rūḥ Al-Ḳudus in de Koran. Een historisch-theologisch onderzoek naar de voorstelling aangaande »de heilige Geest«

in de Koran en de relevantie daarvan voor het gesprek tussen Moslims,
Christenen en Joden, Diss. Utrecht

Vierzig Heilige Ḥadīṯe (1986). Aus dem Arabischen von Ahmad von
Denffer nach der Auswahl von Ezzeddin Ibrahim und Denys Johnson-
Davies, Kuwait / München 1406/1986

Vöcking, Hans (1984): Die Moschee. Ethnische Enklave – religiöses Refu-
gium, Cibedo-Texte, Nr. 30, Frankfurt

– *[u. a.] (1988):* Analyse der katholischen Religionsbücher zum Thema
Islam (Der Islam in den Schulbüchern der Bundesrepublik Deutschland,
hg. von Abdoldjavad Falaturi, Teil 3), Braunschweig

Waardenburg, Jean-Jacques (1970): L'Islam dans le miroir de l'Occident.
Comment quelques orientalistes occidentaux se sont penchés sur l'Islam
et se sont formé une image de cette religion: I. Goldziher, C. Snouck
Hurgronje, C. H. Becker, D. B. Macdonald, Louis Massignon, Paris /
Den Haag, 3. Aufl.

– *Waardenburg, Jacques (1979):* World Religions as Seen in the Light of
Islam, in: Alford T. Welch / Pierre Cachia (Hg.): Islam: Past Influence
and Present Challenge, New York / Edinburgh, 245–275

– *(1989):* Fundamentalismus und Aktivismus in der islamisch-arabischen
Welt der Gegenwart, in: Orient 30, 39–51

– *(1992):* Islamisch-Christliche Beziehungen. Geschichtliche Streifzüge,
Würzburg / Altenberge

Wagner, Harald (1991): Johann Adam Möhlers Sicht vom Islam, in: Ders.
(Hg.), Christentum und nichtchristliche Religionen, Paderborn, 105–112

Waldenfels, Hans (1985 a): Das Christentum im Streit der Religionen um
die Wahrheit, in: Handb. d. Fund.theol. 2, 241–265

– *(1985 b):* Kontextuelle Fundamentaltheologie, Paderborn

Walther, Wiebke (1990): Die Frau im Islam, in: M. D. Ahmed (1990),
388–414

Watt, William Montgomery (1961): Islam and the Integration of Society,
London

– *(1983):* Islam and Christianity today. A contribution to dialogue,
London

– *(1988):* Islamic Fundamentalism and Modernity, London

– *(1990):* Early Islam. Collected Articles, Edinburgh

– */ Marmura, Michael (1985):* Der Islam. II Politische Entwicklungen
und theologische Kämpfe, Stuttgart (orig.: Edinburgh 1973)

– */ Welch, Alford T. (1980):* Der Islam. I Mohammed und die Frühzeit –
Islamisches Recht – Religiöses Leben, Stuttgart

Weber, Max (1920): Die Wirtschaftsethik der Weltreligionen, in: Ders.,
Gesammelte Aufsätze zur Religionssoziologie, Bd. 1, Tübingen [3]1989
(= Nachdr. von 1920), 237–573

Weller, Paul (1990): The Rushdie Controversy and Inter-Faith Relations,
in: D. Cohn-Sherbok (1990), 37–57

Wensinck, Arent Jan (1976 a): Ṣalāt, in: HIsl, 636–645
- *(1976 b):* S̲h̲afā'a, in: HIsl, 658–660
- *(1976 c):* Sunna, in: HIsl, 704–708
- *(1978):* (Jacques Jomier) Ka'ba, in: EI² 4, 317–322
- *(1991):* (C. E. Bosworth) al-Masīḥ, in: EI² 6, 726
Werbick, Jürgen (Hg.) (1991): Offenbarungsanspruch und fundamentalistische Versuchung, Freiburg
- Heil durch Jesus Christus allein? Die »Pluralistische Theologie« und ihr Plädoyer für einen Pluralismus der Heilswege, in: M. von Brück / J. Werbick (1993), 11–61
Wiederkehr, Dietrich (Hg.) (1991): Wie geschieht Tradition? Überlieferung im Lebensprozeß der Kirche, Freiburg
Wielandt, Rotraud (1971): Offenbarung und Geschichte im Denken moderner Muslime, Wiesbaden
- *(1982):* Zeitgenössische ägyptische Stimmen zur Säkularisierungsproblematik, in: Die Welt des Islams 22, 117–133
- *(1990):* Zeitgenössischer islamischer Fundamentalismus – Hintergründe und Perspektiven, in: K. Kienzler (1990), 46–66
Wilms, Franz-Elmar (1966): Al-G̲h̲azālīs Schrift wider die Gottheit Jesu, Leiden
Winkler, H. (1928): Fātiḥa und Vaterunser, in: Zeitschr. für Semitistik und verw. Gebiete 6, 238–246
Winter, Michael (1976): Prinzipien der Erziehung im heutigen Islam, in: A. Falaturi / J. J. Petuchowski / W. Strolz (1976), 141–161
Wismer, Don (1977): The Islamic Jesus. An Annotated Bibliography of Sources in English and French, New York / London
Zirker, Hans (1979): Lesarten von Gott und Welt. Kleine Theologie religiöser Verständigung, Düsseldorf
- *(1985 a):* Beschuldigungen Gottes in der Literatur, in: StdZ 110, 755–766
- *(1985 b):* Die Täter des Bösen im Spektrum der Religionen, in: rhs 28, 164–170
- *(1986):* Tradition im Islam, in: Kairos 28, 75–97
- *(1987):* Religionen und Weltanschauungen in der Umgebung des Christentums, in: KatBl 112, 398–404
- *(1988 a):* Die Rede zu Gott im Koran, in: ZMR 72, 14–32*
- *(1988 b):* Das Thema »Islam« im katholischen Religionsunterricht – Didaktische Voraussetzungen, in: H. Vöcking (1988), 16–29
- *(1988 c):* Allah – ein kriegerischer Gott?, in: KatBl 113, 171–179*
- *(1988 d):* Die Hinwendung Gottes zu den Menschen in Bibel und Koran, in: US 43, 229–238
- *(1990 a):* Sicherheitsdenken in der Religion, in: KatBl 115, 674–684

* Zu den so gekennzeichneten Aufsätzen als Vorarbeiten vgl. Einleitung, S. 13.

- *(1990 b):* Das Heil des Menschen im Islam, in: GuL 63, 293–304*
- *(1991 a):* »So sollt ihr sagen: Wir sind unnütze Sklaven ...«. Lk 17,7–10 und die Religionskritik, in: Wolfgang Fleckenstein / Horst Herion (Hg.), Lernprozesse im Glauben, Gießen, 347–358
- *(1991 b):* Geschichtliche Offenbarung und Endgültigkeitsansprüche. Voraussetzungen des Fundamentalismus in Christentum und Islam, in: J. Werbick (1991), 161–186 (= Revelation in History and Claims to Finality: Assumptions Underlying Fundamentalism in Christianity and Islam, in: Islam & Christian Muslim Relations, 3, 1992, 211–235)
- *(1991 c):* Gotteslästerung oder Freiheit der Kunst? Religiöse Empörungen in säkularer Gesellschaft, in: ZRGG 43, 345–359*
- *(1991 d):* Interkulturelle Erziehung im Blick auf den Islam, in: Rel.päd. Beiträge 28, 17–40*
- *(1991 e):* »Sagt nicht: Drei!« (Sure 4,171) – Zur Faszination der Einzigkeit Gottes im Islam, in: StdZ 209, 199–212*
- *(1991 f):* Islam – Christentum, in: Neues Handb. theol. Grundbegr. 2, 419–431
- *(1991 g):* »Er wird nicht befragt ...« (Sure 21,23) – Theodizee und Theodizeeabwehr in Koran und Umgebung, in: U. Tworuschka (1991), 409–424*
- *(1992 a):* Christentum und Islam. Verwandtschaft und Konkurrenz, Düsseldorf, 2. Aufl.
- *(1992 b):* Die Mißachtung der Nachgeschichte: Islam aus dem Blickwinkel jüdisch-christlicher Tradition, in: ZMR 76, 16–32*
- *(1992 c):* Christentum und Islam – sind sie dialogfähig?, in: US 47, 264–272*
- *(1992 d):* Islam als Religion, in: Theol.-Prakt. Quartalschr. 140, 325–333*
- *(1993):* Wegleitung Gottes oder Erlösung durch Christus? Zum Heilsverständnis und Geltungsanspruch von Christentum und Islam, in: M. von Brück / J. Werbick (1993), 197–143*
- *(1993):* Christentum und Islam – Entsprechungen und Differenzen im Verständnis von Welt und Geschichte, in: Jürgen Schwarz (Hg.), Der politische Islam – Intentionen und Wirkungen, Paderborn 1993, 99–124*

Register der Bibelzitate

Register der Koranzitate

Sachregister

Personenregister

Nicht aufgenommen sind hier Namen aus Bibel und Koran. Sie finden sich teilweise im Sachregister.

Der arabische Artikel al- (mit seinen assimilierten Formen ar-, as- usw. sowie in der Form El) ist als Namensbestandteil bei der alphabetischen Reihenfolge nicht berücksichtigt.